U0827476

航海类专业精品系列教材

轮机概论

张兴彪　主编
陈海泉　主审

大连海事大学出版社

图书在版编目(CIP)数据

轮机概论 / 张兴彪主编．—大连：大连海事大学出版社，2017.11(2024.9 重印)
航海类专业精品系列教材
ISBN 978-7-5632-3571-1

Ⅰ.①轮… Ⅱ.①张… Ⅲ.①轮机—高等学校—教材
Ⅳ.①U676.4

中国版本图书馆 CIP 数据核字(2017)第 300883 号

大连海事大学出版社

地址:大连市黄浦路523号 邮编:116026 电话:0411-84729665(营销部) 84729480(总编室)
http://press.dlmu.edu.cn E-mail:dmupress@dlmu.edu.cn

大连天骄彩色印刷有限公司印装 大连海事大学出版社发行

2017 年 11 月第 1 版 2024 年 9 月第 11 次印刷
幅面尺寸:184 mm×260 mm 印张:15
字数:368 千 印数:27001~29000 册

出版人:刘明凯

责任编辑:苏炳魁 责任校对:杨 洋
封面设计:解瑶瑶 版式设计:解瑶瑶

ISBN 978-7-5632-3571-1 定价:32.00 元

内容简介

本书根据航海技术专业本科培养计划指定的轮机概论课程教学大纲编写。全书共分八章,主要内容包括:轮机概述及热工基础知识;船舶柴油机动力装置;船舶推进装置;船舶辅助设备;船舶甲板机械;船舶防污染设备;船舶通用系统;船舶电力系统。

本书根据船舶驾驶员实际工作情况以及甲板部与轮机部工作中的协调和配合情况,从"结构、原理、管理、保养"等方面对轮机设备进行了综合论述,同时也介绍了轮机新技术、防污染设备和船舶电力系统的基础知识。本书的知识结构能够满足现代航运发展对船舶驾驶员知识结构的要求。

本书为航海院校以及与船舶和航运相关专业的本科教材或选修课教材,也可作为从事与船舶和航运有关工作的管理和技术人员的参考书。

内容简介

[illegible]

编者的话

“轮机概论”一直是航海类院校船舶驾驶专业和相关陆上专业的一门重要的基础课程。我校编写《轮机概论》教材已经有几十年的历史,几代轮机学院教师为之付出了大量的心血。本书是在继承大连海事大学以往出版的航海类教材基础上,依据船舶航海技术专业最新修订的“轮机概论”教学大纲而编写的。

随着经济和对外贸易的高速增长,中国海上交通运输业得到了持续快速发展。中国已经成为世界上最重要的航运大国之一,并向航运强国的目标大步迈进。随着航运业的飞速发展,以及各种新技术和新设备在船上的普遍应用,教学内容需要紧跟新技术的进步,从而使更新和充实教材内容成了当务之急。根据船舶技术的发展以及船舶管理体系的变化,本书新增了电喷柴油机、双燃料柴油机、防污染设备方面的知识,其他辅助设备、甲板机械和船舶电力系统的内容也做了不同程度的更新。为了突出防污染的重要性,将船舶防污染设备单独作为一章。编者对教材内容的较多更新使得船舶驾驶员的知识结构能够满足航运发展的新要求。需要强调的是,“轮机概论”作为驾驶专业的一门传统课程,前几版《轮机概论》教材是成熟和优秀的,因此,编者对以前某些基础知识和经典内容进行了保留和继承。

本书的编者积累了多年的教学和船舶实际工作经验,在编写过程中查阅了大量相关教材、公约、法规和技术资料。本书知识覆盖面广,内容紧跟最新技术前沿,具有实用性和针对性。

本书由张兴彪主编,陈海泉主审。第一章至第三章、第七章、第八章由张兴彪编写,第四章、第五章由张存有、吴桐辉编写,第六章由张存有、张邦林编写。

在编写过程中,编者参阅、引用了有关图书资料,在此,向有关作者致以诚挚谢意。

本书编写过程中得到了吴晓光、吴桂涛、陈海泉、江欣、阴洁老师的指导和帮助,朱峰、池华方、边克勤老师提供了部分资料和宝贵的建议,在此,编者表示衷心感谢。

由于我们业务水平有限,书中难免有不足和谬误之处,恳请读者不吝赐教。

编者

2017 年 9 月

编者的话

目　录

第一章　轮机概述及热工基础知识

第一节　轮机概述

一、轮机的含义

船舶动力发展史上，经历了以人力以及风力等自然力作为推进手段的漫长岁月。1807年，以蒸汽机作为推进动力的"克莱蒙特"号的建成，开始了以机械作为船舶推进动力的新纪元。当时，蒸汽船的推进装置是由蒸汽机带动的一个桨轮构成，桨轮直径较大且大部分露在水面，因而人们称之为"明轮"，而把装有明轮的船称为"轮船"，把产生蒸汽的锅炉和驱动明轮转动的蒸汽机等成套设备称为"轮机"，所以当时的"轮机"仅是推进设备的总称。

随着科学技术的发展，为了适应船舶作业、人员生活、财产和人员安全的需要，不仅推进设备得到逐步完善，还增设和完善了各种系统，如船舶电站、起货机械、冷藏和空调装置、淡水系统、压载和消防系统等，从而扩大了"轮机"一词所包含的范围，丰富了"轮机"的内容。"轮机"的含义和"船舶动力装置"的含义基本相同，是为了满足船舶航行、各种作业、人员生活、人员和财产安全等各种需要所设置的全部系统及其设备的总称。

二、船舶机械的组成

现代化船舶能够自如地在水上航行，有着顽强的生命力，抵御各种复杂多变的外部环境和自身可能产生的危险，适合人员居住和生活，能完成各种特定的作业。轮机正是产生机械能、热能、电能和其他形式的能以满足船舶需要的能源中心或动力场。轮机是一个动力机械类性质的系统工程，不能把轮机理解成在机舱中或甲板上的各种机械设备的简单组合。轮机工程是为满足船舶的各种功能，把各种设备或部件结合进各种系统的系统工程。由此，根据组成船舶轮机的各种系统、机械和设备所起作用的不同，可以将其分为推进装置、辅助装置、管路系统、甲板机械、防污染设备、特种系统六个部分。

1. 推进装置

推进装置也称主动力装置，是指以一定功率推动船舶航行的设备。推进装置包括主机及附属系统、传动设备、轴系和推进器。各主要部分的作用为：

(1)主机是指推动船舶航行的动力机械。如柴油机、蒸汽机、汽轮机、燃气轮机等。

(2)传动设备的作用包括：汇集(多机单桨)或分配(单机双桨或轴带发电机)主机功率；

改变主机的转速以适应螺旋桨或轴带发电机的需要；实现主机和螺旋桨的分离和结合；实现不可逆转主机所带的螺旋桨倒顺转；减轻螺旋桨对主机的振动。其设备包括离合器、齿轮箱和联轴器等。

(3) 轴系的作用是将主机的功率传递给推进器，包括传动轴、轴承和密封件等。

2. 辅助装置

辅助装置是产生除推进装置所需能量以外的其他各种能量的装置，包括船舶电站、辅助锅炉、压缩空气系统以及为船员和旅客生活服务的设备和系统。船舶电站提供全船所需的电能，由发电机组、配电板及其他电气设备组成。发电机组中驱动发电机的柴油机通常称为副机。辅助锅炉装置提供低压蒸汽，以满足加热、取暖及其他生活需要。压缩空气系统提供压缩空气，以满足柴油机起动、自动控制和船舶作业的需要。

3. 管路系统

管路系统简称管系，用以输送各种流体，由各种容器、管路、泵、滤器、热交换器和阀件等组成。按用途可以分为动力系统管系和辅助系统管系。

(1) 动力系统管系是指为推进装置和辅助装置服务的管路系统，用于输送燃油、润滑油、海水、淡水、蒸汽和压缩空气等，主要包括燃油系统、滑油系统、海水和淡水系统、蒸汽系统和压缩空气系统等。

(2) 辅助系统管系指为船舶航行、人员生活和安全服务的管路系统，也称船舶系统或通用系统，包括压载水系统、舱底水系统、消防系统、日用系统、通风系统、空调和冷藏系统等。

4. 甲板机械

甲板机械是指为满足船舶航行、停泊及装卸货物需要而设置的设备，主要包括舵机、锚机、绞缆机、起货机、货舱盖开关机械、侧推器和减摇设备等。

5. 防污染设备

防污染设备是指为防止船舶污染海洋和大气环境而设置的设备，主要包括油水分离器、生活污水处理装置、焚烧炉、压载水处理装置和柴油机尾气处理装置等。

6. 特种系统

特种系统是为特种船舶而设计、装备的系统，如油船专用系统、复式储油船的端点系泊系统、挖泥船的泥浆抽吸系统等。

船舶轮机的组成情况大体如上所述，但不能一概而论。随着船舶的大小、种类、用途、航线等情况不同将会有所变化。

轮机设备大部分布置在机舱，如图 1-1 所示，机舱可以说是船舶的"心脏"。

三、船舶动力装置的分类

按照惯例，通常把推进船舶的机械称为"主机"，相应地，把其他的一些机械设备定义为"辅机"。船舶主机无论从重要程度还是制造成本来看，都处于最显著的地位，因此船舶动力装置一般按主机的型式进行分类。

1. 蒸汽动力装置

利用锅炉所产生的蒸汽来工作的机器叫蒸汽机。蒸汽机分为往复式蒸汽机和回转式蒸汽机两种。往复式蒸汽机最早应用于海船，由于其具有机构简单、运转可靠、管理方便和噪声小等优点，在过去很长一段时间内占据着主导地位。但是因其经济性差、体积和重量大而被其他

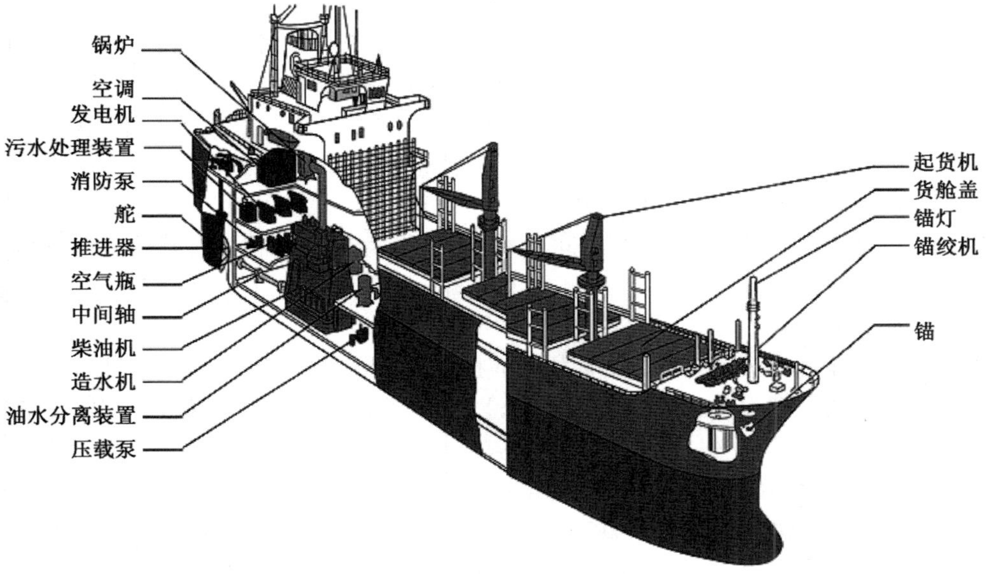

图 1-1　船舶机械主要设备的布置

船用发动机取代。蒸汽动力装置重量和尺寸较大的缺点限制了其在中小船舶上的应用，但是，其单机功率大的优点使其特别适合应用于需要大功率的船舶。由于新技术和新工艺的应用，汽轮机和锅炉的效率已经得到提高。资料表明，在主机功率超过 22 000 kW 和船速超过 20 kn 时，汽轮机动力装置的优越性更为突出。高速客船、集装箱船、大型油船以及大中型舰艇有时采用汽轮机动力装置。

汽轮机动力装置由锅炉、汽轮机、冷凝器、轴系、管系及其他有关机械设备等组成。其工作原理如图 1-2 所示。燃料在锅炉 1 里燃烧，炉水吸热并汽化成饱和蒸汽；饱和蒸汽在蒸汽过热

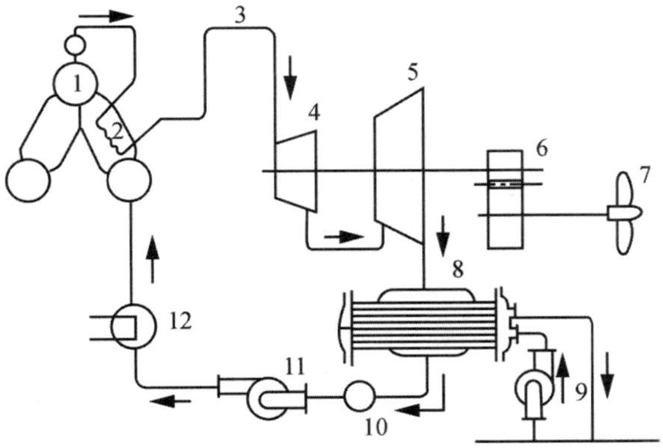

图 1-2　汽轮机动力装置原理图

1—锅炉；2—蒸汽过热器；3—主蒸汽管路；4—高压汽轮机；5—低压汽轮机；6—减速齿轮；7—螺旋桨；8—冷凝器；9—冷却水循环泵；10—凝水泵；11—给水泵；12—给水预热器

器 2 中被加热成过热蒸汽，过热蒸汽进入汽轮机 4、5 膨胀做功，使汽轮机叶轮旋转，再通过减速齿轮 6 带动螺旋桨 7 工作。做过功的乏汽在冷凝器 8 中将热量传给冷却水，同时本身凝结

成水,然后由凝水泵 10 抽出,并经给水泵 11 通过给水预热器泵入锅炉中,从而形成一个工作循环。冷凝器的冷却水通过冷却水循环泵 9 由舷外吸入,吸热后排至舷外。

汽轮机动力装置的优点:(1)单机功率远比活塞式发动机大。(2)汽轮机叶轮转速稳定,无周期性扰动力,因此机组振动小,噪声小。(3)磨损部件少,工作可靠性大,使用期限可达 10 万小时以上。(4)可使用低质燃油,滑油消耗率也很低。

汽轮机动力装置的缺点:(1)装置总重量、尺寸大。(2)燃油消耗大,装置效率(低)差,经济性较柴油机动力装置差。(3)备车时间长,机动性差。(4)不能倒转,需设倒车汽轮机或倒车离合器。

2. 柴油机动力装置

采用柴油机作为主机的动力装置称为柴油机动力装置。柴油机动力装置性能优良,在各类现代船舶上得到了极为广泛的应用。目前,以柴油机为主机的船舶占 98%以上,柴油机船总功率占造船总功率的 90%以上,可见柴油机动力装置占绝对统治地位。柴油机动力装置经济性好,安全可靠,目前绝大多数商用船舶采用这种动力装置。

柴油机动力装置优点:(1)经济性好。柴油机动力装置的热效率是各种装置中最高的,有效热效率一般可达 40%以上,大型低速柴油机可高达 55%。(2)尺寸小,重量轻。柴油机不需要锅炉、冷凝器等大型设备和部件,占地面积小,有利于机舱的布置。(3)机动性好。柴油机起动方便,正倒车迅速,加速性好。(4)功率范围宽广。柴油机的单机功率从 0.6 kW 到 97 300 kW,适用范围广,可满足不同类型船舶的要求。(5)可靠性高,寿命长,维修方便。

柴油机动力装置存在以下缺点:(1)由于柴油机尺寸和重量按功率比例增长快,因此单机组功率受到限制。(2)柴油机工作中的噪声、振动较大。(3)中、高速柴油机的运动部件磨损较严重。(4)柴油机低速稳定性差。

一般对于船用主机而言,其经济性、可靠性和使用寿命是第一位的,重量和尺寸是第二位的。低速二冲程柴油机具有效率高、功率大、工作可靠、寿命长、可燃用劣质燃油和转速低等优点,因此特别适合作为船舶主机使用。大功率四冲程中速柴油机因其尺寸和重量小适合作为滚装船和集装箱船主机作用。

3. 燃气轮机动力装置

利用燃料燃烧所产生的燃气推动叶轮回转的机器称为燃气轮机。采用燃气轮机作为主机的动力装置称为燃气轮机动力装置。这种动力装置由于经济性差、低负荷运转性能差等原因,只在少数商船上得到应用,但在军用舰艇上应用较广。

燃气轮机工作原理如图 1-3 所示。供燃烧的空气首先进入压气机 3,经过压气机压缩后温度升高到 100~200 ℃,然后再送到燃气发生器 4 中。同时,燃料经喷油嘴喷入燃烧室,与高温高压的空气混合后经点火立即燃烧,此时温度可达 2 000 ℃左右。一般用掺入压缩空气的方法(即二次进风)降低燃气温度至 600~700 ℃。燃气进入燃气轮机 5,在叶片槽道中膨胀,将其动能转换成机械功,使燃气轮机旋转,驱动压气机 3,随后通过减速齿轮 2 带动螺旋桨 1 工作。装置的起动利用电动机 7 来进行,电动机通过联轴器 6 与燃气轮机连接。

燃气轮机装置的优点:

(1)单位功率的重量、尺寸极小。加速用燃气轮机装置的单位重量可达 0.65~1.3 kg/kW,全工况用燃气机装置为 2~4 kg/kW。一般情况下,同等功率的燃气轮机体积是柴油机的三分之一至五分之一,是蒸汽轮机的五分之一至十分之一。(2)起动速度快。燃气轮

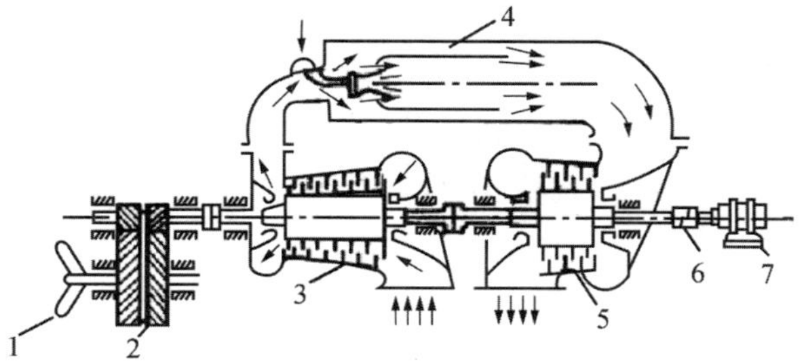

图 1-3　燃气轮机动力装置原理图

1—螺旋桨;2—减速齿轮;3—压气机;4—燃气发生器;5—燃气轮机;6—联轴器;7—电动机

机的整个转子十分轻巧,在起动电动机帮助下在 1~2 min 就可以达到最高转速。从冷态起动至全负荷,时间一般为 1~2 min。(3)噪声低频分量很低。由于燃气轮机本身处于高速稳定转动当中,产生的噪声更多是高频噪声。

燃气轮机的缺点:

(1)主机没有反转性,必须设专门的倒车设备。(2)必须借助于起动马达或其他起动机械起动。(3)由于燃气的高温(燃气温度 700~800 ℃以上),工作可靠性较差,寿命短。(4)由于燃气轮机工作时空气流量很大,因此进排气管道尺寸大,舱内布置困难,如甲板上较大的管道通过切口将影响船体强度。(5)燃油消耗量较高,一般可达 200~390 g/(kW·h)。

燃气轮机是在 1947 年开始应用于船舶,而得到迅速发展则在 20 世纪 50 年代后期。船用燃气轮机主要用于军舰上。

4. 联合动力装置

对于民用船舶而言,主要考虑经济性。对于军用船舶,要求尽可能提高航速和机动性,增大功率的同时还要减少装置的重量以提高续航力。船舶全速工况时要求动力装置发出最大功率,但全速工况在船舶总航行时间中只占 2%左右。船舶大部分时间处于巡航工况,要求经济性高,以提高续航力。为了解决全速大功率和巡航经济性的矛盾,可以采用联合动力装置。由两台或两台以上不同类型的热力发动机如燃气轮机和汽轮机、柴油机和燃气轮机、柴油机和汽轮机、核动力和燃气轮机,或不同型号的两台或两台以上的燃气轮机供船舶推进和其他船舶设备所必需的能源,或只供船舶推进所需能源的装置称为船舶联合动力装置。目前最常用的联合动力装置有三种:即汽轮机+加速燃气轮机,柴油机+加速燃气轮机,燃气轮机+加速燃气轮机。

联合动力装置的优点:

(1)重量尺寸小(重量很轻的燃气轮机提供大部分功率),一定排水量下可提高航速或增加配置功率。(2)操纵方便,备车迅速。(3)自巡航到全速工况加速迅速,可立刻发出全功率。(4)两个机组共同使用一个减速器,具有多机并车的可靠性。(5)管理与维修费用较低。(6)加速和巡航装置彼此独立,互为备份,提高了装置的可靠性。

联合动力装置的缺点:

(1)必须配备适用不同机种的燃料及相应的管路及储存设备,不同类型燃料的储存比例会影响舰艇战术性能。(2)共同使用一个主减速器,小齿轮数目多,结构复杂。(3)两种不同类型机组在减速器周围布置上有一定难度。

5. 核动力装置

这类装置利用原子反应堆所发出的热来产生蒸汽,供给汽轮机工作。若按主机类型分,它也应属于汽轮机动力装置。但为了突出它是采用原子反应堆的装置,所以称之为原子能动力装置。这种动力装置造价高,操纵、管理、检查系统复杂,因此在商船上应用甚少,主要用于军用舰艇上。

核动力装置的优点:

(1)具有极大的能量储备,在限定舱室空间所能提供的能量比其他型式的动力装置大得多。(2)不需要消耗空气而获得热能。

核动力装置的缺点:

(1)重量尺寸较大。(2)操纵管理检查系统比较复杂。(3)造价昂贵。

6. 特种动力装置

特种动力装置是指在特种用途船舶上应用或正在研究发展的动力装置,如喷水推进装置、不依赖空气推进系统、蓄热式非传统能源和采用空间传输机构的活塞式发动机等。

四、船舶动力装置的要求

各种船舶动力装置虽存在着类型、传动方式及航区等条件的不同,但对一些技术、经济及性能指标却有着共同的要求。

1. 可靠性高

可靠性是指产品在规定的条件下和规定的使用时间内完成规定功能的能力。船舶动力装置的可靠性是指装置在一定条件下和规定时间内能够正常运行的性能。可靠性对船舶动力装置来说具有特别重要的意义。船舶航行中,可能长期离开陆地,若影响航行的重要部件发生故障,在复杂航行环境和严峻的气象条件下,有可能导致海损和严重的海洋污染。可靠性不足还会降低营运效益。

2. 经济性好

经济性是指一项经济活动能以最少的投入与消耗取得最大效益的能力。船舶在营运中,动力装置的运行及维护费用占船舶总费用的比例很大,通常超过50%,为提高船舶的营运效益,使船东能获得最大的经济效益,必须尽量提高动力装置的经济性。

3. 足够的功率

为了满足船舶设计航速的要求,船舶动力装置必须具有足够大的功率。动力装置的功率是按照船舶的设计航速确定的。随着船舶营运时间延长,船体脏污会使船舶阻力增加,船速下降。为了保持船舶的航速,船舶动力装置的功率应当有足够的储备,一般高于螺旋桨设计功率的5%~10%。

4. 机动性好

船舶机动性是指改变船舶运动状态的灵敏性,是船舶安全航行的重要保证。船舶起航、变速、倒航和回转性能是船舶机动性的主要体现。船舶的机动性取决于动力装置的机动性。船舶动力装置的机动性主要包括以下指标:起航时间、发动机由起动开始至全功率所需时间、发动机换向时间和可能的换向次数、发动机最低稳定转速和转速禁区、船舶由全速前进变为倒航所需时间。

5. 重量轻和尺度小

动力装置的重量和尺度直接影响船舶载货量和货舱容积，因此为了提高船舶的经济效益，应力求减少动力装置的重量和尺度。

6. 续航力大

续航力是指船舶不需要补充任何物资（燃油、滑油、淡水等）所能航行的最大距离或最长时间。它是根据船舶的用途和航区确定的。为了满足船舶续航力的要求，船上必须设有足够大小的油、水舱柜。

7. 环保性能好

船舶动力装置环保方面的要求主要包括减少其对海洋和大气环境的污染。船舶动力装置必须能够有效减少硫氧化物、氮氧化物及油类等其他污染物的排放，并持有相关的有效证书证明其排放符合要求。为了进一步降低船舶能耗、减少 CO_2 排放，对新建船舶从设计开始的设备选型、配置、线型优化到施工阶段的施工工艺改进，使船舶满足船级社的能效设计指数；对于营运船舶需采取合理方法进行能耗控制，并按照营运船舶能效管理指数评价。船舶必须具有经主管机关批准和定期审核的能效管理计划。

除了以上要求外，还要求动力装置便于维护管理，有一定的自动化程度，振动轻、噪声小，同时必须能满足建造国家和国际相关海事机构制定的规则和规范。

五、船舶机舱自动化等级

随着造船工业的发展，船舶机舱的自动化程度越来越高，为了表示船舶机舱的自动化程度，中国船级社（CCS）给不同自动化等级的机舱设立了附加标志：

（1）AUT-0—推进装置由驾驶台控制站遥控，机器处所包括机舱集中控制室（站）周期无人值班。

（2）MCC—机舱集中控制室（站）有人值班对机电设备进行监控。

（3）BRC—推进装置由驾驶台控制站遥控，机器处所有人值班。

应当需要强调的是，所有具有自动化等级附加标志的入级船舶的安全性，应与机电设备有人直接看管的船舶相同，应有措施保证当自动化系统失效时，能在机旁对机电设备进行有效的人工操作。

由于现代控制系统的完善和控制设备的可靠工作，机舱可以在较长时间内无须有人值班。这种在一定时间内无人值班的机舱，称无人机舱。中国船级社无人机舱的附加标志为 AUT-0，英国劳氏船级社（LR）的附加标志为 UMS（Unattended Machinery Spaces）。目前新造远洋船舶基本都采用了无人机舱，为了在机舱设备无人照看期间确保机舱设备和船舶的安全，无人机舱的船舶必须具备以下基本功能：

（1）能在驾驶台和集控室对主机进行遥控。

（2）辅助机械设备能在集控室进行遥控，其中有些设备还要能进行自动切换。

（3）机械设备的运行参数能够自动控制。

（4）对主机和辅助机械运行参数进行集中监测、记录、报警及故障保护。

（5）能够提供应急电力，包括自动起动备用发电机，自动实现同步并车、负载转移及解列，自动起动应急发电机向基本设备供电和提供应急照明等。

（6）能够进行机舱及全船火警探测和自动灭火。

在具有上述全部功能或主要功能的基础上，根据设备的可靠程度，可以实行 8 h、16 h 或 24 h 无人机舱值班。在实行无人机舱的船舶上，轮机长房间和轮机员房间都设有对主要运行参数的故障报警和故障显示的装置。轮机员除了定期到机舱巡视检查外，不需要到机舱值班。只要把转换开关转到值班轮机员房间，值班轮机员在房间内就可以监视机舱内各种机械设备的运行情况。如果发生故障或出现不正常现象，由值班轮机员下机舱进行必要的处理。

六、轮机人员的职责和分工

根据 STCW78/95 公约，轮机部人员的责任级别可以划分为管理级、操作级和支持级。管理级系指确保正确履行指定责任范围内所有职能的责任级别，管理级包括轮机长和大管轮。操作级是在相同责任范围的管理级人员的指导下，按照正规的程序，对指定责任范围内的所有职能的履行保持直接控制的责任级别，操作级包括二管轮、三管轮、电子电气员和在未满 750 kW 船舶上供职的高级船员。支持级系指在操作级或管理级人员的指导下，在海船上与履行指定任务、职责和责任有关的责任等级，支持级包括机工长和机工。

轮机人员的职责分工在各船舶公司虽不尽相同，但大体上是一致的，其区别仅在于某些机械设备的主管检修分工有所不同。

1. 轮机长

(1) 轮机长是全船机械、动力、电气（无线电通信导航和甲板部使用的电子仪器除外）设备的技术总负责人。在船长的领导下，负责轮机部的全面工作，并对其他部门所管辖设备的技术管理进行监督和指导。贯彻执行预防检修制度和技术操作规程，使各种设备保持良好技术状态。

(2) 执行轮机部的值班制度，指导并监督值班人员严格遵守机舱工作制度；按照船长的指示，准时完成各项开船准备，保持各种机电动力设备处于随时可用的良好状态，保持各项安全装置和应急设备处于正常良好状态；指导值班人员熟悉各种应变措施和各自岗位的工作，并能熟练地执行任务。

(3) 船舶进出港口、靠离移泊、通过狭窄水道或在其他困难条件下航行时，应在机舱领导和监督值班人员的操作，按照驾驶台的指令迅速、正确地操纵主机，并保持正常的工况参数。如时间较长，可指定大管轮暂时代替其职责。

(4) 负责审核批准由大管轮汇总编制的部门年度和航次的预防检修工作计划。负责监督和指导由其他部门使用的设备。

(5) 经常亲自检查各种机电设备的工作情况，及时纠正不正确的工况参数和操作方法。当轮机员、电子电气员、冷藏员等有疑难问题唤请时，应及时前往现场具体指导处理。

(6) 当机电动力设备发生事故时，应立即组织抢修，并采取防止重复发生类似事故的有效措施。

(7) 当本船遭遇海难或其他危急情况时，指挥机舱人员按应变部署表的分工，坚守岗位，积极抢救；在接到弃船命令时，应尽一切可能对有关设备采取相应的安全措施，亲自携带轮机日志、车钟记录簿或记录纸带最后离开机舱。

(8) 航行中应每日审阅并签署轮机日志，并经常检查轮机部其他各种日志记载的正确性和完整性，及时分析和纠正各种不正常工况。

(9) 负责核算燃润料和锅炉用淡水的储量，及时向船长提出添加量；与大副密切联系，商定油、水的添加和耗用计划，并按计划实施。

(10)负责审核由大管轮汇总编制的修船计划和航次修理项目，送交船长审核后报公司。

(11)教育并督促轮机部船员严格遵守国际防污公约的有关规定，制订本部门的防污染具体措施；审阅并签署油类记录簿。

(12)监督燃润物料和备件的合理使用；定期提取主、副机润滑油样交有关单位化验分析。发现问题及时处理，使润滑油保持在正常使用范围内。督促本部门船员做好备件、物料、工具、劳保用品的请领、验收、保管、使用、盘点和报销。

(13)负责保管图纸、说明书、技术图书及其目录清册；保管备件、属具、物料等清册以及其他技术文件、修理文件和公文；每年对所有文件至少清点一次。

(14)每航次结束后，应填制或审核签署轮机部航次工况报告、轮机部航次维修工作报告、主机和副机臂距差测量记录、船舶轮机部热工报告、航次燃润油消耗报告和其他公司所要求的机务报表，一并报送公司。

(15)培训和考核轮机人员。监督和签署轮机员、电机员、冷藏员的调任交接工作。

2. 大管轮

(1)大管轮是轮机长的主要助手，在轮机长的领导下进行工作，轮机长不在时代理轮机长的职务。大管轮负责领导轮机部人员进行机电设备管理、操作、保养和检修工作，教育所属人员严格遵守工作制度、操作规程和劳动纪律，保证轮机部的各种规章制度正确执行，

保证按时完成轮机部的航次计划和昼夜工作计划。在机舱实行无人值班的船舶上与其他轮机员轮流值安全班。在机舱实行有人值班的船舶上，船舶航行时当值 0400－0800 和 1600－2000 班。

(2)负责维护机舱的工作秩序，督促检查本部门船员保持机舱内各个工作场所、各种设备、各种备件工具物料及其周围环境的整洁，防止锈蚀、损坏和丢失；安排轮机部所属各舱室的除锈、油漆和清洁工作。

(3)负责维护机舱的工作秩序，督促检查本部门船员保持机舱内各个工作场所、各种设备、各种备件工具物料及其周围环境的整洁，防止锈蚀、损坏和丢失；安排轮机部所属各舱室的除锈油漆和清洁工作。

(4)负责管理主机、轴系及为主机直接服务的辅机，并负责管理舵机、冷藏设备。贯彻执行操作规程，并对操作管理方法随时提出改进意见，经轮机长批准执行。不设电子电气员的船舶，还应负责其管理设备的电气部分的维修和保养工作。

(5)负责制订所管设备的操作规程、使用规定和注意事项，协助轮机长修改或改进补订各种设备的操作规程和使用规定，提出技术管理的建议，经轮机长批准后公布执行。

(6)拟订所管设备年度和航次的预防检修计划，审核二、三管轮及电子电气员、冷藏员等所提计划，汇总编制成机械动力设备预防检修计划，经轮机长批准后，组织轮机部人员按计划检查、测量和修理。

(7)拟订所管设备的修船计划，审核二、三管轮及冷藏员等所提出的计划，汇总编制轮机部机械动力设备、管系和其他有关设备的修船计划和航次修理项目，送交轮机长审核。

(8)及时汇总编制轮机部机械动力设备方面的备件、物料、工具和本部门劳保用品的申领计划，送轮机长审核上报；指导有关人员做好验收、保管、盘点和合理使用。

(9)负责保管由本人使用的技术文件、技术资料、图纸和专用工具、专用仪器等。

(10)协助轮机长并具体组织和指导本部门船员的技术业务学习和技术考核以及培训等工作,监督轮机部一般船员的交接工作。

3. 二管轮

(1)二管轮是在轮机长和大管轮的领导下进行工作,主管发电原动机及其附属设备以及分工明细表规定的和轮机长指定由其负责的各种设备。在机舱实行无人值班的船舶上与其他轮机员轮流值安全班。在机舱实行有人值班的船舶上,船舶航行时当值 0000-0400 和 1200-1600 班。

(2)拟订所管设备的年度和航次预防检修计划,交大管轮审核汇总,按大管轮的安排进行检查、测量及修理;记载并保管修理记录簿,定期送轮机长审阅。

(3)负责燃油测量、记录和统计,按时报告轮机长;负责加装燃油,在装油前测量岸上油柜或油驳,并测试油质;安排好添装次序、速度,装完后还应测量、计算并核对添装数量。在加油过程中,正确留取油样。

(4)在航行时轮值航行班,每天填写并与二副交换正午报告。停泊时,领导由大管轮指派的人员进行检修工作。

(5)贯彻执行操作规程和各种制度,提出对所属设备的技术管理意见,报轮机长批准后执行。

(6)拟订所管设备的修船计划,提出航次修理项目,送交大管轮审核汇总。

(7)负责本人主管的机械设备的备件和专用物料的申领、验收和报销,妥善保管,防止锈蚀、损坏或遗失。

(8)负责保管由本人使用的技术文件、资料以及专用工具、仪器等。

4. 三管轮

(1)三管轮是在轮机长和大管轮的领导下进行工作,主管甲板机械、通用泵、救生艇发动机、应急消防泵、防污染设备、辅锅炉及其附属设备和分工明细表规定的以及轮机长指定由其负责的各种设备。在机舱实行无人值班的船舶上与其他轮机员轮流值安全班。在机舱实行有人值班的船舶上,船舶航行时当值 0800-1200 和 2000-2400 班。

(2)负责制订所管设备年度和航次的预防检修计划,交大管轮审核汇总,按大管轮的安排进行检查、测量及修理;记载并保管修理记录簿,定期送轮机长审阅。

(3)停泊时除轮值安全班外,领导由大管轮指派的人员进行检修工作。

(4)负责拆卸水管和排污管系。在排污过程中,应严格遵守国际防污公约中的有关规定,采取有效的防污措施,认真填写油类记录簿。船在港口应严格遵守当地的防污染的规定。指导甲板部有关船员正确操作和保养甲板机械。

(5)贯彻执行操作规程和各种制度,提出对所管设备的技术管理改进意见,报轮机长批准后实行。

(6)拟订所管设备的修船计划,提出航次修理项目,送交大管轮审核汇总。

(7)负责本人主管的机械设备的备件和专用物料的申领、验收和报销,妥善保管,防止锈蚀、损坏或遗失。

(8)负责保管由本人使用的技术文件、资料以及专用物料、工具、仪器等。

5. 电子电气员

电子电气员是 STCW 公约马尼拉修正案(以下简称“公约”)新设岗位,公约将电子电气员定位为操作级，其职责主要有三大方面：

（1）电气、电子和控制工程：对电气、电子和控制系统的监控；推进装置和辅助机械自动控制系统的监控；发电机的操作；船上计算机及其网络系统的操作；使用手动工具、电气和电子测量设备进行故障检查、维护和修理作业等。

（2）维护和修理：维护和修理主推进装置和辅助机械的自动和控制系统；维护和修理驾驶台航行设备和船舶通信系统；维护和修理甲板机械和装卸货设备的电气、电子和控制系统；维护和修理生活设备的控制和安全系统等。

（3）船舶操纵和人员管理：保证遵守防污染要求；船上防火、控制火灾和灭火；操作救生设备；在船上应用医疗急救；领导力和团队工作技能的运用等。

6. 冷藏员

（1）在轮机长和大管轮领导下领导冷藏机工进行工作。

（2）按照轮机长的指示，参加并组织领导冷藏机工或由大管轮指派的人员轮流值班和进行检修工作。

（3）负责检查并按时记录冷藏库内的温度、湿度，使其经常处于规定的变化幅度之内；经常检查并保持冷藏库系统和设备的完整可靠，冷藏设备发生故障时，应立即报告轮机长，并及时进行检修。

（4）应贯彻执行冷藏设备的操作规程，防止泄漏，杜绝事故，延长使用寿命，保证冷冻物品的质量，不断研究改进管理办法，报轮机长批准后执行。

（5）负责保持冷藏机室、修理间、材料库、冷藏机及管系和有关设备的清洁整齐。

（6）制订预防检修计划，报经轮机长批准执行。

（7）编制计划修理和航次修理的修理单，提交轮机长审批。

（8）负责冷冻设备所需工具、备件、物料的申领、验收、统计和报销，监督物料和备件的合理使用。

（9）负责管理冷藏日志，按时提交轮机长审签。

（10）保管冷藏设备的有关技术文件。

7. 机工长

（1）机工长在大管轮和值班轮机员领导下，组织机工完成轮值和预防检修工作。在未配备助理轮机员的船舶，应完成助理轮机员的工作。

（2）负责轮机部备件、工具、物料的保管，养护和定期盘点、统计工作。

（3）督促帮助机工按轮值表进行轮值，严格遵守值班制度及操作规程，制止违章操作，需要时按大管轮指示参加轮值。

（4）带领机工进行养护检修工作，修船期间，按大管轮指派，做好自修、监修、验收及安全防护等工作。

8. 机工

（1）参加机舱轮值，进行值班巡视、参数记录和设备操作，值班中发现机电设备有故障和异常情况时，除做紧急处理外，应及时报告当值轮机员。

（2）在不值班时，在轮机员和机工长领导下参加设备检修，负责机舱及机器设备的清洁卫生工作，负责各种过滤器、滤网的清洗工作。

（3）遵守劳动纪律、规章制度和安全操作规程，熟悉各注意事项、应急部署及各种器材的放置地点和使用方法。

第二节 热工基础知识

轮机在工程上被称为船舶动力装置,常规的船舶动力装置均属于热能动力装置,如蒸汽动力装置、柴油机动力装置以及燃气轮机动力装置等。热能动力装置是将燃料燃烧产生的热能的一部分转化为机械能的装置。在热能动力装置中,将热能转变成机械能是由受热而膨胀做功的媒介物实现的,这种媒介物称为"工质"。例如,燃气是内燃机的工质,水蒸气是蒸汽动力装置的工质。作为工质的物质必须具有良好的膨胀性和流动性。所以,热能动力装置所用工质为气态物质,如空气、燃气和蒸汽。

一、热力状态参数

在对热能动力装置进行热力学分析时,通常要在相互作用的各种热力设备中划分出一个(或几个)作为研究对象,这种被划分出来的研究对象称为热力系统。要对热力系统进行分析,首先需要对系统的热力状态进行描述。在热力学中,用来描述系统宏观特性的物理量称为系统的热力状态参数,简称状态参数。常用的状态参数有压力、温度、容积、内能、焓和熵等六个参数。而压力、温度、容积三个状态参数,可直接通过仪表来测量,因此工程上称它们为基本状态参数。状态参数的数值只由系统的状态来确定,当系统状态变化时,状态参数的变化量只与系统的初、终状态有关,而与变化过程或途径无关。

1. 压力

在工程热力学中,把工质指向真实的容器壁面或假想的分界面单位面积上的垂直作用力称为压力(即压强)。气体的压力是气体分子撞击壁面的宏观表现。实际上,容器内的气体分子非常多,撞击也非常频繁,因此就产生了一个持续的有一定大小的压力,这个压力是大量分子撞击壁面的平均结果。按分子运动论的观点,气体的压力与单位容积内的分子数和分子的平均移动动能成正比。

国际单位制中压力的单位为 N/m^2,称为"帕",符号为 Pa。由于 Pa 所表示的压力太小,实际多用符号 MPa(10^6 Pa)表示,称为"兆帕"。各单位之间的换算关系如表 1-1 所示。

表 1-1 压力单位换算表

帕斯卡 (Pa) N/m^2	巴 (bar) 10 N/m^2	工程气压 (at) kgf/cm^2	标准气压 (atm) 760 mmHg	磅力/英寸^2 (psi) 1 bf/in^2	毫米汞柱 (Torr) mmHg	米水柱 mH_2O
1	10^{-5}	1.0197×10^{-5}	0.9869×10^{-5}	1.45×10^{-4}	7.5×10^{-3}	1.021×10^{-4}

(1)大气压力

大气压力是由地面上几百公里高的空气层的重量所引起的,以 p_b 表示,其中下标 b 表示 barometric(大气压力)。有时下标也用 a,表示 atmospheric pressure(大气压力)。大气压力大小随纬度、高度、空气温度和水蒸气含量而变化。物理学中把纬度 45 度平均海平面上常年大气压的平均值定义为标准大气压,以符号 atm 表示。工程上现已规定 1 atm = 0.101 325 MPa。

(2)绝对压力

工质作用在器壁上的实际压力称为“绝对压力”,以 p 表示。

(3)表压力

用压力表测得的压力数值称为“表压力”,以 p_g 表示,其中下标 g 表示 gauge(测量仪表)。压力表测定的压力是以大气压力作为测量基准,其数值不是绝对压力,而是绝对压力与当地大气压力的差值,即

$$p_g = p - p_b$$

(4)真空度

当容器内的绝对压力比大气压低时,用压力表测得的压力为负值,取其绝对值,称为“真空度”,以表示 p_v,其中下标 v 表示 vacuum(真空)。真空度也是表压,其数值是当地大气压与绝对压力的差值,即

$$p_v = p_b - p$$

表压力和真空度是以当地大气压为基准的相对压力,表压力表示比大气压力高出的压力值,真空度表示比大气压力低的压力值,它们之间的关系如图 1-4 所示。

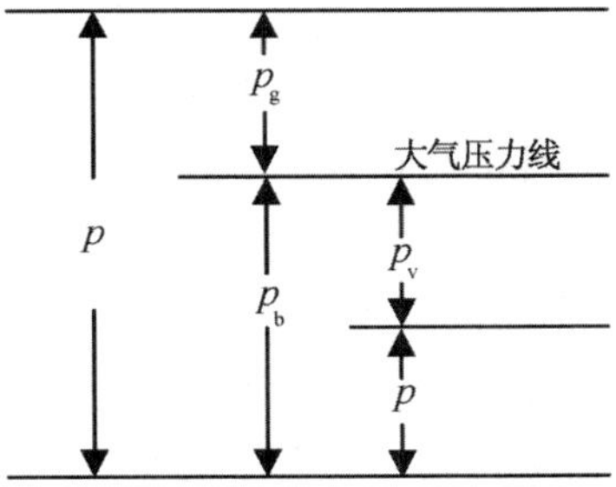

图 1-4 表压力、真空度和绝对压力的关系

在工程计算中,当 $p_g \gg p_b$ 时,可近似取 $p_b = 0.1$ MPa,则绝对压力

$$p = p_g + 0.1 \text{ MPa}$$

2. 温度

温度是表明工质冷热程度的状态参数,以 t 表示。温度的数值表示方法叫作温标。常用的温标有以下三种:

(1)华氏温标

在标准大气压下,将纯水的冰点标定在 32 度,沸点为 212 度,在这两点之间均分 180 等分,取其中的 1 份称为华氏 1 度,记作 1 ℉。华氏温度以符号为 t 表示,单位为℉。

(2)摄氏温标

在标准大气压下,将纯水的冰点标定在 0 度,沸点为 100 度,在这两点之间均分 100 等分,取其中的 1 份称为摄氏 1 度,记作 1 ℃。摄氏温度以符号为 t 表示,单位为℃。

(3)开尔文温标

开尔文温标又称绝对温标或热力学温标,以摄氏零下 273.15 度为零度,每度的间隔与摄氏温标相同,1 度记作 1 K。开尔文温度以符号 T 表示,单位为 K。

三种温标之间的换算关系:

$$t(\text{°F}) = 9/5 \times t(\text{°C}) + 32$$

$$t(\text{°C}) = 5/9 \times [t(\text{°F}) - 32]$$

$$T(\text{K}) = t(\text{°C}) + 273.15$$

3. 比容和密度

质量为 1 kg 的工质所占的容积称为比容,用符号 v 表示,单位为 m^3/kg。设质量为 m kg 的工质所占容积为 V m^3,则其比容 v 为

$$v = V/m \quad m^3/kg$$

1 m^3 工质具有的质量称为密度,用符号 ρ 表示,单位为 kg/m^3。设 V m^3 工质的质量为 m kg,则密度为

$$\rho = m/V$$

由以上两式可知,比容 v 和密度 ρ 互为倒数,即

$$\rho = 1/v \text{ 或 } v = 1/\rho$$

(4)理想气体状态方程

根据气体的试验定律推导的气体的基本状态参数 p、v、T 之间的关系即状态方程为

$$pv = RT$$

精确的试验表明,气体的 p、v、T 之间的关系与上式并不完全吻合,有时甚至偏差很大。在热力学中,把完全符合上式及比内能仅为温度的函数的气体称为“理想气体”,而称上式为理想气体状态方程。凡不符合这个条件的气体称为“实际气体”。式中的 R 称为气体常数,其数值只与气体种类有关,而与气体状态无关,单位为 J/(kg·K)。例如空气的 R 为 29.3,氧气的 R 为 26.5,氮气的 R 为 30.3,二氧化碳的 R 为 19.3。

在热能动力装置中所用的空气和燃气以及空气调节设备中的空气中所含的少量水蒸气,均可以按理想气体进行计算。然而蒸汽动力装置中的水蒸气以及压缩制冷装置中的制冷剂蒸汽,不能当作理想气体,不能按适用于理想气体的状态方程进行计算。

二、热与功

1. 热量

为了进行热力学分析,首先要在相互作用的各种热力设备中划分出一个(或几个)热力设备作为研究对象。在热力学中,这种被划分出来的研究对象称为“热力学系统”,简称“系统”。系统之外的其他热力设备统称为“外界”。系统与外界的分界面称为“边界”。

在热力学中,把系统和外界由于温差而通过边界传递的能量称为热量,用符号 Q 表示。外界给系统加热,Q 取正值;反之,系统对外界放热,Q 取负值。

热量单位在 SI 制中为 kJ(千焦耳),工程单位为 kcal(千卡或大卡)。1 kcal 即在标准大气压下将质量为 1 kg 纯水的温度,从 14.5 ℃升到 15.5 ℃所吸收的热量。在英制单位中是将标准大气压下 1b 纯水的温度,从 59.5 °F升高到 60.5 °F所吸收的热量规定为一个热量单位,称为 BTU(英制单位)。三种单位之间的换算关系为

$$1 \text{ kJ} = 0.238\,8 \text{ kcal} = 0.948\,8\text{BTU}$$

对质量为 1 kg 工质的加热量(或放热量)称为单位质量热量,用符号 q 表示,其单位为 kJ/kg 或 kcal/kg。

2. 功

在热力学中，功的定义为“当封闭系统（与外界没有物质交换的热力学系统）通过边界和外界之间发生相互作用时，若外界唯一的效果是升起重物，则系统对外界做了功；反之，若外界的唯一效果是降低重物，则外界对系统做了功”。

如图 1-5 所示，取气缸中有一定质量的高压气体作为封闭系统，活塞、曲柄连杆机构和重物为外界。当系统膨胀时，系统通过边界，对外界做功使重物升起。相反，如重物受外界力的作用下降，则外界通过边界对系统做功，使系统压缩。

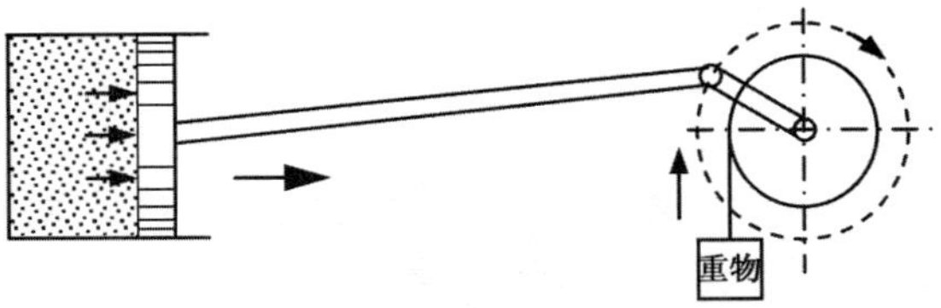

图 1-5　封闭系统做功

在工程制中，功的单位为 kgf · m，在 SI 制中为 N · m，即焦耳(J)。二者之间的换算关系为：

$$1\ \text{kgf} \cdot \text{m} = 9.8\ \text{N} \cdot \text{m} = 9.8\ \text{J}$$

工程中称单位时间内所做的功为“功率”，其单位为“马力”，或“千瓦”。它们之间的关系为

$$1\ \text{PS} = 75\ \text{kgf} \cdot \text{m/s} = 0.735\ \text{kW}$$

英制马力(hp)比工程制马力(PS)大一点，即

$$1\ \text{PS} = 0.986\ \text{hp}$$

3. 功和热量的关系

功和热量均为系统与外界之间能量传递的方式，两者都是传递过程中出现的能量，单纯说某个系统具有多少功或热量是没有意义的。但是两者有着本质的区别，热量是不规则热运动的能量传递方式，功则是规则运动的能量传递方式。功可以完全地转化为热，热却只能部分地转化为功，而且只能通过工质的热膨胀来实现。

4. 热效率

如图 1-6 所示为内燃机动力装置的工作原理简图。燃油在高压下喷入气缸，同气缸内的空气混合燃烧产生热量 Q_1，高温高压的燃气膨胀推动活塞移动，并通过连杆曲柄机构变成回转运动，带动推进器回转，对外界做机械功 W。做功后的低温低压燃气排出气缸，并带走热量 Q_2，完成一个工作循环。根据能量守恒定律，工质在一个循环中，对外界做的机械功等于从高温热源吸收的热量 Q_1 减去传给低温热源的热量 Q_2，即

$$W = Q_1 - Q_2$$

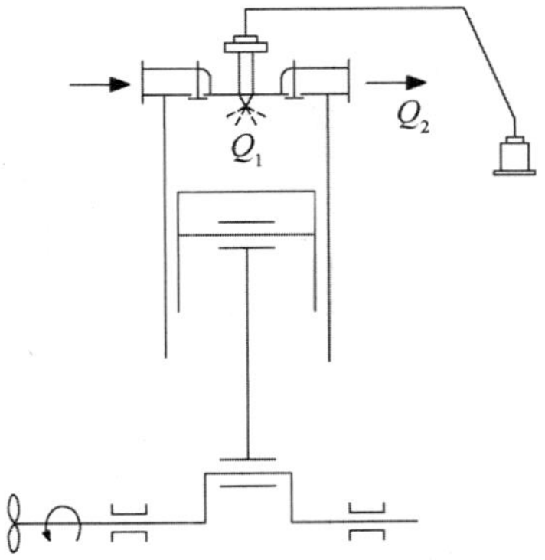

图 1-6　内燃机工作原理

我们把效果与代价之比称为热效率 η，它是衡量热能动力装置的一个经济性指标：

$$\eta = 效果/代价 = W/Q_1 = (Q_1 - Q_2)/Q_1 = 1 - Q_2/Q_1$$

由于工质向低温热源放热是不可避免的,因此 Q_2 永远不可能为0,热效率 η 也就不可能等于1,即热效率 η 永远小于100%。最理想的循环,即效率最高的循环就是所谓的"卡诺循环",其热效率只与高温热源的绝对温度 T_1 和低温热源的绝对温度 T_2 有关,用公式表示为

$$\eta_{卡诺} = (T_1 - T_2)/T_1 = 1 - T_2/T_1$$

对于卡诺循环,无论使用什么工质,也不论可逆热机的结构形式,提高热源的绝对温度 T_1 和降低冷源的绝对温度 T_2 均可提高循环热效率。

三、水蒸气与湿空气

1. 水蒸气的性质

水在1个标准大气压下加热到100 ℃开始沸腾,再继续加热,水逐渐变为蒸汽而减少,这个过程称为汽化过程。当压力变化时,水开始沸腾的温度也开始变化,因此,将在一定压力下水开始沸腾的温度称为该压力下水的"饱和温度"。压力越高,对应的饱和温度越高,如在2个标准大气压下的饱和温度为120 ℃。同样在某一温度下,压力只有下降到某一定值时水才开始沸腾,我们称在一定温度下,水开始沸腾时的压力为该温度下的"饱和压力"。水蒸气的饱和压力仅与温度有关,温度越高,饱和压力越高,饱和压力和饱和温度是一一对应的关系。

工程上所用的水蒸气都是在定压加热,汽化而产生的,为形象起见,假设水是在汽缸内进行定压加热,水蒸气的产生分预热、汽化和过热三个阶段,其过程如图1-7(a)所示汽缸内的水温 t 小于其压力对应的饱和温度 t_s,此时的水称为未饱和水或过冷水,以 $\Delta t = t_s - t$ 表示过冷水的过冷度。受外界加热水的温度升高,当温度升到该压力所对应的饱和温度 t_s 时,则称其为饱和水,如图1-7(b)所示。继续加热,水开始沸腾,在定温下,产生蒸汽而形成饱和水和饱和蒸汽的混合物,这种混合物称为湿蒸汽,如图1-7(c)所示。工程上通常给出湿蒸汽的"干度"x,它表示1 kg湿蒸汽中含 x kg饱和蒸汽。水继续吸热,直至水全部汽化为蒸汽,这时的蒸汽因不含液体,而称为干饱和蒸汽,如图1-7(d)所示。至此为止,工质的全部汽化过程都是在饱和温度下进行的。对于饱和蒸汽继续加热,则蒸汽的温度将从饱和温度起不断升高。由于这时蒸汽的温度已超过相应压力下的饱和温度,称过热蒸汽,如图1-7(e)所示。过热蒸汽的温度 t 与饱和温度 t_s 之差称为过热度 Δt,即 $\Delta t = t - t_s$。

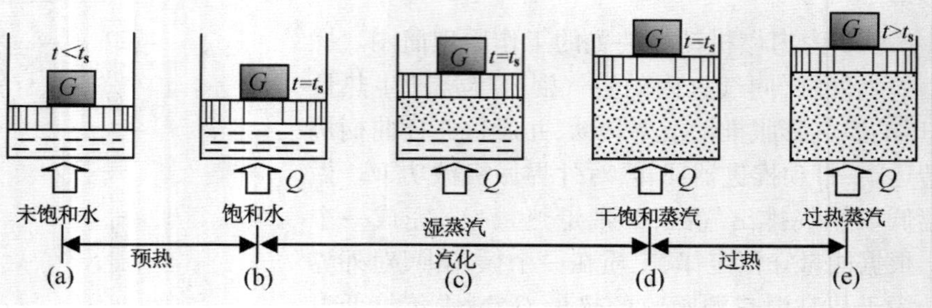

图1-7 水在定压下的汽化过程

2. 湿空气

自然界的空气多少都含有一些水蒸气,含水蒸气的空气称为"湿空气"。完全不含水蒸气的空气称为干空气。湿空气按其中所含水蒸气所处状态,分为"未饱和空气"和"饱和空气"。

当其中的水蒸气为过热蒸汽时，则该湿空气为未饱和空气。当湿空气中的水蒸气为饱和蒸汽时，该湿空气为饱和空气。“饱和”的含义可理解为一定温度下湿空气中水蒸气的含量已达到最大限度，已经不可能再吸收水分了，湿空气已经“饱和”了。一般情况下，湿空气均处于未饱和状态。

如图 1-8 所示，将两只温度计置于湿空气中，一只温度计的感温元件直接裸露于湿空气中，另一只温度计则将其感温元件外面用浸在水中的湿纱布包住。这两只温度计显示的温度往往不同。感温元件直接裸露于湿空气中的温度计称为干球温度计，其所显示的温度称为湿空气的“干球温度”，以“t”表示。可见，干球温度就是湿空气的温度。感温元件用湿纱布包住的温度计称为湿球温度计，其所显示的温度称为湿空气的“湿球温度”，以“t_w”表示。实测表明，对于未饱和空气，湿球温度总是低于干球温度，即 $t_w < t$。对于饱和空气，湿球温度才等于干球温度，即 $t_w = t$。

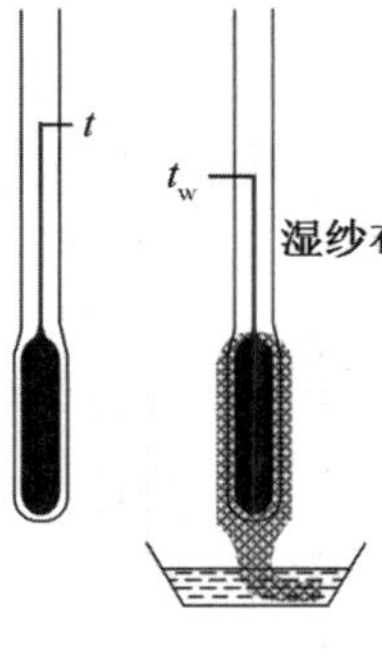

图 1-8　干湿球温度计

一定体积的湿空气中水蒸气质量和干空气质量之比称为湿空气的含湿量，用“d”表示。因为湿空气中水蒸气的质量很少，通常采用的单位是“g 水蒸气/kg 干空气”。可以把含湿量 d 理解为与 1 kg 干空气混合的水蒸气质量。d 若采用“g 水蒸气/kg 干空气”为单位，则在 $(1+0.001d)$ kg 湿空气中含有 d 克水蒸气。用含湿量 d 计算湿空气中水蒸气的质量很方便，但用 d 不能表述湿空气的干湿程度。

在一定温度下，1 m^3 湿空气中所含的水蒸气与 1 m^3 饱和空气所含的水蒸气量之比称“相对湿度”，用“φ”表示。由此可见，干空气中不含水蒸气，其相对湿度为零，而饱和空气的相对湿度为 100%。相对湿度表示了湿空气接近饱和空气的程度。相对湿度与水的蒸发速率直接相关，φ 越大，蒸发速率越小。可见，相对湿度确切表达了湿空气的干湿程度。

未饱和空气如果在等压下冷却，其相对湿度将随温度下降而升高，当相对湿度达到 100% 时所对应的温度称为湿空气的露点温度，简称为露点，用“t_d”表示。当未饱和空气温度达到露点时，就会有水蒸气凝结出来，出现结露现象。露点对于柴油机和锅炉的管理有较大影响。

四、传热学基础

传热学研究的是热量传递的规律，即热量由高温物体传递给低温物体的规律。只要有温差存在，就有热量传递发生，就有热量自发地由高温物体传递给低温物体，或从物体的高温部分传向低温部分。

1. 热传递的基本方式

热传递的现象相对复杂，为了便于分析，按照热传递过程中物质运动的特点，热传递可分为三种基本方式：热传导、热对流、热辐射。

(1)热传导

热传导是不同温度的物体之间通过直接接触，或同一物体不同温度的各部分之间，当没有宏观相对位移时，由分子、原子或自由电子等微观粒子的热运动来传递热量的过程。

(2)热对流

热对流是流体中不同温度的各部分之间，由流体微团宏观相对位移来传递热量的过程。

(3)热辐射

当物体的温度高于绝对零度时，物体由于具有一定温度而向外放射辐射能，辐射能通过电磁波传播。物体将热能转化为向外放射辐射能的现象称为"热辐射"。

2. 导热过程、对流换热过程、辐射换热过程和传热过程

(1)导热过程

固体和静止的流体中的热传递过程是以单一的热传导方式进行的，称为导热过程。

单位时间内通过平壁的热量 Q(称热流量)与导热物体的横截面积 A 以及平壁两侧的温度差 Δt 成正比，而与平壁厚度 δ 成反比。对于气缸壁导热实例可用下式表示：

$$Q = \lambda \cdot F \cdot \Delta t/\delta$$

式中，Q——热流量，W；

F——垂直于导热方向的物体横截面面积，m^2；

δ——物体厚度，m；

Δt——平壁两侧的温度差，单位为℃；

λ——导热系数，与材料的性质有关，W/(m·℃)。

不同物质具有不同的 λ 值，λ 值越大表明导热性能越好。金属的 λ 值最大，非金属固体较大，液体较小，气体的 λ 值最小。

(2)对流换热过程

运动的流体与固体壁面之间的热传递过程称为对流换热。这种换热过程，既包括壁面和流体直接接触的热传导和流体本身的热传导，又包括流体中不同温度的各部分之间的热对流。

对流换热的传热量 Q 与传热接触面积 F 和传热温差 Δt 之间的关系为：

$$Q = \alpha F \cdot \Delta t$$

式中，Q——热流量，W；

F——传热接触面积，m^2；

Δt——固体壁面温度与液体或气体温度之差，℃；

α——对流换热系数，W/(m^2·℃)。

对流换热系数 α 表示对流换热中热传导的速率，其数值与流体的物理性质、流速以及壁面形状、尺寸等因素有关。

(3)辐射换热过程

具有不同表面温度的物体之间，依靠热辐射进行的热传递过程，或者有热辐射能力的气体与包壳之间的热传导过程，均称为辐射换热。

辐射换热是靠电磁波中的可见光线和红外线来传递热量。它不需要冷、热二物体直接接触，只要有温差存在，就能进行辐射换热。

任何温度高于绝对零度的物体，每时每刻都在以热辐射的方式向外辐射热量，与此同时，物体又在每时每刻接受其他物体以热辐射的方式向它辐射的能量。物体表面温度越高，辐射的热量越多。

物体之间的相互辐射或吸收，形成了辐射换热过程。高温物体总是辐射出更多的热量被低温物体所吸收，辐射换热量可用化简的公式表示为：

$$Q = \alpha_{辐} F_2 \cdot \Delta t$$

式中，$\alpha_{辐}$——辐射换热强弱的辐射放热系数，W/(m·℃)；

F_2——吸收辐射热的物体表面积，m^2；

Δt ——两物体表面的温度差,℃。

(4)传热过程

传热过程是以上三种基本传热方式的复合过程。如图 1-9 所示为锅炉中高温燃气与水的传热过程。热量从炉膛中的高温燃气传给水就是同时具有导热、对流换热和辐射换热三种基本方式的传热过程。高温燃气对炉膛壁面的传热以辐射和对流两种方式换热,炉膛内燃气的温度为 t_{f1},由于传热的结果,炉膛下壁面的温度由 t_{f1} 达到 t_1。炉胆下壁面向炉胆上壁面的传热是以导热方式进行,炉膛上壁面的温度达到 t_2。炉胆上壁面向水的传热过程是对流换热方式,锅炉内水的温度达到 t_{f2}。传热过程基本规律是传热温差越大,传热量越多;传热面积越大,传热量也越多。传热过程的热流量可由下式计算:

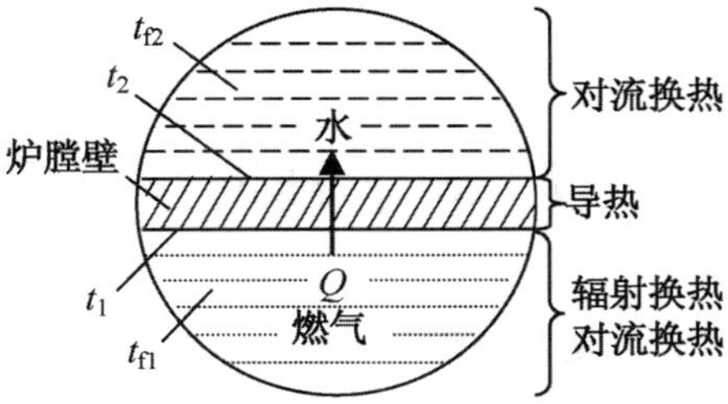

图 1-9　锅炉中的传热过程

$$Q = KF \cdot \Delta t$$

式中,F——传热面积,单位为 m^2;

Δt ——传热温差,单位为℃;

K——传热系数,单位为 $W/(m^2 \cdot ℃)$。

传热系数 K 表示在传热过程中除了 Δt、F 以外其他各种因素对传热影响的强弱程度。它包含了导热系数 λ、厚度 δ、对流放热系数 α 以及辐射放热系数 $\alpha_{辐}$ 的全部数值。传热系数 K 越大,传热越强烈。

第二章 船舶柴油机动力装置

第一节 柴油机工作原理

机械设备通常可以分为动力机械和工作机械两大类。动力机械是将其他形式的能量转化成机械能,而工作机械是利用机械能来完成所需的工作。将热能转化成机械能的动力机械称为热机。热机在工作中需要完成两次能量转化过程。第一次能量转化是将燃料的化学能通过燃烧转化成热能,第二次是将热能通过工质膨胀转化成机械能。如果两次能量转化过程是在同一个机械设备中完成的,则称之为内燃机。汽油机、柴油机以及燃气轮机都属于内燃机。如果两次能量转化分别在两个不同的机械设备中完成,则称之为外燃机。蒸汽机和蒸汽轮机都是外燃机。与内燃机相比,外燃机热效率不高,整个动力装置比较笨重。内燃机在与外燃机的竞争中已经取得明显的领先地位。

通常,驱动船舶推进器的发动机称为主机,驱动船用发电机的原动机称为副机。现代船舶主机和副机绝大多数采用柴油机。

一、柴油机的类型

根据柴油机不同的分类方式,柴油机大体上有以下类型:

1. 四冲程柴油机和二冲程柴油机

燃油在柴油机气缸内燃烧做功,必须经过进气、压缩、燃烧、膨胀和排气五个过程才能实现,进行了这五个过程就完成了一个工作循环。柴油机周而复始地重复这个工作循环,就可以实现持续工作。若完成一个工作循环需要两个活塞冲程,这种柴油机称为二冲程柴油机。若柴油机完成一个工作循环需要四个活塞冲程,则称为四冲程柴油机。

2. 增压柴油机和非增压柴油机

根据柴油机的进气压力划分,若进气压力高于大气压力,则称为增压柴油机,若进气压力等于大气压力,则称为非增压柴油机。

3. 低速、中速和高速柴油机

按曲轴转速可将柴油机划分为:低速柴油机($n<300$ r/min)、中速柴油机($n=300\sim 1\,000$ r/min)和高速柴油机($n>1\,000$ r/min)。

4. 筒形活塞式和十字头式和十字头式柴油机

如图 2-1(a)所示是筒形活塞式柴油机示意图。它的活塞直接与连杆连接。筒形活塞式结构简单、紧凑、轻便,发动机高度小。它的缺点是由于活塞承受侧推力,活塞和气缸磨损较大。中高速柴油机一般采用此结构。如图 2-1(b)所示是十字头式柴油机。它的活塞通过活塞杆和十字头与连杆连接,气缸中部设中隔板将气缸和曲轴箱隔开。十字头式柴油机可靠性较筒形活塞式高,但重量和高度增大,结构复杂。大型低速二冲程柴油机采用这种结构。

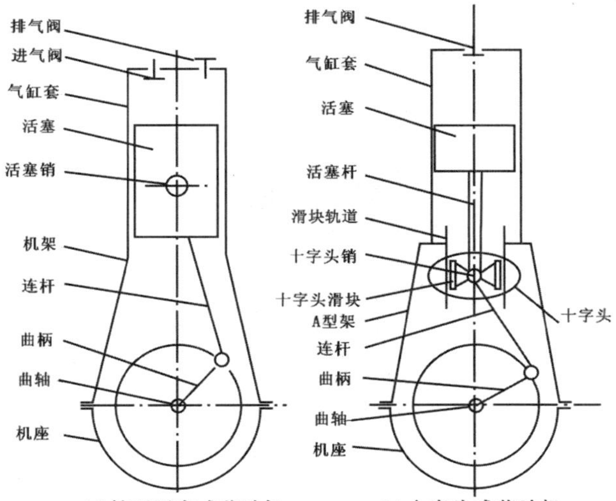

(a)筒形活塞式柴油机　　(b)十字头式柴油机

图 2-1　筒形活塞式和十字头式柴油机示意图

5. 直列式和 V 型柴油机

柴油机通常采用多缸机。多缸柴油机的气缸排列型式有直列式、V 型、W 型等。船用柴油机通常采用直列式和 V 型气缸排列。两个或两个以上直立气缸并排一列布置的柴油机称为直列式柴油机。如图 2-2(a)所示。直列式柴油机因曲轴刚度和安装上的限制一般不超过 12 缸。缸数超过 12 缸时通常采用 V 型机,如图 2-2(b)所示。V 型机具有两个或两列气缸,其气缸中心线夹角呈 V 形,各气缸共用一根曲轴。V 型机的气缸数可达 24,气缸夹角通常为 90°、60°或 45°。V 型机具有较高的单机功率和较小的比重量(柴油机净重量与标定功率的比值),在中高速柴油机中应用较多。

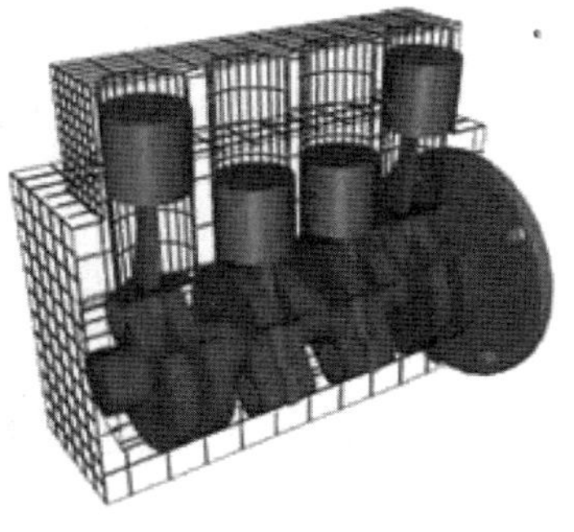

(a)直列式柴油机

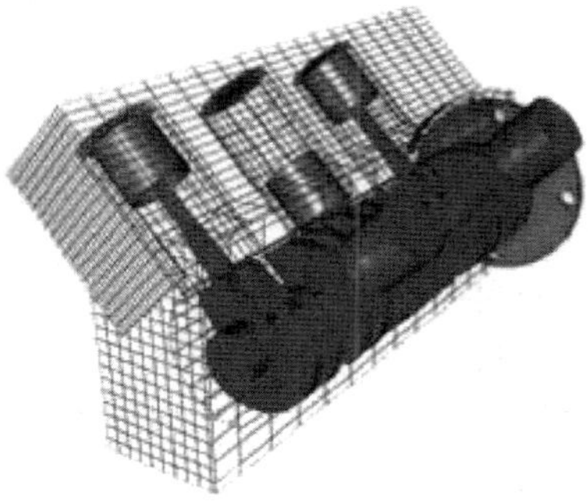

(b)V型柴油机

图 2-2　直列式和 V 型柴油机

6. 可逆转和不可逆转柴油机

可由操纵机构改变其曲轴转向的称可逆转柴油机。曲轴仅能按同一方向旋转的柴油机称不可逆转柴油机。

二、柴油机基本结构参数

柴油机基本机构参数如下,如图 2-3 所示。

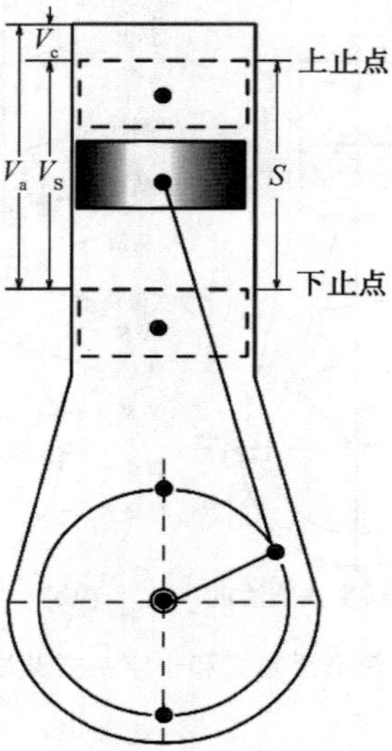

图 2-3 柴油机基本结构参数

1. 上止点(TDC)

活塞在气缸中运动的最上端位置,也就是活塞离曲轴中心线最远的位置。

2. 下止点(BDC)

活塞在气缸中运动的最下端位置,也就是活塞离曲轴中心线最近的位置。

3. 曲柄半径 R

曲轴的曲柄销中心与主轴颈中心间的距离。

4. 冲程(S)

活塞从上止点移动到下止点间的直线距离,又称行程:它等于曲轴曲柄半径 R 的两倍($S=2R$)。活塞移动一个行程,相当于曲轴转动 180°(曲轴转角)。

5. 气缸直径 D

气缸套的内径。

6. 气缸余隙容积(压缩室容积 V_c)

活塞在气缸内上止点时,活塞顶上的全部空间(活塞顶、气缸盖底面与气缸套表面之间所包围的空间)容积。

7. 余隙高度(顶隙)

上止点时活塞最高顶面与气缸盖底平面之间垂直距离。

8. 气缸工作容积(V_s)

活塞在气缸中从上止点移动到下止点时所扫过的容积。

9. 气缸总容积(V_a)

活塞在气缸内位于下止点时,活塞顶以上的气缸全部容积,亦称气缸最大容积。

$$V_a = V_c + V_s$$

10. 压缩比(ε)

气缸总容积 V_a 与压缩室容积 V_c 之比值,亦称几何压缩比。

三、四冲程柴油机的工作原理

1. 四冲程柴油机的工作过程

如图 2-4 所示为四个活塞冲程的进行情况以及活塞、曲轴、气阀等部件的有关动作位置。

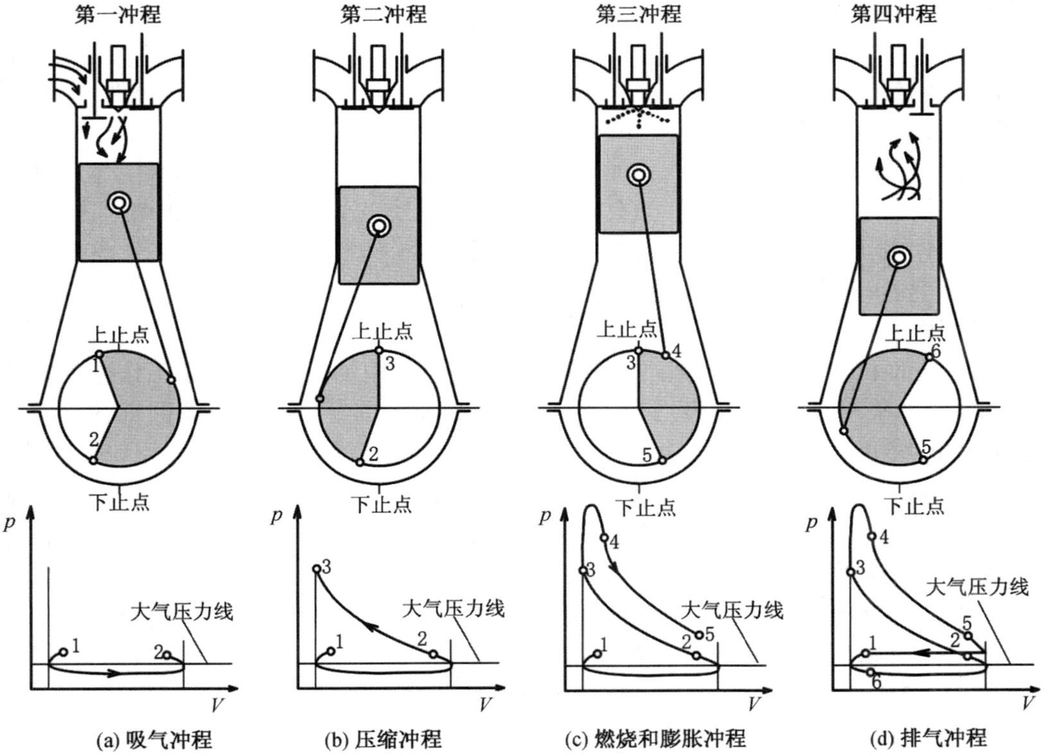

图 2-4　四冲程柴油机工作原理

第一冲程——进气冲程:

活塞从上止点下行,进气阀打开。由于活塞下行的抽吸作用,新鲜空气充入气缸。为了能充入更多的空气,进气阀一般在上止点前提前开启(曲柄位于点 1),在下止点后延迟关闭(曲柄位于点 2)。进气阀开启始点至上止点的曲柄转角叫作进气提前角。下止点到进气阀关闭位置的曲柄转角叫作进气延迟角(利用惯性进气)。整个进气过程所占的曲轴转角 φ_{1-2} 为 220°~250°。

第二冲程——压缩冲程:

活塞从下止点向上运动,压缩冲程自进气阀关闭(点 2)开始,一直到上止点(点 3)为止。活塞上行,气缸容积减少,缸内气体压力和温度随之升高,到达压缩终点时,压力增高到 3~

6 MPa,温度升至 600~700 ℃(燃油自燃温度为 210~270 ℃)。压缩终点的气体压力和温度分别用 p_c 和 t_c 表示。在压缩过程后期,喷油器将燃油以雾状喷入气缸。燃油与高温空气混合并被加热,自行发火燃烧。压缩过程所占的曲轴转角 φ_{2-3} 为 140°~160°。

第三冲程——燃烧和膨胀冲程:

活塞在上止点附近,由于燃油强烈燃烧,气缸内的压力和温度急剧上升。压力增加至 5~8 MPa,甚至 15 MPa 以上。温度达到 1 400~1 800 ℃或更高。燃烧产生的最高压力(爆发压力)和温度分别用 p_z 和 t_z 表示。高温高压燃气(即工质)膨胀推动活塞下行做功。由于气缸容积逐渐增大,压力下降。在上止点后的某一时刻(点 4),燃烧基本结束。燃气继续膨胀,排气阀在下止点前开启时,膨胀过程结束。膨胀结束时气缸内气体压力 p_b 为 250~450 kPa,温度 t_b 为 600~700 ℃。曲轴转角 φ_{3-4-5} 表示燃烧膨胀过程,为 130°~160°。

第四冲程——排气冲程:

与进气阀相似,排气阀在下止点前提前开启。从排气阀开启到下止点的曲柄转角叫作排气提前角。排气阀开启时,活塞尚在下行,废气靠气缸内外压力差进行自由排气。当活塞从下止点上行时,废气被活塞推出气缸,此时排气过程在略高于大气压力(105~110 kPa)且在压力基本不变的情况下进行。排气阀一直延迟到活塞到达上止点之后(点 6)才关闭。这样可利用气流的惯性作用,继续排出一些废气。曲柄转角 φ_{5-6} 表示排气持续角,为 230°~260°。

进行了上述的四个冲程,柴油机就完成了一个工作循环。当活塞继续运动时,另一个新的循环又按同样的顺序重复进行。

四冲程柴油机每完成一个工作循环曲轴转两转(720°曲轴转角)。每个工作循环中,只有第三个冲程(燃烧和膨胀冲程)做功,其他三个冲程消耗能量。对于多缸柴油机,进气、压缩、排气冲程的能量可由其他正在做功的气缸提供。对于单缸柴油机,可以通过飞轮在工作冲程时储存部分能量来供给其余三个冲程。如图 2-4 所示的 $p-V$ 图表示气缸内气体压力随气缸容积变化的情况。工作循环中各个过程线围成的图形称为 $p-V$ 示功图。$p-V$ 示功图可用来研究柴油机工作过程的进行情况,也可用来计算工作循环的指示功。

2. 四冲程柴油机的配气定时与气阀重叠角

四冲程柴油机的进气阀和排气阀的启闭都不是在上、下止点位置,而是在上、下止点的前后某一时刻。它们的开启持续角都大于 180°曲轴转角。进排气阀在上、下止点前后的启闭时刻叫作气阀定时,通常气阀定时用距相应止点的曲轴转角表示。用曲柄转角表示气阀定时的圆图叫作气阀定时圆图。

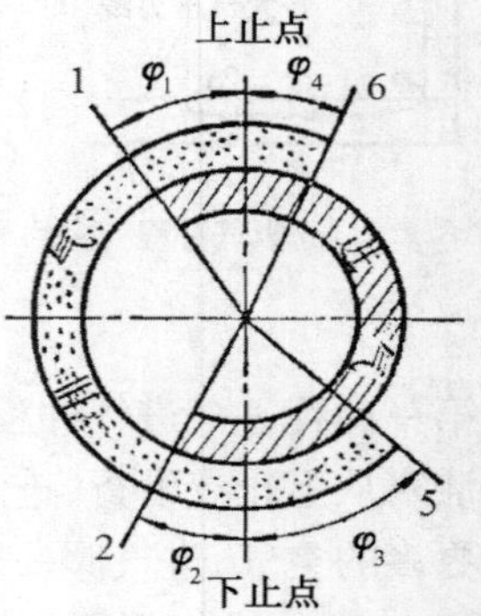

图 2-5　四冲程柴油机气阀定时圆图

如图 2-5 所示,进气阀在上止点前 1 点打开,在下止点后 2 点关闭,排气阀在下止点前 3 点开启,在上止点后 4 点关闭。角 φ_1 为进气阀提前开启角,φ_2 为进气阀延后关闭角,φ_{1-2} 为进气过程。φ_3 为排气阀提前开启角,φ_4 为排气阀延后关闭角,φ_{3-4} 为排气过程。

进气阀的提前开启,可以减少由于气阀和空气惯性对进气时刻的影响,使得进气在上止点附近就能够进行,而且进气充分;延后关闭,能利用气流惯性吸入更多空气。排气阀的提前开启,可以减小排气阻力,使得活塞上行排气时,减少排气功耗;而延迟关闭,也同样是利用排气的惯性更好地排气，使排气干净。

进气阀和排气阀在上止点前后的一段时间内是同时开启的，这个同时开启的曲柄转角称为气阀重叠角，即图中的 $\varphi_1+\varphi_4$。选择合适的气阀重叠角，不会使排气倒灌，而且还会有助于废气的排出和空气的充入。

四、二冲程柴油机的工作原理

活塞在两个行程内完成一个工作循环的柴油机叫作二冲程柴油机。

在四冲程柴油机中，换气过程（新气的进入与废气的排出过程）是靠活塞的抽吸与推挤作用完成的。二冲程柴油机取消单独的进气与排气行程，其进气与排气过程几乎重叠在下止点前后 120°～150°曲柄转角内同时进行，也就是用新气驱赶废气，这一过程称为扫气。为了保证扫气过程的顺利进行，二冲程柴油机必须在气缸套下部开设扫气口，而且还必须提高进气压力，使进气能从扫气口进入气缸并将废气扫出气缸。提高进气压力可以由机械驱动的扫气泵或由废气涡轮驱动的增压器来实现。

目前，船用二冲程低速柴油机都采用废气涡轮增压的方式提高进气压力，如图 2-6 所示为一种具有废气涡轮增压的二冲程柴油机工作原理图。它的工作过程如下：

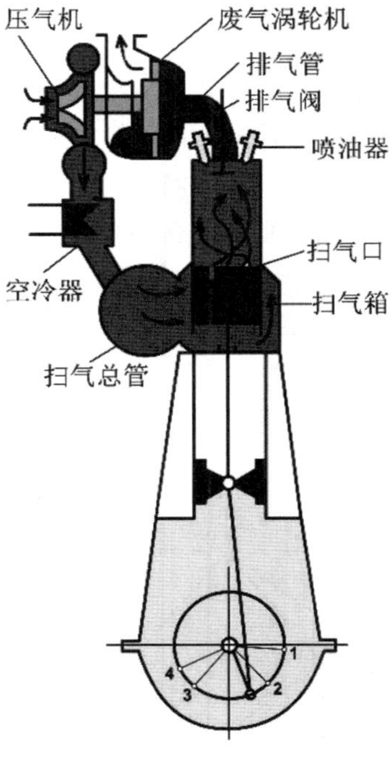

图 2-6　废气涡轮增压式二冲程柴油机工作原理图

第一冲程——换气和压缩冲程：

活塞自下止点向上运动时，在活塞遮住扫气口之前，扫气口和排气阀均是开启的。储存在扫气箱的空气经过扫气口进入气缸。气缸内残存的废气被扫气空气清扫，经排气阀离开气缸。在扫气过程中，一部分新气和废气掺混。新气和废气掺混有利于降低排气温度和冷却废气涡轮机。活塞继续上行，先遮住扫气口（曲柄处于点 3 位置）。扫气口关闭后，气缸内的废气借助于惯性经开启的排气阀继续排出。排气阀关闭(曲柄处于点 4 位置),压缩过程开始,气缸内的压力和温度迅速升高。在上止点前的某一位置,高压燃油经喷油器以雾状喷入气缸,燃油在高温高压下自行发火燃烧。

第二冲程——燃烧膨胀和换气冲程:

燃烧过程一般在上止点前几度曲轴转角开始。初期燃油在气缸内急剧燃烧。因为燃烧速度极快和活塞的位移极微,气缸内的压力迅速上升,直至达到最高爆发压力。最高爆发压力点出现在上止点后 10°~15°。燃烧过程的后期燃烧速度下降,活塞离开下止点下行,气缸容积迅速扩大,因此气缸内的压力缓慢下降。燃油燃烧产生的高温使燃气膨胀,膨胀燃气推动活塞下行,借助于十字头和曲柄连杆机构,推动曲轴旋转做功。膨胀过程一直持续到排气阀开启为止(曲柄处于点 1 位置)。排气阀开启后,压力较高的大量废气从排气阀排出,气缸内的压力迅速下降到稍高于扫气空气压力。活塞继续下行,扫气口在下止点前(曲柄处于点 2 位置)被打开,扫气箱内的空气经扫气口进入气缸,同时把气缸内的废气扫出气缸。扫气过程一直持续到下止点后活塞将扫气口全部遮住为止(曲柄处于点 3 位置)。活塞继续向上运动,又开始下一个工作循环。

现代的二冲程柴油机全部为增压柴油机。增压通过废气涡轮机和离心式压气机实现。离开排气阀的废气进入废气涡轮机,废气驱动涡轮机高速旋转。涡轮机带动同轴的离心式压气机旋转。空气经过吸气口进入压气机。在压气机内,空气的压力和温度均升高,温度可达 150 ℃左右,压力可达 0.2 MPa 左右。增压后的空气进入空气冷却器。在空冷器中,空气的温度降低,密度增加。冷却后的空气进入扫气总管中,然后进入扫气箱。

二冲程柴油机也可以用定时圆图来表示它的定时时刻,如图 2-7 所示。通常情况下,二冲程柴油机的燃烧和膨胀过程占 90°~120°曲轴转角,换气过程占 130°~150°曲轴转角,压缩过程约占 120°曲轴转角。

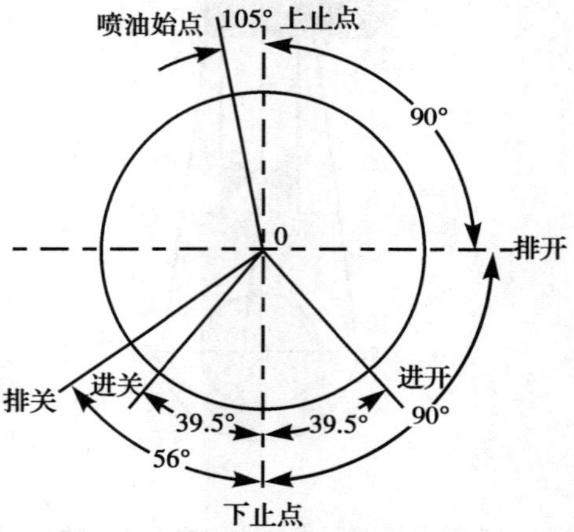

图 2-7　二冲程柴油机定时圆图

五、二冲程柴油机与四冲程柴油机比较

从四冲程与二冲程柴油机工作原理,可以看出两者有以下特点:

(1)二冲程柴油机曲轴需转动一转完成一个工作循环,而四冲程柴油机曲轴需转动两转

完成一个工作循环。对于两台气缸尺寸与转速相同的柴油机,理论上二冲程机的功率应为四冲程机的2倍。但由于二冲程柴油机气缸套上布置有扫气口,使得有效膨胀行程缩短。另外,换气质量不如四冲程柴油机完善。因此,两台气缸尺寸与转速相同的柴油机,考虑气口行程损失和扫气损失,二冲程柴油机的功率为四冲程机的1.6~1.8倍。

(2)由于二冲程柴油机曲轴每一转即完成一个工作循环,完成一次做功。而四冲程柴油机完成一次做功曲轴需要转两转。因此二冲程柴油机的回转要比四冲程机均匀,可使用较小的飞轮。

(3)二冲程柴油机用扫气口取代进气阀,早期的横流扫气式二冲程柴油机扫气口和排气口,没有气阀及其传动机构。因此,二冲程柴油机的换气机构较简单,便于维修保养。

(4)四冲程柴油机有独立的进气和排气冲程,换气比较完善。二冲程柴油机没有独立的进气和排气冲程,新气的进入和废气的排出重叠进行,新气和废气容易掺混,进气没有自吸能力,换气质量不如四冲程柴油机。

(5)同样转速的二冲程柴油机的工作循环比四冲程柴油机多1倍,所以二冲程柴油机的热负荷比四冲程机高。

(6)二冲程柴油机通常设置十字头结构,活塞不会因为承受侧推力而出现偏磨现象。十字头结构的上部设置填料函将曲轴箱和扫气箱分开,曲轴箱内的滑油不容易受到污染。但是,十字头结构使得二冲程柴油机的高度增加。

总之,在功率、运转平稳性和维护管理方面,二冲程柴油机比四冲程柴油机优越;而在适应高转速和提高强化程度方面,四冲程柴油机较二冲程机优越。船上的主机通常采用大型低速十字头式二冲程柴油机。在机舱高度有限的滚装船上,一般中速四冲程柴油机作主机。船上的驱动发电机的柴油机(副机)全部为中速四冲程柴油机。

六、柴油机的增压

1.增压的基本概念

柴油机所能发出的最大功率受到气缸内所能燃烧的燃油量的限制,而燃油量又受到每个循环内气缸内所能吸入的空气量的限制。如果空气能在进入气缸前得到压缩而使其密度增大,则同样气缸容积可以容纳更多的新鲜空气。所谓增压,就是提高柴油机气缸进气空气的压力,使空气密度增加,从而增加进入气缸的空气量。进气量的增加就可以相应增加喷入气缸的燃油量,也就使得在气缸结构尺寸、转速等条件不变的情况下,提高柴油机功率。

因为,空气在增压器中被压缩时,压力和温度同时升高,这就影响空气密度增加和增压效果。因此,为了降低空气温度和提高空气密度,大多数增压器都设有中间冷却器。中间冷却还可以降低柴油机的循环平均温度。资料表明,当进气温度降低10 ℃时,循环平均温度将降低25 ℃。因此,中冷是增压柴油机特别是中、高压柴油机在提高进气压力的同时必须采取的技术措施。

根据驱动增压器利用的能量不同,柴油机增压主要分为三种类型:

(1)机械增压——柴油机输出轴直接驱动机械增压器。机械增压会增加柴油机功率消耗。

(2)废气涡轮增压——利用柴油机排出的废气驱动涡轮机,由涡轮机带动压气机工作,实现进气增压。这种增压方式可以回收部分废气能量,提高柴油机的功率和动力装置的经济性,因而得到广泛应用。

(3)复合增压——即机械增压结合涡轮增压的复合增压方式。根据两种增压器的不同布置方案,复合增压可分为串联增压和并联增压。

随着废气涡轮增压技术的发展,目前大型轴流式废气涡轮增压器的效率已达到75%。因此,机械增压和复合增压已经很少使用。

2. 废气涡轮增压的基本形式

(1)定压涡轮增压

定压涡轮增压是指进入涡轮增压器的废气压力基本上是稳定状态。结构特点是各个气缸的排气管连接到一根共用的容积足够大的排气总管上,涡轮则装在排气总管之后,如图 2-8(a)所示。由于排气管容积足够大,各缸排气进入后迅速膨胀、扩散并很快稳定下来,只引起微小的压力波动。排气总管实际上成了一个集气箱,具有稳压作用。因为废气以基本不变的速度和压力进入涡轮,所以这种增压方式下涡轮工作稳定,效率高。定压增压只利用了废气中的定压能,没有利用废气中的脉冲能。因此,定压增压的废气能量利用率要低一些。尤其是当柴油机低负荷或起动时,因为排气管压力低,废气的能量少,涡轮发出的功率满足不了压气机所需的功率。因此,船舶柴油机必须设置辅助鼓风机来满足低负荷和起动时扫气需求。定压涡轮增压多用于低速二冲程船舶主机。

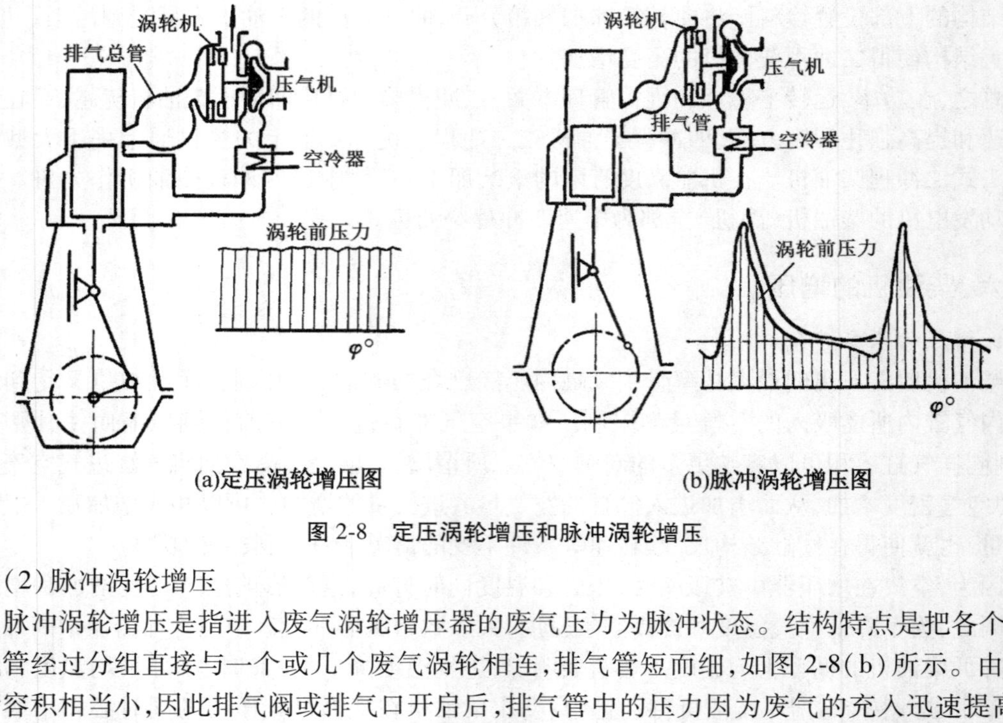

(a)定压涡轮增压图

(b)脉冲涡轮增压图

图 2-8 定压涡轮增压和脉冲涡轮增压

(2)脉冲涡轮增压

脉冲涡轮增压是指进入废气涡轮增压器的废气压力为脉冲状态。结构特点是把各个气缸排气管经过分组直接与一个或几个废气涡轮相连,排气管短而细,如图 2-8(b)所示。由于排气管容积相当小,因此排气阀或排气口开启后,排气管中的压力因为废气的充入迅速提高,瞬间将接近气缸的压力。此后,由于气缸和排气管的压差迅速减小,废气进入排气管的流速降低,加上排气管中的废气不断流入涡轮,排气管的压力也随之下降。这样就形成了所谓的脉冲压力波,也就是涡轮中利用的脉冲能。脉冲涡轮增压可以较好地利用废气中的脉冲能和定压能,故能量利用率较高。脉冲涡轮增压低负荷时涡轮机发出的功率也能满足压气机的要求,不必设置辅助鼓风机。但由于涡轮在不稳定的工况下工作,效率较低。脉冲涡轮增压多用于四冲程中速柴油机。

3. 增压器的喘振

(1)喘振的现象

增压器的压气机在工作时,由于气体进入叶轮和扩压器的方向偏离设计工况,造成气流从叶片或扩压器上强烈分离,同时产生强烈脉动,并有气体倒流,引起压气机工作不稳定,导致压气机振动并发出异常声响。这种现象称为增压器压气机喘振,喘振是压气机的一个固有特性。压气机喘振时,排出压力忽高忽低,空气流量忽正忽负,压气机强烈振动并发出沉重的喘息声和吼叫声。从根本上说,增压器的喘振是由于压气机的实际流量小于该转速下引起喘振的限制流量,造成气流与叶片的强烈撞击与脱离。

(2)喘振的原因

① 气流通道堵塞

增压系统流道堵塞是引起增压器喘振的最常见的原因。增压系统中容易脏堵的部位是进口滤器、压气机叶轮和扩压器、空气冷却器、气缸进出口和排气口、涡轮机的喷嘴环和叶轮。此外,涡轮的喷嘴环容易产生热变形。管理中应注意检查上述部件的污损,及时清洁,防止和排除因流道堵塞而引起的喘振。

② 增压器和柴油机的运行失配

对于设计时选配良好的柴油机和增压器,在正常情况下是不会发生喘振的,但是由于柴油机本身故障,或者由于装载、顶风、污底等原因,或者由于轮机员操作不当以及在大风浪天气航行等,都有可能造成柴油机和增压器的匹配不良,而引起喘振。

当船舶满载、顶风、污底严重等情况下,因阻力增加,主机负荷加大,柴油机在低转速高负荷下运行,气缸耗气量降低而循环喷油量增加,废气能量增大,也会使增压器转速升高,就容易引起喘振。这时可以通过降低油门来消除喘振。

当船舶在风浪天气航行发生飞车时,并联和串联增压系统会发生喘振。这是因为螺旋桨出水时,柴油机转速升高,调速器自动停止供油,增压器因废气能量减少而转速下降。在并联增压时,辅助泵因转速高而供气增多,使压气机背压较高而流量减小,引起喘振;在单独增压时,若螺旋桨入水时柴油机转速过低,也会造成压气机阻塞而发生喘振。

如果轮机人员操作不当,会造成柴油机和增压器的暂时失配而发生喘振,但是不久又能恢复匹配关系,喘振自动消失。如高速下停车时,急速将供油停止,因主机运动部件质量大,轴系和螺旋桨阻力大,很快停止转动。但增压器由于本身转速高转动能量很大,一时不能停转。增压器所供出的空气不能被柴油机消耗,致使压气机背压过高而引起瞬时喘振。增压器转速下降后,喘振自行消失。另外急速降低主机转速时也会出现类似现象。主机加速过快也会发生喘振。这是因为主机运动部件质量大,转速上升慢;而增压器转子质量小,废气能量迅速增加使其转速迅速升高。两者暂时失去匹配关系而发生喘振。随着柴油机转速升高,压气机流量增大,喘振会自动消失。

③ 环境温度变化

在低温时匹配的无空冷器的增压器和柴油机,用在高温海域;或者在高温时匹配的带有空冷器的增压器和柴油机,用在低温海域时,由于两者匹配关系的改变,容易发生喘振。

④ 脉冲增压时一缸熄火或各缸负荷严重不均

脉冲增压系统往往将三个气缸与一台增压器相连。一台柴油机有多个增压器,它们并联向一根进气管供气。当某缸熄火时,与之相连的涡轮功率减小,转速下降供气能力降低。而其他增压器正常工作，压气机的出口背压仍与正常时相同。这对于同熄火缸相连的增压器来说就显得过高，使其压气机排量减少，发生喘振。各缸负荷不均引起的喘振机理与上述相同。

第二节 柴油机的性能指标和工作参数

柴油机的性能通常可以从动力性、经济性、运转性（冷车起动、排放性、加速性与加载性等）、可靠性和耐久性等方面加以衡量。

动力性和经济性指标可以分成指示指标和有效指标两类。指示指标是以气缸内工作循环示功图为基础所确定的一系列指标，它只考虑缸内燃烧不完全及传热等方面的热损失，没有考虑各运动副间所存在的摩擦损失，主要用来评定缸内工作循环的完善程度。有效指标是以在柴油机输出轴上所得到的有效功为基础的，它既考虑热损失，也考虑机械损失，是评定柴油机工作性能的最终指标。除上述指标外，柴油机还有一些工作参数用来表征机械负荷、热负荷、基本结构和强化程度等性能。

一、指示指标

指示指标包括平均指示压力 p_i、指示功率 P_i、指示热效率 η_i 和指示燃油消耗率 g_i。

1. 平均指示压力 p_i

假定一个数值不变的压力作用在活塞上，在一个膨胀行程内所做的功与一个工作循环的指示功 W_i 相等，这个假想的压力就称为平均指示压力。由此

$$W_i = p_i F s$$

$$p_i = \frac{W_i}{Fs} = \frac{W_i}{V_h}$$

式中，p_i——平均指示压力，Pa；

F——活塞面积，m^2；

s——活塞行程，m；

V_h——气缸工作容积，m^3。

可见，平均指示压力 p_i 也就是一个工作循环中每单位气缸工作容积的指示功。它的数值与气缸容积无关，因此可以用 p_i 来比较不同类型和不同气缸尺寸的柴油机气缸工作容积的利用程度。p_i 值大，说明其单位气缸工作容积的做功能力大，其工作循环比较完善。所以 p_i 是评定柴油机工作循环动力性的重要指标。在船上，p_i 由测取的 $p-V$ 示功图经计算得到。p_i 的影响因素主要是循环供油量或负荷大小，其次是燃烧质量。

2. 指示功率 P_i

指示功率是指柴油机气缸内的工质在单位时间内所做的指示功。柴油机的每个气缸每个工作循环工质所做的指示功为

$$W_i = p_i V_h \quad (W)$$

柴油机一个气缸的指示功率为

$$P_{si} = p_i V_h \frac{nm}{60} \quad (W)$$

于是,整台柴油机指示功率的一般式为

$$P_i = \frac{p_i V_h nmi}{60\ 000} \quad (kW)$$

式中,p_i——平均指示压力,Pa 或 N/m^2;

V_h——气缸工作容积,m^3;

n——柴油机的转速,r/min;

m——每转工作行程数,四冲程机 $m=1/2$,二冲程机 $m=1$;

i——气缸数。

如各缸负荷不均匀,则可将各缸功率相加而得到整台柴油机的功率。

在船上,应经常测量示功图并计算柴油机的功率。既定的柴油机的 V_h 和 m 为定值,为简化计算,令 $V_h m/60\ 000$ 为 C,C 称为气缸常数,整台柴油机指示功率的公式可简化为

$$P_i = C \cdot p_i \cdot n \cdot i$$

3. 指示热效率 η_i 和指示油耗率 g_i

根据实测示功图求得每个工作循环工质对活塞所做的指示功 W_i 和指示功率 P_i。按照效率定义,柴油机的指示热效率为指示功的热当量与相应消耗的燃料热量之比值,即

$$\eta_i = \frac{W_i}{Q_{吸}}$$

式中,W_i——指示功,J;

$Q_{吸}$——为得到指示功 W_i 而加入气缸内的总热量,J。

对于一台柴油机,当测得其指示功率 P_i 和每小时燃油消耗量 B 时,根据 η_i 的定义,可得

$$\eta_i = \frac{3\ 600 P_i}{B H_u}$$

式中,B——柴油机每小时油耗量,kg/h;

H_u——所用燃料低热值,通常取 $H_u = 42\ 700$ kJ/kg;

P_i——指示功率,kW。

指示油耗率 g_i 以 1 kW 指示功率每小时消耗的燃油量表示,即

$$g_i = \frac{1\ 000 B}{P_i} \quad g/(kW \cdot h)$$

二、有效指标

有效指标包括平均有效压力 p_e、有效功率 P_e、有效热效率 η_e 和有效油耗率 g_e。

1. 有效功率 P_e 和机械效率 η_m

从柴油机曲轴飞轮端传出的功率称为有效功率,用 P_e 表示。指示功率减去机械损失功率 P_m 所剩的功率可以得到有效功率,即 $P_e = P_i - P_m$。

柴油机的有效功率在试验台上用水力测功器(或电力测功器)测出,在船舶上可用扭力计测出,此时:

$$P_e = \frac{M_e n}{9\ 550} \quad (\text{kW})$$

式中，M_e——柴油机输出的有效扭矩，N·m；

n——柴油机转速，r/min。

机械损失功率 P_m 是指作用在活塞上的指示功率传递到曲轴的（有效功率）过程中所损失的功率。机械损失功率包括：

（1）摩擦损失功率，指克服柴油机各相对运动部件表面摩擦力所消耗的功率。

（2）拖动损失功率，指带动柴油机辅助机械（如喷油泵、注油器、气阀传动机构、扫气泵、空气分配器等）所消耗的功率。其损失随柴油机转速的提高而增加。

（3）泵气损失功率，在非增压四冲程柴油机中进、排气过程中所消耗的功率。在增压四冲程柴油机中进气压力大于排气压力，泵气功率是正值，这时泵气功率应从机械损失中除掉。二冲程柴油机由于没有单独的进气与排气行程，所以泵气损失功率为零。

上述机械损失功率一般不用它的绝对值 P_m 表示，而常用机械效率 η_m 表示。机械效率 η_m 是有效功率 P_e 与指示功率 P_i 之比值，即

$$\eta_m = \frac{P_e}{P_i} = \frac{P_i - P_m}{P_i} = 1 - \frac{P_m}{P_i}$$

机械效率 η_m 的大小不仅取决于设计和制造质量，还受柴油机负荷、转速、滑油温度与冷却水温度等因素影响。

2. 有效燃油消耗率 g_e 和有效热效率 η_e

有效燃油消耗率是指 1 kW 有效功率每小时所消耗的燃油量，单位是 g/(kW·h)，即

$$g_e = \frac{1\ 000B}{P_e}$$

式中，B——柴油机每小时油耗量，kg/h；

P_e——柴油机有效功率，kW。

有效热效率 η_e 是指曲轴有效功与所消耗的热量之比，即

$$\eta_e = \frac{W_e}{Q_{吸}} = \frac{W_i}{Q_{吸}} \cdot \frac{W_e}{W_i} = \eta_i \cdot \eta_m$$

或者根据指示热效率的计算公式可得

$$\eta_e = \frac{3\ 600P_e}{BH_u}$$

3. 平均有效压力 p_e

知道平均指示压力 p_i 和机械效率 η_m 之后，就可以求出柴油机的平均有效压力

$$p_e = p_i \eta_m$$

平均有效压力 p_e 是柴油机在每一工作循环每单位气缸工作容积所做的有效功，仿照指示指标的公式，可以由测得的有效功率 P_e 和转速 n 推算出来，即

$$p_e = \frac{P_e}{C \cdot n \cdot i}$$

p_e 的数值取决于工作循环进行的完善程度和机械损失的大小，它是衡量柴油机做功能力的重要参数。p_e 值越高，说明柴油机的强化程度越高。

目前船用柴油机的 p_i、p_e、η_i、η_e、η_m、g_i、g_e 的统计资料如表 2-1 所示。

表 2-1　柴油机 p_i、p_e、η_i、η_e、η_m、g_i、g_e 的统计资料

机型		p_i	p_e	η_i	η_e	η_m	g_i	g_e
四冲程	非增压	0.75~1.12	0.60~0.92	0.43~0.50	0.30~0.40	0.78~0.85	204~163	272~231
	增压	0.95~3.75	0.80~3.0	0.44~0.58	0.37~0.50	0.85~0.92	195~147	231~160
二冲程	非增压	0.65~0.95	0.50~0.70	0.36~0.51	0.29~0.35	0.70~0.80	238~170	300~245
	增压	0.80~2.15	0.70~2.0	0.45~0.60	0.38~0.55	0.85~0.94	192~143	225~155

三、柴油机的工作参数

1. 最高爆发压力 p_z（最高燃烧压力）

燃烧过程中气缸内工质的最高压力称为最高爆发压力 p_z。p_z 是柴油机周期性变化的机械负荷的主要外力，它会引起各受力部件的应力和变形，造成疲劳破坏、磨损和振动。

过大的 p_z 值使螺栓预紧力相应增大，造成结合面比压过大，破坏润滑油膜，加剧活塞环与缸套、轴颈与轴瓦等的磨损，使寿命下降。适当提高 p_z 可以提高柴油机的热效率，降低燃油消耗。近些年，由于柴油机材料和技术的不断改进，使柴油机最高燃烧压力不断提高，具体如：

（1）非增压柴油机 p_z = 6~8 MPa。

（2）增压低速二冲程柴油机 p_z = 7~18 MPa。

（3）增压中、高速柴油机 p_z = 7~23 MPa。

2. 排气温度 t_r

非增压柴油机的排气温度指排气管内废气的平均温度，增压柴油机的排气温度指气缸盖排气道出口处废气的平均温度。

对同一台柴油机而言，排气温度高低反映了缸内热负荷的大小与燃烧质量的好坏。因而在船舶上通常用排气温度衡量热负荷的大小。柴油机排气温度过高，不但表示热负荷过高，而且还会引起经济性下降、可靠性下降。因而，排气温度是柴油机运转管理中重要的监测参数。为保证柴油机可靠运转，通常会对排气温度的最高值进行限制。不同柴油机其最高排烟温度限制值不同。

3. 活塞平均速度 v_m

在曲轴一转两个行程中活塞运动速度的平均值称为活塞平均速度 v_m。

活塞平均速度是影响柴油机机械负荷、热负荷和寿命的重要参数之一。提高 v_m 可以提高柴油机的功率，但零件的机械负荷、热负荷同时增加，机件的磨损也相应增加，因而靠提高 v_m 来提高功率是有限度的。

现代船用大型二冲程柴油机多采用长行程或超长行程。为了维持较长的寿命和适当的 v_m 值，均选用较低转速。如标定转速低于 100 r/min，对提高螺旋桨的推进效率是有利的。

4. 行程缸径比 s/D

行程缸径比是柴油机的主要结构参数之一。适当提高 s/D 在不同条件下影响不同，s/D 增大，则柴油机的宽度、高度及重量均相应增加；最大往复惯性力将随 s/D 的增加而减小，即机械负荷减小；s/D 增大使曲轴轴颈的重叠度降低，曲轴刚度下降；s/D 增大使轴系的纵振及扭振固有频率降低，容易产生不允许的纵振和扭振，同时，提高 s/D，有利于降低柴油机转速，提高传动效率，降低油耗。因而现代直流扫气柴油机 s/D 都较大(4 左右)。

5. 压缩比 ε

压缩比对柴油机性能影响很大，它的影响主要表现在经济性、燃烧与起动及机械负荷等方面。适当提高 ε 可明显提高柴油机经济性，当 $\varepsilon>12$ 后对经济性的影响减弱。ε 过高时，由于余隙高度过小不利于雾化与混合，经济性将会降低。ε 增加还会使机械负荷增加。因此，机械负荷限制了 ε 的上限。随着柴油机材料性能的改进和综合技术的提高，压缩比近些年有较大提高，当代船用大型超长行程柴油机的 ε 已经提高到 16~22 的水平。为了使柴油机燃烧良好以保证冷车起动，ε 不能太低。因此，保证柴油机良好的冷车起动性能限制了 ε 的下限。

第三节　柴油机的结构及主要部件

柴油机的主要部件是指燃烧室部件(活塞、气缸、气缸盖)、曲柄连杆机构(十字头、连杆、曲轴和轴承)、机架、机座和贯穿螺栓等部件。这些部件构成柴油机的主体，直接影响柴油机的技术性能指标，而且和安全航行密切相关。统计表明，船用柴油机主要部件发生的故障占柴油机故障总数的 90%左右，其中燃烧室部件故障约占故障总数的 50%。

一、柴油机的总体结构

1. 柴油机的基本组成

(1)主要固定件

主要固定件由机座、机架、气缸体、气缸、气缸盖、贯穿螺栓和主轴承等组成。中小型柴油机常将气缸体和机架做成一体，称为机体，并以轻便的油底壳取代机座。它们构成了柴油机的骨架，支撑运动件和辅助系统。

(2)主要运动件

主要运动件由活塞、活塞杆、连杆组件及曲轴组成，对于大型低速柴油机还包括十字头组件。活塞、气缸及气缸盖构成燃烧室，保证柴油机工作过程的进行。曲柄连杆机构将活塞的往复运动变为曲轴的回转运动，使燃气推动活塞的动力通过曲轴以回转的方式向外输出。

(3)换气机构及换气系统

保证柴油机按规定顺序和时刻完成进、排气过程的机构成为换气机构，又叫配气机构。换气机构由气阀、气阀传动机构、凸轮轴及凸轮轴传动机构组成。进、排气系统由空气滤器、进排气管和消音器组成，对于增压柴油机还有增压器及空冷器。它们的作用是按照工作循环的需要，定时地向气缸内供应充足、清洁的新鲜空气，并将燃烧后的废气排出气缸。

(4)燃油系统

燃油系统由燃油供给系统和燃油喷射系统组成。燃油供给系统把符合要求的燃油输送到喷油泵入口端。该系统通常由加装和测量、储存、驳运、净化处理、供给基本环节组成。燃油喷射系统由喷油泵、喷油器和高压油管组成，其作用是定时、定量地向燃烧室内喷入雾化良好的燃油，保证燃烧过程的进行。

(5)润滑系统

润滑系统的作用是将清洁的润滑油输送至柴油机的各运动件磨擦表面,起到减磨、冷却、清洁、密封和防锈作用,保证柴油机的正常工作。大型低速柴油机润滑系统通常由气缸润滑系统和曲轴箱润滑系统两部分组成;中小型柴油机只有曲轴箱润滑系统,也称之为机油系统。

(6)冷却系统

冷却系统由泵、冷却器和温控器等组成。船舶柴油机通常以淡水和滑油为冷却剂。冷却剂在机内流动,带走受热零部件所吸收的热,保证机械部件正常的工作温度。而淡水和滑油本身被海水冷却。

(7)起动和控制系统

起动系统的作用是借助于外力带动曲轴回转并使其达到起动转速,实现柴油机的第一次着火燃烧,由静止转入工作状态。起动系统可分为两类:一类是借助于外力矩使曲轴转动,如人力手摇起动、电机起动和空气马达起动等;另一类是借助于加在活塞上的外力推动活塞运动使曲轴旋转,如压缩空气起动。

2. 柴油机的主要厂商和型号

曼恩(MAN 公司)和瓦锡兰(Wärtsilä)公司是世界船用柴油机的两大著名厂商,另外三菱重工公司也占有一席之地。船用低速机主要有曼恩公司的 MC 和 ME 系列、瓦锡兰公司的 RTA 和 RT-flex 系列和三菱公司的 UEC 系列。船用中速机的厂商比较多,主要有瓦锡兰、马克(Mak)、曼恩、卡特彼勒(CATERPILLAR)等公司。曼恩公司的中速机的代表机型有 L21/31, L27/38, 48/60B, RK280 等;瓦锡兰公司的中速机的代表机型有 W26,W32,W38, W46 等;卡特彼勒公司的中速机的代表机型有 M25,M32,M43 等。在世界船用低速机市场,曼恩公司的占有率高达 80%,瓦锡兰公司约占 16%,三菱重工公司约占 4%。在世界船用中速机市场,瓦锡兰公司的占有率达到 38%,曼恩公司占 27%。在世界船用柴油机行业中,曼恩和瓦锡兰两项品牌的市场份额高达 95%。

船用低速二冲程柴油机的主要技术参数如下:

a. 缸径:500~980 mm;

b. 转速:150~60 r/min;

c. 活塞平均速度:8.0 m/s;

d. 平均有效压力:1.7~1.8 MPa;

e. 气缸最大爆发压力:14~15.5 MPa;

f. 单缸功率:1 200~6 000 kW;

g. 燃油消耗率:170 g/kW · h。

低速柴油机具有性能优良、可靠性好、使用维护方便、能燃用劣质燃油等优点,已成为大型油船、大型干散货船、大型集装箱船的主要动力。最新型低速柴油机在许多方面趋于一致。在结构方面,采用非冷却式喷油器、可变喷油定时油泵、长尺寸连杆、液压驱动式排气阀、单气阀直流扫气、定压增压、高效涡轮增压器;在性能方面,平均有效压力不断提高,增加活塞平均速度,改进零部件结构,增加强度,保持原有的低燃油消耗水平,使单缸功率不断增大,使用寿命延长。在控制方面,采用电子液压控制。

船用中速四冲程柴油机的主要技术参数如下:

a. 缸径:210~480 mm;

b. 转速:1 150~500 r/min;

c. 活塞平均速度:9.0~12 m/s;

d. 平均有效压力:2.4~3.0 MPa;

e. 气缸最大爆发压力:16~23 MPa;

f. 单缸功率:200~1 200 kW;

g. 燃油消耗率:175~195 g/kW·h。

中速柴油机大多为四冲程。其体积小、重量轻、制动快,比低速机更适合船舶使用。大功率中速机主要用于客运班轮、工程船、滚装船等。近年来,中速机在开发大缸径、提高整机功率方面做了大量工作,并在燃用劣质燃油、降低油耗、提高零部件的可靠性、提高使用寿命及高增压等方面取得了显著成效。

各国为了方便选用柴油机,都对柴油机的型号做了规定。依据国标规定,国产柴油机的型号由数字和汉语拼音文字的首位字母组成。国外柴油机的型号通常由数字和英文单词的首字母组成。表 2-2 列出了国内外典型柴油机的型号。

表 2-2 国内外典型船用柴油机的型号

生产厂	型号	机型含义	技术特征
国产船用柴油机	12VE230ZC 6ESDZ43/82A	6/12—气缸数 VE/ZC/ESDZ—技术特征 43/82—气缸直径(cm)/活塞行程(cm) A—改进型号	V—V 型气缸排列 C—船用 E—二冲程(无 E 为四冲程) S—十字头 D—可倒转 Z—增压
曼恩公司 MAN Diesel	6L70MC-C8 6S90ME-C9. 2-GI-TII	6—气缸数 L—长冲程(K—短冲程,S—超长冲程,G—“绿色”超长冲程) 70/90—气缸直径(cm) MC/ME—技术特征 C—紧凑型(B-排气阀凸轮轴控制) 9.2—标记号和版本号 GI—燃气喷射(空白—仅限燃油) TII—IMO Tier 等级	M—主机程序系列 C—凸轮轴控制 E—电子控制
瓦锡兰公司 Wärtsilä NSD	6RTA58T-D 7RT-Flex60C	6/7—气缸数 RTA(RT-Flex)—技术特征 58/60—气缸直径(cm) T—液货船(C—集装箱船;空白—通用) D—第二代改进(B—第一代改进;空白—基本型)	R—焊接结构、二冲程、十字头 T—直流扫气 A—机械控制 Flex—电子控制
三菱重工公司 Mitsubishi	8UEC50LSE-A2	8—气缸数 UEC—技术特征 50—气缸直径(cm)	U—直流扫气 E—废气涡轮增压 C—十字头式

3. 典型柴油机的总体结构典型实例

(1)MAN Diesel S50MC-C 型低速柴油机

一台 MAN Diesel 的二冲程低速柴油机,包括许多部件和系统,由一万多个零件组成。功率范围可从 4S26MC 机的 1 600 kW 到 12K98MC-C 机的 68 520 kW,重量范围从 4S26MC 机的 29 t 到 12K98MC-C 的 2 075 t。

S50MC-C 系列低速机的主要参数:转速为 127 r/min;缸径为 500 mm;冲程为 2 000 mm;冲程缸径比 S/D 为 4.0;活塞平均速度为 8.5 m/s;平均有效压力为 1.9 MPa;最高爆发压力为 15.0 MPa;单缸功率为 1 580 kW;耗油率为 169 g/(kW · h)。该系列柴油机自 1982 年投入使用以来,很长时间一直作为最常用的船用主机。

如图 2-9 所示,MC-C 型柴油机是在 MC 柴油机基础上发展起来的一种新机型。MC-C 型

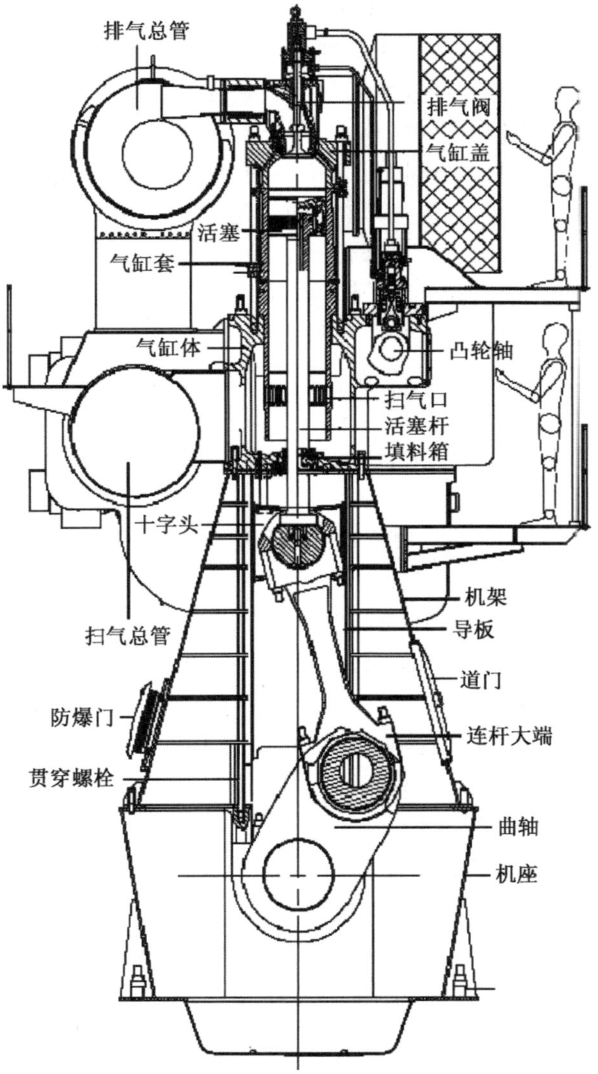

图 2-9　MAN S50MC-C 型柴油机

柴油机首先是在为大型集装箱船而设计制造的大缸径机上实现的，相对原型机其转速有所提高。根据市场需求，MAN B&W 公司又推出了中缸径的 MC-C 型柴油机（S50，S60 及 S70MC-C）。S-MC-C 系列柴油机的发展目标是在提高功率输出的前提下改善可靠性，减轻重量，缩短柴油机的长度，即体现"C"紧凑型的概念。一般来说，对相同尺寸的发动机其长度约缩短 10%，而功率上升 10%，重量下降 10%。

S50MC-C 型机采用双贯穿螺栓代替传统的单贯穿螺栓并拧入机座顶部的螺孔之中。在不增加机座宽度的情况下将地脚螺栓移到外侧，简化焊接工艺并有利于安装。S50MC-C 的气缸体的高度减小，使其重量变轻，加工制造和维护管理更加方便。S50MC-C 机将凸轮轴箱和气缸体做成一体，取消了气缸体内的冷却水腔。

S-MC-C 柴油机所有的大型轴承普遍采用薄壁轴瓦结构，轴承材料（Sn40Al）具有较低的温度敏感性和很强的抗疲劳能力，提高了主轴承的可靠性。由于 S50MC-C 型柴油机的 S/D 值达到 4.0，最高燃烧压力达到 15 MPa，对曲轴刚度和轴承负荷影响很大。因此在曲轴设计上采用加大主轴颈和曲柄销直径并减少轴颈的长度。轴颈的缩短使气缸中心距和整机长度减小，减轻了机器的重量，从而使机舱空间减小。

S50MC-C 型机采用短连杆结构，降低了机器的高度并减轻机器重量。S50MC-C 型机十字头销设计成非常简单的直段轴形，省去两个端销，直径也缩小了。在活塞结构上采用了低置活塞环组，提高活塞顶岸高度。由于活塞环位置的降低，活塞环处于温度较低的区域，离燃气区较远，使燃烧产物不易进入磨擦面，活塞环工作条件和润滑性能改善，活塞环组的工作性能提高，活塞的磨损大大减轻。

活塞顶岸高度的提高使气缸盖与气缸套结合面降低，使得气缸盖与气缸套结合面以及气缸套的热负荷降低，使其工作条件改善。主要的热负荷由钢制的气缸盖承受。由于钢制的气缸盖的抗热负荷能力比铸铁缸套要大，从而使其可靠性提高。

（2）Wärtsilä L32 型中速柴油机

Wärtsilä L32 型中速柴油机的主要参数：缸径为 320 mm；冲程为 400 mm；冲程缸径比（S/D）为 1.25；压缩比为 16.0；活塞平均速度为 10 m/s；平均有效压力为 2.49 MPa；最高爆发压力为 19.0 MPa；单缸功率为 500 kW；耗油率为 182 g/(kW · h)。

Wärtsilä L32 型中速柴油机具有氮氧化物排放低，可靠性高，维护管理方便，运转费用低等优点。在结构上有下列特点：

柴油机的机体用球墨铸铁铸造。Wärtsilä L32 机使用最新的铸造技术，将所有的油水管路设置在机体之内，发动机外部光洁无管路。柴油机采用弹性底座，确保柴油机的振动不会传到机外。

如图 2-10 所示，柴油机的曲轴整体锻造并进行机加工，优化曲柄直径、过渡圆角和轴承负荷。每个曲柄臂上都装有平衡重，保证了曲轴在高的气缸压力下的可靠工作，并将轴承负荷控制在允许的范围之内。主轴承采用倒挂式主轴承，轴承材料和关键区域油槽的优化设计可以保证足够的油膜厚度，确保轴承的良好工作。

活塞是由铸钢的活塞头和铸铁活塞裙组成的组合式活塞。活塞裙部的润滑装置可以确保活塞环和活塞裙的可靠润滑并降低磨擦损失。在活塞上仅装有两道压缩环和一道刮油环，第一道环设有特殊的可以减少摩擦损失的耐磨层。

上部加高加厚的气缸套有足够的强度和刚度承受机械负荷和热负荷。通过钻孔冷却控制气缸套的温度及热负荷。缸套内部上端设置的一道防磨环可以除去活塞头部的积炭，减少缸套的磨损和滑油的消耗。

连杆采用船用大端连杆。杆身与连杆大端的结合面正处于连杆大端轴承座的上方，可以方便地拆卸和维护。螺栓用液压工具同时上紧。

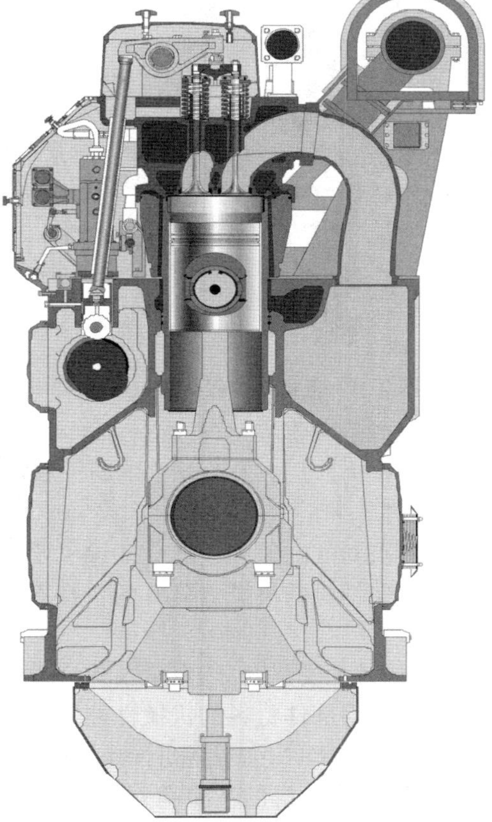

图 2-10　Wärtsilä 32 型中速柴油机

气缸盖采用四螺栓结构，内部结构设计使其具有较大的刚度，可以确保阀和阀座的均匀接触及气缸套的圆度。

增压系统可采用脉冲增压系统和单管脉冲增压系统，废气和空气旁通阀可以减少废气侧和空气侧的流动损失。

冷却水系统包括高温水系统和低温水系统。气缸套和气缸盖及增压空气冷却器的高温部分等的温度由高温水系统控制，系统温度保持在约 95 ℃，保证燃用低质燃料油时的良好工作。而低温系统则用于冷却增压空气冷却器的低温部分。

二、燃烧室部件

燃烧室部件是柴油机中最重要的部件，包括活塞组件、气缸盖组件和气缸组件。当活塞处在上止点时，由气缸盖底面、气缸套内表面及活塞顶共同组成的燃料与空气混合和燃烧的空间称为燃烧室，如图 2-11 所示。

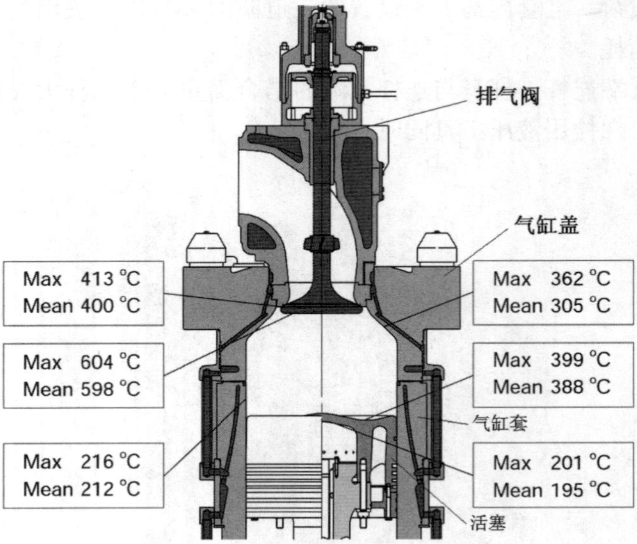

图 2-11　低速二冲程柴油机燃烧室

由于在燃烧室中进行着压缩、燃烧和膨胀过程，燃烧室部件受到燃气的高温、高压和腐蚀作用，还受到活塞的摩擦、敲击、侧推力作用以及冷却水的腐蚀和穴蚀作用。因此，燃烧室空间是柴油机中工作条件最恶劣的地方。

燃烧室部件所承受的机械负荷，对气缸盖和气缸套来说主要是来自气体压力和安装预紧力，对活塞来说还有往复惯性力。柴油机的机械负荷有两个特点，其一为周期交变，其二为具有冲击性。

热负荷是指柴油机的燃烧室部件承受温度、热流量及热应力的强烈程度。热负荷过高对燃烧室部件造成的危害包括：使燃烧室部件材料的机械性能降低、承载能力下降；使受热部件膨胀、变形，改变正常工作间隙；使有些部件（如活塞顶）受热面烧蚀；使受热部件承受的热应力过大，产生疲劳破坏等。因此限制柴油机的热负荷对柴油机经济、安全、可靠性是十分重要的。

在船上，轮机管理人员依据柴油机的排气温度判断热负荷的高低。当柴油机循环喷油量增加（热负荷相应也提高）时，燃烧室部件的温度和排气温度都增加。通常柴油机说明书给出排气温度的最高值，作为限制热负荷大小的标准。

1. 活塞

活塞是柴油机中的关键部件，可分为十字头式活塞和筒形活塞两大类。它既是燃烧室部件的组成部分，又与连杆、曲轴等部件组成运动机构。活塞的主要作用是在保证密封的情况下完成压缩和膨胀过程，并将气体力经连杆传递给曲轴。在筒形活塞式柴油机中，活塞承受侧推力，起着滑块的作用。在二冲程柴油机中活塞还启闭气口，控制换气。

在柴油机工作中，活塞受到燃气高温、高压、烧蚀和腐蚀作用。它的热负荷和机械负荷很高，而活塞材料在高温下机械性能又有所降低，所以活塞在工作中容易发生裂纹和变形。活塞与气缸之间，在相对运动中产生摩擦和撞击。在气缸中，活塞由于温度很高、燃气冲刷、往复运动等原因，它和气缸之间不可能建立液体动力润滑，因此摩擦损失功大，磨损严重。在中、高速柴油机中，活塞具有较大的往复惯性力，使得柴油机的振动加剧。

由于活塞对柴油机的动力性、经济性和可靠性影响很大,因此要求活塞强度高、刚度大、密封可靠、散热性和冷却效果好、摩擦损失小、耐磨损。中、高速柴油机还要求活塞重量轻。

如图 2-12 所示为 MAN S50MC-C 型柴油机活塞。十字头式柴油机活塞由活塞头 5、活塞裙 3、活塞环 4、活塞杆 1 和活塞冷却机构 2 等组成。

活塞主要由活塞头和活塞裙两部分组成。活塞头用螺栓固定在活塞杆的顶部,活塞裙由螺栓固定在活塞头上。由于活塞头部与燃气接触,承受高温和高压,活塞裙部与气缸套接触,产生摩擦和磨损,为了合理使用材料和方便制造,活塞头和活塞裙分别用耐热合金钢和耐磨铸铁制造。活塞头的顶部呈下凹形,利于燃油和空气混合。活塞头的内部支承体现了薄壁强背的设计原则。

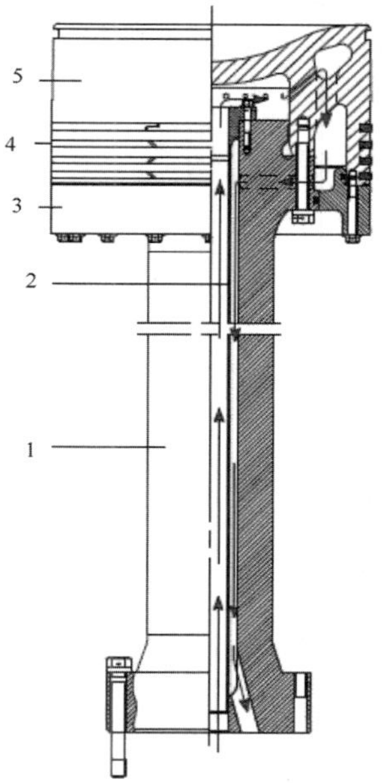

图 2-12　MAN S50MC-C 型机活塞

1—活塞杆;2—冷却油管;3—活塞裙;4—活塞环;5—活塞头

活塞头的侧面有四道镀铬的活塞环槽,构成活塞环带,以装配活塞环密封燃烧室。由于第一、二道环承受的气体压力较高,环的高度较高。第一道环是压力释放环,为重叠搭口,其上有六个释压槽,可以使第一、二道环承受的气体压力和受热更加均匀。第二、三、四道环为斜搭口,在活塞头的顶部环槽用于吊缸时安装起吊工具。

活塞杆由锻钢制造,表面经硬化处理。工作中活塞杆承受气体力和惯性力的作用,一般不受拉力只受压力,因而应有足够的抗压强度。活塞采用滑油冷却,在空心活塞杆顶端固定着滑油管。冷却油由固定在十字头上的套管供入,经十字头与活塞杆底部的钻孔进入活塞杆中的滑油管内部,再进活塞头的冷却油腔,通过活塞头支承部分的油孔到达外部环形油腔,冷却活塞后经滑油管外的环形空间和十字头流出。

筒形柴油机活塞由活塞头、活塞裙、活塞环和活塞销组成。活塞销直接与连杆相连,工作中活塞须承受气体压力所产生侧向力,因而工作条件远不如十字头式活塞。

在十字头式柴油机的气缸套下部均装设横隔板把气缸套下部空间(通常为扫气空间)与曲轴箱隔开。此时在活塞杆穿过横隔板处设有活塞杆填料函。它的作用是防止扫气空气和气缸漏下来的污油、污物漏入曲轴箱,以免加热和污染曲轴箱滑油,腐蚀曲轴与连杆等部件。同时也防止曲轴箱中的滑油溅落到活塞杆上而带到扫气箱中,污染扫气空气。

2. 气缸

气缸是柴油机的主要固定部件之一,是燃烧室部件中的主体。柴油机的工作循环是在气缸的工作空间里进行,活塞在气缸内部往复运动。在筒形活塞式柴油机中气缸起导承作用,承受活塞的侧推力。二冲程柴油机的气缸要开气口,布置气道。

气缸由气缸体和气缸套组成。气缸体有每缸一个的单体式,有几个缸的缸体铸成一体的分组式,还有所有气缸的缸体铸成一体的整体式。在尺寸较大的柴油机中,为了制造、拆装和维修方便,气缸体多做成单体式或分组式。在中小型柴油机中,为了减小尺寸和重量,增加刚性,气缸体不仅做成整体式,而且与机架或曲轴箱制成一体,称为机体。通常气缸体多采用灰铸铁制造,气缸套采用灰铸铁、耐磨合金铸铁或球墨铸铁。

如图 2-13 所示为 MAN B&W S-MC 和 S-MC-C 型柴油机的气缸。它由铸铁制造的单体式气缸体和气缸套组成。气缸体由贯穿螺栓固定到机架上平面上,在气缸体的上部开有大尺寸的中心孔,孔中插入气缸套。气缸体下部有底板将气缸和曲轴箱隔开,气缸体下部形成扫气空间。底板上的孔中装活塞杆填料函。气缸体在左右方向上设有通道 B 和 C。通道 C 平时由盖板盖住,在检修时打开,使轮机人员很容易接近活塞杆填料函、扫气口等部位,可对填料函、缸套内表面、活塞及活塞环等进行检查,并对气口和活塞下部空间进行清洁。通道 B 和扫气箱相连,在活塞打开扫气口 A 时进行气缸扫气。在气缸体上部安装固定气缸盖的螺栓。

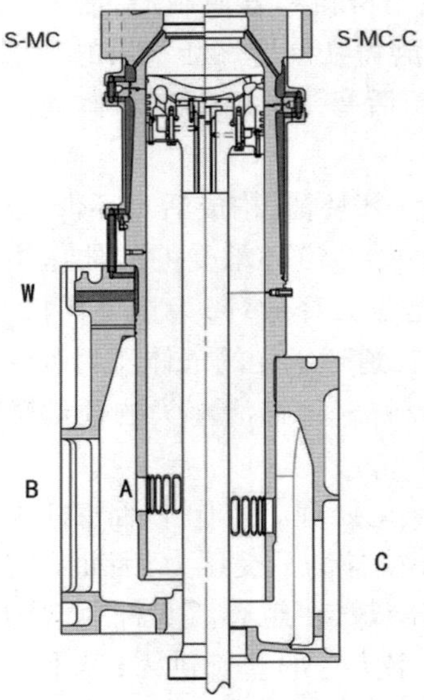

图 2-13　MAN B&W S-MC 和 S-MC-C 型气缸

A—扫气口;B—扫气通道;C—检修通道;W—冷却水入口

气缸套通过上部的气缸盖压紧在气缸体上,当气缸套受热时,下部可以自由膨胀。

气缸套外部设有冷却水套,S-MC 型柴油机冷却水由 W 处进入气缸体,然后进入冷却水套,而 S-MC-C 型柴油机,甚至在气缸体内不设冷却水腔,冷却水直接进入冷却水套,在冷却水套上下两端都设有橡胶圈用于密封冷却水。在气缸套下部外表面的槽内也有橡胶圈,用于给缸套导向和用于密封冷却水和扫气空气。在缸套上部通过冷却水接头,将冷却水送至气缸盖。由于气缸套的下部不用冷却,使气缸套中、下部有较高的温度,这对气缸套工况及消除该区域腐蚀磨损有利。

在气缸套中部设有注油器接头,其内表面开有润滑油槽保证气缸油的均匀分布。

在缸套的最下部是一圈扫气口,由活塞控制启闭。扫气口在水平和垂直方向都有一定的角度用以控制气流使之在进气时形成一定的旋流。

S-MC-C 型柴油机气缸套的最显著特点是缸套与气缸盖的密封面下移,这对于改善密封面的工作条件和气缸套的工作状况非常有利。

3. 气缸盖

气缸盖是燃烧室的上盖。除和气缸套、活塞共同组成燃烧室外,在它上面还要安装各种阀件。这些阀件有喷油器、气缸起动阀、示功阀、安全阀、排气阀(四冲程和气阀—气口式二冲程柴油机)、进气阀(四冲程柴油机)等。另外,对于设置进、排气阀的气缸盖上还要布置进、排气道和气阀摇臂机构。

三、曲柄连杆机构

曲柄连杆机构是柴油机的主要运动件,主要包括曲轴和连杆,对于十字头式柴油机还包括十字头组件。曲柄连杆机构的主要作用是将活塞的往复运动转换成曲轴的回转运动,并输出动力。

1. 十字头组件

十字头组件是船用二冲程十字头式柴油机的特有部件。它的主要作用是将活塞组件和连杆组件连接起来,把活塞的气体力和惯性力传给连杆,承受侧推力并给活塞在气缸中的运动导向。主要包括十字头销、十字头滑块和十字头轴承(连杆小端轴承)等。十字头组件的工作条件比较苛刻。十字头本体和轴承要承受周期性的气体爆发压力;十字头滑块要承受侧推力的作用。由于单向受力及连杆只作摆动,不易形成良好的润滑,十字头轴承工作条件十分恶劣。

如图 2-14 所示为 MAN 公司生产的 S-MC-C 型柴油机的十字头,它主要由十字头销和十字头滑块组成。活塞杆通过四个螺栓固定在十字头销上部的平面上,十字头销由连杆小端轴承支撑。连杆小端轴承盖为中空结构,两侧为十字头滑块。滑块两侧的工作面上都浇有减磨合金并开设油槽。滑块可沿着固定在机架上两侧的相应导板滑动,并传递侧推力。

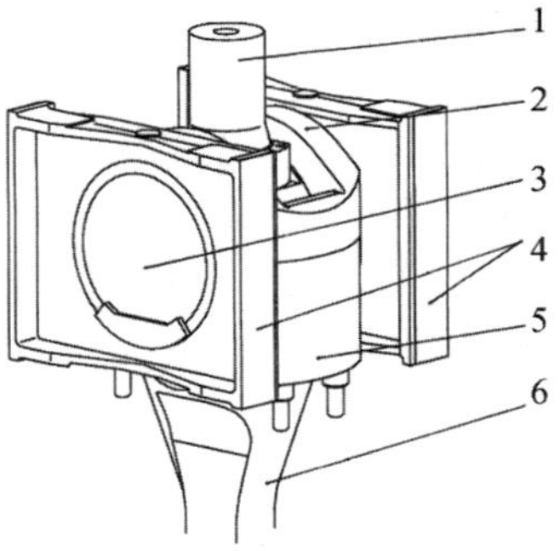

图 2-14　十字头的构造

1—活塞杆;2—轴承盖;3—十字头销;4—滑块;5—连杆小端轴承;6—连杆

2. 连杆

十字头式柴油机连杆一般由小端、杆身和大端三部分组成。为了提高十字头轴承工作的可靠性,现在普遍采用全支撑式连杆小端。根据杆身与大端轴承座是否分开,连杆大端分为车用大端和船用大端。连杆杆身与连杆大端轴承座剖分式的大端结构称为船用大端,船用大端在剖分面处装有压缩比调节垫片;杆身与大端轴承座不分开的结构称为车用大端,车用大端结构简单、紧凑,在大型船用低速柴油机中应用广泛。

筒形柴油机的连杆一般采用优质碳钢或合金钢锻造而成。连杆杆身的截面形状通常呈圆柱或和工字形。连杆杆身中常钻有油孔,其作用是把润滑油从大端输送到小端,以润滑连杆小端轴承和冷却活塞。

连杆小端是活塞销的轴承,小端孔内压入锡青铜衬套或浇有轴承合金的卷制衬套。连杆大端是曲柄销轴承,通常制成剖分式结构,用螺栓连接起来。连杆大端首先要满足拆装条件,即在检修时连杆应能同活塞一起由气缸中吊出。随着柴油机强化程度越来越高,使曲轴轴颈增粗,刚性增大,连杆轴承尺寸也越来越大,因此连杆大端出现了平切口、斜切口和阶梯切口以及船用大端等各种结构。

如图 2-15 所示为 Wärtsilä L38 型柴油机的连杆,连杆由合金钢锻造并加工成圆形截面。由于该机的最高燃烧压力已达到 19 MPa。连杆大端轴承较宽,使轴承负荷较小,在连杆大端和杆身之间为一铝合金板,保证了两部分很好地贴合。连杆小端为阶梯形小端,并采用三层结构的轴瓦,具有良好的承载能力。杆身中间钻孔,将滑油从连杆大端送至小端,供小端轴承的润滑及活塞冷却。杆身与连杆大端的结合面正处于连杆大端轴承座的上方,可以方便地拆卸和维护,所有螺栓用液压工具同时上紧。

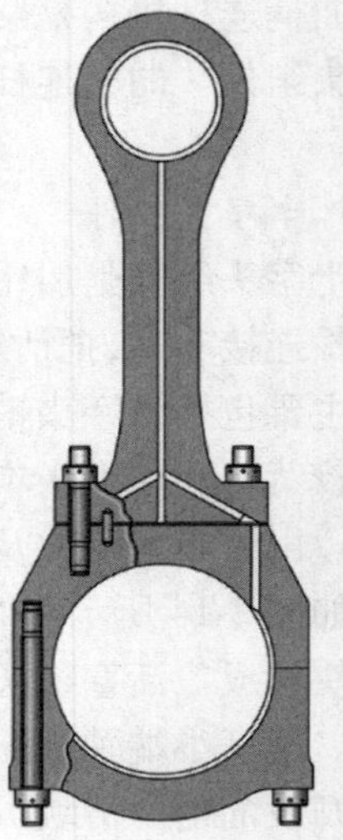

图 2-15　瓦锡兰 L38 连杆

四、曲轴

曲轴的主要作用:把活塞的往复运动通过连杆变成回转运动;把各缸所做的功汇集起来向外输出;带动柴油机的附属设备。曲轴带动的附属设备包括:柴油机的喷油泵、进排气阀、起动空气分配器、离心式调速器等。在中、小型柴油机中,曲轴还带动润滑油泵、燃油输送泵、淡水泵和海水泵。

按结构形式的不同可将曲轴分为整体式、组合式和分段式三种类型。曲轴主要由若干个单位曲柄和自由端和飞轮端以及平衡块等组成。

单位曲柄是曲轴的基本组成部分,由主轴颈、曲柄销和曲柄臂组成,为了平衡曲柄不平衡回转质量产生的惯性力,有的还在曲柄臂上装有平衡重。为了减轻曲轴的重量和减小惯性力,曲柄销和主轴颈一般都采用空心结构。

曲轴的曲柄都是以气缸的号数命名的。气缸的排号有两种方法,一种是由自由端排起,另一种是由动力端排起。我国和大部分国家都是采用自由端排起。

曲柄的排列是由气缸的发火间隔角和发火顺序决定的,而气缸的发火间隔角和发火顺序又要按照下列原则决定。

(1)柴油机的动力输出要均匀,即发火间隔角要相等。这样相邻发火的两个缸的曲轴夹角,二冲程柴油机为 $360°/i$,四冲程柴油机为 $720°/i$,i 为柴油机气缸数。

(2)要避免相邻的两个缸连续发火,以减轻相邻两缸之间的主轴承的负荷。为此,最好在柴油机的首、尾两端轮流发火。

如某四冲程六缸柴油机的发火顺序为 1—5—3—6—2—4,曲柄排列如图 2-16(a)所示;而另一四冲程柴油机发火顺序为 1—3—5—2—4—6,如图 2-16(b)所示。

如图 2-17 所示为 S-MC-C 型柴油机曲轴。曲轴由单位曲柄、自由端(首端)和功率输出端(尾端)三部分组成。曲轴为半组合式,可以是焊接型或半套合式。曲柄臂和主轴颈及曲柄销之间的连接处采用车入式圆角过渡,圆角处经过冷滚压加工,以提高它的疲劳强度。自由端法兰用来驱动辅助设备或轴带发电机。自由端法兰后为轴向减振器的活塞,推力环的前后两侧都装有推力块(图中未示出),以传递螺旋桨的推力和为曲轴轴向定位。推力环的外圈用来安

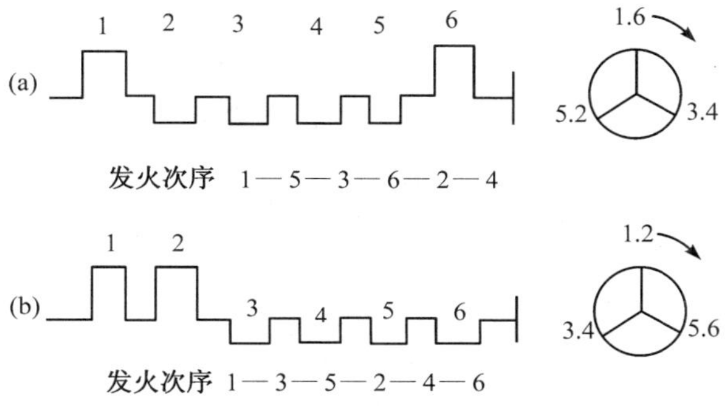

图 2-16　四冲程柴油机的曲柄排列

装主动链轮，以便通过链条驱动凸轮轴。这种推力轴和曲轴制造成一体，并将推力轴承和主动轮组合在一起的形式，可缩短柴油机长度，使布置更为紧凑。

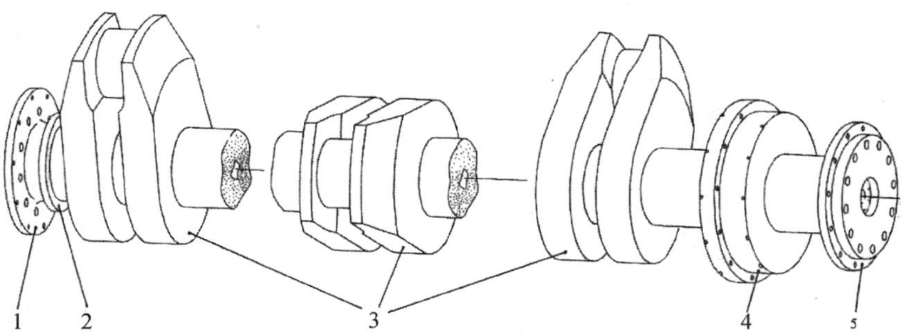

图 2-17　S-MC-C 柴油机曲轴

1—自由端法兰；2—轴向减振器活塞；3—单位曲柄；4—推力环；5—功率输出端

五、柴油机的主要固定件

柴油机的主要固定件包括机座、机架、气缸、贯穿螺栓和主轴承等。它们构成柴油机的骨架，用来支撑柴油机的运动机构和辅助设备，并形成柴油机的工作和运动空间。

1. 机架

机架是柴油机的支架，它与机座形成的曲轴箱空间是柴油机运动件的运动空间。如图 2-18 所示为 S-MC-C 型柴油机机架立体图。

2. 机座

机座是柴油机的基础。它和上面的机架共同组成曲轴箱，也是柴油机装配时的基准件。

目前在大型低速柴油机中主要采用的是单壁深型机座。如图 2-19 所示为 S-MC-C 型柴油机机座立体图，它主要由两侧的纵梁和带铸钢轴承座的横梁焊接而成。每侧纵梁为单层结构，横梁上焊有铸钢的主轴承座用以支撑曲轴。轴承盖用四个螺栓安装在轴承座上，螺栓液压上紧。轴承座孔在机座中的位置较低，便于给主轴承盖定位。机座设计得较高，以提高刚性。在机座的首端安装有轴向减振器，用以控制轴系的轴向振动，这已是现代新型柴油机的基本配置。机座尾端还设有推力轴承和驱动链条的安装空间。机座与船体的基座之间垫有环氧树脂或铸铁垫块，并由地脚螺栓固定。垫块用以调节机座上平面的高度和水平度。

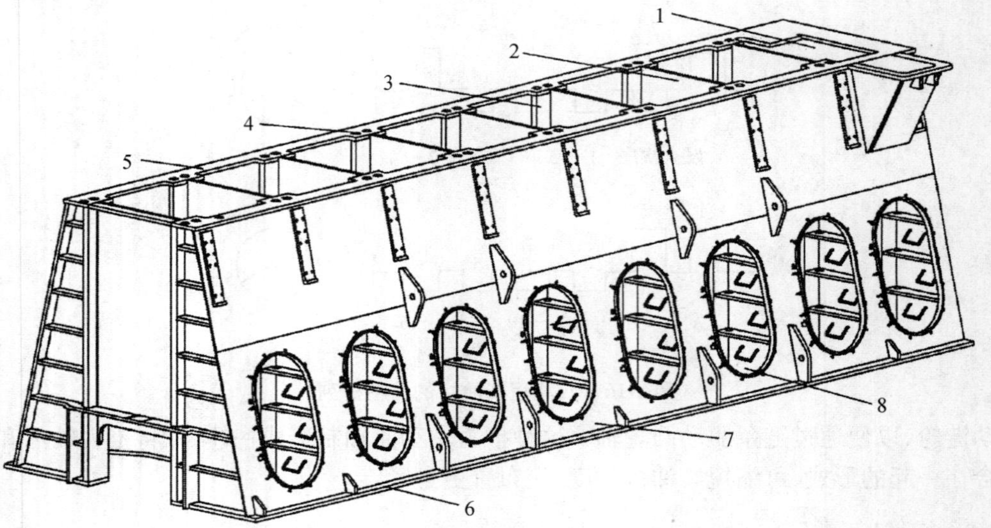

图 2-18　S-MC-C 型柴油机机架

1—链条传动箱;2—横向隔板;3—滑块导板;4—贯穿螺栓孔;5—上面板;6—底板;7—侧板;8—道门

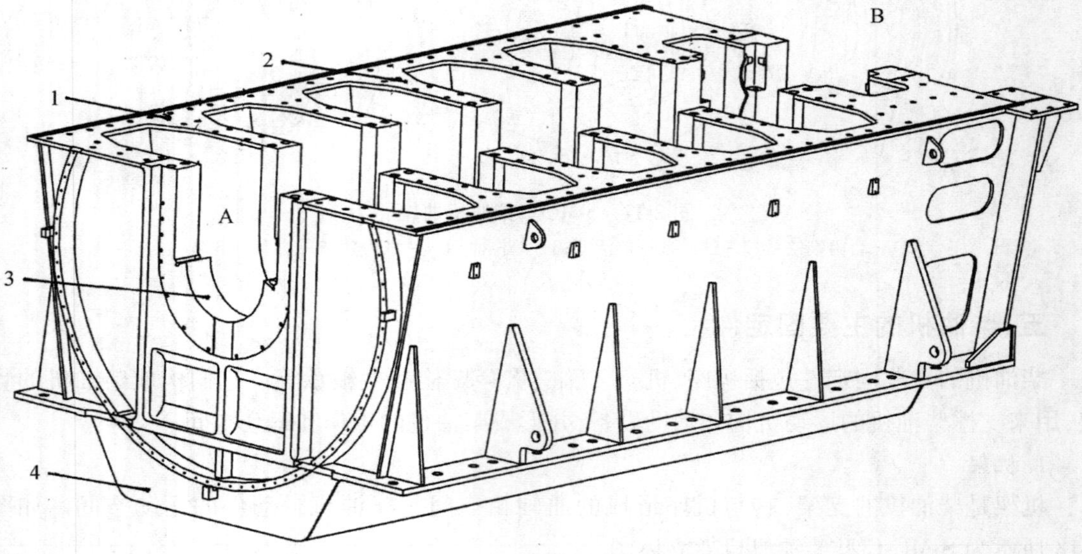

图 2-19　S-MC-C 型柴油机机座

1—纵梁,2—横梁;3—主轴承座;4—油底壳;A—自由端;B—动力输出端

3. 主轴承和推力轴承

(1)主轴承

主轴承的作用是支撑曲轴,保证曲轴的工作轴线,使曲轴在转动中以较小的摩擦和磨损传递动力。有些柴油机还有一道主轴承(一般为最后一道主轴承)起着曲轴轴向定位作用,称为止推轴承,用来防止曲轴因柴油机振动、倾斜和摇摆时发生轴向窜动。

主轴承决定着曲轴轴线,主轴承中心线与气缸中心线垂直并相交的准确性决定着曲轴、连杆、活塞和气缸之间的正确位置关系。主轴承刚性不足,会引起曲轴弯曲、轴承与轴颈产生不均匀磨损和过度磨损。主轴承的损坏将直接影响活塞在气缸中的工作,严重时会发生机械敲缸和拉缸事故,也有可能使曲轴挠曲变形过大甚至折断。

除个别高速柴油机采用滚动式主轴承外,船舶柴油机的主轴承几乎都是滑动式轴承。轴承材料一般采用巴氏合金或高锡铝合金。为了提高轴承的抗疲劳能力,新型柴油机的大型轴承普遍采用薄壁轴瓦结构,轴承材料使用 Sn40Al,这种轴承材料具有较低的温度敏感性和很强的抗疲劳能力,可以大大提高主轴承的可靠性。

(2)推力轴承

船舶柴油机通过轴(推力轴、中间轴和艉轴)带动螺旋桨旋转。螺旋桨桨叶在旋转时给水轴向的作用力,而水对螺旋桨桨叶也产生轴向的反作用力。作用在螺旋桨上的轴向力就是使船舶前进的推力(或后退的拉力)。螺旋桨的这个推力(或拉力)通过艉轴、中间轴和推力轴作用到推力轴承上,并经过推力轴承作用到船体上。当推力轴与曲轴直接连接起来时,曲轴还由推力轴承起轴向定位作用。

如图 2-20 所示,推力轴承主要由推力轴、推力环 3、若干块环形布置的正、倒车推力块 5 和 2 及推力盘等组成。对于现代大型低速二冲程柴油机推进装置,推力轴承座一般与柴油机的机座制成一个整体,推力轴承设置在最后两道主轴承之间。

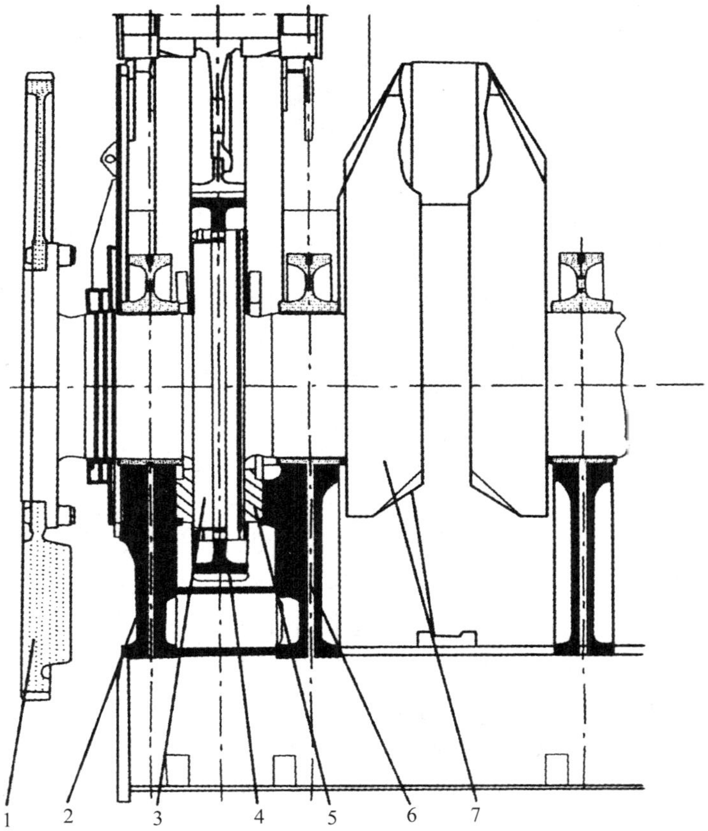

图 2-20　RTA-T 推力轴承

1—飞轮;2—倒车推力块;3—推力环;4—驱动齿轮;5—正车推力块;6—机座;7—曲轴

推力轴承的关键部件是推力块。推力块为一个扇形块,在靠近推力环的工作面上浇有白合金,在另一侧有高、低两个面。高低面相交的棱边为工作时的支持刃,工作时它与外面的调节圈工作面靠在一起。

推力轴承在正常情况下是在液体动力润滑下工作的。在工作中,推力环的推力通过动力油压传递到推力块上,再经过支持刃传递到调节圈上。当主机正车时,推力环压在正车推力块5上,倒车推力块2与推力环3之间会留有间隙;倒车时间隙出现在正车推力块2与推力环3之间。测量此间隙作为判断推力块磨损程度的依据。

第四节 柴油机的工作系统

为保证柴油机正常连续运转,必须有工作系统为其提供冷却水、滑油和燃油。柴油机的工作系统主要包括冷却系统、润滑系统和燃油系统。

一、柴油机冷却系统

1. 冷却的作用和方式

在柴油机中燃油燃烧放出的热量约30%要经过气缸、气缸盖和活塞等部件散向外界。为了能散出这些热量,需要有足够数量的冷却介质强制连续流经受热件,通过冷却保证这些受热部件的正常稳定温度。船用柴油机中均设置冷却系统,保证足够而连续的冷却介质流量以及适当的冷却介质温度。

冷却可以保持受热件的工作温度不超过材料所允许的限值,从而可保证在高温状态下受热部件的足够强度;其次,冷却可以保证受热件内外壁面适当的温差,减少受热件的热应力;此外,冷却还可以保证运动部件如活塞与缸套的适当间隙、缸壁工作面润滑油膜的正常工作状态。冷却的这些作用通过冷却系统来实现。

在柴油机强制液体冷却系统中的冷却剂通常有淡水、海水、滑油三种。淡水的水质稳定,传热效果好并可采用水处理解决其腐蚀和结垢的缺陷,因而它是目前使用广泛的一种理想冷却介质。海水的水质难以控制且腐蚀和结垢问题比较严重,因而目前很少使用海水直接冷却柴油机。

当前绝大多数船上冷却系统的设计是采用海水冷却低温淡水,然后利用低温淡水冷却高温淡水、滑油、增压空气等。滑油的比热小,传热效果差,高温状态下容易在冷却腔内产生结焦,但它不存在因漏泄而污染柴油机曲轴箱的危险,因而滑油适合作为活塞的冷却介质。此外,十字头式低速二冲程柴油机的活塞通常采用滑油冷却。

根据冷却介质的循环方式,冷却系统可以分为开式冷却系统和闭式冷却系统。开式冷却系统采用海水作冷却介质,海水泵从舷外吸入海水,将海水输送到需要的冷却设备,离开冷却设备后再排出舷外。闭式冷却系统采用淡水作冷却介质,整个冷却系统形成一个闭式回路,淡水在冷却系统中进行循环冷却。

2. 柴油机高温淡水冷却系统

柴油机高温淡水冷却系统也称缸套冷却水系统,主要冷却气缸套、气缸盖、气阀等,有时也冷却增压器。

如图2-21所示为MAN MC系列柴油机缸套冷却水系统。缸套冷却水泵出口的淡水由缸

套水进口 K 进入各缸套下部,各缸冷却水经 L 口流出。在 M 点处通过一个支管与膨胀水箱相

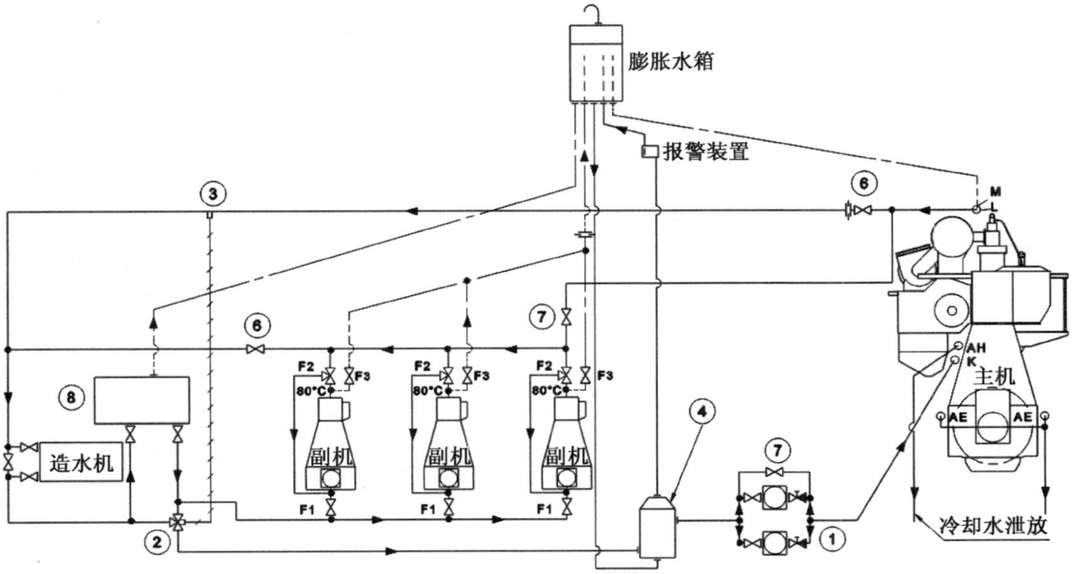

图 2-21 MAN MC 系列柴油机缸套冷却水系统

1—主机缸套冷却水泵;2—三通调温阀;3—温度传感器;4—除气水箱;6/7—截止阀;8—缸套水冷却器

连,主机冷却腔内的空气可以通过该支管经过膨胀水箱释放。截止阀 6 下游的节流孔板可以调节冷却水的压力。高温冷却水接着进入缸套水冷却器,与低温淡水进行热量交换。通过三通阀 2 可以调节进入缸套水冷却器的流量,从而控制 3 点处冷却水温。使用造水机时,高温的缸套冷却水进入造水机的蒸发器作为热源。冷却水离开冷却器后,经过除气水箱进入冷却水泵。除气水箱下部有管路与膨胀水箱下部相连,可以保证冷却水泵的吸入压力。除气水箱上部也有管路与膨胀水箱相连,管路上的报警装置可以在冷却系统内存在大量空气的时候发出警报。

缸套水冷却器出口的冷却水有一路经过 F1 阀进入副机,经过机带冷却水泵冷却后加压冷却副机的气缸套、气缸盖和增压器。F2 三通阀可以控制副机冷却水的出口温度,该温度的设定值为 82 ℃。正常航行时,阀 6 开启,阀 7 关闭。靠港或锚泊时,阀 6 关闭,阀 7 开启,离开副机的冷却水进入主机,可以保持主机处于暖机状态。

通常,缸套冷却水泵设有两台,皆为离心泵。缸套冷却水系统中均设高置膨胀水箱。其作用有:使系统中的淡水受热后有膨胀的余地;补充系统中因蒸发和漏泄而损失的水量并保证淡水泵有足够的吸入压头;排放系统中的空气;投放化学药剂以对冷却水进行化学处理;可对冷却水加热以暖缸(如在其中设置加热装置)。

3. 中央冷却系统

从 20 世纪 70 年代初期开始,出现了一种新型的柴油机冷却系统,即中央冷却系统。这种冷却系统的基本特点是使用不同工作温度的两个单独的淡水循环系统:高温淡水(80~85 ℃)和低温淡水(30~40 ℃)闭式系统。前者用于冷却主机缸套、气缸盖、增压器等,后者用于冷却高温淡水、空气冷却器、滑油冷却器、大气冷凝器和其他设备(空压机、制冷和空调压缩机等)。受热后的低温淡水在一个中央冷却器中由开式的海水系统进行冷却。由此,可保证只使用一

个用海水作为冷却液的冷却器。低温淡水由中央冷却水泵泵出，分别冷却主机空气冷却器的低温循环、各台发电柴油机及其他冷却器。

中央冷却系统较前述传统的冷却水系统有以下明显优点：海水管系及中央冷却器的维修工作减至最低限度；气缸冷却水温度稳定，不受工况变化的影响，因而使柴油机始终在最佳冷却状态下运转；淡水循环可多年保持清洁，维修工作量极少。

如图 2-22 所示为 MAN MC/MCE 型柴油机的中央冷却系统。主机缸套冷却水为高温淡水循环系统，发电柴油机缸套冷却水为低温淡水系统。低温淡水由低温淡水泵 3 泵出，流过中央冷却器 2，然后分别通过主机滑油冷却器 4、空气冷却器 5、主机缸套冷却器 8 等，各冷却器的回水经总管汇集后流至低温淡水泵 3 的入口。低温淡水兼作发电柴油机的缸套冷却水，其出口在航行时（阀 A 开启，阀 B 关闭）流至低温淡水泵 3 的入口处。在停泊期间（阀 A 开启，阀 B

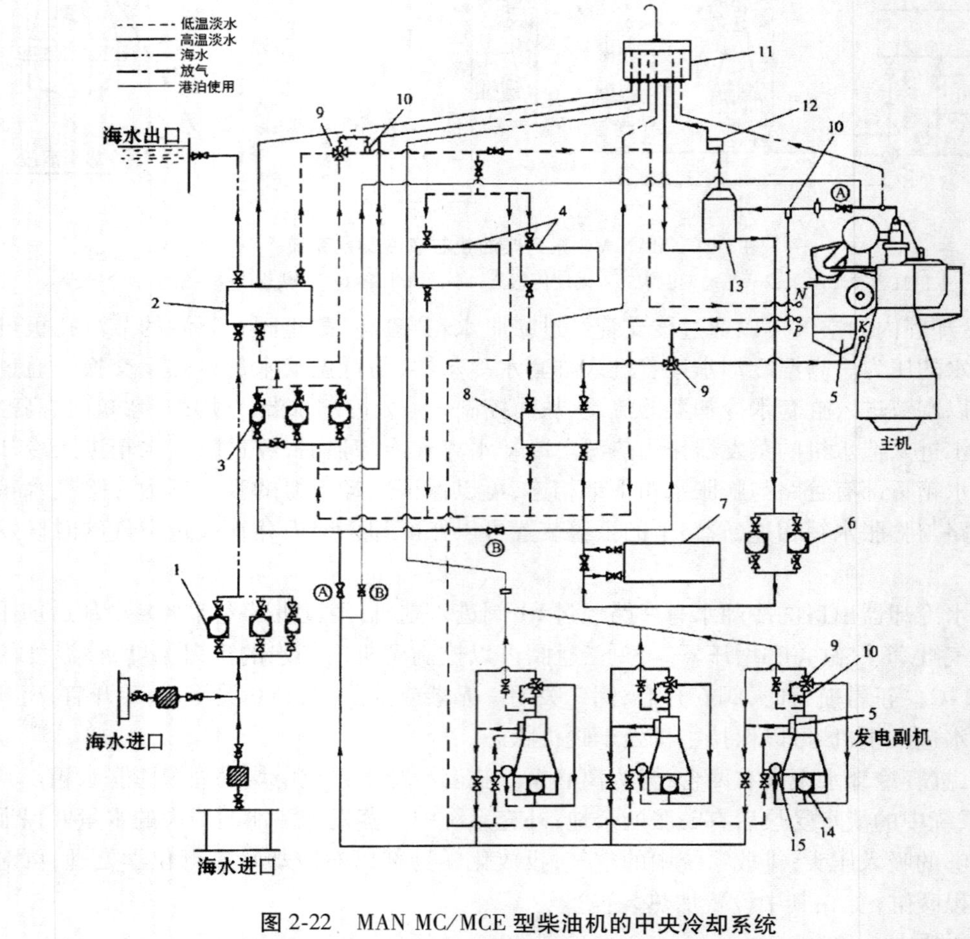

图 2-22　MAN MC/MCE 型柴油机的中央冷却系统

1—主海水泵；2—中央冷却器；3—低温淡水泵；4—主机滑油冷却器；5—空气冷却器；6—缸套冷却水泵；7—造水机；8—缸套水冷却器；9—恒温控制阀；10—温度传感器；11—膨胀水箱；12—空气分离报警器；13—空气分离器；14—机带淡水泵；15—副机滑油冷却器

关闭），发电柴油机的缸套冷却水可用于主机暖机。受热后的低温淡水可在中央冷却器 2 中由主海水泵 1 泵来的海水进行冷却。系统还设有多个温度传感器和相应的恒温控制阀，可根据水温变化来调节旁通水量。冷却主机的高温淡水由缸套冷却水泵 6 泵出，送至缸套水冷却器 8，冷却后的高温淡水送到主机冷却气缸套、气缸盖、排气阀后经空气分离器 13 后返回缸套冷却水泵 6 的进口。在造水机 7 工作时，缸套冷却水泵 6 泵出的热淡水还作为加热工质供入其中的加热器。加热量可通过缸套水旁通阀进行调节。系统的最高处设有膨胀水箱 11。

二、柴油机润滑系统

柴油机的润滑系统是非常重要的系统，主要包括气缸油润滑、曲轴箱油强制润滑、增压器润滑以及润滑油的分离和净化等系统。

1. 润滑油的作用

柴油机中润滑油有以下作用：

(1)减磨——在相互运动表面保持一层油膜以减小摩擦。这是润滑的主要作用。

(2)冷却——带走因摩擦而产生的热量以及外界传来的热量，保证工作表面的适当温度。

(3)清洁——冲洗运动表面的污物和金属磨粒以保持工作表面清洁。

(4)密封——润滑油膜可起到密封作用。如活塞与缸套间的油膜有助于密封燃烧室空间。

(5)防腐——形成的油膜覆盖在金属表面使空气不能与金属表面接触，防止金属锈蚀。

(6)降噪——形成的油膜可起到缓冲作用，避免两表面直接接触，减轻振动与噪声。

(7)传递动力作用——如推力轴承中推力环与推力块之间的动力油压。

2. 曲轴箱油强制润滑系统

曲轴箱油强制润滑系统根据柴油机结构不同分为湿油底壳式和干油底壳式滑油系统。

(1)湿油底壳式滑油系统

湿油底壳式滑油系统的滑油存放在柴油机油底壳中，柴油机正常运转时，由其所带的滑油泵抽吸油底壳滑油，经滑油冷却器送至各润滑部位，润滑后流回油底壳，构成独立的润滑系统。此种滑油系统的特点是结构简单，柴油机带滑油泵，管路依附于机体上，油底壳存油量少。该系统的缺点是油底壳中的滑油将经常受到燃烧室泄漏的高温燃气的污染，容易变质，故滑油的使用寿命短。这种系统经常用于小型柴油机动力装置。

(2)干油底壳式滑油系统

干油底壳式滑油系统的滑油存放于单独设置的滑油循环柜。这种润滑系统主要有单泵和双泵两种形式。在单泵系统中，滑油循环柜设置在柴油机油底壳下面，滑油泵自油底壳内吸油，经滑油冷却器冷却后输送至各润滑部件，润滑后经过油底壳流回滑油循环柜。双泵系统需要额外一台滑油泵，用于专门抽吸油底壳内的滑油，将滑油泵至循环柜中。双泵系统的循环柜和管路的布置不受柴油机位置的限制，但需要增加一台滑油泵。在柴油机曲轴箱油润滑系统中单泵干油底壳式居多，其特点是储油量大，滑油的沉淀和净化处理方便，冷却充分和滑油使用寿命长。但其所占的空间较大，管路复杂。这种系统适用于大中型柴油机。

如图 2-23 所示即为 MAN MC/MCE 系列柴油机曲柄箱油润滑系统。这是一种典型的干油底壳式润滑系统。系统设两台主滑油泵，其中一台工作，另一台备用。主滑油泵自循环油柜吸油，输送至滑油冷却器，再经过自动反冲滤器过滤，送至主轴承、连杆大端轴承、十字头轴承和推力轴承等处。各轴承润滑回油经油底壳流入滑油循环油柜。

3. 气缸润滑系统

柴油机气缸的润滑有两种方式：飞溅润滑和注油润滑。

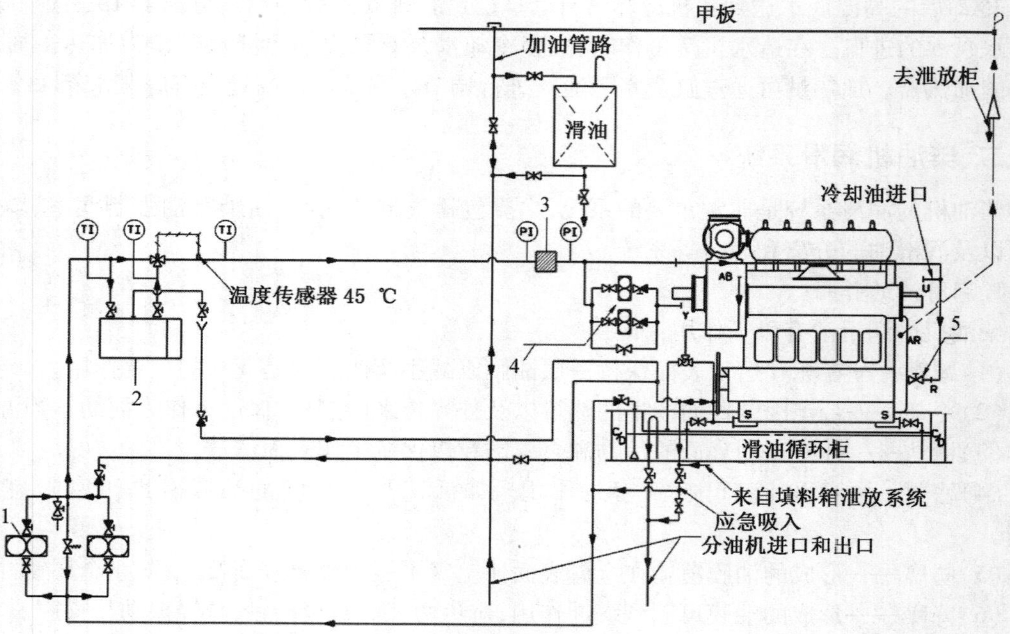

图 2-23 MAN MC/MCE 系列柴油机曲柄箱油润滑系统

1—主滑油泵;2—滑油冷却器;3—滑油自清滤器;4—排气阀驱动油增压泵;5—滑油进口阀

(1)飞溅润滑

飞溅润滑靠从连杆大端甩出并飞溅到气缸壁上的润滑油润滑气缸,一部分滑油被烧掉,剩余的滑油被活塞裙部的刮油环刮回曲轴箱。由于润滑气缸和润滑轴承的润滑油一定会掺混,所以采用的是同一种润滑油。这种润滑方式适用于筒形活塞式柴油机。

(2)注油润滑

气缸注油润滑采用的润滑油一般与轴承润滑采用的润滑油有不同的要求,所以使用不同的润滑系统。此系统采用气缸注油器和注油接头,将气缸油通过气缸壁上均布的注油孔(8~12个)喷注到气缸表面进行润滑。注油润滑的油量可以控制,润滑后的滑油不用收回。这种润滑方式用于十字头式柴油机的气缸润滑和某些筒状活塞柴油机的辅助润滑。

三、柴油机燃油系统

燃油系统的作用是向主机、副机和锅炉提供数量足够和质量可靠的燃油。该系统通常由加装、储存、驳运、净化以及供给等基本环节组成。

1. 燃油的加装、储存、驳运

燃油通过船舶左右两舷加油口加装到燃油舱中。船舶的燃油舱一般有多个。油舱分为双层底和深舱(边舱)两种。对于重油舱,都装设加热盘管,以加热重油,保持其流动性,便于驳油。

2. 燃油的净化处理

燃油的净化处理主要由燃油沉淀柜、燃油日用柜、分油机及燃油加热器组成。燃油由燃油输送泵从油舱驳入沉淀柜,在沉淀柜中经加热、沉淀后将大部分水分与杂质经放残阀泄放掉。

沉淀柜的燃油再经分油机净化后注入日用柜，日用柜在被注满后，可溢流回沉淀柜。经分油机离心净化可去除燃油中无法沉淀分离的杂质和水分，满足柴油机的用油要求。其净化方法包括：加热、沉淀、放残、离心分离和滤清等净化处理措施。

3. 燃油的供给单元

燃油供给单元主要由燃油供给泵、燃油循环泵、燃油混合桶、雾化加热器（包括黏度控制器或温度控制器）和燃油自清滤器等组成。供给泵将燃油从日用柜泵出并加压后供给到循环泵的进口，循环泵使来自供给泵和混合桶的燃油，经过雾化加热器和自清滤器，在主机和混合桶之间循环。供给泵的输出量等于主机的消耗量（忽略系统漏泄）。

如图 2-24 所示，经过分油机净化后的燃油经过轻重油转换三通阀到达燃油供给泵的进口，其输出压力为 0.4～0.6 MPa。经过循环泵加压后，燃油压力可达 0.8～1.0 MPa。燃油循环泵的输出经过燃油雾化加热器和燃油自清滤器后供给主机。通过控制回油选择三通阀，主机的回油可返回混合桶或重油日用柜。一般在正常情况下，燃油返回混合桶。主机出现故障导致突然停车情况下，可通过转换回油选择三通阀使主机管路中的重油回油到重油日用柜，避免造成故障停车后重油堵塞燃油管系的情况发生。供应到主机高压油泵处的燃油压力一般为 0.8 MPa（循环泵出口压力为 1.0 MPa），循环油路（回路）中压力为 0.4 MPa，防止燃油系统在高预热温度（如 150 ℃）时发生汽化和空泡现象。

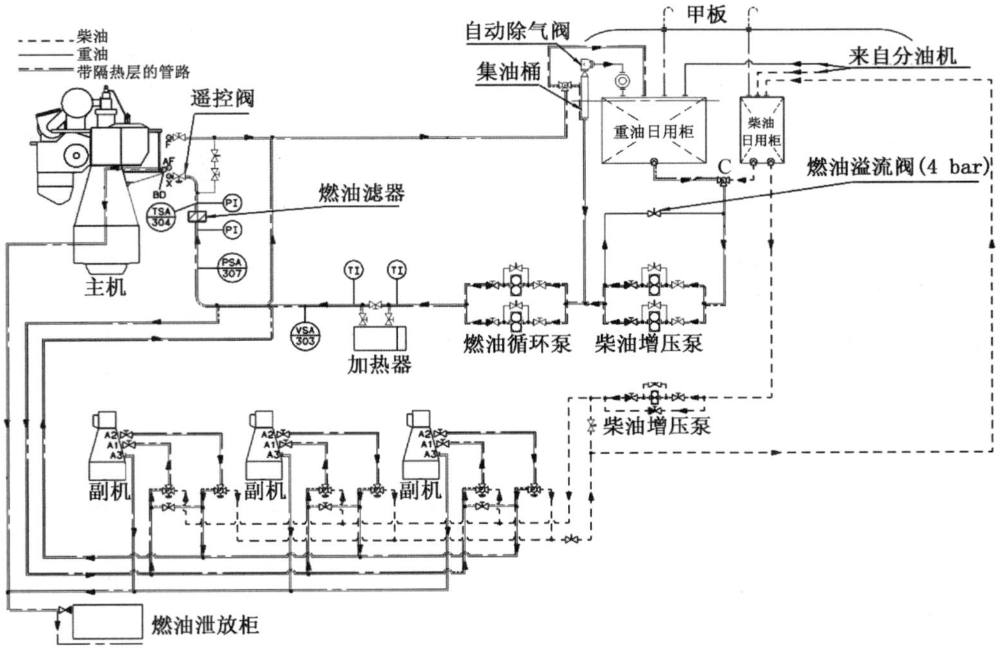

图 2-24　MAN MC/MCE 系列柴油机的燃油供给系统

4. 燃油系统的维护管理

（1）轮机长应根据船舶现存燃油数量和牌号、航次需要，提出加油数量和规格，在与船长协商后向公司提出加油申请。

（2）具体加油舱和加油量轮机长应与大副商量以满足船舶吃水的要求。同时应注意不同牌号的燃油一般不能加装在同一油舱内并且燃油加装不能超过舱容的 85%。

(3)有些船舶主机在正常航行时使用重油,机动航行时使用轻柴油。这就需要在离港和进港时更换燃油。一般在进港机动航行前1小时和离港正常航行后进行换油操作。如图2-24中的轻重油转换阀C,通过对其操作可实现轻重油的转换。转换油过程中要注意的是防止油温突变,从而造成喷油泵卡紧或咬死。

第五节　柴油机的操纵系统

机动航行时,船舶需要频繁改变航速及航向;恶劣海况下,船舶可能造成主机超负荷或超速。为了满足船舶要求,主机应当具有起动、停车、定速、变速、超速、限速、超负荷、限制负荷、正车和倒车能力。因此,船舶主柴油机必须设置起动、换向和调速装置以及控制上述各种装置的操纵机构。

一、起动装置

1. 起动装置的目的

柴油机自身没有自行起动能力。起动装置的目的就是使静止的柴油机借助外力转动起来,以便获得第一个工作循环的条件,最终使柴油机自行运转。柴油机在外力作用下进行进气、压缩、喷油,直至燃油燃烧膨胀做功而自行运转的过程,称为柴油机起动。柴油机在起动的过程中,必须要达到一定转速,才能保证气缸内在压缩终点时达到燃油自然发火的温度。柴油机起动所要求的最低转速称为起动转速。起动转速的高低与柴油机的类型、环境条件、燃油种类及质量有关,它表明柴油机的起动性能优劣。

柴油机起动转速的范围一般是:高速柴油机为80~150 r/min;中速柴油机为60~70 r/min;低速柴油机为25~30 r/min。

根据柴油机在起动时所采用的外力形式,其起动方式分为:人力起动、电动起动、压缩空气起动等。小型船用柴油机,如应急发电原动机、救生艇机等采用人力或电动方式起动,作为主机的柴油机和发电柴油机都是使用压缩空气起动。

2. 压缩空气起动装置的基本组成和工作原理

压缩空气起动就是将具有一定压力的压缩空气,按照柴油机的发火顺序在膨胀冲程时引入气缸,推动活塞运动,使柴油机达到起动转速,实现自行发火工作。压缩空气起动装置主要包括:空气压缩机、起动空气瓶、主起动阀、空气分配器、气缸起动阀和起动控制阀等。

如图2-25所示为压缩空气起动的工作原理。起动前,空压机向空气瓶6充气至规定压力(2.5~3.0MPa)。备车时,先打开空气瓶出口阀5和截止阀8,使空气瓶中的空气经截止阀8沿空气管通至主起动阀3和起动控制阀7处等候。起动时,将操纵手柄4推到起动位置。这时,起动控制阀7被打开,控制空气进入主起动阀3的控制活塞上面,推动活塞下移,使主起动阀打开。压缩空气通过主起动阀后分成两路:一路为起动用压缩空气,经空气总管通到各气缸起动阀1的下方等候;另一路为控制空气,被引至空气分配器,然后根据发火顺序依次到达相应的气缸起动阀1的上部空间,使其开启。已等候在气缸起动阀1下方的起动空气进入气缸,推动活塞下行,使曲轴转动。当达到起动转速后,随即将操纵手柄推至起动供油位置,柴油机

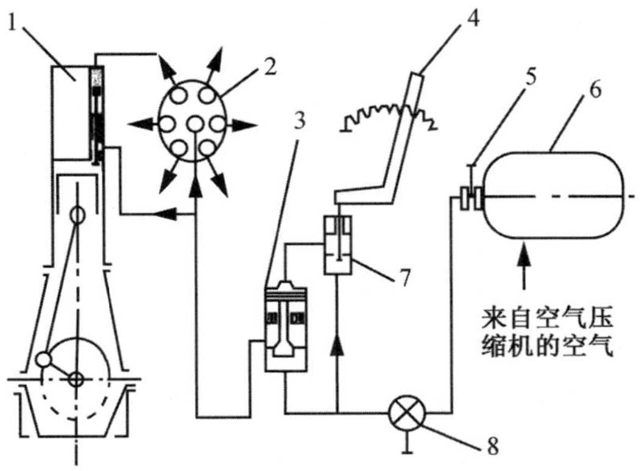

图 2-25　压缩空气起动装置原理图

1—气缸起动阀;2—空气分配器;3—主起动阀;4—操纵手柄;5—空气瓶出口阀;6—空气瓶;7—起动控制阀;8—截止阀

自行发火运转。当操纵手柄一离开起动位置,起动控制阀 7 立即关闭,切断控制空气。主起动阀随之关闭,气缸起动阀上部空间的控制空气经空气分配器泄放,于是气缸起动阀关闭,停止向气缸供应起动空气。起动成功后,可根据需要,通过操纵手柄调节柴油机供油量,使其在指定转速下运转。不需要再起动柴油机时,可关闭截止阀 8 和出口阀 5。

3. 保证起动的条件

为了保证柴油机有效、可靠地起动,必须具备三个条件:

(1)压缩空气应具有一定的压力和一定的储量

在起动空气瓶容量已定的情况下,压缩空气所具有的能量是由其压力决定的。压缩空气必须具有足够的压力才能使柴油机在较短的时间内达到起动转速。新型柴油机最低起动空气压力约为 1.0 MPa。按船舶规范要求,供主机起动用的空气瓶至少有两个,起动空气压力应保持在 2.5~3.0 MPa,空气瓶的容量必须能保证在不补充空气的情况下,冷车条件下正倒车交替连续起动不少于 12 次(不可换向主机为 6 次),保证船舶机动操纵的要求。

(2)要有一定的供气定时并有一定的延续供气时间

因为压缩空气代替燃气膨胀做功,推动活塞驱使曲轴转动,因此必须在活塞处于膨胀冲程且只有在膨胀冲程的某一时刻进入气缸。这个供气时刻称为起动定时(空气分配器定时),该定时与柴油机的型号、气缸数目、标定转速和起动空气压力等因素有关。合适的起动定时应以既最有利于起动又节省空气耗量为主要依据。理论上,船用大型低速二冲程柴油机,空气分配器大约在上止点前 5°曲轴转角开始供气,在上止点后 100°~120°曲轴转角结束供气。实际上,起动空气进入气缸的时刻要延后些,这是因为气缸起动阀不是瞬时开大的,在开启的初期由于开度极小对空气起到节流作用,压缩空气并未真正进入气缸,只有气缸起动阀的开度较大时压缩空气才进入气缸起动柴油机。气缸起动阀开启的延续时间因受气口开启时刻的限制,一般不超过 120°曲轴转角。在中高速四冲程柴油机中,空气分配器常在上止点前 5°~10°曲轴转角供气,这主要是由于转速高的柴油机,气缸起动阀从充气到开启所占的曲轴转角要比低速机大些。与二冲程柴油机相同,起动阀延续开启的时间因受排气阀开启时刻的限制一般不超过 140°曲轴转角。

(3)要保证最少气缸数

对于船舶主机而言,必须保证曲轴在任何位置时都能起动,即柴油机的曲轴在任何位置时至少有一个气缸处于起动位置。二冲程柴油机的气缸数不应少于四个,四冲程柴油机不应少于六个,因为二冲程柴油机起动阀的延开角度不超过 120°,故只有当曲柄夹角小于 120°时,才能保证各气缸中必有一个处于起动位置。显然,相邻曲柄夹角小于 120°的气缸数至少为四个,同理,四冲程柴油机应为六个。若气缸数少于上述数值,则起动前必须盘车,使某缸正好处于膨胀行程开始后的某一时刻。

4. 使用压缩空气起动主机时应注意的问题

(1)设计上空气瓶的容量和空气压缩机的输气能力能满足主机的起动要求,但在一定时间范围内其总的空气量是有限的。随着柴油机使用年限增加,相同空气瓶的容量能够实现的起动次数会减少。另外,操纵水平也影响起动次数。

(2)不同的柴油机以及处于不同状态的柴油机对最低起动压力的要求不同。如果压缩空气压力低于 1.0 MPa 时,通常会造成起动困难。空压机自动在上限和下限的压力之间间歇工作(一般设定值为 2.5~3.0 MPa)。如果起动时,气瓶压力处于下限附近,则实际可起动次数可能达不到设计要求。压缩空气压力越低,其做功能力越弱,消耗空气量也会增加。

(3)在使用气动工具和用压缩空气做清扫时,消耗空气量是很大的。所以在船舶机动航行时不应该使用,以免影响主机的机动性能。

(4)主机在起动过程中所产生的冲击负荷和机械磨损最为严重,良好的操纵习惯可以减少对主机的伤害及起动空气的消耗。操纵主机时除了应避免盲目地随意频繁起、停主机外,同时应提高操纵水平,保持主机良好状态和机动性能。

二、换向装置

1. 换向原理和方法

船舶前进变为后退(或相反)有改变螺旋桨的旋转方向和改变螺旋桨的螺距角两种方法。目前,多数船舶使用前者实现航向的变换,即船舶的进、退依赖于柴油机旋转方向的改变。因此要求主柴油机具有换向性能。所谓换向就是改变曲轴的旋转方向。

要使柴油机换向,首先应停车,然后柴油机反向起动起来,再使柴油机按反转方向运转起来。为满足上述要求,必须改变起动定时、喷油定时和配气定时,以满足反向起动和反向运转对定时的需求。因为上述定时均由有关凸轮控制,所以柴油机的换向实际上是改变空气分配器、喷油泵和进、排气阀等凸轮与曲轴的相对位置。为改变柴油机的转向而改变各种凸轮相对于曲轴位置的机构称为换向装置。

柴油机换向时需改变其凸轮与轴相对位置的设备随机型不同而异。在四冲程柴油机中有空气分配器凸轮、进排气阀凸轮和喷油泵凸轮等;在二冲程直流阀式扫气柴油机中,除喷油泵凸轮和空气分配器凸轮外还有排气凸轮。

目前,换向装置的种类繁多,对装置的基本要求却大体相同。主要有:

(1)应能准确、迅速地改变各种需要换向设备的定时关系。保证正、倒车的定时相同。

(2)换向装置与起动、供油装置间应设有必要的联锁机构以保证柴油机的安全。

(3)需要设置防止柴油机在运转过程中各凸轮“定时”机件相对于曲轴上、下止点位置发生变化的锁紧装置。

(4)中国船级社《钢质海船入级规范》的规定,主机换向时间应不大于 15 s。主机换向时间是指主机在最低稳定转速下从操纵开始到主机在相反方向开始工作止所需的时间。

2. 换向装置

根据结构特点，换向装置有双凸轮换向和单凸轮换向。

双凸轮换向特点是对需要换向的设备均设置正、倒车两套凸轮。正车时正车凸轮处于工作位置，倒车时轴向移动凸轮轴使倒车凸轮处于工作位置，使柴油机各缸的有关定时和发火次序符合倒车运转的需要。双凸轮换向装置，根据其轴向移动凸轮轴所用能量与方法有不同的结构形式。一般有机械式、液压式和气压式。

单凸轮换向特点是每个需要进行换向操作的设备（如喷油泵、排气阀、空气分配器等）都各自由一个轮廓对称的凸轮来控制，正倒车兼用。换向时凸轮轴并不轴向移动，只需使凸轮轴相对曲轴转过一个角度。柴油机换向时为改变定时使凸轮轴相对曲轴转过一个角度。柴油机换向时为改变定时使凸轮轴相对曲轴转过一个角度的动作称为凸轮的换向差向，所转的角度为换向差动角。差动方向如果与换向后的新转向相同，称为超前差动；差动方向如果与换向后的新转向相反，称为滞后差动。

如图 2-26 所示为 MAN B&W 公司的一种简易、新颖的气动机械燃油凸轮换向装置。换向时曲轴与凸轮轴均无差动动作，通过改变每缸喷油泵传动机构中的滚轮在凸轮轴上的角度位置完成换向动作。图示位置为正车位置，换向时利用压缩空气拉动滚轮连杆的顶头，使滚轮连杆的倾斜方向发生改变，即改变滚轮与凸轮的相对位置完成换向动作。

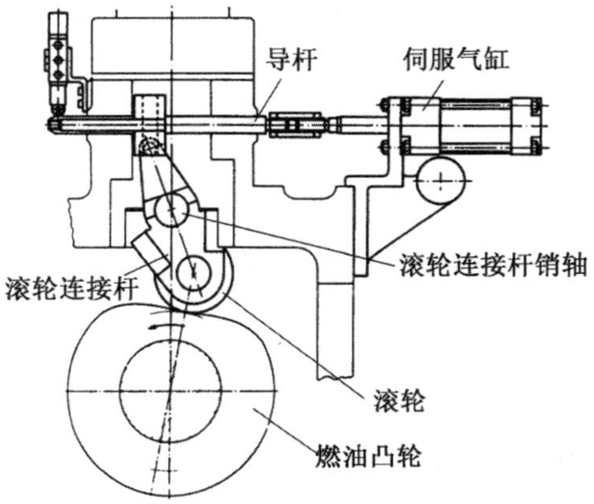

图 2-26　MAN B&W 燃油凸轮换向装置

三、调速装置

1. 柴油机调速的基本概念

柴油机在运行中的不同转速是通过改变循环喷油量来实现的。改变油量调节机构，使柴油机的转速调节到规定的转速范围称为柴油机调速。为此而设的根据柴油机负荷变化自动调节供油量的调速装置，称为调速器。

船舶主机和发电柴油机的运转条件和要求不同，当外界负荷变化时，柴油机自身的适应能力也不相同，所以对调速的要求也不相同。

（1）船舶主机

船舶主机与螺旋桨相连，调速时的工作特性为柴油机的推进特性，即 $P=Cn^3$（参见第六节的内容)。船舶主机有自动改变转速以适应外界负荷变化的能力。例如,主机供油量不变,当船舶阻力增加,螺旋桨负荷增大导致主机转速降低,由于转速降低又使螺旋桨阻力功率降低,最终主机与螺旋桨稳定在较低的工作转速上;反之,就会工作在较高的转速上。所以,即使没有调速器,主机转速也会自动恢复稳定。在对主机转速要求不是很严格的条件下,可不装调速器。为了防止主机运转中螺旋桨失落、出水打空或断轴等造成主机飞车,根据规定主机必须装设可靠的调速器(实际是限速器),使主机转速不超过标定转速的115%。

另外,现代柴油机为了防止因外界负荷变化所引起的转速变化而对柴油机工作产生不良影响(如可靠性、寿命及经济性等),还有的柴油机需要驱动轴带发电机或使用调距桨等,均要求柴油机装设全制式调速器,以保证柴油机在设定转速稳定工作。

(2)船舶发电柴油机

发电柴油机要求当外界负荷变化时能保证恒定的转速,以保证发电机的电压和频率,所以发电柴油机是按负荷特性工作的。按负荷特性工作时,要求柴油机自动根据外界负荷的变化相应调节供油量来保持转速稳定。为实现这一目的,必须装设定速调速器。

2. 调速器

(1)调速器种类

①极限调速器

只用于限制柴油机的最高转速不超过某规定值,在转速低于此规定值时不起作用。这种调速器仅用于主机,已很少单独使用。

②定速调速器(单制调速器)

负荷变化时直接调节供油量以保持柴油机在预定转速下稳定运转的调速器。

③双制式调速器

能维持柴油机的最低运转转速并可限制最高转速的调速器。其中间转速由人工调节。这种调速器用于对低速性能要求较高或带有离合器的中、小型船用主机。

④全制式调速器

从最低稳定转速到最高转速的全部运转范围内,均能自动调节供油量以保持任一设定转速的调速器。是船舶主机和船舶发电柴油机广泛采用的调速器。

另外,如果按照执行机构分类,调速器可分为机械式、液压式和电子式。

为了防止调速器损坏时造成柴油机超速损坏,按中国船级社《钢质海船入级规范》有关规定,凡标定功率大于220 kW的主机和发电柴油机应装超速保护装置,以防止主机超过120%的标定转速和发电柴油机转速超过115%标定转速。超速保护装置是一种运转安全装置,与调速器不一样,它只限制柴油机转速,本身无调速特性。在柴油机正常运转范围内不起作用,只在转速达到规定值时才发生动作使柴油机立即停车或降速。超速保护装置必须与调速器分开设立并独立工作。

(2)调速器工作原理

如图2-27所示为一个机械调速器的简图,以此来说明调速器工作原理。调速器主要由飞重3、滑动套筒4和调速弹簧5等部件组成。飞重3安装在飞重座架2上,通过转轴1由柴油机驱动高速回转。飞重3和调速弹簧5组成的转速感应元件按力平衡原理工作。当柴油机发出的功率与外界平衡时,其转速稳定,飞重产生的离心力与调速弹簧的预紧力相平衡,油量调节杆8保持在某一供油位置,如图2-27中实线所示。

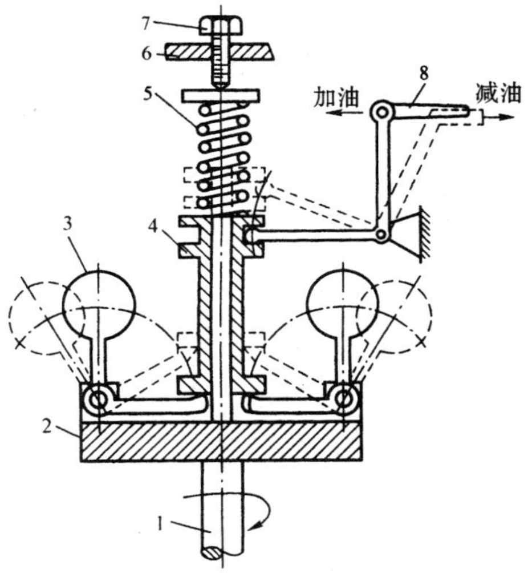

图 2-27　机械式调速器工作原理

1—转轴；2—飞重座架；3—飞重；4—滑动套筒；5—调速弹簧；6—本体；7—转速调节螺钉；8—油量调节杆

当外界负荷减小时，柴油机的功率大于外负荷，使转速升高，此时飞重 3 的离心力就会大于调速弹簧 5 的预紧力而使滑动套筒 4 上移，增加调速弹簧的压缩量，同时通过角杆拉动油量调节杆 8 以减少供油量。调节过程结束时，柴油机的功率与外负荷在都减小的情况下达到平衡，调速器的飞重则稳定在图 2-27 中虚线所示的位置，其离心力和调速弹簧的作用力在都增大的情况下达到新的平衡。当外界负荷增加时，调速器的动作与上述相反，飞重离心力与弹簧作用力最终都在减小的情况下达到新的平衡。

机械式调速器在调节结束后不能保持转速不变。负荷减小时，调节后的转速高于原转速。负荷增大时，调节后的转速低于原转速。转动转速调节螺钉 7 可以改变调速弹簧 5 的预紧力，从而改变柴油机的设定转速。

机械调速器拉动油门的动力来自飞重的离心力，因而只适用于中小功率柴油机，其灵敏度和精度较差，但是结构简单，维修方便。

液压调速器在船上得到普遍应用。其原理是将飞重离心力产生的调速位移进行液压放大，使调速更加精确和灵敏，调速范围更广泛，但结构复杂。

近些年，电子调速器在船舶柴油机上应用越来越多。其转速感应元件采用电气方式，使调速动作响应更灵敏、更精确。

四、柴油机操纵系统

为了满足船舶在各种复杂航行工况下的操纵需要，船舶主机必须设置起动、换向、调速装置以及便于轮机人员控制主机的操纵系统。操纵系统就是能将上述各装置联结成一个统一整体并可集中控制柴油机的机构。

1. 对操纵系统的要求

（1）能迅速而准确地执行起动、换向、变速和超速保护等动作，并满足船舶规范的要求。

(2)有必要的连锁装置,以避免操作失误和事故。

(3)必须设有必要的监视仪表和安全保护与报警装置。

(4)操纵系统中的零部件必须灵活可靠,不易损坏。

(5)操作、调整方便,维护简单。

(6)便于实现遥控和自动控制

2. 操纵系统的类型

(1)按操纵部位和操纵方式分类

①机旁手动操纵:操纵台设在机旁,使用相应的控制机构操纵柴油机满足各种工况需要。

②机舱集控室控制:在机舱的适当部位设置专用的控制室,实现对柴油机的控制与监视。

③驾驶台控制:在驾驶台的控制台上由驾驶员直接控制柴油机运行。

三个操纵部位中,机旁操纵是整个操纵系统的基础。集控室和驾驶台控制称为遥控,是对主机的远距离操纵。遥控系统是用逻辑回路和自动化装置代替原有的各种手动操作程序。机舱集控室设有操纵部位转换开关,根据航行条件的需要将柴油机的操纵转换至集控室、驾驶台和机旁。驾驶台、集控室和机旁设有应急停车按钮或手柄,以便在紧急情况下根据需要立即停车。

(2)按操纵系统使用的能源和工质分类

①电动式主机遥控系统:以电作为能源,通过电动遥控装置和电动驱动机构实现对主机的控制。

②气动式主机遥控系统:以压缩空气为能源,通过气动遥控装置和气动驱动机构对主机进行遥控。

③液力式主机遥控系统:以液压为能源,通过液压传动装置和液压驱动机构对主机进行一定距离的控制,一般仅限于机舱范围以内。

④混合式主机遥控系统:利用电—气混合或电—液混合方式对主机进行遥控。

⑤微型计算机控制系统:用微机遥控主机。通过程序实现对主机的多个操纵步骤的控制并做到最佳状态和最经济的控制。

3. 操纵系统的功能

操纵系统除了能够实现起动、换向、调速和停车等操作外,对于遥控系统,还要具备重复起动、重起动、慢转起动、加速速率限制和负荷程序、临界转速自动避让、轮机长手动设定最大转速限制、机旁应急运行、应急运行、手动应急停车等辅助功能。为保证操纵系统的可靠并保护柴油机,操纵系统还应具备必要的连锁和安全保护功能以及模拟实验。

(1)辅助功能

①重复起动:起动失败后对主机所进行的再次起动。

②重起动:在重起动条件下,增大起动供油量或提高发火转速的起动方式。重起动条件包括应急起动指令、重复起动或倒车指令。

③慢转起动:长时间(30~60 min)停车后,再次起动时主机慢慢转动一转到两转,然后转入正常起动。慢转起动能够保证主机起动安全,同时对相对摩擦部件起到“布油”作用。

④加速速率限制和负荷程序:加速速率限制是指在低负荷区加速时对主机转速增加速率的限制;程序负荷是指在高负荷区(额定转速70%以上)内使主机按照一个特殊的时间程序慢慢加速的过程。

当对主机进行加速操纵时，应对加速过程的快慢有所限制，转速（或负荷）范围不同对加速过程的限制程度就不同，因此加速过程控制有加速速率限制和程序负荷两种形式。加速速率限制指的是主机在中速区以下的加速控制，加速速率较快。程序负荷指的是高速区的加速控制，特别强调慢加速。因为在高负荷时加速太快，会使主机超热负荷，严重影响缸套、活塞和缸盖等燃烧室部件的寿命。因此，有了加速速率限制和程序负荷这种控制功能，驾驶员可按实际情况把车钟手柄扳到任一速度挡，而不必考虑是否会损害主机。当车钟手柄从停车扳到正车（倒车）全速时，主机先进行起动操作，起动阶段完成以后，主机的加速过程就会按预先设定好的加速速率进行加速，当主机定速后，主机转速控制系统就会按设计好的程序负荷继续给主机加速，最后一直到车钟手柄所设定的正车海上转速。由此可见，转速给定值是变化的，而且变化规律是确定的。因此，在主机起动完成到转速稳定这段时间内，主机转速控制系统实际上是在完成一个转速程序控制过程。除遇到应急情况外，主机在海上降速时进行一段减速程序负荷控制，对延长主机使用寿命和降低故障率都是十分重要的，因此，部分主机转速控制系统还设有减速程序负荷。

如图 2-28 所示，在额定转速 70%以下，执行加速速率限制控制，加速速率较快，如 a 线和 b 线。当达到 70%额定转速时，执行负荷程序控制。通过负荷程序设定元件可以选择负荷程序，按照 c 快程序或者 c'慢程序进行。在应急情况下，如果按下取消负荷程序按钮，加速过程将按 e 线进行。d 和 d'表示不同的负荷程序下执行快减速。

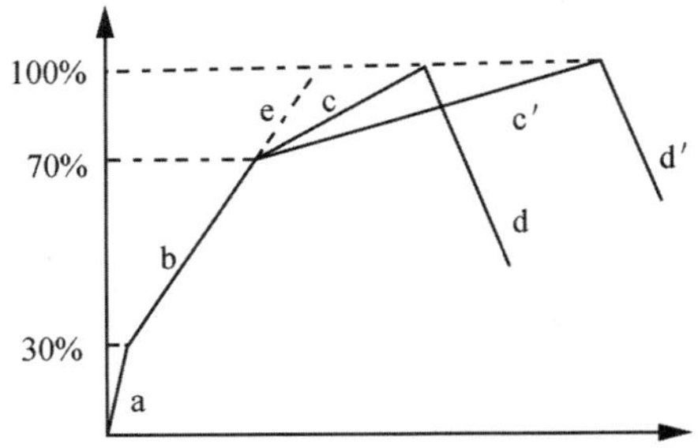

图 2-28　程序负荷图

a—快速率；b—中速率；e—取消程序负荷；c—快程序；c'—慢程序；d、d'—快减速

⑤临界转速自动避让：设定转速经过临界转速区时，自动地控制其快速通过临界转速区，以确保主机安全运转。

⑥轮机长手动设定最大转速限制：在非应急运行工况下，当车令设定转速值大于轮机长手动设定最大转速值时，操纵系统将对其车令设定转速值进行限制，确保主机转速不超过轮机长所设定的最大允许转速。

⑦机旁应急运行：在主机遥控系统失灵的情况下，为了保证主机仍然继续运行，只要将主机操纵部位从驾驶台或集控室直接切换到机旁，即可实现机旁手动应急操纵。

⑧应急运行：在运行中的全速换向操作一般在紧急避碰中使用，属于应急运行，包括应急换向、应急起动及应急加速。应急换向指的是主机在应急换向转速下的换向。应急起动除了采用重起动外还将自动取消慢转起动。应急加速主要指的是取消负荷程序进行快加速，同时还自动取消某些限制（如增压空气压力限制，转矩限制等）。另外，取消自动减速和自动停车

信号，迫使主机带病运转，采取“舍机保船”的措施也是一种应急运行。但对一些严重的故障停车信号（如主机滑油低压和超速）一般是不能强迫运转的。有的船上只能在有自动减速信号才可采取应急运行的强迫运转方式，而对所有故障停车信号都不能采取强迫运转方式。

⑨手动应急停车：当车钟手柄扳回到停车位置，由于遥控系统出现了故障，不能使主机停车，这时应按下“应急停车”按钮，通过应急停车装置使主机立即断油停车，同时发出报警。若要重新起动主机，必须对应急停车信号进行复位，才可进行起动操作。

（2）连锁功能

①车钟连锁：如果未回车钟，则无法拉动起动手柄。

②盘车机连锁：如果盘车机未脱开，主机不能起动。

③换向连锁：伺服机构未完成换向，不能拉动起动手柄。

④运转方向连锁：换向过程中，当柴油机的换向与车钟手柄所指示方向不一致时，切断燃油供给。

（3）安全保护

当主机重要参数越限时，它能使主机自动减速或自动停车，发出报警信号并显示安全系统动作的原因，以保护主机的安全。有些重要参数的安全保护值有两个：一个是自动减速值，另一个是自动停车值。当出现安全保护装置动作且故障排除后，这时需要对故障复位才能进行起动和加速。

出现下列情况时，安保装置使主机自动停车，同时发出故障报警：①曲轴超速；②主机滑油压力过低；③增压器滑油压力过低；④推力轴承温度过高；⑤曲柄箱油雾浓度过高。

（4）模拟实验

各种主机遥控系统几乎都设置了相应的模拟试验装置。它主要用于显示遥控系统的运行工况，如电磁阀的状态、主机凸轮轴的位置以及起动过程等；测试和调整遥控系统的各种参数；检查遥控系统的各种功能是否正常，若有故障，可利用模拟试验来查找和判定故障部位。

第六节　柴油机特性

一、船舶柴油机的工况

柴油机作为原动机驱动各种设备时，其功率和转速按照被驱动设备所需的功率和转速而变化。柴油机在各种不同条件下运转的工作状况（功率和转速）称为柴油机运转工况。船舶柴油机主要作为主机、发电原动机和应急发动机（应急发电机、空压机和消防泵的原动机）。根据柴油机的使用情况，概括起来有三类工况：发电机工况、螺旋桨工况和其他工况。

1. 发电机工况

电力传动的船舶主机和发电柴油机按发电机工况运行。在这种工况下，为了保持电网电压稳定和一定的电流频率，在需求功率发生变化时，由调速器控制柴油机保持恒速运转。其特性如图 2-29 中直线 2 所示。

2. 螺旋桨工况

用来直接驱动螺旋桨的船舶主机是按螺旋桨工况运行的。在此工况下，螺旋桨的吸收功率就等于主机发出的功率（忽略轴系的传递损失情况）。在螺旋桨工况下，柴油机功率及其转速是变化的。工作时螺旋桨吸收功率与转速的 m 次方成比例（$P_p=Cn^m$）。通常在稳定运转时，螺旋桨吸收功率 P_p 与转速 n 的三次方成比例（$P_e=Cn^3$）。柴油机按此关系运转的工况称为柴油机的螺旋桨工况，如图 2-29 中曲线 1 所示。

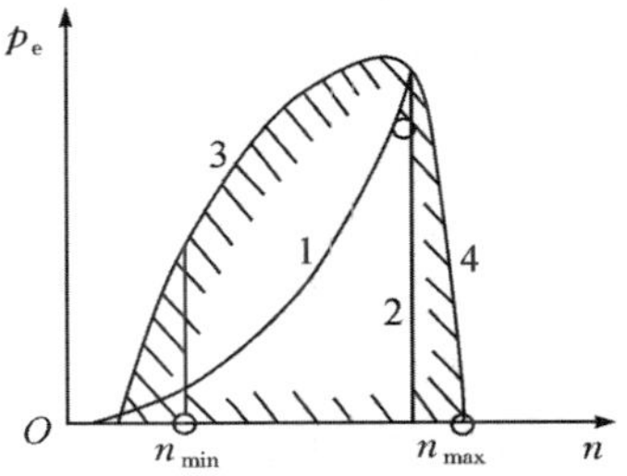

图 2-29　船用柴油机的各种工况

3. 其他工况

此类工况下柴油机的功率与转速之间没有一定的关系。柴油机的转速是由工作机械所需的速度决定的，而功率则由运行中所遇到的阻力决定。例如，驱动调距桨的主机根据不同的调距桨叶的角度在某一转速下要求不同的功率；驱动应急救火泵或应急空压机的柴油机分别要求符合水泵或空压机的工况；即使直接驱动螺旋桨的主机，当航行条件和运行状态发生变化时（海面状况、气象条件、航区、装载、船舶污底以及船舶转向等），船舶阻力发生改变，通过螺旋桨影响主机的功率和转速。因此，柴油机可能在一定负荷和一定转速范围内的任何工况下工作，即柴油机在一定的转速下工作，要求有不同的输出功率，或在某一功率下工作时可以有不同的转速。如图 2-29 阴影线所示区域。此类工况亦称面工况。

二、柴油机特性

1. 特性的定义

柴油机性能指标主要有平均有效压力 p_e、有效功率 P_e、有效转矩 M_e、有效热效率 η_e 和有效油耗率 g_e 等。柴油机工作参数主要有转速 n、增压压力 p_k、最高燃烧压力 p_z、最高排气温度 t_r、增压器工作转速 n_k 和涡轮机出口温度 t_T 等。运行中的柴油机的性能指标和工作参数随着柴油机工况不同而变化。柴油机的主要性能指标和工作参数随运转工况变化的规律称为柴油机特性。这种变化规律的曲线形式称为柴油机的特性曲线。

2. 柴油机特性分类

柴油机的有效功率公式 $P_e=Cp_eni$ 中 C 和 i 是两个不变的结构参数。因此，只有 p_e 和 n 是决定柴油机有效功率 P_e 的运转参数。按照这两个参数可把船用柴油机特性分为三类。

（1）速度特性：平均有效压力 p_e 不变，有效功率 P_e 随转速 n 改变而变化。

（2）负荷特性：转速 n 不变，有效功率 P_e 随平均有效压力 p_e 改变而变化。

（3）推进特性：柴油机运行中平均有效压力 p_e 和转速 n 同时改变。

3. 速度特性

柴油机的速度特性是用试验法在柴油机试验台上测定的。将喷油泵油量调节机构固定在某一位置上，然后改变柴油机的负荷，使柴油机转速变化，在这种条件下测得柴油机主要性能指标和工作参数随转速变化的规律。

柴油机的速度特性所反映的性能参数和转速的变化规律与本身的使用条件无关，即柴油机性能参数和转速的关系与柴油机应用时的负荷类型无关。速度特性本质上反映柴油机所具有的潜在的最大工作能力。

如图 2-30 所示分别为 P_e 和 M_e 的速度特性曲线。喷油泵油量调节机构固定的位置不同，所测得的特性曲线也不相同。把油量调节机构固定在标定供油量（相当于柴油机标定转速下发出标定功率的供油量）时，所测得的特性称为全负荷特性，如图 2-30（a）和图 2-30（b）中的曲线 2。此时的轴上转矩为额定转矩，如图 2-30（a）和图 2-30（b）中的曲线 2。当把油量调节机构固定在比标定供油量小的位置时，所测得的特性称为部分负荷特性，如图 2-30（a）和图 2-30（b）中的曲线 3、4、5。

标定功率指标准环境状况下，制造厂根据内燃机的用途和特点规定的标定转速下的有效功率。标定功率按不同用途分为：15 min 功率；1 h 功率；12 h 功率；持续功率。中国船级社《钢质海船入级规范》规定持续功率作为船用柴油机的标定功率。国外船用柴油机的最大持续运转功率 MCR（Maximum Continuous Ratings）即为标定功率。

全负荷速度特性可表示为柴油机在不超过标定供油量的条件下，各转速下所能发出的最大功率。作为船舶推进柴油机（主柴油机），在实际使用时考虑到航行条件和船舶污底情况，为保证主机在各种运转条件下均能长期可靠运转，主机都留有适当的功率储备，即主机长期运转最大功率要低于标定功率。

船用柴油机的超负荷功率为标定功率的 110%（对应的转速为标定转速的 103%），并且 12 h 运转期内允许超负荷运行 1 h。此时油量调节机构所处的位置为实际运转中允许达到的极限位置。在柴油机油量调节机构中装有限制装置，以防止油量调节机构在运转中超过这个极限位置。当油量调节机构固定在这一极限位置时，所测得的速度特性称为超负荷速度特性。如图 2-30（a）和图 2-30（b）中的曲线 1。

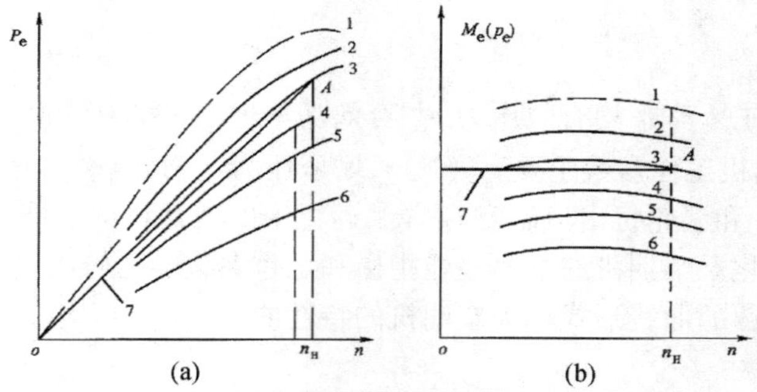

图 2-30　柴油机速度特性 P_e−n 和 M_e−n 的关系

4. 负荷特性

负荷特性是在试验台上或实船条件下测取的。试验时，先将柴油机调定在标定转速下稳定运转并保持转速不变，然后由小逐渐增大柴油机负荷。在各负荷下分别测取柴油机的主要性能指标和工作参数并绘制成曲线，即为负荷特性曲线。

发电副机和装有全制式调速器的主机，在设定转速不变的情况下，当负荷发生变化时其转速保持不变，可认为这些柴油机是按负荷特性工作的。

负荷特性一般是在标定转速下测取的。为了更全面地了解柴油机特性，必要时可在低于标定转速的若干不同转速下测取负荷特性。负荷特性是标志柴油机动力性与经济性的基本特性。负荷特性可用于：比较不同类型柴油机的性能或评价同一类型柴油机的结构设计改变或调整的效果；标定柴油机的功率；绘制万有特性曲线（柴油机各种性能参数相互关系的综合特性曲线）。

5. 推进特性

在船舶推进系统中，船、机、桨三者处在同一个推进系统中，组成一个统一的整体。当要求船舶在某一工况下航行时，同时也决定了机、桨的运转点。当柴油机作为船舶主机带动螺旋桨工作时，无论柴油机与螺旋桨直接连接还是通过减速齿轮箱连接，二者总是要保持能量平衡。在稳定运转条件下，若不计传动损失，主机发出的功率 P_e 和转矩 M_e 等于螺旋桨的吸收功率 P_p 和转矩 M_p。

根据螺旋桨理论，桨的功率与转速的关系式为

$$P_p = Cn_p^3 \quad (\text{kW})$$

上式反映出螺旋桨运转特性，即桨的吸收功率 P_p 与转速的三次方成正比。实际上，船舶的工况常常是变化的，在不同的航行条件下，相同转速下螺旋桨的吸收功率也会发生相应变化。船舶航行阻力的增加，同样转速下螺旋桨吸收的功率也会增加。

因为螺旋桨所需的功率与转速的三次方成正比，主机带动螺旋桨工作就必须满足螺旋桨的功率要求。如果不计传动损失，螺旋桨的吸收功率就等于主机功率。因此，主机功率 P_e 与转速也是三次方关系，$P_e = P_p = Cn_p^3$（kW）。

柴油机按照螺旋桨特性工作时，各性能指标和工作参数随转速（或负荷）变化的规律，称为柴油机的推进特性。

三、柴油机的工作范围

为了使船用柴油机经济、稳定和可靠地工作并具有较长的寿命，必须对运行时可能达到的功率 P_e（或平均有效压力 p_e 和转矩）和转速 n 作适当的限制，即确定一个允许的运转范围，如图 2-31 所示。

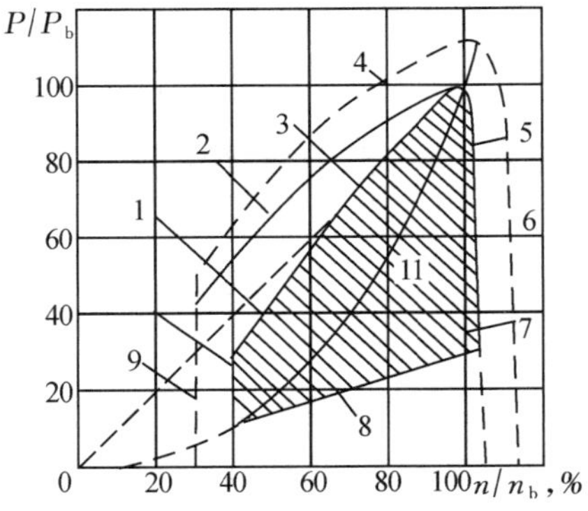

图 2-31　船用柴油机的允许运行区域

1. 柴油机在各种转速下允许达到的最大功率

在图 2-31 中，不同条件下柴油机的最大功率分别由超负荷速度特性（曲线 4）、全负荷速度特性（曲线 2）以及限制特性（等转矩限制线 3 和等排烟温度限制线 1）来限制。曲线 4 和曲线 2 只有在柴油机台架试验时使用。一台运行中的柴油机在各种转速下所允许达到的最大功率一般限制在限制特性线以下，柴油机在各种转速下的功率如果超过这些特性所规定的上限时，其经济性和可靠性将显著下降。

2. 柴油机在各种转速下的最小功率

柴油机最小功率由最低负荷速度特性曲线 8 来限制。这是因为柴油机在过小负荷下工作时每循环供油量太小，而且各缸的供油量在此情况下将变得很不均匀，导致各缸功率显著不均，甚至个别气缸不喷油或不发火，致使柴油机运转不稳定。同时低负荷时还会导致低温腐蚀加剧。

3. 柴油机在各种负荷下可能达到的最高转速

在装有调速器的情况下，由调速特性来限制柴油机的最高转速。如果在标定功率下调速器使柴油机在标定转速下稳定运转，则在负荷减小时它将使柴油机在调速特性线 5 确定的各个转速下稳定运转。同样，如果在超负荷功率下调速器使柴油机在相应的最高转速下稳定运转，则在负荷减小时它将使柴油机在调速特性 6 所确定的各种转速下稳定运转。柴油机在各种负荷下的转速如果超过这种特性规定的范围，就不能安全工作，其经济性也将下降。

4. 柴油机在各种负荷下可能达到的最低转速

柴油机在过小的转速下运转时，油泵柱塞的速度很低，泵油压力过低，致使燃油雾化不良，使可燃混合气混合质量显著恶化，燃烧恶化。各种定时也将变得不合适，导致柴油机工作过程不正常、运转十分不稳定。特别是当柴油机按推进特性（曲线 11）工作时，负荷随转速的降低而迅速减小，每循环供油量很少，从而导致柴油机运转不稳。为了限制柴油机的最低转速，规定有两个最低工作稳定转速：曲线 9—按全负荷速度特性工作时的最低稳定转速 $n_{\min}$；曲线 10—按推进特性工作时的最低稳定转速 $n_{\min}$。

对于与螺旋桨直接连接或通过减速齿轮箱连接的柴油机来说，长期连续运转的允许功率和转速由限制特性、标定转速（或相应的调速特性）、最小负荷特性、按推进特性工作时的最低稳定转速所限制。图 2-31 中影线部分表示出船用柴油机的工作范围。现代船用柴油机多根据上述原则规定允许的运行区域。

第七节　柴油机的运行管理

一、备车

备车通常指开航前使船舶动力装置及相关设备处于随时都能起动和运行状态而进行的一系列操作准备工作。当船舶在特殊水域、恶劣海况条件下以及过运河或关键设备发生故障时，根据船长或轮机长指令也需要备车。

因船舶动力装置类型、功率和停泊状态不同，备车所需的时间长短不一，大致范围在 0.5~6 h 之间。对于船舶柴油机动力装置，应提前 1~2 h 备车。备车的内容主要包括：值班驾驶员和轮机员确认开航时间；开航时间 1~2 h 前对时钟、车钟和对舵；暖机、各动力系统准备；转车、冲车、试车；待备车工作结束并经机、驾双方确认后，轮机员将车钟指针摇至“STOP”位置，驾驶台车钟指针跟至并对正“STOP”位置，则表示车已备妥，随时可用。

1. 供电准备

柴油机在起动及运行过程中需要提供足够电力以确保起动空气、燃烧空气、润滑油、冷却水以及燃油等的供给。另外,除主机需要电力外,锚机、消防泵、舵机、侧推器等此时也需要提供电力供应。所以在柴油机运转前的准备过程中,通常首先要检查船舶电网电力的储备情况,必要时起动备用发电机组向电网并电,保证船舶航行时对电力的需求。

2. 暖机

暖机是指船舶在停泊后或开航前预先加热柴油机冷却系统和滑油系统中的循环液,并开动冷却水循环泵、滑油循环泵以提高机体温度和向各运动摩擦表面供应润滑油的过程。暖机的目的是为了使柴油机容易起动发火,减少气缸壁、活塞顶的低温腐蚀以及燃烧室部件在动车后产生的热应力。主机暖机方法有三种:①将运转中的发电柴油机循环冷却水通入主机冷却水中;②利用蒸汽加热主机冷却水和润滑油;③利用电加热器对主机冷却水加温。暖机时应保证机器起动前冷却水温度达到 60 ℃以上。

3. 滑油系统的准备

在备车之前,应提早起动滑油分油机,对曲轴箱滑油进行加热和分离,以分出滑油中的杂质和水分,并将滑油温度加热至 30 ℃以上。在开航前备车时,必须检查各设备滑油油位。起动主滑油循环泵、凸轮轴油泵、艉轴油泵等,将油压调至规定值,以便将滑油送至各润滑表面。

检查气缸油柜油位和气缸注油器。在柴油机转车过程中,应操纵(或手动)气缸注油器,将滑油预先送到气缸壁周围,减少起动时气缸壁的磨损。

4. 冷却系统的准备

首先检查主机膨胀水柜的水位和冷却水系统中各阀门是否处于正常状态,然后起动主机淡水泵使淡水在系统中循环并排出气体。

主机起动运转后,当主淡水冷却系统、主滑油系统或活塞冷却系统中的冷却液温度升高至接近工作温度时,主海水冷却系统立即投入运行。

5. 燃油系统的准备

检查燃油沉淀柜,轻、重油日用柜油位,并放出油柜残水,油位较低时应及时驳油,加热燃油日用柜、沉淀柜和使用中的燃油舱中的燃油(至少提前 2 天)。起动燃油输油泵、燃油循环泵使燃油循环流动并驱气,检查燃油压力。

6. 压缩空气系统的准备

将主、辅空气瓶充气至规定压力,放掉气瓶及压缩空气系统中的水和残油。开启空气瓶出口阀、主停气阀,将主起动阀置于“自动”位置。

7. 转车

转车就是用转车机或特殊的慢转装置转动主机,以检查机器各运动部件和轴系的回转情况以及各气缸内有无大量积水。转车前应开启示功阀,起动滑油泵,然后合上转车机并手动向气缸内注入气缸油。转车 1~2 转。确认机器正常后停止转车机,并使转车机与主机脱开,确认连锁装置释放,并将转车机锁在脱开位置。

8. 冲车

冲车是利用起动装置供给压缩空气(不供燃油)使主机转动的操作过程。利用冲车可将气缸中的杂质、残水或积油等从打开的示功阀冲出。在冲车过程中可以判断起动装置和主机工作是否正常,若有故障应排除方可进行试车。如果主机冲车情况正常,则关闭示功阀。

9. 试车

试车的目的是检查起动系统、换向装置、燃油喷射系统、油量调节机构、调速器、主机及其系统、轴系和螺旋桨等是否工作正常。试车操作时，当值轮机员先将车钟推至正车（或倒车）微速运转位置，待驾驶台回车令后，起动主机，供油使主机在微速下运转数转后停车；换向，然后再进行倒车（或正车）起动，使主机微速运转后停车。

试车完毕后，车钟回令手柄停在停车位置，此时船舶可随时启航，机电设备应始终处在当值轮机员的监管之下，轮机员不应远离操纵台，并与驾驶台保持联系。如果主机采用驾控方式，将遥控旋钮转至“驾控”位置。

二、运行中的管理

1. 机动操纵时的管理

船舶在进出港、靠离码头时运动状态变化频繁。船舶运动状态变化时，动力装置必须安全并有效运行。当值轮机员应严格准确地执行车令，正确操纵和管理主机。

（1）机动操纵时的操作

机动操纵时应保证充足供电，必要时增开发电机，满足高负荷和冲击负荷的需求。空气瓶应随时补足，并保证气笛用气。当值轮机员必须集中精力，使各运转设备的主要参数在规定的范围内，必要时进行适当调整。机动操纵结束后，船舶开始定速航行时，驾驶台应及时通知机舱定速。机动操纵时使用轻油的船舶定速后应进行轻重油转换操作。

（2）机动操纵时的安全事项

在起航和加速过程中，不应加速太快，以防柴油机热负荷、机械负荷过大。应快速越过临界转速区，防止机器发生共振。随时注意配电板各仪表的工作情况，注意观察和调节冷却水、滑油的温度和压力，保持空气瓶压力在允许范围，保持正常的扫气温度和压力，注意各缸排气温度值的变化，注意各主要设备的工作状态。

2. 定速航行中的管理

（1）热力检查

热力检查的目的是检查和确定柴油机各缸燃烧情况及负荷分配程度。热力检查包括热负荷和机械负荷两个方面。热负荷是通过检查冷却水温度、滑油温度和排气温度，来判断柴油机的热负荷情况。机械负荷主要通过测取示功图来确定最高燃烧压力和平均指示压力，从而判断各缸负荷的大小。

（2）机械检查

机械检查的内容包括柴油机运转中有无异常声响，有无机件松动现象，有无油、水、气等的漏泄，有无机件异常过热现象等的检查。

（3）冷却系统的管理

巡回检查时，应注意主、副机膨胀水柜、喷油器冷却水柜液位变化并注意水量的消耗，如发现水位上升或下降必须查明原因及时排除故障。各缸冷却水出口温度应符合说明书规定，温差应符合要求。通常大型低速机的冷却水出口温度为 80~85 ℃。空冷器出口的扫气温度保持在 40~45 ℃。

（4）滑油系统的管理

大型低速柴油机主滑油循环泵出口压力一般为 0.2~0.4 MPa。滑油冷却器前温度为 50~55 ℃，不超过 60 ℃，冷却器前后温差为 10~15 ℃。中、高速柴油机滑油压力与温度值稍高些。

注意检查滑油循环柜油位，若油位发生变化应及时查明原因并排除故障。油冷式活塞的回油应保持稳定，油量不足或中断均能造成活塞烧蚀和咬缸。定期检查推力轴承的油温，各中间轴承油位、油温，艉轴重力油柜液位、油温，艉轴首尾密封装置油柜和循环器油位。

(5)燃油系统的管理

应定期清洗燃油滤器，清洗后必须充油排气。当风浪天航行时滤器须勤清洗，避免供油中断。注意对高压油泵、喷油器的工作状态和对高压油管的脉动情况进行检查。燃油进机前要有合适的黏度范围，低速机要求的范围是 12～25 mm^2/s。

3. 正常航行中驾驶台和机舱的联系和配合

每日中午驾驶台和机舱交换正午报告。轮机人员在值班过程中发现异常情况时，应及时处理。需要减速或停车时，应先通知驾驶台，许可后方可进行。如果情况紧急，可先降速后通知。驾驶台需要改变主机的转速、停车或使用大舵角时，应该提前通知机舱以便准备。

4. 到港前的操作

到港前应确定主机是否需要换轻油。现代船舶主机燃油系统及燃油喷射系统允许主机在重油使用状态停车，但在下列情况下需要换轻油：①停机后需要进行燃油系统设备检修；②船舶需进坞修理；③长时间停泊；④当地环保法规要求使用低硫燃油。换油操作一般应在机动操作用车前 1 h 进行。

进行主机操作、压缩空气准备及电力准备。到港前应进行主机试车并试舵，确保主机起动和换向机构以及舵机工作正常。主机驱动轴带发电机时，轴带发电机从电网解列，然后与主机脱开。配备收放式减摇鳍的船舶应该收回减摇鳍。

三、完车

当船舶进入停泊状态后，驾驶台应该及时通知机舱“完车”。当值轮机员接到驾驶台“完车”指令时，应按“完车”程序做好如下工作：①停掉主机的辅助鼓风机；②关闭起动空气的主停气阀、主起动阀、空气瓶出口阀；③打开各缸示功阀、合上转车机进行转车 5～10 min，同时手动操作气缸注油器；④停燃油供给泵。如重油停车，循环油泵继续运行，并对燃油加热保温，温度可低于正常使用温度 20 ℃，维持 30 cSt 的黏度。如轻油停车，停止循环泵。⑤让主滑油泵、淡水泵继续运转 30 min，充分带走运动表面的热量并使机体各部件均匀散热。⑥开启暖机设备，保持合适的主机冷却水温度。

第八节　电喷柴油机

采用电子控制燃油喷射及排放的柴油机称为电喷柴油机，也称智能柴油机或电控柴油机。目前，船用电喷低速柴油机的主要机型是瓦锡兰的 RT-flex 系列和曼恩的 ME 系列。

一、Wärtsilä RT-flex 系列柴油机

1. 结构特点

如图 2-32 所示为 RT-flex 柴油机与 RTA 柴油机的结构对比图。

RT-flex 柴油机取消了传统的 RTA 型柴油机的以下部件：排气阀驱动装置（VEC Device）、燃油泵（Fuel pump）、凸轮轴（Camshaft）、换向伺服马达（Reversing servomotor）、燃油控制杆（Fuel linkage）、伺服电机（Actuator）、燃油喷射可变定时机构（VIT Device）、起动空气分配器（Start-air Distributor）、凸轮轴驱动（Camshaft drive）。

RT-flex 柴油机增加的替代装置如下：（1）共轨（Common Rail）装置：用来建立燃油压力；（2）WECS-9520 控制系统：用来控制燃油喷射控制器、排气阀执行器和起动空气控制装置；（3）伺服油系统（Servo Oil System）：用来控制排气阀的动作；（4）容积喷射控制单元（Volumetric Injection Control Unit）：控制燃油的流量和喷射时间；（5）燃油供给单元（Supply Unit）：取代原有的燃油泵，提供高压燃油和伺服油。

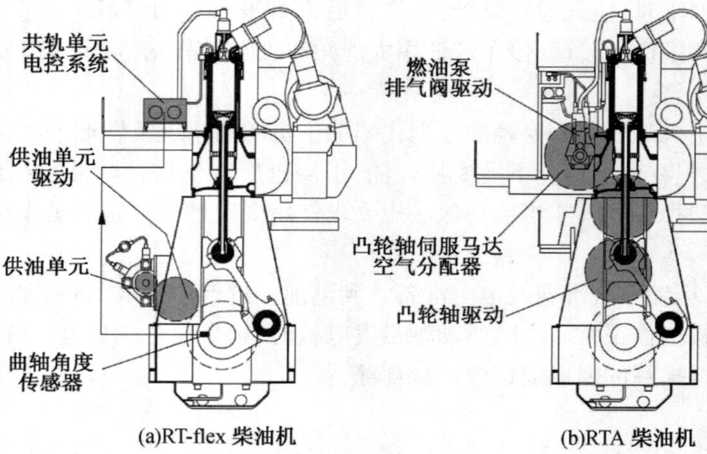

图 2-32　RT-flex 柴油机与 RTA 柴油机的结构对比

2. RT-flex 共轨系统

RT-flex 共轨系统如图 2-33 所示。RT-flex 机型有伺服油和燃油两个共轨管。伺服油共轨管由伺服油泵提供伺服油，伺服油泵由曲轴输出端的齿轮驱动。伺服油压力约为 20 MPa，其作用是驱动排气阀、喷射控制装置。早期的 RT-flex 机的伺服油采用柴油机滑油，伺服油容易受到污染，从而造成其驱动机构出现卡死或动作不灵敏现象。改进后的 RT-flex 机采用专用的伺服油，保证伺服油清洁无污染。燃油共轨管中的燃油由燃油泵提供，燃油泵同样由曲轴输出端的齿轮驱动。燃油共轨管中的燃油最高可到 100 MPa。实际使用时，燃油共轨管中压力与柴油机的负荷有关，低于 75%负荷时，压力为 60 MPa，高于 75%负荷时，压力为 90 MPa。喷油量控制单元控制进入气缸的实际燃油量。WECS-9520 控制系统通过曲轴角度传感器的信号判断柴油机气缸中活塞的位置，控制排气阀启闭、喷油定时和喷油量。

如图 2-34 所示为 RT-flex 柴油机燃油喷射系统原理图。该系统由供油单元、高压共轨（Common Rail）油管、WECS-9520 控制系统、喷油器和喷油电液控制阀组成。

柴油机在工作时，由低压燃油泵将燃油输入到共轨油泵，然后共轨油泵将燃油加压送入高压共轨油管，高压共轨油管中的压力由电控单元根据共轨压力传感器测量的共轨压力以及需要进行调节。高压共轨油管内的燃油经过高压油管，根据机器的运行状态，由电控单元确定合适的喷油定时、喷油持续期，由电液控制的电子喷油系统将燃油喷入气缸。

供油单元包括燃油泵和伺服油泵，由柴油机的曲轴输出端的齿轮带动。燃油泵中包括 6

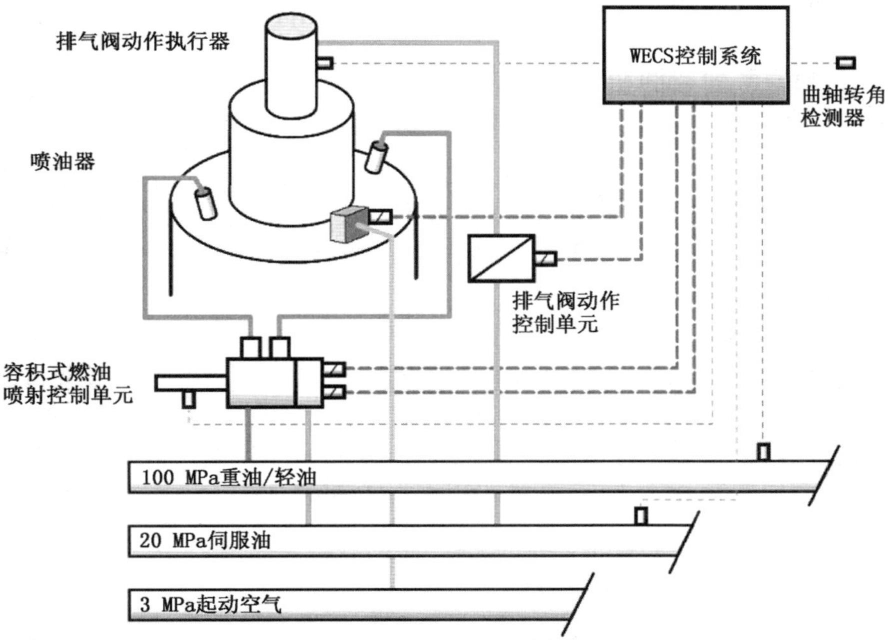

图 2-33　RT-flex 机型共轨系统图

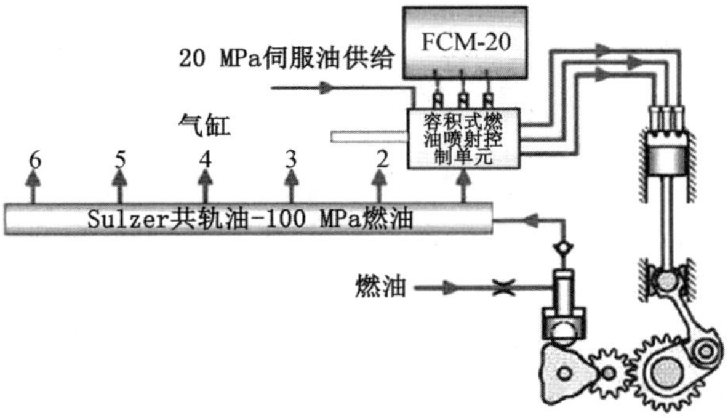

图 2-34　RT-flex 系列燃油喷射系统

个燃油共轨泵,可将燃油的压力提高到约 100 MPa,送至高压共轨(CR)油管;伺服油泵用来提供 20 MPa 的伺服液压油。

WECS-9520 控制系统通过电磁阀控制 20 MPa 的伺服液压油,通过伺服液压油控制 100 MPa 的燃油进入喷油器。每个气缸有三只喷油器,而每个喷油器由各自的电液阀控制,燃油喷射定时和喷油量受 WECS-9520 柴油机控制系统的指令控制,低负荷时也可以实现单只喷油器循环喷油。

高压共轨油管上还装有压力传感器、液流缓冲器(限流器)和压力限制器。压力传感器向 WECS-9520 提供高压共轨油管的压力信号;液流缓冲器(限流器)可减小共轨和高压共轨油管中的压力波动,还可以在喷油器出现燃油漏泄故障时切断向喷油器供油;压力限制器在高压共轨油管出现压力异常时能够进行放泄以保证安全。

排气阀控制系统的组成和工作原理与燃油喷射系统基本相同。在该系统中伺服液压油由伺服油泵提供,WECS-9520 控制单元根据曲轴角度传感器的信号控制电液阀的开启定时和开启持续时间。电液阀输出的液压伺服油进入排气阀液压执行器,控制排气阀启闭。

二、MAN ME 系列柴油机

ME 系列柴油机燃油共轨管路的压力为 0.7~0.8 MPa,伺服油压力为 20 MPa,二者都属于低压系统。每缸进行二次增压来达到喷射压力的要求。液压伺服油是由主滑油泵送来的经过二次过滤滑油,再通过曲轴驱动的增压泵或电动驱动增压泵,增压到 20 MPa 后送到阀箱,通过控制各缸的电磁阀,使伺服油分别进入各缸排气阀的液压缸单元进行排气操作和进入各缸燃油增压的液压单元进行增压喷油操作。

1. 液压动力供给单元(Hydraulic Power Supply Unit)

液压动力供给单元由自清式细滤器、电动液压泵和机带液压泵组成,主要提供足够的动力用于燃油喷射和排气阀启闭,如图 2-35 所示。在柴油机起动前,电动液压泵提供 17.5 MPa 的液压油;柴油机起动后,机带的轴向液压泵提供压力为 20 MPa 的液压油。

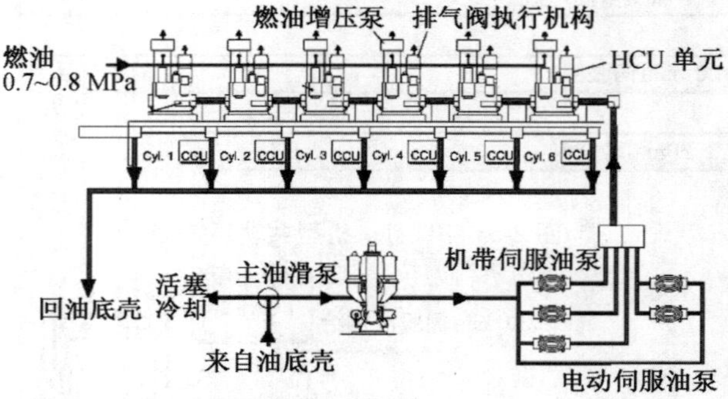

图 2-35 ME 系列燃油和气阀控制液压系统

2. 液压缸单元(Hydraulic Cylinder Unit)

柴油机每个气缸设置一个液压缸单元,用于控制各缸燃油喷射和排气阀启闭。液压缸单元中设置电子燃油喷射控制阀(Electronic Valve Fuel Injection)和排气控制阀(Electronic Valve Actuation),二者分别控制燃油泵和排气阀执行器。

0.8 MPa 的燃油由供油泵输送至燃油增压泵的入口。液压动力单元提供的 20 MPa 的伺服油作为驱动油被输送到液压缸单元。比例电磁阀的开启时刻和持续时间分别控制各缸的喷油定时和喷油量。在不喷油时,比例电磁阀失电,燃油增压泵中的液压活塞处于最低位置,低压燃油循环流过油泵。如果达到喷油时刻,比例电磁阀得电,20 MPa 的液压油进入液压缸,液压活塞被顶起。因为液压活塞的面积远远大于燃油增压泵的柱塞面积,所以能够实现燃油增压。增压后的燃油压力可达到 60~100 MPa,通过高压油管进入喷油器,实现喷射和雾化。ME 系列柴油机利用比例电磁阀控制喷油定时、喷油量和喷油压力,可以实现升压喷射、恒压喷射、降压喷射及预喷射等多种模式,从而实现降低油耗和减少排放等效果。

ME 系列柴油机排气阀的控制和燃油增压泵的控制类似。ME 系列柴油机的起动系统也采用电子控制。

三、电喷柴油机的优点

(1)燃烧控制灵活,经济性好,满足规定的排放标准。对于机械式喷射系统,前期燃油燃烧的速度快、放热率大,导致燃气温度高,使排气中的 NO_x 含量相对增加。减小喷油提前角可以降低 NO_x,但会使燃烧过程延长,后燃严重,从而导致柴油机经济性降低。共轨系统适当减小喷油提前角来降低燃烧温度,同时增大喷油速率来缩短燃烧过程,保证了经济性。

(2)采用电磁阀控制喷油,控制精度较高,循环喷油量变动小,各缸燃烧压力、排烟温度等热力参数相当均衡;机械负荷和热负荷低;柴油机内部机械作用力、扭矩和振动较小。柴油机控制系统能够实时监测各缸负荷并自动均衡负荷分配。操作者使用计算机可方便查阅各定时参数并在运行中修改,使柴油机保持最佳运行状态。

(3)各个负荷状态下燃油均能很好雾化,缸内结炭明显减少,磨损减轻,可以延长检修周期,降低管理人员劳动强度。

(4)部分负荷时运行性能好,最低稳定转速低。柴油机在低负荷运转时,喷射压力几乎不变,同时精确控制喷油量和气阀定时,使燃烧完全。

(5)取消凸轮及其他传动大部件,减轻柴油机的重量和磨损,从而提高柴油机的可靠性。

(6)各种定时、运行模式采用计算机智能控制,控制程序更新方便。电喷柴油机配合现代船岸通信手段可方便岸基对柴油机状态监测和技术支持。

第九节　燃气发动机

根据使用燃料的不同,燃气发动机大体可以分为三种不同的类型:两用燃料发动机、纯气体燃料发动机(气体机)和双燃料发动机。两用燃料发动机可以单独使用汽油或 LNG,但是二者不能同时使用。目前在船舶上应用较为广泛的燃气发动机主要为气体机及双燃料发动机。气体机是指仅使用天然气作为燃料的发动机,一般通过火花塞将天然气引燃。双燃料发动机是在柴油发动机的基础上改装而成,可分为两种,一种为"微引燃式",其特点是当发动机处于燃气模式时,缸内可燃混合气由少量燃油引燃,除去这一小部分引燃油,发动机对外做功的能量全部由气体燃料提供,"微引燃式"双燃料发动机又分为低压双燃料发动机和高压燃气喷射发动机;另一种为"混烧式",其特点是燃油和气体在缸内一起燃烧,燃油不仅起到引燃气体燃料的作用,同时还提供相当一部分对外做功的能量。

一、气体机

气体机可以根据天然气的燃料特性进行发动机的结构优化和设计,包括合理地选择压缩比、优化点火控制并提高点火能量及改进增压技术等措施,改善天然气的燃烧过程,最终使发动机获得更好的动力性、经济性及排放性。一般纯气体机排放能达到 IMO TierⅢ标准。

船用气体机是基于汽油发动机原理设计的,多用于四冲程发动机。工作过程如图 2-36 所示。天然气经过燃气阀单元喷入进气道,与进机空气一同被吸入气缸并进行预混合,天然气和空气的混合气在压缩过程中被压缩,当活塞接近上止点时,被压缩的混合气由火花塞点燃,燃气在动力冲程膨胀做功。这类发动机一般只采用天然气作为单一燃料,不需要将天然气压缩即可保持较好的燃烧工况,进气压力很低,一般小于 0.5 MPa。

气体燃料发动机具有良好的排放特性,除了燃料本身良好的特性外,还取决于对燃烧精确

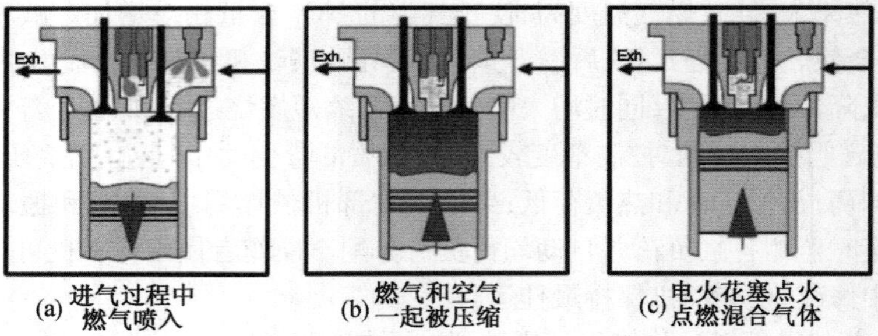

图 2-36 电火花引燃气体发动机原理图

的控制，这就是所谓的“稀薄燃烧”。

“稀薄燃烧”的燃烧方式，如图 2-37 所示。是指在燃烧室内将燃料的空燃比控制在 2~2.3 之间。在这种方式下运转，发动机可以获得良好的动力性、经济性和排放性能，发动机的热效率可达 47%，而 NO_x 排放可低于 1 g/(kW·h)。“稀薄燃烧”区是处于爆震和不发火之间一个狭窄的区间，燃料的浓度太高，在燃烧过程中会出现爆震，效率降低，NO_x 排放高等现象，而燃料浓度过稀，则可能出现不发火的问题。特别在高负荷区，爆震和不发火区域非常接近，柴油机的工作窗口很窄。因此，各缸燃气浓度精确的电子控制和调整是保证各缸发火燃烧能够达到高效低排放的关键技术。性能优异的双燃料柴油机对每个缸的燃烧都是单独控制的，气体燃料的供气量是根据发动机的负荷和燃气的热值自动进行调整，并通过调整各缸的进气空气量和燃气相匹配控制各缸的燃气浓度。

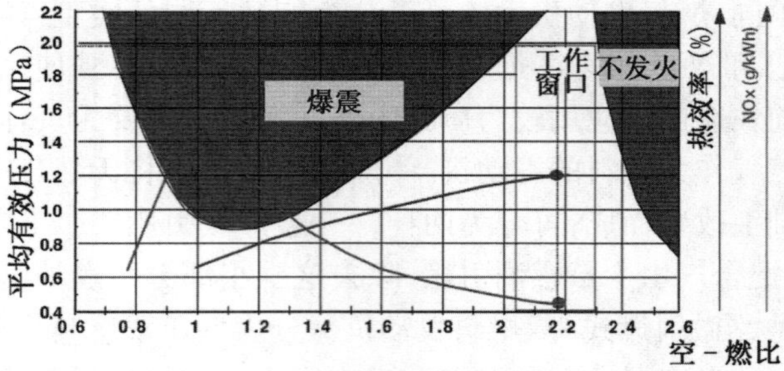

图 2-37 稀薄燃烧的工作窗口

Rolls-Royce 气体发动机采用稀薄燃烧技术，如图 2-38 所示为 Rolls-Royce 公司生产的气体发动机进排气原理图。如图所示，此气体机有两条供气管路，包括一条主进气管路和一条预燃室燃气管路。主燃气管路与增压空气管路相通，燃气在发动机吸气冲程与压缩空气一起进入气缸内，预先混合，其中燃气密度较低（稀薄）；而预燃室燃气管路与燃烧室上方的预燃室相通，在压缩冲程末端，预燃室燃气喷入，同时预燃室内的火花塞点火，将预燃室内的燃气点燃，再通过预燃室喷孔将火焰传播到燃烧室内，将燃烧室内的混合气点燃达到膨胀做功。

二、低压双燃料发动机

低压双燃料型发动机一般是由普通的四冲程柴油机改装而成的，只是在进气阀处增设了燃气喷射设备，如图 2-39 所示。双燃料型发动机有燃油和燃气两种工作模式。在燃气模式下，燃气和空气的混合方式与纯气体发动机相类似。在进气行程中，燃气经喷射阀喷入进气道

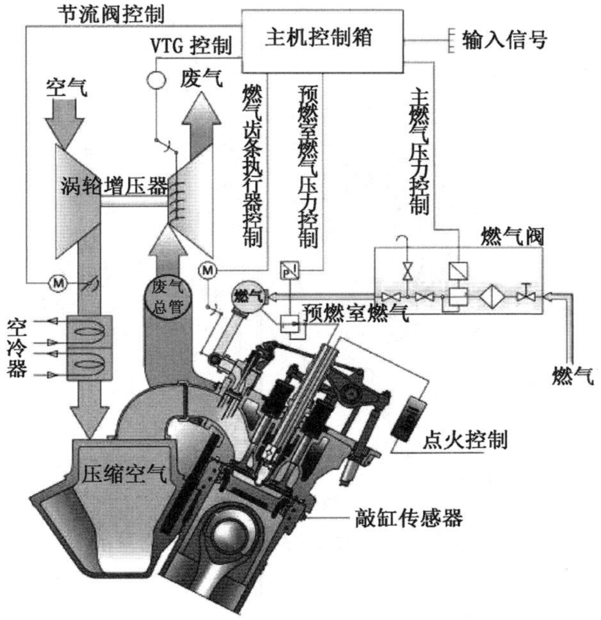

图 2-38　Rolls-Royce 公司气体机进排气原理图

并随增压空气一起被吸入气缸，因为采用的是天然气预混合方式，天然气的进机压力较低，一般在 0.5 MPa 以下。随后燃气和空气的混合气在压缩行程中被压缩。当活塞到达压缩终点时，通过引燃系统向缸内喷入少量引燃柴油。引燃柴油数量很少，一般约为标定负荷喷油量的 1%。这些引燃柴油雾化着火后，点燃缸内天然气和空气的混合气，使其燃烧并在膨胀行程中输出动力。燃油模式下的工作原理与常规柴油机相似。

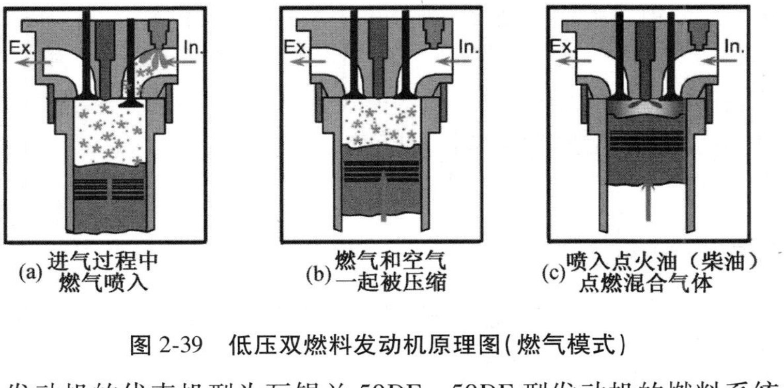

图 2-39　低压双燃料发动机原理图（燃气模式）

低压双燃料发动机的代表机型为瓦锡兰 50DF。50DF 型发动机的燃料系统包括燃气系统和燃油系统，而燃油系统在原柴油机燃油系统的基础上添加了引燃油系统。如图 2-40 所示为 50DF 型发动机燃料进机管路系统图，包括燃气管路、燃油管路、引燃油管路、增压空气管路以及起动空气管路。燃气进气阀和喷油器通过电控连接与控制系统相连，由控制系统根据负荷变化精确地调节各缸的进气量和喷油量，确保完全独立地控制每缸的燃烧。由于燃气喷射阀的定时独立于空气进气阀，在气缸里不会发生天然气直接被送到排气系统的危险。天然气单独进入气缸，可确保正确的空燃比，以及与效率、排放相关的最佳运行点，使得机组性能可靠，避免不必要的故障停车、敲缸或不发火等故障。

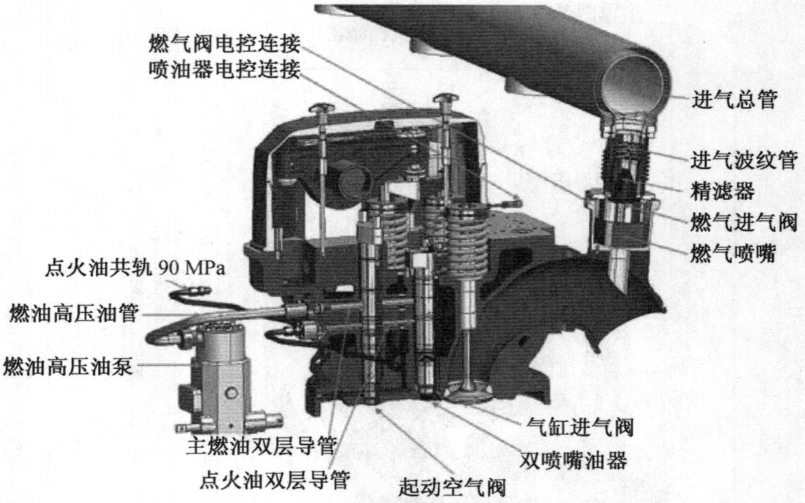

图 2-40　50DF 型发动机燃气/燃油系统

50DF 发动机的运行模式分为燃气模式和燃油模式，但为了系统的安全，还会设置一个后备模式。在燃气模式下，低压燃气在缸内预混合，由先导柴油引燃运行。但在有报警或接到外部指令的情况下，能在任何工况下瞬时切换成燃油（柴油）模式，并保持发动机输出功率和频率稳定。在燃气模式 10%负荷以下工况连续运行 5 min 后，将自动转换为燃油模式。

在燃油模式下，引燃油照常喷射，燃用重油或柴油。在 80%负荷以下工况，在接到外部指令的情况下，自动切换到燃气模式，并保持发动机输出功率和频率稳定；在 80%负荷以上工况，首先将负荷降到 80%，然后自动进入模式转换程序。燃气模式与重油模式的转换过程中，必须要以柴油作为过渡，不能直接完成重油模式的转换。燃气模式到柴油模式可在瞬间完成，而柴油模式转换到燃气模式大概需要 2 min，柴油和重油模式的转换需要约 1 h（燃油温度变化过程）。

后备模式：当引燃油发生故障时进入后备模式，燃用重油时可最多维持 30 min，燃用柴油时可最多维持 10 h；否则引燃喷嘴喷孔可能堵塞。必须停车重新起动后才能恢复到燃气或燃油模式运行。

三、高压燃气喷射发动机

高压燃气喷射双燃料发动机可在不同的燃气和燃油比例下运行，或仅在燃油模式下运行，属于缸内高压喷射式双燃料发动机。这种发动机的工作原理如图 2-41 所示，和普通柴油机一样，在吸气冲程中只吸入新鲜空气，在压缩冲程中压缩纯空气，这样可以使发动机具有较高的压缩比和较高的热效率。燃气由专用压缩机压缩至 20～35 MPa 以上的高压，当活塞到达压缩终点时，将高压燃气由燃气喷射阀喷入气缸，引燃柴油也同时喷入气缸，通过引燃油的压缩发火点燃天然气，使其燃烧膨胀。这种方式即适用于二冲程，也适用于四冲程发动机，但一般用在大型低速双燃料发动机上。

高压燃气喷射发动机的典型机型是 MAN 公司的 ME-GI 系列双燃料低速二冲程发动机。其主要基于低速柴油机大功率高效率的特性，采用双燃料方式，达到节能减排的目的，以适应日渐严格的排放要求。

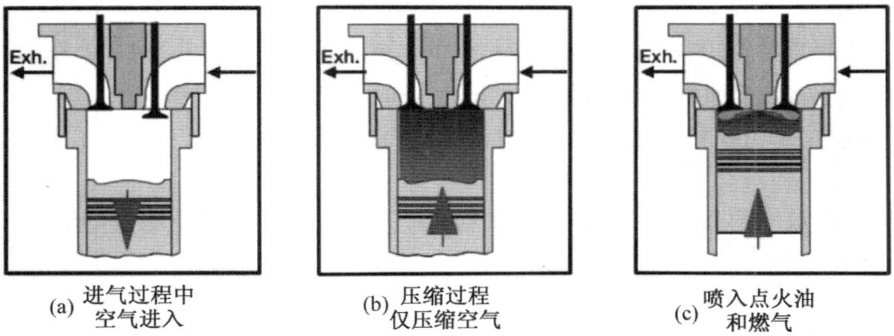

图 2-41　高压喷射双燃料发动机工作原理

ME-GI 型发动机是建立在 ME 型电控燃油喷射柴油机基础之上的双燃料柴油机，与普通 ME 柴油机在结构上相似，只是对某些零部件进行了改进并增加了一些设备。与其他双燃料发动机类似，ME-GI 型发动机的燃料系统由燃气系统和燃油系统组成。如图 2-42 所示为 ME-GI 燃气/燃油喷射系统图，燃气的喷射由电控气体喷射器（ELGI）控制，燃油的喷射由燃油喷射执行器（FIVA）控制。

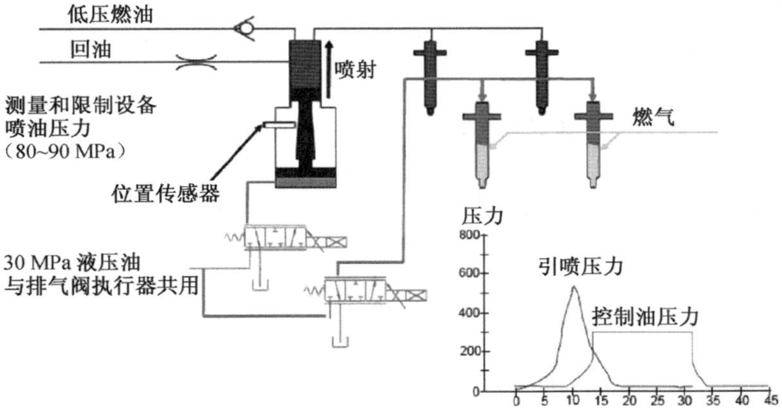

图 2-42　ME-GI 燃气/燃油喷射系统图

ME-GI 柴油机可以有三种工作模式：即燃油模式，最小燃油模式和定量燃气模式，如图 2-43 所示。

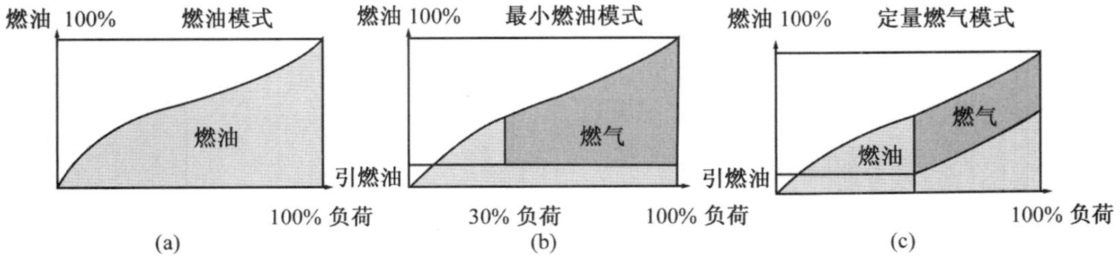

图 2-43　ME-GI 发动机的三种模式工作

若以燃油模式工作，ME-GI 柴油机与普通的柴油机完全相同，一旦燃气系统出现问题，可以立即切断燃气，以燃油模式工作。

最小燃油模式主要以气体燃料运行，燃油系统只喷入少量的引喷燃油，为气体燃料点火。在此模式下，控制系统可设定最小燃油比例，柴油机在此油/气比例下工作，最低的燃油比例一般在 5%~8%，但如果柴油机在 30%负荷以下工作时，按燃油模式工作。

定量燃气模式是由操作者规定气体燃料的数量，ME-GI 柴油机控制系统以燃油加以补充，以达到工作负荷的要求。

气体机、低压双燃料发动机及高压双燃料发动机在船舶上均有应用，但其均各有特点，使用者可以根据其特点选择不同的机型以达到最好的应用效果。

四、使用燃气发动机的优点

(1)使用燃气发动机改变柴油机传统的热力循环，可减少 85%氮氧化物排放，满足 Tier Ⅲ 排放要求而不必考虑安装庞大的尾气处理装置。

(2)燃气中不含有硫，因而柴油机排气中不含有硫氧化物。可满足全球现在与未来最严格的硫氧化物排放限制。省略燃油系统中的低硫油系统布置与操作。

(3)燃气中甲烷、乙烷、丙烷分子中氢原子与碳原子的数量比分别为 4∶1、6∶2、8∶3，远高于燃油中的比例(MGO 为 1.86∶1)。在相同条件下与燃用燃油相比可减少二氧化碳排放 25%。减排效果明显，尤其是排气洁净，几乎不含有粉尘颗粒。

(4)使用双燃料发动机，具有多种工作模式，可在燃气、燃油、双燃料之间灵活切换。增加船舶的可靠性。

(5)减少燃油分油机、燃油滤器、燃油加热器、燃油冷却器等相关设备的布置及操作；管理工作更加简便。

(6)减少机舱含油污水、含油垃圾的产生，使海洋环境及机舱内部更加清洁。

当然，由于燃气的储存、系统布置、操作管理等安全要求均高于传统柴油机，相关技术和港口配套设施也处于完善阶段。燃气发动机取代传统柴油机尚需时日，但这是必然的发展方向。

第三章　船舶推进装置

第一节　推进装置的传动方式

船舶推进装置是船舶动力装置中最重要的组成部分，也称主动力装置。其作用是通过传动设备和轴系把主机发出的功率传递给推进器，实现推进船舶的目的。绝大多数船舶的推进装置由主机、传动设备、轴系和螺旋桨组成，其中螺旋桨完成转动动力到推进力的转换，传动装置用来传递转动动力，而轴系在传递转动动力的同时把螺旋桨的推力传递给船体。

按传递功率方式，船舶推进装置的传动方式可分为直接传动、间接传动和特殊传动。

一、直接传动

直接传动是主机动力直接通过轴系传递给螺旋桨的传动方式，如图 3-1 所示。在这种传动方式中，主机螺旋桨之间除了传动轴系外，没有减速和离合设备，运转中螺旋桨和主机始终具有相同的转向和转速。其主要优点是：(1)结构简单，维护管理方便。(2)经济性好，传动损失少，传动效率高。(3)工作可靠，使用寿命长。其缺点是：整个动力装置的重量尺寸大，要求主机有可反转性能，非设计工况下运转时经济性差，船舶微速航行速度受到主机最低稳定转速的限制。

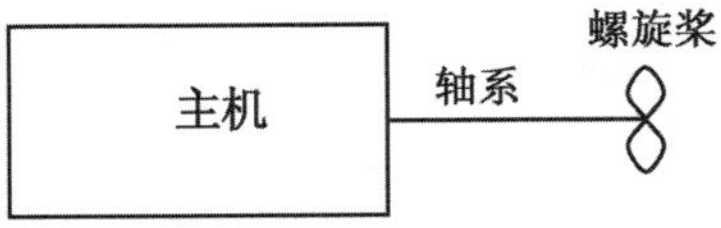

图 3-1　直接传动

二、间接传动

间接传动是主机和螺旋桨之间的动力传递除经过轴系外，还经过某些特设的中间环节(离合器、减速器等)的一种传动方式，如图 3-2 所示。它的主要优点是：(1)主机转速不受螺旋桨要求低转速的限制。(2)轴系布置比较灵活。(3)在带有倒顺车离合器的装置中，主机不用换向，使主机结构简单，工作可靠，管理方便，机动性提高。(4)有利于多机并车运行及设置轴带发电机。间接传动的主要缺点是：轴系结构复杂，传动效率低。这种传动方式多用于中小型船舶以及以大功率中速柴油机、汽轮机和燃气轮机为主机的大型船舶。

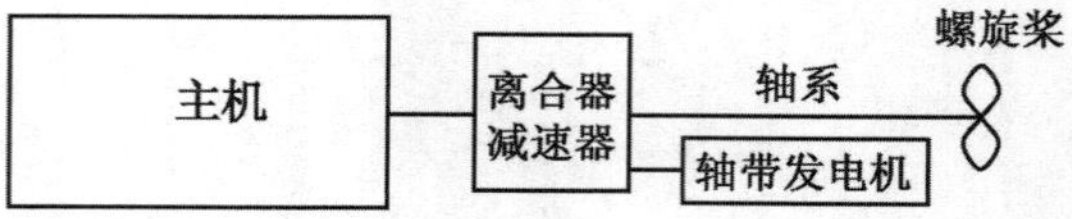

图 3-2　间接传动

三、特种传动

特种传动是指与直接传动和间接传动不同的一种传动方式。它通常是指 Z 型传动、电力传动等。

1. Z 型传动

Z 型传动装置又称悬挂式螺旋桨装置。如图 3-3 所示为 Z 型传动装置的结构原理图。

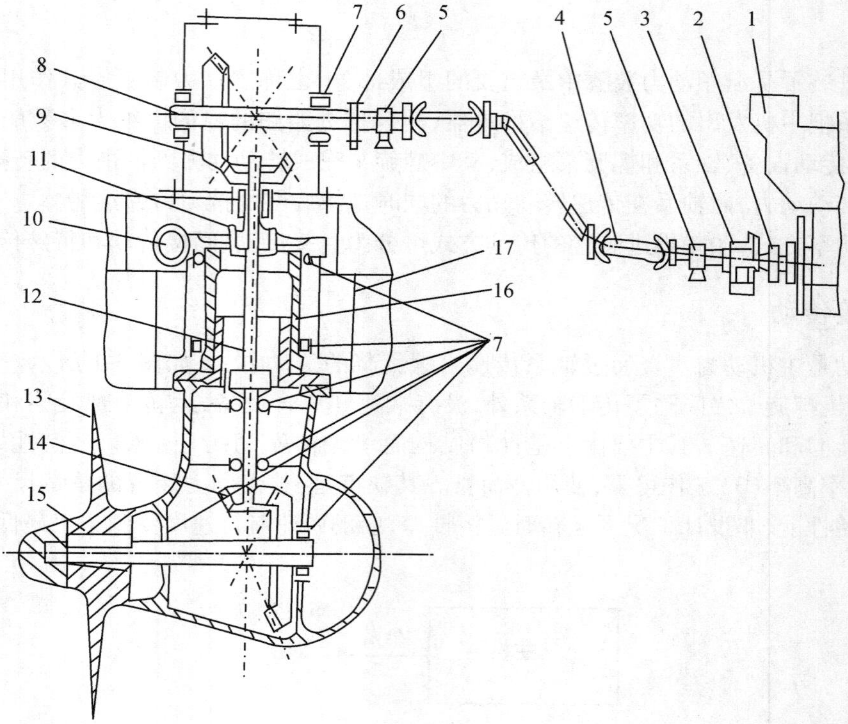

图 3-3　Z 型传动装置的结构原理图

1—主机；2—联轴器；3—离合器；4—带有万向节的传动轴；5—滑动轴承；6—弹性联轴节；7—滚动轴承；8—上水平轴；9—上部螺旋锥齿轮；10—齿式联轴器；11—蜗轮蜗杆装置；12—垂直轴；13—螺旋桨；14—下部螺旋锥齿轮；15—下水平轴；16—旋转套筒；17—支架

Z 型传动方式最显著的特点是螺旋桨可绕垂直轴做 360°回转。当起动一个电动机（或油马达）带动蜗轮蜗杆装置 11 中的蜗杆运动时，蜗轮会带动旋转套筒 16 在支架 17 中回转，从而使螺旋桨 13 绕垂直轴 12 在水平面内做 360°回转，使螺旋桨推力方向在 360°范围内任意改变。因此它具有以下优点：（1）操作性能好。螺旋桨的推力方向可以自由变化，使船舶操作性能优于其他传动方式，特别是采用两台主机，而每台分别带动一个 Z 型传动装置时，可以使船舶原地回转、横向移动、快速进退以及微速航行等。(2)可以省掉舵、艉柱和艉轴管等结构,使船尾结构简单,船体阻力减少。(3)可以使用重量体积小的中、高速柴油机,而不需要单独的减速齿轮装置。(4)不需要主机换向,可以延长主机的使用寿命。(5)悬挂式螺旋桨装置可由船尾部甲板开口处吊装,检修不用进坞,可大大缩短检修时间。

尽管如此,由于结构复杂,使传递功率受到一定的限制,因而仅适用于小型船舶,特别适用于港口作业船舶和在狭窄航道中航行的船舶。

2. 电力传动

电力传动是由原动机带动发电机发电,将发出的电送到配电板,再由配电板直接或经过变流器或变频器供给推进电动机,从而驱动螺旋桨运转的一种传动方式。这种传动方式的优点是:(1)原动机和螺旋桨之间没有机械联系,机舱布置灵活。(2)可选用中、高速不可逆转原动机,使原动机结构简单,机舱容积减小。(3)可均匀、大范围地调节推进电动机转速,在低速航行时,具有较高的经济性。(4)船舶操纵性好,倒车功率大,反转迅速,可靠性、机动性提高。(5)推进电动机对外界负荷的变化适应性好,甚至可以短时间堵转。(6)可消除螺旋桨对原动机的振动冲击,减轻船舶振动。(7)在柴油机—电力推进装置中,可采用分机组修理的方法,以缩短因船舶修理而造成的停航时间。其缺点是:(1)经过两次能量转换,传动效率低。(2)动力装置重量和尺寸大,控制系统复杂,管理维护难度大。

电力推进船舶通常采用吊舱式推进器。如图 3-4 所示为吊舱式推进器的结构图,其结构与 Z 型传动装置类似。柴油机或燃气轮机驱动发电机发电,电力通过电缆输送至安装在水下吊舱中的电动机,电动机带动螺旋桨旋转。

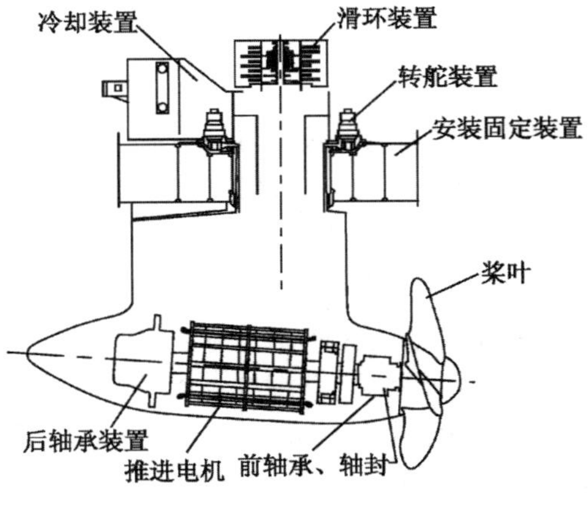

图 3-4　吊舱式推进器结构图

由于电动机直接受到周围海水的冷却,冷却效果好,尺寸紧凑,效率高,操纵方便,功率范围较大。单台吊舱式推进器功率范围为 5 000～25 000 kW,四台推进器总功率可达 100 000 kW 以上。近年来在超大型豪华旅游船和大型客滚船上应用逐渐增多。

由于发动机、传动设备、传动方式及推进器的类型很多,因此它们可以组成多种推进装置。如图 3-5 所示推进装置部分组成方案。传动方式不同,装置的性能也将不同,并且各有不同的优缺点和适用条件,在进行传动方式的选型时要综合分析,权衡利弊,最后做出决策。

选择传动方案时要考虑的因素主要包括:船舶的尺度、用途和航区;发动机和传动设备的型式和发展;推进装置的经济性、可靠性和运转管理性能等。一般无限和沿海航区的船舶多采

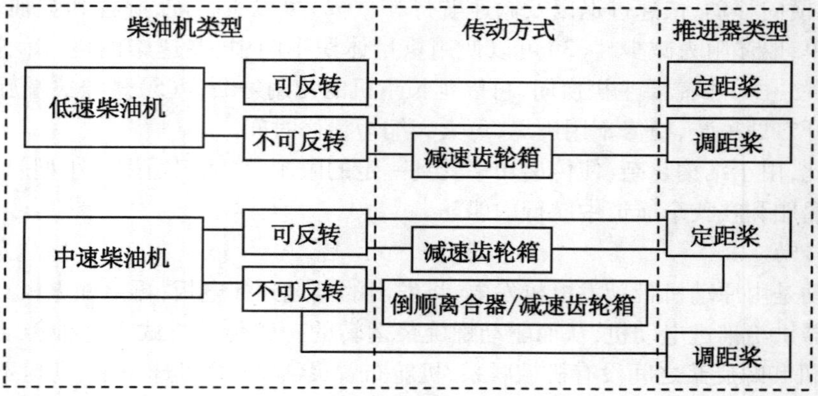

图 3-5　推进装置的部分组成方案

用直接传动,以提高装置的经济性。对于破冰船,通常采用电力传动,以提高机动性及螺旋桨被卡住时的扭矩。由于受吃水的限制,内河船舶常采用中高速柴油机和齿轮减速传动。对于工况多变的渔船和拖船,多采用调距桨。

第二节　传动轴系

一、轴系的组成

从曲轴动力输出端法兰到螺旋桨间的轴及其轴承统称为传动轴系,简称轴系。

轴系位于主机(或传动装置)的输出法兰和螺旋桨之间。它由传动轴(包括推力轴、中间轴和艉轴)、支撑传动轴用的轴承(包括推力轴承、中间轴承和艉轴承)和轴系附件(包括密封、润滑及冷却等设备)组成。

如图 3-6 所示传动轴系的组成。布置这种轴系的机舱通常位于船舶中后部。主机的动力通过推力轴、中间轴和艉轴传递给螺旋桨,驱动螺旋桨旋转。螺旋桨产生的推力通过推力轴承传递给船体,推动船舶前进。推力轴承中采用径向轴承为推力轴径向定位(有的不设此径向轴承),船舶的推力轴承也可和主机做成一体。由于螺旋桨的质量使艉轴前端产生一个向上的力,最后面的中间轴承装有上轴瓦和下轴瓦。其余的中间轴承只有下轴瓦,用以支撑中间轴。艉轴从艉轴管穿出,艉轴管装有支撑艉轴的前后轴承。为了防止舷外海水进入和润滑油向外漏泄,艉轴还设有首密封和尾密封。艉尖舱内的压载水可以冷却艉轴管轴承,因此航行时不得排空艉尖舱内的压载水。螺旋桨带有防绳罩,对渔网可以起到一定防护作用。螺旋桨缠绕渔网会引起船体震动、主机超负荷以及尾密封损坏等问题,尾密封损坏还有可能使艉轴润滑油漏到舷外,造成污染。船舶沿岸航行时,驾驶台值班人员应特别注意避让渔网。

二、轴系的作用

轴系的作用是把柴油机曲轴的动力矩传给螺旋桨,以克服螺旋桨在水中转动的阻力矩,同

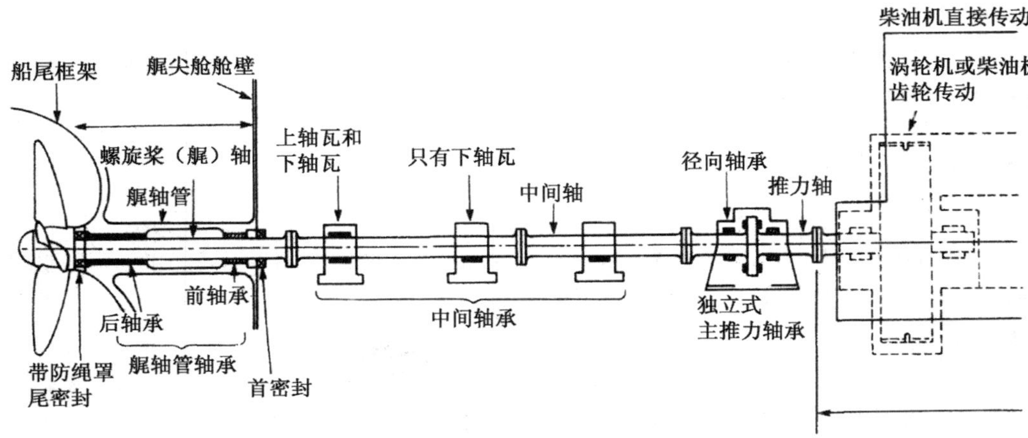

图 3-6　传动轴系的组成

时，又把螺旋桨产生的推力传给推力轴承，以克服船舶航行中的阻力。轴系所传递的扭矩 M 可从它传递的功率 P(kW)和轴的转速 n(r/min)算出，轴上的扭矩 M 为

$$M = 9.55\frac{P}{n} \times 10^3 \quad \mathrm{N \cdot m}$$

轴系所传递的推力 T，可根据螺旋桨吸收的功率 P_p(kW)、螺旋桨的效率 η_p 和船舶航速 v (mile/h)算出，轴系所传递的推力 T 为

$$T = 1.94\frac{P_p}{v}\eta_p \quad \mathrm{kN}$$

式中，η_p——螺旋桨的效率；

v——船舶航速，kn。

三、轴系的工作条件

从轴系的作用可知，轴系承受着很大的扭矩、推力和由此而产生的扭应力和压应力。另外，轴系和螺旋桨的重量以及其他附件的作用，使轴系产生弯曲应力。安装误差、船体变形、轴系的扭转振动、横向振动、纵向振动以及螺旋桨的不均匀水动力作用等还会在轴系中产生附加应力。上述诸力和力矩往往还是周期变化的，这更增加了它们的危害性。轴系在工作中，轴颈与轴承发生摩擦，当用海水做艉轴承润滑剂时，艉轴管和轴颈还受到腐蚀作用。

由此可知，轴系的工作条件恶劣，往往会出现损伤，严重时甚至断裂，修理时往往不得不进坞，从而造成很大的经济损失。对轴系的主要要求有：(1)有足够的强度和刚度，工作可靠并有较长的使用寿命。(2)传动损失少。(3)对船体变形适应性好。(4)在规定的运行范围内不发生轴的扭转共振和横向、纵向共振。(5)具有良好的密封、润滑和冷却。(6)维护管理方便。

第三节　传动设备

推进装置的传动设备包括齿轮传动装置、联轴器、离合器、制动器等。传动装置的作用：

(1)汇集(对多机单桨)或分配(对单机带双桨或轴带发电机)主机功率。(2)按负荷需要改变主机转速。(3)使主机和螺旋桨离合。(4)使不可反转的主机所带的螺旋桨实现倒顺转。(5)减振和消除螺旋桨对主机的冲击作用。

一、齿轮传动装置

1. 减速齿轮传动装置

大功率中速柴油机的转速大多在 400~500 r/min。当螺旋桨的转速在 100 r/min 以下时效率较高,而且转速越低,其效率越高。因此,为了获得较高的推进效率,中速机做主机时需要通过齿轮减速。

如果齿轮减速器的输入和输出轴的中心线不在同一条直线上则称为异心齿轮减速器,如图 3-7 所示。柴油机经联轴器与齿轮减速器相连。减速器的输出轴为推力轴,推力轴承布置在减速器内。气胎制动器可通过充气实现制动,使主机迅速停车,以利于其换向,提高了动力装置的机动性。弹性联轴器减轻了柴油机对减速器的冲击,改善齿轮的工作条件,还可补偿主机和减速器的对中偏差。这种齿轮减速器结构简单,主机重心低,容易保证双机双桨船两台主机之间的距离。缺点是占机舱面积较大。

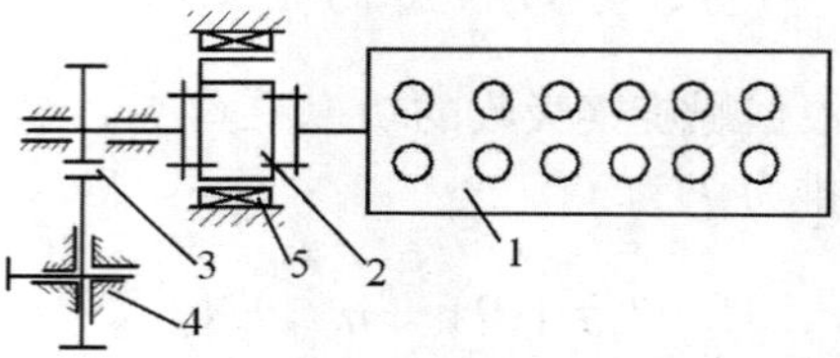

图 3-7　异心齿轮减速器

1—柴油机;2—弹性联轴器;3—齿轮减速器;4—推力轴承;5—气胎制动器

如果齿轮减速器的输入和输出轴的中心线在同一条直线上则称为同心齿轮减速器,如图 3-8 所示。柴油机通过弹性联轴器与减速器连接。推力轴承单独设立在齿轮箱以外,以免减速器的结构过于复杂。主机的功率传给螺旋桨有两条途径,属于多路减速齿轮装置。同心齿轮减速装置克服了异心传动的缺点,但由于增加了过桥齿轮,使其结构复杂、传动效率降低和成本提高。

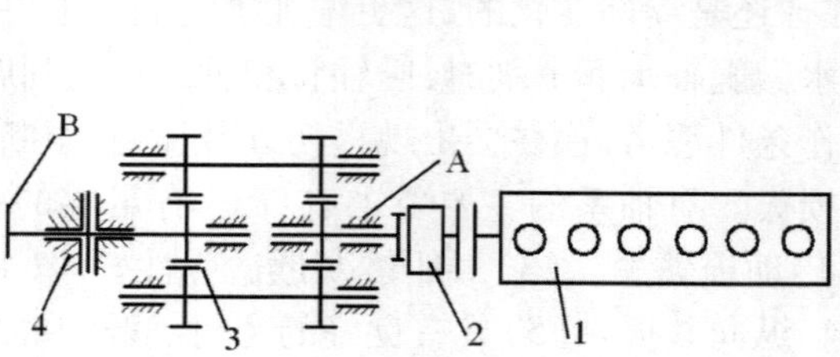

图 3-8　同心齿轮减速器

1—柴油机;2—弹性联轴器;3—齿轮减速器;4—推力轴承;A—输入轴;B—输出轴

如图 3-9 所示为一种行星齿轮减速器,也属于同心、多路减速齿轮装置。由轴承支撑的输入轴驱动太阳轮,系杆与输出轴连成一体。3 个行星齿轮沿周向均匀布置在系杆上。行星齿轮分别与太阳轮和内齿轮啮合。当输入轴带动太阳轮顺时针转动时，行星齿轮绕本身轴线按逆时针方向自转。因为行星齿轮与固定不动的内齿轮啮合，所以其逆时针自转时会沿着顺时针方向在内齿轮上滚动，即形成了行星齿轮轴向围绕太阳轮轴向顺时针方向的公转。行星齿轮在公转时带动系杆顺时针转动，使与系杆连成一体的输出轴也进行顺时针方向转动。因此这种减速器的输入轴和输出轴的转向相同。

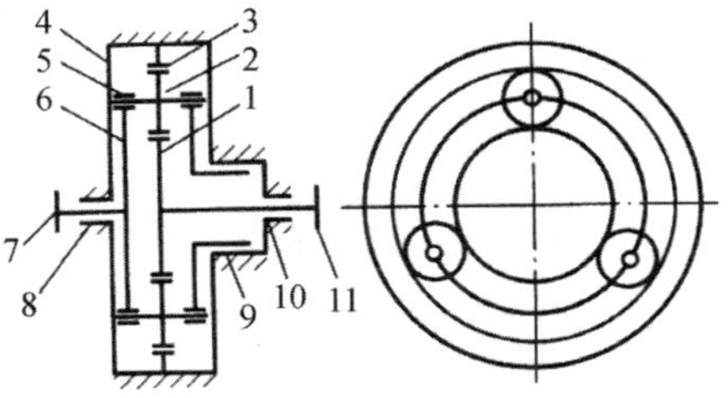

图 3-9　行星齿轮减速器

1—太阳轮；2—行星齿轮；3—内齿轮；4—壳体；5—轴承；6—系杆；7—输出轴；8~10—轴承；11—输入轴

因为行星齿轮减速器的输入轴和输出轴在同一条直线上，而且几个行星齿轮共同分担负荷，因此其具有尺寸小、重量轻和工作安全可靠的优点。行星齿轮减速器在单机单桨和双机双桨以大功率中速机为主机的船上广泛应用。

2. 恒速齿轮传动装置

恒速齿轮传动装置的核心部件和行星齿轮减速器类似，不同之处是它的内齿轮不是固定不动的，而是根据输入轴转速的变化而转动，其转速和转向取决于输入转速的高低。因此，随着输入转速的变化，它的传动比将相应发生变化，以便获得恒定的输出转速。此外，恒速齿轮传动装置的输入轴和系杆相连，输出轴和太阳轮相连，因此实质上它是一种增速器。

如图 3-10 所示，当柴油机在中性转速（此时主机的转速刚好满足发电机的需要）下运行时，变向变量泵 10 无排量，因此液压马达 4 不转动，即内齿轮 8 不动。此时恒速齿轮传动装置

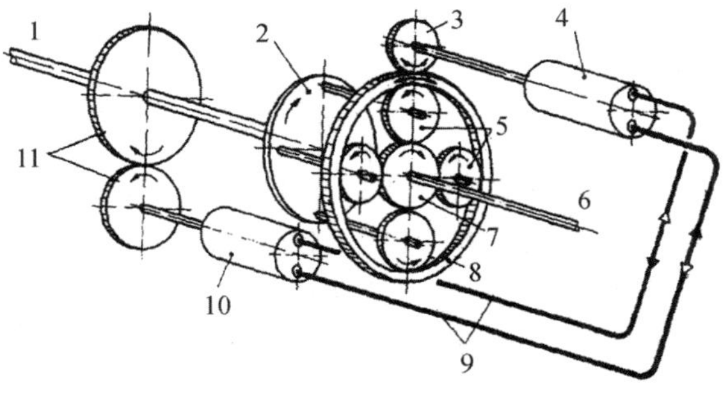

图 3-10　恒速齿轮传动装置工作原理图

1—变速输入轴；2—系杆；3—控制轮；4—液压马达；5—行星轮；6—恒速输出轴；7—太阳轮；8—内齿轮；9—液压管路；10—变向变量泵；11—传动齿轮

就是一个普通的行星齿轮增速器。当主机转速偏离中性转速时，变向变量泵 10 按要求的方向给出排量，液压马达、控制轮和内齿轮就相应地按一定的转向进行转动，以补偿输入轴转速偏

离中性点造成输出轴转速的变化,即保持输出轴转速恒定。

太阳轮 7 转速 n_2 既和输入轴转速 n_1 有关,也和内齿轮转速 n_3 有关,它们之间的关系可由速比公式求得:

$$n_2 = \frac{n_1(d_3 + d_2)}{d_2} + n_3 \frac{d_3}{d_2}$$

式中,d_2、d_3 分别为太阳轮和内齿轮的直径。

当 $d_2 = d_1$ 时,则 $d_3 = 3d_2$,从而可得

$$n_3 = \frac{n_2}{3} - \frac{4}{3}n_1$$

为了使 n_2 保持不变,只要把 n_3 作为 n_1 的函数进行调节即可,这个调节作用由液压系统完成。变向变量泵根据 n_1 转速的变化产生有一定方向和一定数量的排量,使液压马达产生一个相应方向与相应转速的转速输出,并通过控制轮带动内齿轮做相应的转动,其结果使输出轴保持恒速。

二、离合器和液力耦合器

离合器一般安装在主机和减速齿轮箱之间,其作用是在主动轴旋转时把从动轴接合或脱开。摩擦离合器靠摩擦力来传递扭矩。由于摩擦离合器具有传动效率高、动作迅速、尺寸小、重量轻和结构简单等一系列优点,因此在船上得到广泛应用。按照接合力的来源,船用离合器可划分为机械式、液压式和电磁式三种。

1. 摩擦离合器的作用

(1)可实现主机空载起动和空转

在离合器脱开时起动主机,轴系和螺旋桨都不转动,主机的起动阻转矩小,容易起动,可以节省压缩空气;在空转状态下可以很方便地对主机进行检查。

(2)可以采用不可反转主机

船舶的前进和后退由倒顺车离合器完成,主机结构简单,可靠性提高。

(3)提高船舶的机动性

与主机停车和换向相比,摩擦离合器的离、合动作迅速;另外,当主机低速运行时,利用离合器时离时合,可使船舶超低速航行。

(4)可保护主机和轴系

当螺旋桨碰到冰块、礁石时,摩擦离合器可以打滑,起到很好的缓冲作用。

(5)在并车传动装置中实现主机并车、切换和航行中修理。

中国船级社的《钢质海船入级规范》规定:摩擦离合器在正常运转时不得有打滑现象;在空车运转时,其带排(主、从摩擦片间的拖带)扭矩不得使其连接的推进轴有带转现象。离合器所传递的最大扭矩一般应不小于主机标定扭矩的 1.5 倍。对于可倒顺离合器,其换向时间应不大于 15s。

2. 盘片式摩擦离合器

盘片式摩擦离合器因其摩擦元件为盘片状而得名,摩擦副为一对的称为单片式,摩擦副为两对的称为双片式,摩擦副为多对的称为多片式。多片式能传递较大的扭矩,应用较多。但由于摩擦片多,摩擦片间的鼓风或剩余油膜(湿式)的影响较大,当输出轴轴承的摩擦阻力矩小

于带排力矩时，输出轴会有很慢的转动。

如图 3-11 所示为多片式摩擦离合器倒顺车原理图。图中顺车离合器的外壳 5 和输入轴 2 相连，主动摩擦片组 8 通过花键和离合器外壳 5 相连，这些摩擦片可以沿轴向移动，但必须随外壳 5 一起旋转。从动摩擦片组 7 也通过花键与空心轴套 9 相连。空心轴套 9 通过滚针轴承 12 套在输入轴 2 之上，使轴 9 相对轴 2 能自由转动而互不相关。轴 9 上装有减速顺车小齿轮 10，它和大齿轮 15 相啮合。而大齿轮则通过输出轴和输出轴法兰 14 相连。

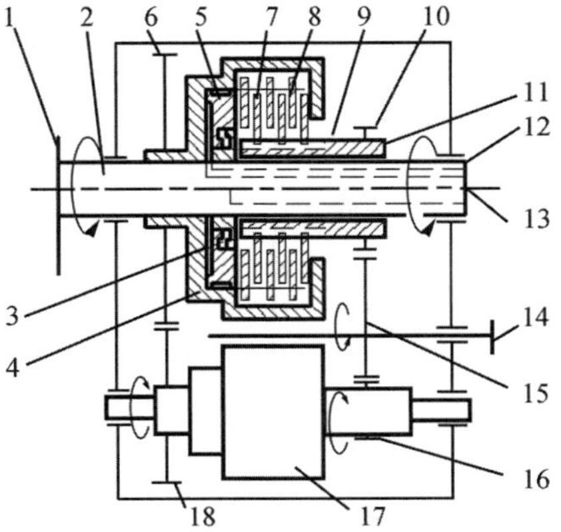

图 3-11　多片式摩擦离合器倒顺车原理图

1、14—输入、输出轴法兰；2—输入轴；3—返回油缸；4—活塞；5、17—顺车、倒车离合器外壳；6、18—倒车齿轮；7、8—从动、主动摩擦片组；9—空心轴套；10、16—倒、顺车小齿轮；11—滚针轴承；12、13—油孔；15—输出轴大齿轮

顺车时，高压油自输入轴 2 中的油孔 12 进入外壳 5 和活塞 4 之间的工作油缸，推动活塞 4 向右移动。一方面把返回油缸 3 中的低压油自轴中的孔 13 挤出，另一方面则把主、从摩擦片压紧，使顺车离合器接合。此时，倒车离合器 17 处于脱开状态。发动机扭矩依次通过 1、2、5、8、7、9、10、15、14 传给螺旋桨，使螺旋桨正转。

倒车时，顺车离合器脱开，此时活塞 4 和外壳 5 之间的高压油由轴中的孔 12 经换向阀（图中未示出）通向箱底油池，而自轴中孔 13 进入返回油缸 3 和活塞 4 之间的低压油把活塞推向左方，主、从动片之间的压力消失，离合器脱开。而倒车离合器 17 接合，发动机扭矩依次通过 1、2、6、18、17、16、15、14 传给螺旋桨，使螺旋桨反转。

空车时，倒、顺车离合器均不接合，此时虽然输入轴转动，而输出轴却可保持静止状态。

3. *液力耦合器*

液力耦合器是利用液体动能传递功率的液力传动装置。它在船上主要用作柔性联轴器和离合器。

液力耦合器的工作原理如图 3-12 所示。离心泵 2 在原动机 1 的驱动下回转，循环油柜 6 中的液体被离心泵吸入并获得能量后，经连接管 3 冲到涡轮机 4 的叶片上，把能量传给涡轮机，然后流回循环油柜，涡轮机便带动螺旋桨 5 旋转。因为吸入管、离心泵蜗壳、连接管、涡轮机蜗壳和排出管中存在很大的能量损失，这样的液力传动装置结构复杂、效率低。现在的液力耦合器简化成如图 3-12 中间的结构，其主要部件是泵轮（离心泵 2）、涡轮（涡轮机 4）和转动外壳 7。泵轮和涡轮对称布置，二者尺寸完全相同，轮内都设有相当数量额叶片，形成许多工作腔。两轮在轴向存在一定的间隙,彼此无机械连接,泵轮进、出口正好和涡轮的出、进口相对。工作腔内充满油,依靠油在工作腔中流动来传递能量。转动外壳一般和泵轮相连,随泵轮一起转动,阻止油外漏。

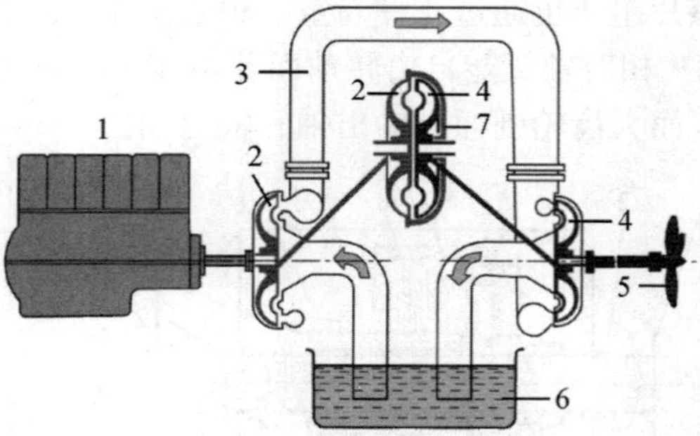

图 3-12　液力耦合器工作原理

1—原动机;2—离心泵;3—连接管;4—涡轮机;5—螺旋桨;6—循环油柜;7—转动外壳

第四节　螺旋桨

一、螺旋桨的结构和几何参数

螺旋桨是一种反作用式推进器,螺旋桨转动时向后或向前推水,水的反作用力产生对船向前或向后的推力,使船舶前进或后退。螺旋桨是由数片桨叶连接到共同的桨毂上构成。桨叶通常为3~5片,最多为6片,各片之间按等距布置。如图3-13所示,桨叶靠近桨毂的部分称叶根,最外端称叶梢;从船尾向船首看,看到的叶面为压力面(推力面),桨叶的另一面为吸力面(吸水面)。按正车方向旋转时,桨叶先入水的一边为导边,后入水的一边为随边。螺旋桨旋转时叶梢顶尖画出的圆称叶梢圆,其直径为螺旋桨直径,用 D 表示。从船尾向船首看,螺旋桨在正车时沿顺时针方向旋转者称右旋桨,沿逆时针方向旋转者称左旋桨。

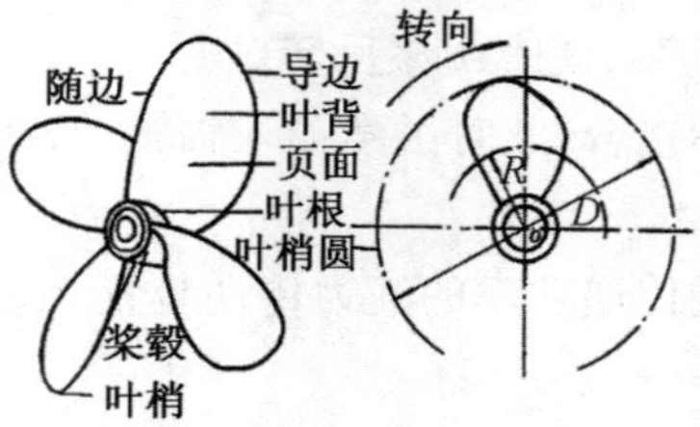

图 3-13　螺旋桨的结构

螺旋桨的压力面是一个螺旋面。如图3-14所示,如果与轴线 OO' 成某一固定角度的线段 ABC 以等角速度绕轴线旋转,同时以等线速度沿轴线向下(或向上)移动,此线段在空间划过的轨迹所形成的曲面即为螺旋面。线段上任意一点运动的轨迹为一螺旋线。螺旋面也可以看成是由无数个不同半径的螺旋线组合而成。运动线段 ABC 称为该螺旋面的母线。母线上的

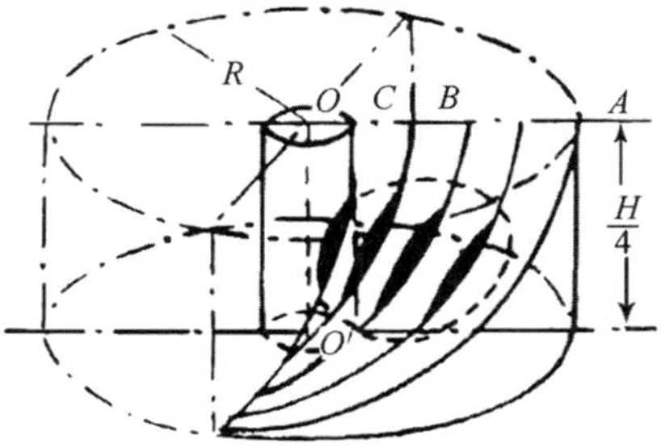

图 3-14 螺旋面的形成

任一点旋转一周在轴线方向上移动的距离称为该螺旋线的螺距，以 H 表示。若组成螺旋桨的各螺旋线螺距相等，这个螺距即为螺旋面的螺距，而该螺旋面称为等螺距螺旋面。

如果母线上的各点以等速旋转但各点下降的速度不同，这样形成的螺旋面称为径向变螺距螺旋面。大型船舶螺旋桨的压力面多由径向变螺距螺旋面组成，其吸力面通常是一个复杂的螺旋面。

螺旋桨的螺距是指压力面的螺距。径向变螺距螺旋桨的螺距通常自叶根向叶梢逐渐增加，一般以 $0.7R$（R 为螺旋桨的半径）或 $2R/3$ 处的螺距代表螺旋桨的螺距，记作 $H_{0.7R}$ 或 $H_{2R/3}$，此值约等于螺旋桨的平均螺距。

螺旋桨的螺距与直径之比 H/D 称为螺距比，它是螺旋桨的重要参数之一，其数值的大小直接影响螺旋桨的性能。

螺旋桨在水中同时参与两种运动，即绕桨毂轴线的回转运动和沿桨毂轴线的轴向运动。螺旋桨工作时转动一周，它在轴向实际前进的距离称为进程，用 h_p 表示。实际上，由于水会被螺旋桨推动后移，进程 h_p 并不等于螺距 H，其差值称为滑失 h。它们之间的关系是：

$$h_p = H - h \quad (\mathrm{m})$$

进程与螺旋桨直径（叶梢圆直径）D 的比值称为进程比 λ_p，即

$$\lambda_p = \frac{h_p}{D} = \frac{v_p}{n_p D}$$

式中，v_p——实际航速，m/s；

n_p——螺旋桨转速，r/s。

对于某一几何结构一定的螺旋桨，转速不变时，进程比 λ_p 与船速 v_p 成正比。

滑失 h_p 与螺距 H 的比值称为滑失比 S，即

$$S = \frac{H - h_p}{H}$$

二、螺旋桨工作特性

应用因次比较法可以得出：

螺旋桨的推力 $T_p = K_1 \rho n_p^2 D^3 \quad (\mathrm{N})$

螺旋桨的阻力矩 $M_p = K_2 \rho n_p^2 D^5 \quad (\mathrm{N \cdot m})$

式中，K_1、K_2——推力系数和扭矩系数；

ρ——水的密度，$\mathrm{kg/m^3}$；

D ——螺旋桨的直径，m；

n_p——螺旋桨的转速，r/s。

螺旋桨的效率 η_p 是有效功率与消耗功率（即吸收功率与得到功率）之比，而螺旋桨的有效功率为 Tv_p，消耗功率为 $M\omega$，因此

$$\lambda_p = \frac{Tv_p}{M\omega} = \frac{K_1}{K_2} \cdot \frac{\lambda_p}{2\pi}$$

式中，v_p——实际航速，m/s；

ω ——螺旋桨的旋转角速度，rad/s；

λ_p——进程比。

螺旋桨的推力、阻力矩和效率公式是其工作性能的基本方程式。对于几何形状一定的螺旋桨，推力系数 K_1 和扭矩系数 K_2 都决定于进程比 λ_p。它们之间的变化关系可由试验测得，如图 3-15 所示。

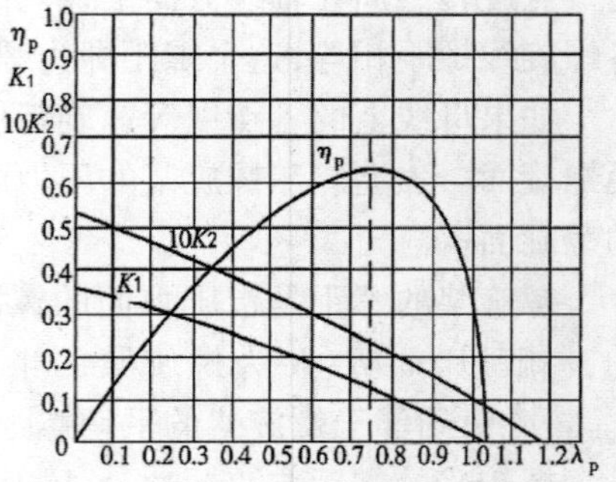

图 3-15　K_1、K_2 和 λ_p 的关系

λ_p 是螺旋桨水动力性能的一个重要参数。对一定的螺旋桨，λ_p 取决于船舶的航行状态，即取决于船舶的航行工况。当船舶在某一工况下稳定航行时，螺旋桨就有一个固定的 λ_p 值，K_1 和 K_2 相应有一对应值。从图 3-15 中可看到，λ_p 减小时，K_1 和 K_2 增大，可视为 T_p 和 M_p 都增加。当 $\lambda_p = 0$ 时，K_1 和 K_2 达最大值。此时当 n 一定时 T_p 和 M_p 达到最大值，这相当于系泊试验或船舶起航的情况（即 $v_p = 0$）。随着 λ_p 的增大，K_1 和 K_2 递减，T_p 和 M_p 随之减小，这相当于船舶阻力降低的情况。在 $\lambda_p > 1.0$ 后，K_1 和 K_2 先后为零，这相当于桨推力和零转矩情况。

对一定的螺旋桨，直径是常数，海水的密度变化很小，也可以认为是常数。在特定的某一航行条件下（装载、气候、海面状况等条件不变）的各种转速下航行时，v_p/n_p 基本不变，λ_p、K_1、K_2 皆可视为常数。这样，推力和转矩公式可写成：

$$T_p = C_1 n_p^2 \qquad M_p = C_2 n_p^2$$

即螺旋桨的推力和转矩与其转速的平方成正比。

螺旋桨所需功率 P_p 可由 $P_p = M_p n_p / 9\,550$ 来确定。可得出螺旋桨功率与转速的关系式

$$P_p = Cn_p^3 \quad (\text{kW})$$

上式反映出螺旋桨运转特性，即桨的吸收功率 P_p 与转速的三次方成正比。将 $M_p = C_2 n_p^2$ 和 $P_p = Cn_p^3$ 绘成 $M_p - n_p$ 和 $P_p - n_p$ 的关系曲线即为螺旋桨特性曲线，如图 3-16 所示。实际上，船舶的工况常常是变化的，在各个不同的航行条件下对应不同 λ_p 值。当 λ_p 值不同时，同一转速下螺旋桨的转矩和吸收功率也相应有不同的值。如图 3-17 所示为在各种不同航行条件下螺旋桨功率与转速的关系曲线。在图中可看出随着航行阻力的增加（λ_p 减小），螺旋桨特性线变陡。

因为螺旋桨所需的功率与转速的三次方成正比，主机带动螺旋桨工作就必须满足螺旋桨的功率要求。如前所述，不计传动损失螺旋桨的吸收功率就等于主机功率。这样，主机功率 P_e 与转速也是三次方关系

$$P_e = P_p = Cn_p^3 (kW)$$

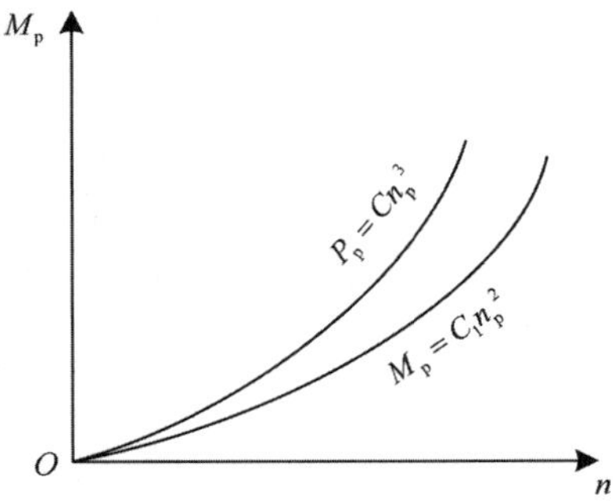

图 3-16　螺旋桨的特性曲线

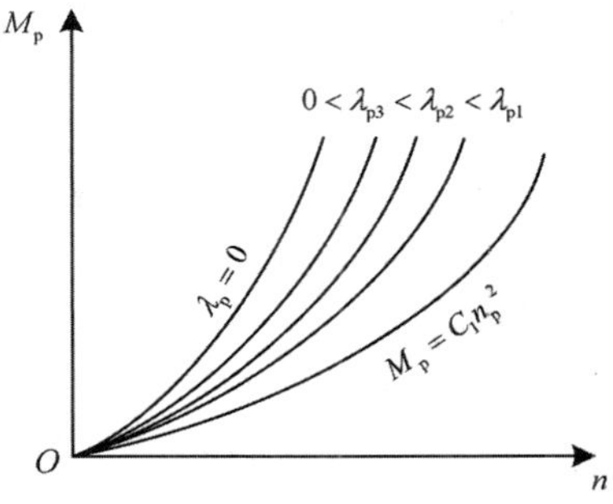

图 3-17　不同 λ_p 时螺旋桨的特性曲线

柴油机按照螺旋桨特性工作时,各性能指标和工作参数随转速(或负荷)变化的规律,称为柴油机的推进特性。

柴油机推进特性是根据 $P_e = Cn_p^3$ 关系,在试验台上测定的。测定推进特性时,预先计算出柴油机在各转速下的功率值,根据这些数据将柴油机调节在推进特性的各相应的转速和功率点下运行,逐点测量柴油机的最高爆发压力、压缩压力、增压压力、涡轮前后排气温度、涡轮转速、平均有效压力、有效油耗率等技术数据。然后以转速为横坐标,以上述各数据为纵坐标绘制成曲线,即柴油机推进特性曲线。该曲线使轮机员对柴油机科学管理工作有极大的实用价值。

三、影响螺旋桨特性的因素

1. 螺旋桨结构参数的影响

桨的直径 D、螺距比 H/D 是螺旋桨的重要结构参数。由上述公式可知,推力 T_p 和扭矩 M_p 与直径 D 分别为四次方和五次方关系,所需要的功率与直径也是 D 五次方关系,直径 D 对螺旋桨特性影响很大。对于同一直径的螺旋桨,其螺距比越大即 H/D 越大,它所需要的功率也越多。如图 3-18 所示为不同 H/D 时的螺旋桨功率特性,H/D 越大,特性曲线就越陡,即桨越重。

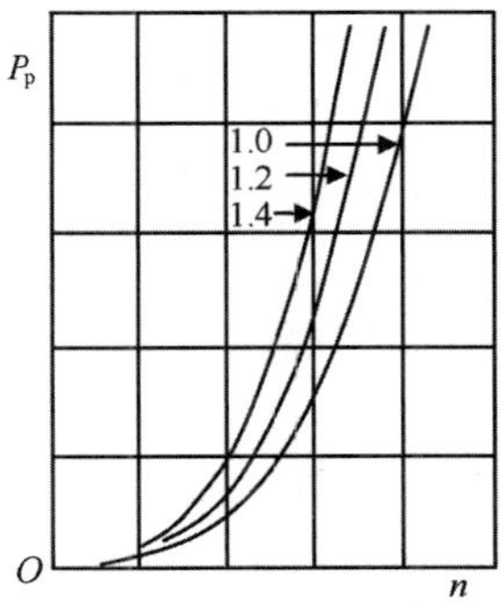

图 3-18　H/D 对螺旋桨特性的影响

2. 船舶航行工况的影响

(1)无进程情况

无进程情况相当于系泊工况,$v_p=0$,$\lambda_p=0$,水流将从垂直于轴线方向流入,螺旋桨只有旋转运动而无轴向移动。此时 K_1、K_2 都最大,升力和推力重合,推力和阻力矩都达到最大值。在此情况下,管理人员应注意控制柴油机油门和转速,以免主机超负荷。

(2)λ_p 减小情况

λ_p 减小相当于主机转速不变,由于船体污底、载重量增加、顶风、浪大和船舶转弯等原因,船体阻力增加,船速变慢。随着 λ_p 的减小,K_1、K_2 都增加,而转速不变,推力和阻力矩也都增加。在这种情况下,必须防止主机超负荷。

(3)λ_p 增加情况

λ_p 增加相当于船舶空载、轻载或顺风航行，船体阻力减小，主机仍保持原来的转速，船速会增大。随着 λ_p 的增加，K_1、K_2 都相应减小，因此推力和阻力矩都会减小。此时，轮机人员应减小油门格数，维持主机的转速，使之不超过额定值。

(4)无推力情况

当螺旋桨进程 h_p 稍大于螺距 H 而出现负的滑失时，水流的合成速度就以某一负的冲角流向叶素，此时升力很小，而阻力仍有一定值，结果升力和阻力在轴向的分力大小相等方向相反，互相抵消，因此推力为零。但此时螺旋桨的阻力仍有一定值。

(5)无阻力矩情况

若进程进一步增大，致使升力和阻力在周向的分力大小相等方向相反时，螺旋桨的阻力为零。但此时的推力已为负值，阻止船舶前进。

(6)水涡轮情况

若进程继续增加，螺旋桨会产生负的推力和负的转矩，此时螺旋桨的作用就变成了一只水涡轮，即螺旋桨吸收水流冲击的能量而发出转矩带动主机回转。

第五节　推进装置的工况配合

一、机桨配合的一般原则

作为船用主机的柴油机是与螺旋桨配合工作的。不考虑传动损失，柴油机发出的功率等于螺旋桨的吸收功率。船舶既要选择一个合适的螺旋桨，同时还要选择一个与之相适应的柴油机作为主机。柴油机和螺旋桨正确配合的一般原则是：既使柴油机的功率得到充分利用，又使柴油机的功率在全部运转范围内都不会超负荷。

1. 以主机的标定工况配桨

如图 3-19(a)所示，如果根据主机的标定功率 P_b 和标定转速 n_b 来选配螺旋桨，使所选桨的特性曲线与柴油机全负荷特性线 2 相交于标定点 a，柴油机在 a 点平稳运转，螺旋桨完全吸收柴油机所发出的全部功率，这称之为以主机标定工况配桨。

在以主机标定工况配桨的情况下，当柴油机在低于 n_b 下运转时，需要减少每循环供油量，柴油机在部分负荷速度特性 1 上工作，如图中的 b 点。当柴油机直接带螺旋桨时，低速运转时柴油机的做功能力没有充分发挥，其热效率也较低。如果柴油机在高于的 n_b 转速下工作，需要增加每循环供油量。图中超负荷速度特性线 3 与螺旋桨特性曲线相交于 c 点。此时柴油机处于超负荷状态，因此只允许柴油机短时间在该转速下工作。

2. 螺旋桨特性参数对机桨配合的影响

螺旋桨的主要特性参数(直径 D 和螺距比 H/D)不同，螺旋桨的特性也不同。图 3-19(b)给出了三个不同螺距比的螺旋桨的特性曲线。

在图 3-19(b)中，曲线Ⅰ为螺距比为$(H/D)_1$ 时的桨特性曲线，它与全负荷特性线 1 相交于 a 点，刚好落在柴油机标定功率 P_b 及标定转速 n_b 处。此时柴油机在标定转速下运转其功率完全被螺旋桨吸收。$(H/D)_2$ 比$(H/D)_1$ 大，其特性曲线Ⅱ与全负荷速度特性线 1 相交于 b

点。此时虽然柴油机油量调节机构处于标定供油量位置，但是功率和转速都没有达到标定值，柴油机做功能力未充分发挥。如果要柴油机达到标定转速，则需要进一步增大循环供油量。由图中可见，如果柴油机达到标定转速 n_b，速度特性线 3 与桨特性曲线Ⅱ相交于 e 点。此时柴油机的功率已超过 P_b，柴油机处于超负荷状态。这种情况称为螺旋桨配得“过重”。$(H/D)_3$ 比 $(H/D)_1$ 小，其特性曲线Ⅲ与全负荷速度特性线 1 相交于 d 点，在此工作点上柴油机的转速和功率都超过标定值。要使柴油机的转速降至标定值，则必须减少循环供油量，使柴油机在部分负荷特性线 2 上工作，对应工作点为 c。此时柴油机虽然在标定转速 n_b 下运转，但所发出的功率远远小于标定功率 P_b，即所谓的螺旋桨配得“过轻”。柴油机的做功能力同样未得以充分发挥。因此，螺旋桨配得“过重”和“过轻”都是不正确的。

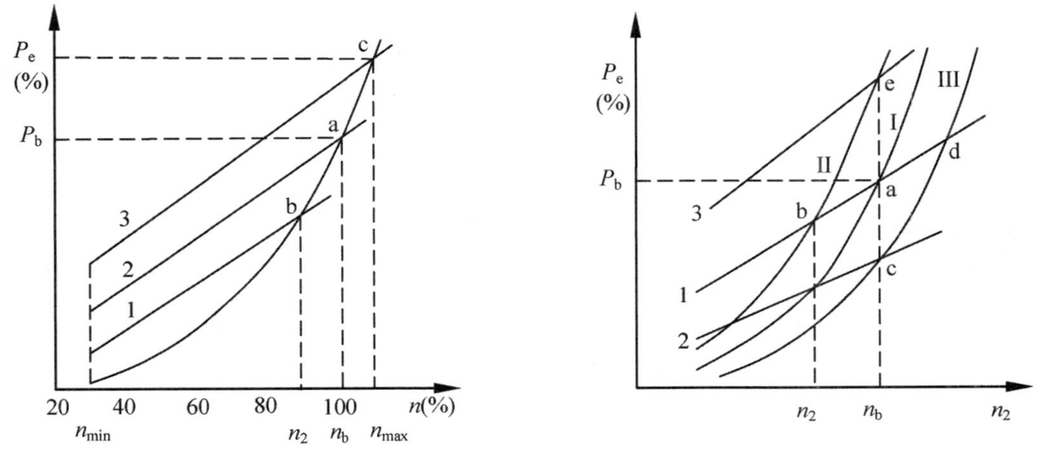

(a)柴油机与螺旋桨特性配合　　(b)不同螺距比的螺旋桨与柴油机配合

图 3-19　柴油机与螺旋桨的配合工况点

二、航行条件变化时主机的工况

1. 航行阻力变化时主机的工况

船舶航行阻力的变化会引起螺旋桨进程比 λ_p 的改变，从而导致螺旋桨特性曲线的变化，使主机工作点发生变化。

如图 3-20 所示，如柴油机以标定负荷速度特性与具有特性曲线Ⅰ的螺旋桨配合工作，工作点为 a，此时柴油机发出标定功率 P_b，带动螺旋桨以标定转速 n_b 转动。如果因装载量、风力、航道变化、船底污底、起航加速等原因使船舶阻力增加，螺旋桨特性曲线将会变陡，例如变为特性曲线Ⅱ。这样工作点将会从 a 点变到 b 点。此时，尽管柴油机功率和转速均低于标定值，但已在超扭矩范围内（a 点到坐标原点连线为标定扭矩线，标定扭矩线以上区域为超扭矩区域。）工作。这对柴油机的工作是十分不利的。这时应减小柴油机油门，以较低负荷速度特性（如特性线 2）工作，使工作点回到标定扭矩线以下区域。切不可为了增加柴油机转速和船速而盲目加大油门，使柴油机严重超负荷而造成破坏。反之，当船舶阻力减小时，螺旋桨特性曲线会变得较为平坦，如特性曲线Ⅲ。工作点将会由 a 点变至 d 点。这时，尽管柴油机未超扭矩工作，但柴油机的转速和功率均超过标定值 n_b 和 P_b，柴油机也处于超负荷状态。此时也应减小油门，以部分负荷特性曲线（如曲线 2）工作，使柴油机的功率和转速均不超过标定值。

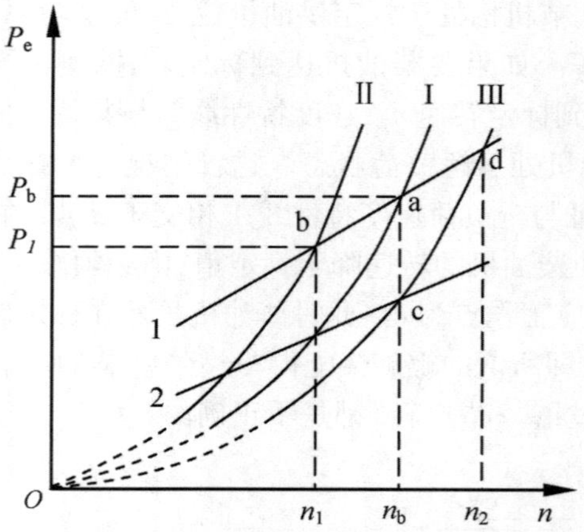

图 3-20 主机工作点在各种航行条件下的变化

2. 主机换向和船舶倒航时主机的工况

船舶在港内航行、靠离码头或者遇到避碰等紧急情况时，常需改变主机回转方向，使前进的船舶迅速停止下来或改为倒航。如图 3-21 所示为主机换向及倒航过程中螺旋桨的特性曲线。图中横坐标为螺旋桨转速的百分比，纵坐标为螺旋桨转矩的百分比。曲线 A、B 和 C 分别为船在全速、半速和系泊情况下根据船模试验画出的螺旋桨换向及倒转特性曲线。

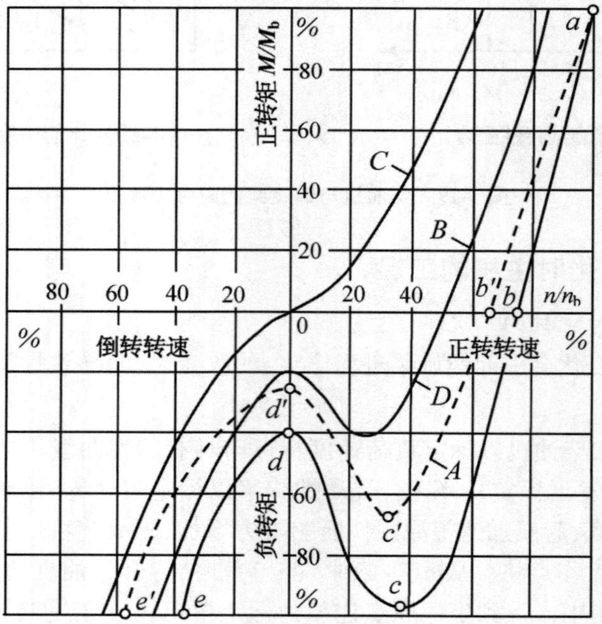

图 3-21 螺旋桨换向及倒航工况

假定船舶正在全速前进，现将主机从正车改为倒车运转(图中曲线 A)。原先，主机和螺旋桨的配合工作点为 a 点。接到倒车命令后，首先停止主机供油，主机转速会迅速下降，螺旋桨进程比 λ_p 将迅速增加，因此扭矩、推力亦迅速下降。在下降到 b 点之前的某一转速时，将出现零推情况。当转速下降到 b 点时，螺旋桨扭矩亦为零，此时推力为负，螺旋桨开始阻止船舶前进。$a-b$ 为螺旋桨换向的第一阶段。

在 b 点以后，由于船舶因惯性仍在前进，螺旋桨被水冲击转动，产生负扭矩，像水涡轮一样带动主机仍按正车方向回转。此负扭矩为主机运动部件和轴系摩擦损失所消耗，所以转速迅速下降。在转速下降到 c 点时，负扭矩达最大值，此后负扭矩逐渐减小。达到 d 点时，负扭矩已不足以克服主机运动部件和轴系的摩擦阻力，螺旋桨即停止转动。$b-c-d$ 为螺旋桨换向的第二阶段，即水涡轮工作阶段。在 d 点之后，倒车起动主机，使主机带动螺旋桨倒车转动，产生负推力，对船舶起制动作用。但是此时船舶仍在前进，所以当倒车转速达 40%~60%标定转速 n_b 时，扭矩已达标定值 M_b。

船舶半速前进时，螺旋桨换向的转矩与转速关系（曲线 B）与全速时相似，只是负转矩数值较小。系泊工况时（曲线 C）没有水涡轮工况，不出现负转矩。

以上讨论未考虑换向过程中船速的变化。如考虑到在实际航行条件下主机换向过程中船速有所降低，则螺旋桨的换向倒转特性可如曲线 D 所示。

利用上述螺旋桨的水涡轮原理，可以消耗船舶的惯性能，对船舶起一定制动作用。但是由于主机运动部件和轴系的摩擦力较小，螺旋桨降至零速所需时间较长。这一过程中，船舶的惯性滑行距离可能为船长的 5~6 倍。这么大的滑行距离，对于避碰的紧急情况是危险的。在紧急情况下，可在主机转速降至（30%~40%）n_b 时，按倒车起动方式向主机供入起动压缩空气，对主机运动部件、轴系和螺旋桨进行强行制动，使它们较快停止转动，然后倒车起动主机，使螺旋桨倒转，尽快停止船舶的滑行，这一过程称为紧急制动。

必须指出，在进行紧急制动时，船舶仍在前进。主机开出倒车后，当转速为（40%~60%）n_b 时，扭矩已达标定值。若转速过高，主机和轴系可能发生严重超负荷。

船舶倒航时，由于船舶阻力较正航时为大，而且螺旋桨效率也较低，所以螺旋桨特性曲线较陡。为了保证倒航时主机不至超负荷，必须使倒车的最大转速不超过标定转速的 70%~80%，具体转速应根据排烟温度确定。

第四章 船舶辅助设备

第一节 船用泵

一、泵的功用与分类

船上有大量的海水、淡水、污水、滑油和燃油等各种液体需要输送或增加压力。泵就是用来输送或增加液体机械能的设备。

1. 按在船用途分类

(1)主动力装置用泵

对于主动力装置为柴油机的船舶,为保证柴油机正常运行,一般配有主海水泵、低温淡水泵、高温淡水泵、滑油泵、燃油供给泵等。

(2)辅助装置用泵

发电柴油机冷却水泵和滑油泵、辅锅炉装置的给水泵、燃油泵、制冷装置用的冷却水泵等。

(3)船舶安全及生活设施用泵

船舶安全及生活设施用泵主要有调驳压载水的压载泵;将舱底积水驳出舷外的舱底泵;供消防及甲板、锚链冲洗用水的消防水泵;提供生活用水的日用海水泵、淡水泵等。

(4)特殊船舶专用泵

某些特殊用途的船舶,还需设有为其特殊营运要求而专门设置的泵,例如油船装卸油的货油泵;挖泥船用以抽吸泥浆的泥浆泵等。

2. 按工作原理划分

泵按照基本运动部件完成液体吸排原理,可划分为:

(1)容积式泵

容积式泵是由泵的运动部件与非运动部件组成一个或若干个工作空间,运动部件的运动造成工作空间容积周期性地增大和缩小而吸排液体的泵。根据运动部件的运动形式分为往复泵和回转泵两类。回转泵又分为齿轮泵、螺杆泵、叶片泵等。

(2)叶轮式泵

泵内具有一个或若干个高速回转叶轮,叶轮带动液体高速回转而把机械能传递给所输送的液体,因而,也称为速度式泵。根据泵的叶轮和流道结构特点不同,又可分为离心泵、轴流泵、混流泵和旋涡泵等。

(3)喷射式泵

喷射式泵是靠工作流体产生的高速射流引射流体,然后再通过动量交换而使被引射流体的能量增加。根据所用工作流体的不同,有水喷射泵、蒸汽喷射器和空气喷射器等。

二、泵的性能参数

为了表明泵的性能和完善程度,以便选型和比较,泵的铭牌和说明书上按要求应给出以下性能参数:

1. 流量

流量是指泵在单位时间内所排送的液体量。流量通常都是指体积流量,常用 Q 表示,水泵流量的常用单位是 m^3/h,油泵常用单位是 L/min 。有时也用到质量流量,常用 G 表示,单位可用 t/h 或 kg/min 等。以 ρ 表示液体的密度(kg/m^3),则:$G=\rho Q$。

泵铭牌上标示的流量称额定流量,即泵在额定工况时的流量。

2. 扬程

泵的扬程是指单位重力液体通过泵后所增加的机械能,常用 H 表示,单位为 m。单位重力液体的机械能又称水头或能头,它包括压力能(压力头)、位能(位置头)和动能(速度头)。因此,泵的扬程即为泵使液体所增加的总水头。假设泵的扬程全部用来提高液体位能(实际是不可能的),则扬程即表示泵能使液体上升的高度。

通常容积式泵用排出压力 p_d 表示泵出口液体机械能。

3. 转速

泵的转速是指泵轴每分钟的回转数,用 n 表示,单位是 r/min。大多数泵是由原动机直接传动,二者转速相同;如果电动机与泵通过皮带或齿轮传动,二者转速就不同。

4. 功率和效率

泵的输出功率又称有效功率,是指泵在单位时间内实际输出的液体实际增加的能量,用 P_e 表示。

泵的输入功率也称轴功率,是指原动机传给泵轴的功率,用 P 表示。

输出功率和输入功率之比称为泵的效率,用 η 表示

$$\eta = P_e/P$$

泵的能量损失是由以下三种损失造成的:漏泄损失、水力损失和机械摩擦损失。

泵的配套功率是指所配原动机的额定输出功率,用 P_M 表示。原动机若是通过传动装置与泵连接,要考虑传动效率;另外,考虑到泵运转时可能超负荷等情况,泵的配套功率应大于额定轴功率,即

$$P_M = K_M/P$$

式中,K_M——功率储备系数。根据 GB10832—89(船用离心泵、旋涡泵通用技术条件):

①$P=0.5\sim5$ kW 时,$K_M\geqslant1.42\sim1.25$;

②$P=5\sim10$ kW 时,$K_M\geqslant1.25\sim1.2$;

③$P>10$ kW 时,$K_M\geqslant1.2\sim1.1$。必要时允许适当降低 K_M 值。

5. 允许吸上真空度

泵工作时,液体进入泵内在接受运动部件做功前,压力还会进一步降低。当泵吸口的真空度增高到一定程度,液体就会因在泵内的最低压力降低到其饱和蒸汽压力 p_v 而汽化,泵即不

能正常工作。工作时泵吸入口所允许的最大吸入真空度即称“允许吸上真空度”,用 H_s 表示,单位是 MPa。

泵的允许吸上真空度是泵吸入性能好坏的重要标志,也是管理中限制吸入真空度不要过高的依据。它主要与泵的类型和结构有关,因为不同的泵,液体进泵后压力进一步降低的程度不同,泵内压降小的泵允许吸上真空度就大。此外,大气压力 p_a 降低、液体温度增高(使饱和蒸汽压力 p_v 提高)或泵流量增大(使泵内压降增大),都会使允许吸上真空度减小。

泵铭牌上标示的 H_S 是由制造厂在标准大气压(760 mmHg)下以常温(20 ℃)清水在额定工况下试验得出。

三、往复泵

1. 往复泵基本结构与工作原理

往复泵属容积式泵,其对液体做功的主要部件是做往复运动的活塞或柱塞,亦可分别称为活塞泵或柱塞泵。

如图 4-1 所示为单缸活塞式往复泵的工作原理图。活塞 1 与泵缸 2 组成上、下 2 个工作空间,泵缸上腔通左边阀箱的小室,泵缸下腔通右边阀箱的小室。

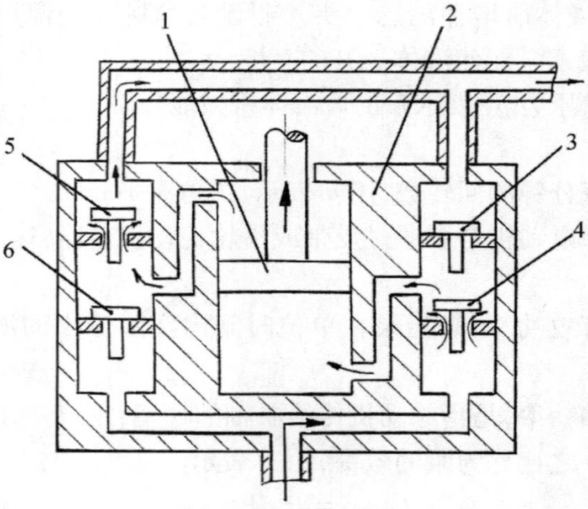

图 4-1　单缸活塞式往复泵的工作原理

1—活塞;2—泵缸;3、5—排出阀;4、6—吸入阀

当活塞向上运动时,泵缸下腔容积不断增大,压力降低,形成一定的真空度,与其相通的右边阀箱的小室也形成一定的真空度,使排出阀 3 关闭,吸入室中的液体(泵刚起动时为空气)在大气压力的作用下顶开吸入阀 4 进入泵缸下腔吸入液体;当活塞向下运动时,泵缸下腔的容积逐渐减小,压力升高,与其相通的右边阀箱的小室压力也升高,使吸入阀 4 关闭,排出阀 3 打开,液体经排出管排出。

往复泵在活塞每一往复行程中吸排液体的次数,称为往复泵的作用数。如图 4-1 所示的往复泵活塞与泵缸组成的上部工作空间产生吸排作用与下部相同。因此,活塞往复一次两侧工作空间各吸排一次,为双作用泵。此外还有单作用泵、三作用泵(有三个单作用泵缸)和双缸四作用泵等常用类型。往复泵的活塞杆通过曲柄连杆机构由电动机驱动,称为电动往复泵。

2. 往复泵特点

往复泵作为一种运动部件做往复运动的容积式泵,有以下特点:

(1)有自吸能力。泵的自吸能力,是指泵自身具有排除泵缸及吸入管路内的空气,将液体从低于泵处吸入,然后开始排送液体的能力。

容积式泵按其工作原理都有自吸能力。自吸能力的好坏与泵的结构形式和密封性能有关。为改善往复泵自吸能力,起动前一般应在缸内灌满液体以防止干摩擦。

(2)理论流量与工作压力无关,只取决于转速、泵缸尺寸和作用数。往复泵的理论流量 Q_t 可由活塞的有效工作面在单位时间内所扫过的容积求出。往复泵不能用调节排出阀开度的节流调节法来调节流量,只能采用变速调节或回流(旁通)调节。有些特殊结构的往复泵可通过调节柱塞的有效行程来改变流量。

(3)额定排出压力与泵的尺寸和转速无关。泵所能达到的排出压力不受泵尺寸和转速的限制,主要受限于轴承的承载能力和泵的密封性能,以及泵设计的强度和选配的原动机功率。往复泵起动前必须先开排出截止阀;否则可导致排压过高造成泵损坏或过载。根据规范与船用设备技术指南,所有容积式泵一般应设置安全阀。安全阀的开启压力应为泵的额定排出压力的 1.1~1.15 倍。

以上性能特点是容积式泵共有的。此外,往复泵的运动方式和结构形式使它还有以下特点:

(1)流量不均匀。单作用泵流量很不均匀,因为它在活塞回行时不排液。三作用泵的流量曲线是由三个相位差 120°的单作用泵流量曲线叠加而成,其均匀性不仅优于单、双作用泵,而且比双缸四作用泵好,因为后者流量曲线是由两组相位差 90°的双作用泵流量曲线叠加而成。

(2)转速不宜太快。电动往复泵由于活塞的往复惯性力损失和泵阀迟滞造成的容积损失及撞击磨损,转速一般不超过 200~300 r/min,最高不超过 500 r/min,高压小流量泵最高不超过 600~700 r/min。故往复泵适用流量范围受到限制。

(3)对液体污染度不很敏感。但排送含固体杂质的液体时,泵阀容易磨损和泄漏。如果作舱底水泵用,应加装吸入滤器。

(4)结构较复杂,易损件(活塞环、泵阀、填料和轴承等)较多。

由于往复泵的上述特点,故在流量相同时它比其他泵显得笨重,造价较高,管理维护比较麻烦,故在许多场合它已被离心泵所取代。但舱底水泵和油船扫舱泵等工作中容易吸入气体,需要自吸能力好,仍常采用往复泵。此外,要求小流量、高压头的泵,如柴油机高压油泵、气缸油注油器等,也是按往复泵的原理设计。

四、齿轮泵

齿轮泵是常见的回转式容积泵,其主要工作部件是互相啮合的齿轮。按其啮合的方式可分为外啮合式和内啮合式两类。下面着重介绍应用较普遍的外啮合齿轮泵。

1. 外啮合齿轮泵结构与原理

如图 4-2 所示为外啮合齿轮泵的工作原理图。主动齿轮 1 和从动齿轮 2 分别安装在两根平行的转轴上。主动齿轮的转轴一端穿过泵体的端盖,由原动机驱动回转,主、从齿轮的齿顶在其轴向长度方向由圆形泵体(泵壳)内表面密封;齿轮前后端面由安装在泵体上的前后端盖密封,各密封面保持合适的密封间隙。由于相互啮合的轮齿 A、B、C 使与吸口 4 相通的吸入腔和与排口 5 相通的排出腔彼此隔离。当齿轮按图示方向回转时,齿 C 逐渐退出其所占据的齿间,该齿间的容积逐渐增大,该处形成低压,于是液体在吸入液面上的压力作用下,经吸入管从吸口吸入。

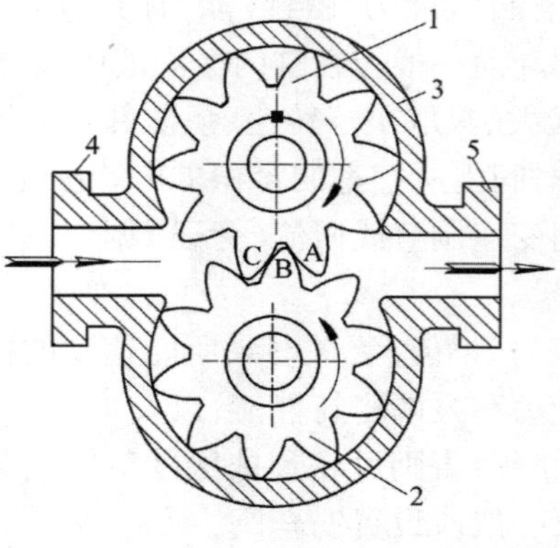

图 4-2　外啮合齿轮泵的工作原理图

1—主动齿轮;2—从动齿轮;3—泵体;4—吸口;5—排口

随着齿轮的回转,一个个吸满液体的齿间转过吸入腔,沿泵体 3 内壁转到排出腔,依次重新进入啮合,齿间的液体即被轮齿挤出,从排口排出。普通齿轮泵如果反转,其吸排方向就相反。

齿轮泵由于摩擦面较多,一般只用来排送有润滑性的油液。

齿轮泵主要的内漏泄途径是齿轮端面与前、后盖板(有的型号采用轴套)间的轴向间隙,漏泄量约占总漏泄量的 80%;其次是齿顶和泵体内侧的径向间隙,漏泄量占 10%~15%。

2. 齿轮泵的管理及检查

(1)管理中主要注意事项

①检修时应注意电动机的接线不要接错;否则会反转而使普通齿轮泵吸排方向弄反。齿轮泵除专门设计成可逆转的外,一般不允许反转。这或是因为吸、排口径不同或卸荷槽是非对称设计,也有的是因为泵设有按既定吸、排方向设计的安全阀。

②泵和电机应保持良好对中,联轴器(联轴节)不同心度一般应不大于 0.05 mm。由于泵轴工作时有弯曲变形,最好能使用挠性连接。

③齿轮泵虽有自吸能力,但起动前摩擦部件的表面一定要有油;否则短时间的高速回转也会造成严重磨损。新泵或经过拆修的泵起动前必须向泵内灌油。

④不宜超出额定排出压力工作;否则会使原动机过载,轴承负荷过重,并使工作部件变形,磨损和漏泄增加(与吸排压差成正比),严重时甚至造成卡阻。

⑤所输送油液应保持合适的温度和黏度。油温太高或黏度太低则漏泄增加,还容易产生气穴现象;黏度过高同样也会使吸入困难,容积效率降低。在工作油温范围内运动黏度以 25~33 mm^2/s 为宜。

⑥应保持适当的密封间隙。检修时应测量端面间隙,如与说明书偏差较大时应及时调整。

(2)齿轮泵状态检查要点

①注意电机转向是否正确,运行电流是否正常。

②注意齿轮泵运行是否平稳，有无异常振动与噪声。

③齿轮泵一般作为燃油泵或滑油泵使用。工作中应注意吸排压力及油温是否正常。

④齿轮泵轴封一般为皮碗轴封或机械轴封，只允许少量渗油而不允许滴漏。

五、螺杆泵

螺杆泵也是船上常用的一种回转式容积泵，它利用螺杆的回转来吸排液体。根据泵内工作螺杆的数目，有单螺杆泵、双螺杆泵、三螺杆泵和五螺杆泵之分。商船上比较常见的是用于主机滑油泵的双螺杆泵、三螺杆泵和用于输送污油水或油渣的单螺杆泵。

1. 螺杆泵的结构和工作原理

如图 4-3 所示为立式三螺杆泵的结构实例。

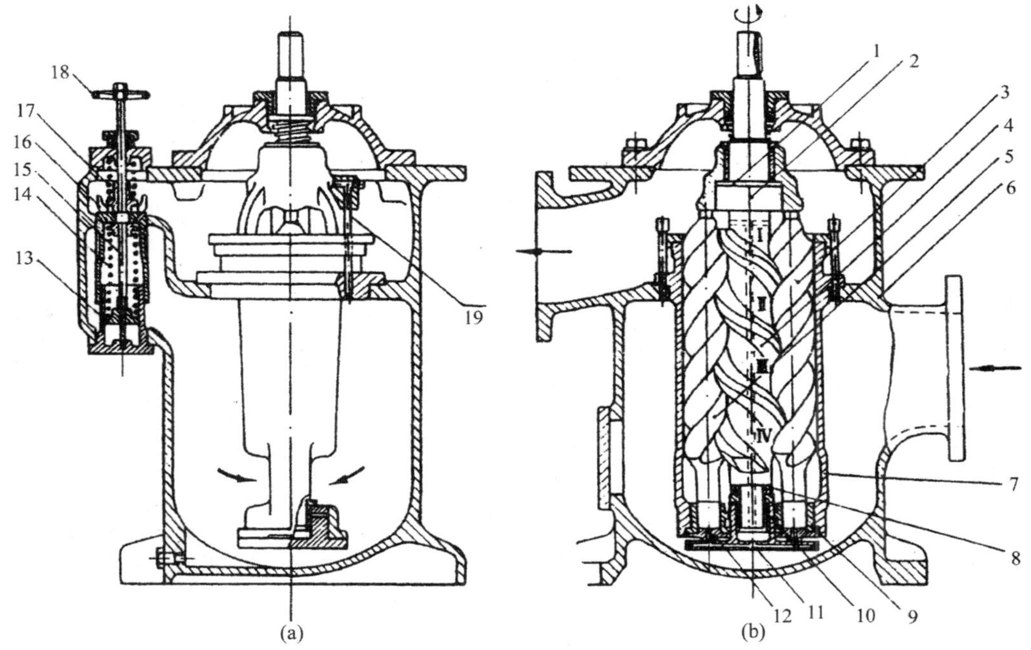

图 4-3　立式三螺杆泵的结构图

1、8—推力垫圈；2—平衡活塞；3、5—从动螺杆；4—主动螺杆；6—泵体；7—缸套；9、10—平衡轴套；11—盖板；12—推力垫块；13—端盖套筒；14、17—弹簧；15—调节螺杆；16—安全阀阀体；18—调节手轮；19—泄油管

它主要由固定在泵体 6 中的缸套 7，以及安插在缸套中彼此啮合、转向相反的主动螺杆 4 和从动螺杆 3、5 组成。各啮合螺杆之间以及螺杆与缸套内壁的间隙都很小，借啮合线从上到下形成Ⅰ、Ⅱ、Ⅲ、Ⅳ等多个彼此分隔的容腔。如图 4-3 所示，主动螺杆的螺纹槽与从动螺杆啮合时，上下两个角只有其中一个角密封，另一个角非密封，因此，前面看到的半导程主动螺杆螺纹槽均与两侧一个导程的从动螺杆螺纹槽相通。同理，在画面后面，两个从动螺杆的螺纹槽又与位置对应的主动螺杆另一螺纹槽的半个导程相通，构成一个完整的密封空间。随着螺杆啮合转动，与泵吸入腔相通的容腔首先在下面吸入端开始形成并逐渐增大（如图中容腔Ⅳ），不断吸入液体，然后封闭。接着，一方面这个封闭容腔沿轴向不断向上推移，直至排出端（犹如一个液体螺母在螺杆回转时不断沿轴向上移）；另一方面，新的吸入容腔又紧接着在吸入端形

成。一个接一个的封闭容腔移到排出端与泵排出腔相通（如图中容腔Ⅰ），其中的液体不断被挤出。如果螺杆反转，则泵的吸、排方向相反。

三螺杆泵的主动螺杆是凸螺杆，从动螺杆是凹螺杆，它们都是双头螺杆，其形状可设想为是由三个互相啮合的各有两个齿的极薄齿轮，在沿轴向移动的同时又转动而形成。

为防止油外漏，在泵轴伸出端端盖处设有机械轴封，这也是旋转轴广泛使用的一种密封方式，如图4-4所示为其典型结构。机械轴封主要的动密封面由静环2和动环3构成，它们的材

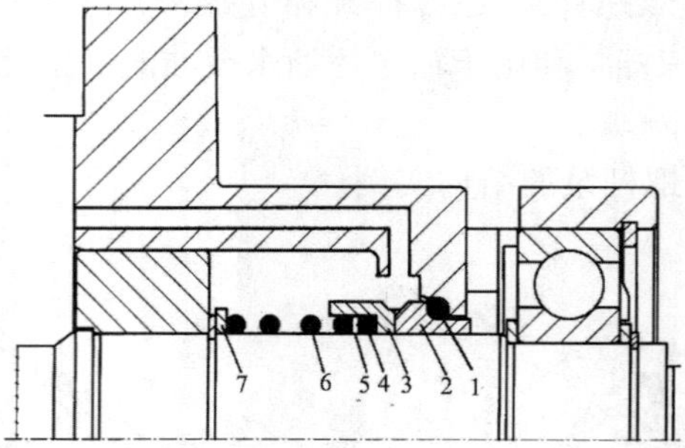

图4-4　机械轴封的结构图

1—静环密封圈；2—静环；3—动环；4—动环密封圈；
5、7—弹簧座；6—弹簧

料对轴封的性能和寿命有重要的影响，通常分别由硬质材料（金属、硬质合金或陶瓷材料等）和软质材料（浸渍过金属或树脂的石墨、有充填物的塑料等）做成，具体按泵排送液体的种类和工作条件来选。静环与端盖间的密封靠静环密封圈1来实现。动环则靠弹簧6通过弹簧座5、动环密封圈4压紧在静环上，靠密封圈的摩擦力随轴一起旋转。动环和静环的密封圈是机械轴封的辅助密封元件。

机械轴封将动密封面做成了能自动补偿的动环与静环间的端面密封。其主要优点是：（1）密封性能好。（2）使用寿命长。（3）摩擦功耗少，仅为软填料密封的1/3～1/5。（4）轴或轴套基本不被磨损。（5）适用范围广。选用不同的结构设计和密封材料，可分别适用于高温、高压及有毒或有腐蚀性等各类流体。

如图4-3所示的三螺杆泵装有安全调压阀。由图可见，阀体16是一个带导向肋片的中空圆筒，下端插套在与端盖连成一体的端盖套筒13外。阀16顶部钻有小孔，可将排出腔液体引到阀内腔，因阀上端面积大于内腔向上的作用面积（相差阀壁厚形成的圆环），故当排压超过调定值时，阀16就会克服弹簧14的张力下移，当阀上端的导向肋片移至泵体隔板位置时，吸、排油腔即沟通。该阀也常作调压阀用，借助手轮18可调整弹簧张力，改变泵的排出压力（使部分液体回流）。

这种泵的吸、排口分别设在泵体中部和上部，可保证停用后泵内存有部分液体，以免下次起动时干转。

2. 螺杆泵的特点

螺杆泵属回转式容积泵，具有容积式泵的共同性能特点。此外，螺杆泵还有以下优点：

（1）流量均匀，工作平稳，噪声和振动很轻。

（2）吸入性能好。因为从轴向吸入液体不受离心力妨碍，故允许吸上真空度可高达8～

8.5 m 水柱。

(3)流量范围大。三螺杆泵常用转速 1 450~1 750 r/min,透平驱动的泵可高达 10 000 r/min 以上,流量范围为 0.6~750 m^3/h;单螺杆泵由于采用橡胶泵缸,转速一般不超过 1 500 r/min,目前多为 0.3~40 m^3/h。

(4)三螺杆泵允许的工作压力高。三螺杆泵轴承不受径向液压力,而且密封性好,η_v 高,故额定排压可达 20 MPa,特殊的可达 40 MPa。

(5)对所送液体搅动少,水力损失很低。

(6)零部件少,重量和体积相对较小,磨损轻,维修工作很少,使用寿命长。

在船上,三螺杆泵常用作主机的滑油泵、燃油泵以及货油泵、液压泵。单螺杆泵多用作油水分离器的污水泵、废油焚烧炉的输送泵、渣油泵、污油泵等。双螺杆泵除用作各种油泵外,也可用作压载泵、消防泵、卫生水泵和锅炉给水泵等。

3. 螺杆泵的管理要点

管理中主要注意如下事项:

(1)螺杆泵虽有自吸能力,但除非密封性双螺杆泵以外,也和齿轮泵一样应防止干转,以免螺杆和缸套的工作表面严重磨损;单螺杆泵如断流干转,则橡胶制成的泵缸很快会烧毁。因此,初次使用或拆检装复后,应向泵壳内灌入所排送的液体。工作中应严防吸空。停用断电后,应等泵停转再关吸入阀,以免泵内液体被吸空。

(2)三螺杆泵应排送洁净液体,吸入管路必须装 40~60 目滤器,使用中应及时清洗。新装管路中的焊渣、铁锈等固体杂质应仔细清除。工作时如有异常声响,应立即停车检查。

(3)螺杆泵一般都有固定的转向,反转会使吸排方向改变,推力平衡装置就会失去作用。

(4)螺杆泵起动时一般应先将吸、排截止阀全开。

(5)油温太低、黏度过高及吸入滤器堵塞造成泵吸入真空度过大或吸油带入大量空气,都会导致气穴现象,产生液体噪声。联轴器对中不良或泵过度磨损,也会引起工作噪声。

六、离心泵

1. 离心泵的基本结构与工作原理

离心泵的基本工作原理可用如图 4-5 所示蜗壳式离心泵来说明。其主要工作部件是泵壳

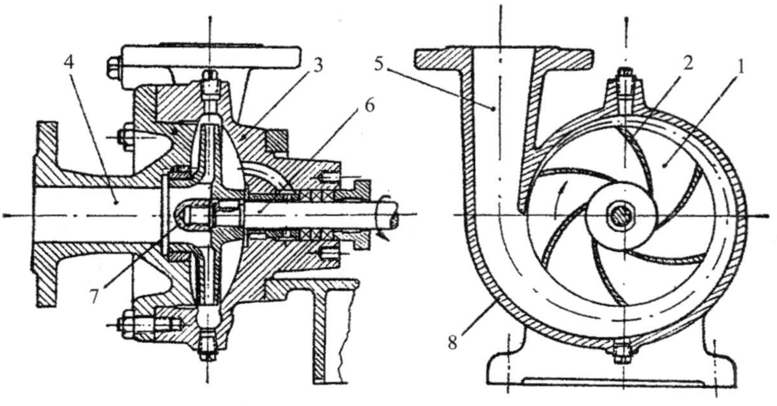

图 4-5　单级蜗壳式离心泵

1—叶轮;2—叶片;3—泵壳;4—吸入接管;5—扩压管;6—泵轴;7—螺帽;8—蜗室

3 和叶轮 1。螺线形的泵壳亦称蜗壳,包括蜗室 8 和扩压管 5 两部分。叶轮通常由 5~7 个弧形叶片 2 和前、后圆形盖板构成,用键和螺帽 7 固定在泵轴 6 的一端。轴的另一端穿过填料函伸出泵壳,由原动机驱动右旋回转。

离心泵工作时,预先充满在泵中的液体受叶片的推压,随叶轮一起回转,产生离心力,从叶轮中心向四周甩出,压力和速度都比进入叶轮时增大了许多,蜗壳将它们汇聚并平稳地导向扩压管。同时,在叶轮中心处形成低压,液体便在吸入液面气体压力的作用下,由吸入接管 4 被吸进叶轮。从叶轮流出的液体,因扩压管流道截面逐渐增大,液体流速降低,大部分动能变为压力能,然后进入排出管。只要初始状态泵内充满液体,叶轮连续回转,液体的吸排便连续进行。

2. 离心泵的扬程和流量

离心泵是靠叶轮带动液体高速旋转而将机械能传给液体,属叶轮式泵,其工作原理与靠运动部件挤压液体来传递能量的容积式泵不同,因而性能也有显著的差异。离心泵所能产生的扬程与叶轮尺寸和转速密切相关,而流量又会随工作扬程显著改变。

(1)离心泵所能产生的扬程主要取决于叶轮直径和转速。目前离心泵转速一般不超过 8 000~10 000 r/min,单级泵所能产生的扬程通常不超过 150 m。若要提高离心泵的扬程,必须采用将多个叶轮串联的多级离心泵。

(2)离心泵的扬程随流量而变,并与叶片出口角 β_2 有关。一般船用离心泵绝大部分采用后弯叶片,流量增大则扬程减小。

(3)离心泵的理论扬程与所送流体的性质无关。但实际扬程会因容积损失和水力损失而不同。

(4)离心泵排送密度 ρ 不同的流体,所能产生的吸排压差 $\Delta p=\rho gH$ 和功率 $P=\rho gQH/\eta$ 是不同的。如果起动时泵和吸入管内是空气,由于空气密度仅为水的 1/800,泵能在吸排口间造成的压差很小。离心泵没有自吸能力。

(5)额定扬程和流量的估算

离心泵所能产生的扬程与叶轮出口处的圆周速度 u_2 有很大关系。离心泵出厂前应进行相关实验,给出产品额定参数和性能曲线。对于资料不全的离心泵可根据经验公式对流量和扬程进行估算。根据叶轮外径 D_2(m)和转速 n(r/min),可估算其额定扬程(多级泵再乘以级数):

$$H = Kn^2 D_2^2$$

式中,系数 $K=(1\sim1.5)\times10^{-4}$。

排送冷水的离心泵,设计的进口流速约 3 m/s,其额定流量可按下面公式估算:

$$Q = 5{D_0}^2$$

式中,D_0 为泵吸口直径,用英寸(1 in≈25 mm)计算。由于进口流速设计值不一样,此经验公式在 D_0<4 in 时可能稍偏小,在 D_0>6 in 时可能稍偏大,仅供粗略估计用。

3. 离心泵的特点

(1)优点

无论在陆地上或船上,离心泵使用的数量和范围都远远超过了其他类型泵。这是因为它有以下优点:

①流量连续均匀且便于调节,工作平稳。适用流量范围很大,一般是 5~20 000 m³/h。

②转速高，可与高速原动机直连；结构简单紧凑，尺寸和重量比同流量的往复泵小得多，造价也低许多。

③对杂质不敏感，易损件少（除所有泵都有的轴封和轴承外，仅有阻漏环），管理和维修较方便。

（2）缺点

①离心泵本身无自吸能力。在需要自吸场合需要将泵结构进行特殊设计或另设引水装置。

②流量随工作扬程而变。常用结构的离心泵工作扬程升高则流量减小；当工作扬程达到封闭扬程时，泵空转而不排液。因此，它不宜作要求流量不随扬程变的泵（例如液压泵）用。

③所能产生的扬程由叶轮外径和转速决定，不适合小流量、高扬程，因为这将要求叶轮流道窄长，以致制造困难，效率太低。如果需要流量小、扬程高的场合可使用由多个小叶轮串联组成的多级离心泵。

离心泵产生的最大排压有限，故不必设安全阀。

目前，船用水泵和大型油船的货油泵大多使用离心泵。也有些新建的船将离心泵置于循环油柜中，作主机滑油泵。要求自吸的（如压载泵、舱底水泵、油船扫舱泵等）也使用自吸式离心泵或加设抽气自吸装置。

4. 离心泵装置的工况调节

在船上，冷却水泵、锅炉给水泵、凝水泵、货油泵等工作中往往需要调节流量，即需要改变泵的工况点，称为“工况调节”。工况调节可借改变泵的特性或管路特性来实现，船用离心泵常用的工况调节方法有以下几种。

（1）节流调节法

增加或减小离心泵排出截止阀的开度，可使流量增大或减小，称为节流调节。根据离心泵特性，排出截止阀关小时，排压（扬程）升高，流量减小；反之，流量增加。

节流调节简便易行，故用得较多，但经济性较差；如果节流程度太大，以很小流量工作则泵可能发热。减小吸入阀的开度虽也能节流调节，但会使泵在吸入截止阀后的压力降低，有可能产生气穴现象，故正吸高的泵应慎用。

（2）回流调节法

在泵的进出口之间安装回流管路和回流截止阀，在需要时可通过改变回流阀开度以改变液体从泵排口流回吸入侧的流量，从而调节主管路的流量，称为回流调节。当回流阀开大时，泵排出主管路流量降低；反之，流量增加。

回流调节法经济性很差，因为开大回流阀会减少主管路的流量，泵的流量和轴功率反而增加，相当部分功率浪费于液体回流的阻力损失上了。回流管以不直接通泵吸口为宜；否则回流量大时液体容易因循环能量损失而发热。

（3）变速调节法

当原动机或传动机构的转速可调时，可通过调节泵的转速来改变泵的特性，从而实现工况调节，称为变速调节。根据离心泵的特性，泵本身的性能参数将随转速变化而变化，其中流量 Q 将随转速成一次方关系变化；扬程 H 随转速成二次方关系变化；功率 P 随转速成三次方关系变化。因而如原动机转速可改变（如变频电机）则可根据需要对泵的性能参数进行调节。

第二节　活塞式空气压缩机

空气压缩机(以下简称空压机)是产生压缩空气的机械。在以柴油机为主机的船上压缩空气的主要用途与压力如表 4-1 所示。

表 4-1　船上压缩空气的使用压力范围

使用场合	压力范围(MPa)
柴油机起动和换向	3.0(随机型而异)
气动仪表和杂用	0.6~1.0
淡水、海水压力柜	0.3~0.4
汽笛、雾笛	0.5~1.0
吹洗海底门	0.3~0.4

每艘船一般设有 2~3 台排压为 3 MPa 的空压机向主气瓶供气,而其他需要较低压力空气的场所则由主气瓶经减压阀供气或由低压工作空压机供气。船舶一般还设有一台小型柴油机驱动的或手动的应急空压机,可直接向辅气瓶或应急空气瓶供气,以备应急。

空压机按工作原理分有容积式和动力式两类,前者主要有活塞式、螺杆式,后者主要有离心式、轴流式和旋涡式;按冷却方式可分为水冷、风冷;按气缸布置形式可分为直列式、V 形与 W 形(>100 m^3/min)。

空压机的容积流量亦称排气量,是指在额定转速和额定排气压力工况,单位时间所排送的相当于第一级吸气口前的吸气状态的空气体积。

一、活塞式空压机工作原理

1. 空压机的理论工作循环

理论工作循环,是假定空压机工作过程无能量损失和容积损失,按以下条件进行:(1)气缸无余隙容积,即活塞到上止点时缸内气体全部被排出。(2)吸、排气过程没有压力损失和压力脉动。(3)吸气过程气体与缸壁无热交换。(4)被压缩气体为理想气体,压缩过程状态方程指数不变。(5)工作过程无气体泄漏。理论循环在 $p—V$ 图上的表示如图 4-6 所示。

当活塞在气缸中从上止点移至下止点时,缸内容积增大,压缩机处于吸气过程。根据前述假设,缸内压力始终等于吸气口前压力(吸气压力)p_s,此等压吸气过程在图中以直线 4—1 表示。最大吸气容积就是气缸工作容积 V_p——活塞在一个行程中所扫过的容积。

当活塞从下止点回行时,吸气阀 k_1 关闭,缸内气体被压缩而压力升高,直至压力升高到排出管中压力 p_d。如果此压缩过程是绝热的,在 $p—V$ 图上用曲线 1—2 表示;如果压缩过程冷却极好,缸内气体温度不变,用等温压缩线 1—2″表示;若冷却效果介于等温压缩与绝热压缩之间,可用多变压缩线 1—2′表示。

活塞继续向上止点方向移动,排气阀 k_2 开启,缸内空气等压排出,直至上止点为止,这是

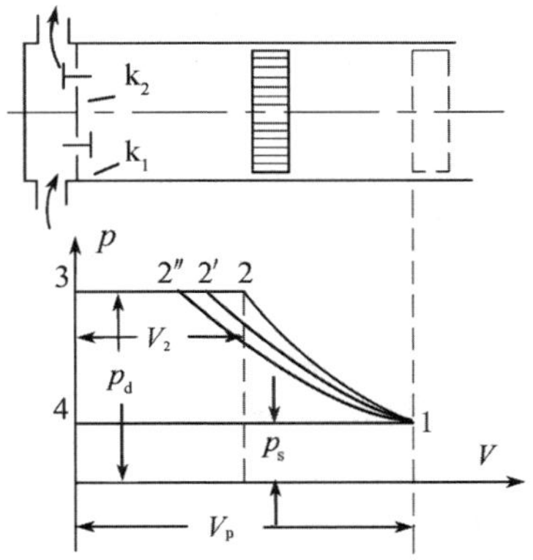

图 4-6　活塞式空压机的理论工作循环

等压排气过程，在 p—V 图上以直线 2—3 表示。活塞从上止点回移瞬间，缸内压力从 p_d 降为 p_s，吸气阀打开，又开始新一轮工作循环。

根据热力学知识，p—V 图上循环过程线 41234 所包围的面积代表空压机的一个理论工作循环所消耗的功。可见气缸冷却越好，压缩过程越接近等温过程，压缩功消耗越少。

2. 空压机的实际工作循环与理论循环的差别

理论循环的前述假设条件实际并不成立，相对于理论循环，实际循环中以下因素会造成容积流量和功率损失：

（1）余隙容积

余隙容积是指活塞在上止点时，气缸内第一道活塞环以上包括气阀通道的残留容积。余隙容积可以防止活塞热膨胀或连杆轴承间隙增大等引起的活塞撞击缸盖，及万一缸内有少量液体而引起的液击。

余隙容积大小用 V_c 表示。当活塞从上止点下行时，余隙容积中上一排气行程残存的压缩空气首先膨胀，直至缸内压力降至低于吸气压力一定值时，吸气管内的气体才顶开吸入阀进入气缸。由于实际循环存在这一降压膨胀过程，有效吸气行程缩短，使容积流量降低。

（2）吸、排气阻力

在吸气过程中，空气流经滤器、气阀及相应通道均有阻力损失。缸内吸气压力要比吸气口压力 p_s 低。导致压缩机实际排气量减少。

（3）吸气预热

压缩机工作一段时间后气阀、缸体及活塞温度升高，气体在吸入过程被加热，比容增大，使实际容积流量进一步减少，这部分损失是预热损失。

（4）泄漏

泄漏损失是因吸排气阀、活塞环等密封不严而造成的容积流量损失。

由于余隙容积、吸气阻力、吸气预热和泄漏的影响，压缩机实际容积流量 V_s 比理论容积流量 V_t 要小，两者的比值用输气系数 λ 来表示。输气系数 λ 一般在 0.65~0.80 范围内。

3. 多级压缩

活塞式空压机排出压力较高时都采用多级压缩和中间冷却。船用水冷空压机多采用两级压缩，风冷空压机有用三级压缩的。两级压缩按气缸布置可分为并列气缸式与级差活塞式两类。

如图 4-7 所示为两级压缩气缸布置图。并列气缸式的一级缸与二级缸并列布置,由双拐曲轴带动;级差活塞式由直径较大的活塞上部与气缸和缸盖间形成低压级工作空间;直径较小的活塞下部与气缸之间的环形空间为高压级工作空间。外界空气经滤器 A 由低压级吸入,压缩后经中间冷却器 E 进入高压级,排出后通过后冷却器 H 进入气瓶。

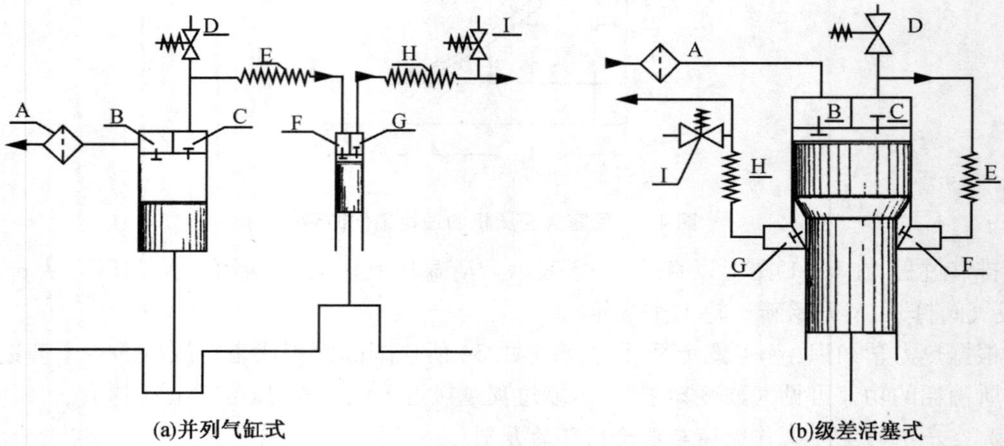

图 4-7　两级压缩气缸布置图

A—吸入滤器;B—一级吸入阀;C—一级排出阀;D—一级安全阀;E—中间冷却器;F—二级吸入阀;G—二级排出阀;H—后冷却器;I—二级安全阀

采用多级压缩与中间冷却的好处是:

(1)降低排气温度,改善润滑条件。单级压缩在压力比大时,压缩终点的空气温度会很高。采用多级压缩并设级间冷却,可降低排气温度,改善气缸的润滑条件。

(2)提高输气系数。由于余隙容积的存在,每级压力比越高,余隙损失越大。采用多级压缩,可使每级压力比不超过 6~7,减小了余隙容积的影响,提高了输气系数。

(3)节省压缩耗功。多级压缩和中间冷却使实际压缩过程更接近等温过程,可减小功耗,提高效率。

(4)减轻主要部件的受力。多级压缩低压缸不必承受高压,只有尺寸较小的高压缸承受高压,其活塞连杆组件最大承受压力约可降至 40%,相关部件不致过于笨重,轴承受力也可减轻和较为均衡。

但级数增加也使装置结构变得复杂,商船主空气压缩机额定排气压力多为 3 MPa,为使空压机体积、重量较小,装置不太复杂,一般水冷多用两级(每级压力比最高可为 6~7),风冷可用三级。

二、活塞式空压机的结构

现以某船 SPERRE HV2/200 型主空压机为例对其工作系统和结构进行介绍。该空压机为立式、水冷、活塞式两级空压机,额定排气压力:3.0 MPa,排气量:113 m^3/h。

(1)工作系统

如图 4-8 所示为 HV2/200 型空压机工作系统。

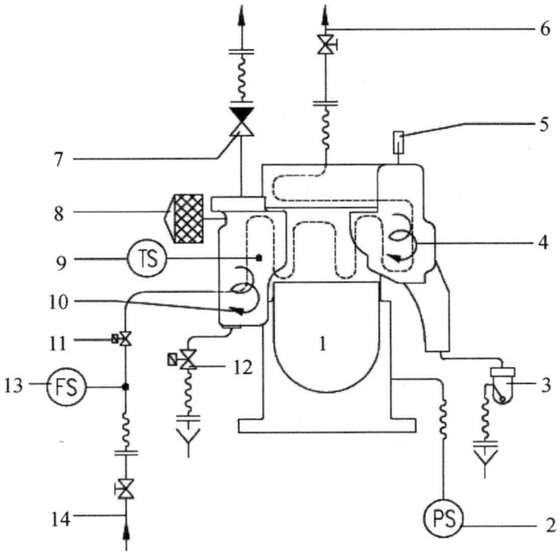

图 4-8　HV2/200 型空压机工作系统

1—空压机本体;2—滑油压力开关;3—低压级放残阀;4,10—气液分离器;5—温度计;6—冷却水出口;7—止回阀;8—吸气滤器;9—空气温度开关;11—冷却水电磁阀;12—高压级放残电磁阀;13—流量开关;14—冷却水进口

其工作系统主要包括空气系统、冷却系统和滑油系统。在中间冷却器后方设有气液分离器,将空气中的滑油和水分(残液)分离出一部分,向下流至低压级放残阀。该阀为浮球式自动阀,液位升高开启时,残液在空气压力的驱动下泄放。在后冷却器后方设置一个旋风式气液分离器,被分离出的残液经电磁阀 12 的控制进行泄放。在空压机起动和停车时,电磁阀 12 打开,这使得排气压力为大气压力,压缩机所需功率很小,称为空压机的卸载。在压缩空气出口,设置止回阀 7 以防止空压机停车时管路中的空气倒流。

冷却水由船上的低温淡水系统提供。空压机工作时电磁阀 11 开启,冷却水依次流经后冷却器、缸套、中间冷却器和缸头。如果冷却水量不足,则流量开关控制压缩机停车。冷却水温度可通过温度计 5 进行观察。

滑油系统采用压力式润滑,机带滑油泵从曲轴箱吸入滑油,提高滑油压力后,经滤器将滑油送至主轴承、连杆轴承和活塞等处进行润滑。滑油系统装设压力开关 2 以保证足够的滑油压力。

(2)结构

HV2/200 型空压机结构如图 4-9 所示。其主要参数为:低压级气缸直径 200 mm,高压级气缸直径 93 mm,行程 110 mm,转速 725 r/min,功率 20.6 kW。

曲轴箱内储存一定量的滑油,油位可通过油尺 12 测量或通过观察镜观察。曲轴自由端驱动齿轮滑油泵。曲轴和连杆内部有钻孔,作为压力润滑的油道。

中间冷却器和后冷却器均为壳管式,冷却器后部均设置气液分离器以便分离出残液。低压级安全阀开启压力为 0.9 MPa,高压级安全阀开启压力为 3.15 MPa。

气阀是空压机最重要的易损件,其工作性能直接影响压缩机的容积流量和效率。气阀应

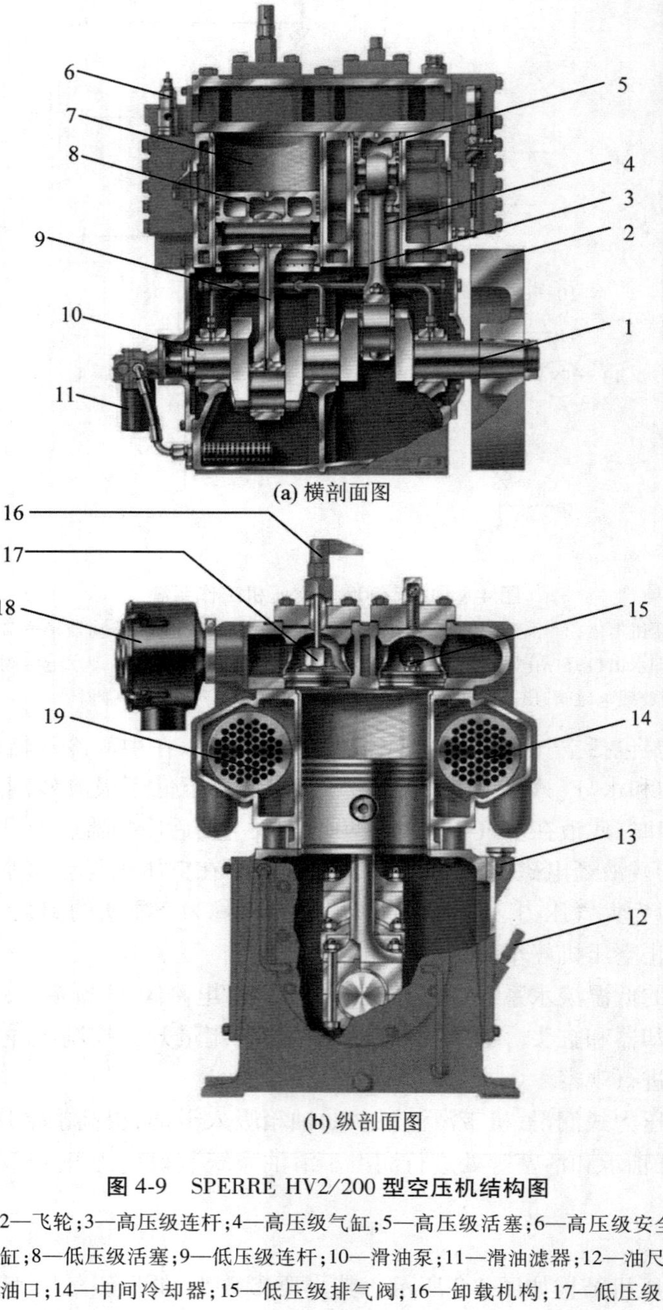

图 4-9　SPERRE HV2/200 型空压机结构图

1—曲轴；2—飞轮；3—高压级连杆；4—高压级气缸；5—高压级活塞；6—高压级安全阀；7—低压级气缸；8—低压级活塞；9—低压级连杆；10—滑油泵；11—滑油滤器；12—油尺；13—呼吸器及加油口；14—中间冷却器；15—低压级排气阀；16—卸载机构；17—低压级吸气阀；18—吸气滤器；19—后冷却器

满足关闭严密、启闭及时、阻力小、结构简单及安装维护方便等要求。

低压级吸气阀上部带有卸载机构，压缩机起动时能够通过自动或手动卸载。此时卸载机构 16 被压向下部，强制顶开吸气阀片，空气经吸气阀吸入和排出，不会被压缩，即卸载起动。待电机达到额定转速后，卸载机构恢复原位，压缩机转入正常压缩过程。

三、空压机的自动控制应满足的要求

船舶空压机大多采用自动控制，只有在应急和检修试车时才用手动控制。起动时，首先打开主电源开关，然后按起动按钮，空压机便进入自动工作状况，运行中要注意温度、声音和电源电流的变化。全自动控制的空压机应满足以下基本要求：

（1）自动起动和停机——通常由装在气瓶上的压力继电器控制。每台空压机各由一个压力继电器控制，其接通和切断值都相差一个设定值。例如一台 2.5 MPa 起动，3.0 MPa 停车；另一台 2.4 MPa 起动，2.9 MPa 停车。当前者单独工作不足以维持气瓶压力，气压降至 2.4 MPa 时，另一台空压机起动加入工作。一般应定期（每月）将压力继电器与其所控制的空压机的主、次关系转换。

（2）自动卸载和泄放——起动时常用卸载电磁阀控制压缩空气使第一级吸气阀常开，或将各级冷却器的泄放电磁阀打开，实现卸载起动。泄放电磁阀通常还能定时（例如每 2 h）开启一小段时间，泄放油和水。同时，电动机起动时线路按星形—三角形转换，可使起动电流减少 2/3，能减轻对电站的负荷冲击。

（3）自动保护和报警——通常设有下列自动保护，其中有的有显示故障的报警指示灯：①电机过载保护。常用热继电器实现，同时还兼有电源缺相保护作用。②过电流保护。常用空气开关或过电流继电器实现。③滑油低压保护。压力润滑的空压机当滑油压力低于调定值时，油压继电器即断电停机。由于起动时滑油泵建立油压需一定时间，故有时间继电器使低油压保护延时动作。④排气高温保护。国标规定空压机后冷却器出口应备有小型易熔塞，或设报警装置，当空气温度超过 121 ℃时应发出报警（应急空压机除外）。有的机型带有冷却水高温保护，当冷却水温超过设定值时，温度继电器动作使压缩机停机。

四、活塞式空压机管理要点

1. 起动

空压机检修后或长期停用后起动，应选择手动控制方式。起动步骤一般如下：

（1）一般性检查。底座及机器本身螺栓应无松动，应无妨碍运转的外物，仪表和装置正常。手动盘车 1~2 转，证实内部无异常。

（2）检查曲轴箱油位。油位应保持在油尺的规定刻度内。

（3）供给冷却水。打开冷却水系统各阀并开冷却水腔放气旋塞，直至有整股水流出。

（4）全开通往气瓶管路的截止阀。

（5）打开低压级手动卸载阀或各级排气端泄放阀。

（6）按起动按钮起动压缩机。注意转向、起动电流与声音，如电流过大或声音异常，应立即停机检查。

（7）一切正常后将空压机转成自动。

2. 运行

运行中应注意检查以下方面：

（1）润滑情况。润滑的好坏关系到设备能否安全正常运行。运行中应注意检查油位和油压。润滑油压应保持在说明书规定的范围，国标规定油泵压力应不低于 0.1 MPa。

（2）冷却情况。水冷却空压机起动前要先供水，并开启机身下部放水阀检查供水情况。

国标规定冷却水压应不低于0.05 MPa。冷却水进出口温升一般为10~15 ℃。风冷空压机，应注意兼作风扇的飞轮不要装反，冷却器表面脏污严重时应予清洗。

(3)排气和级间压力表读数。排气压力不得超过额定值。

此外，若发现排气管与泄放管有漏泄，或发现装置有异常噪声或振动，应查明原因并予修复。

五、压缩空气系统的组成及要求

1. 压缩空气系统的组成

压缩空气系统主要包括空压机、空气瓶、减压阀和安全阀等设备和管路。作用是向用气设备提供压力和流量等参数符合要求的压缩空气。

如图4-10所示为某轮压缩空气系统原理图。

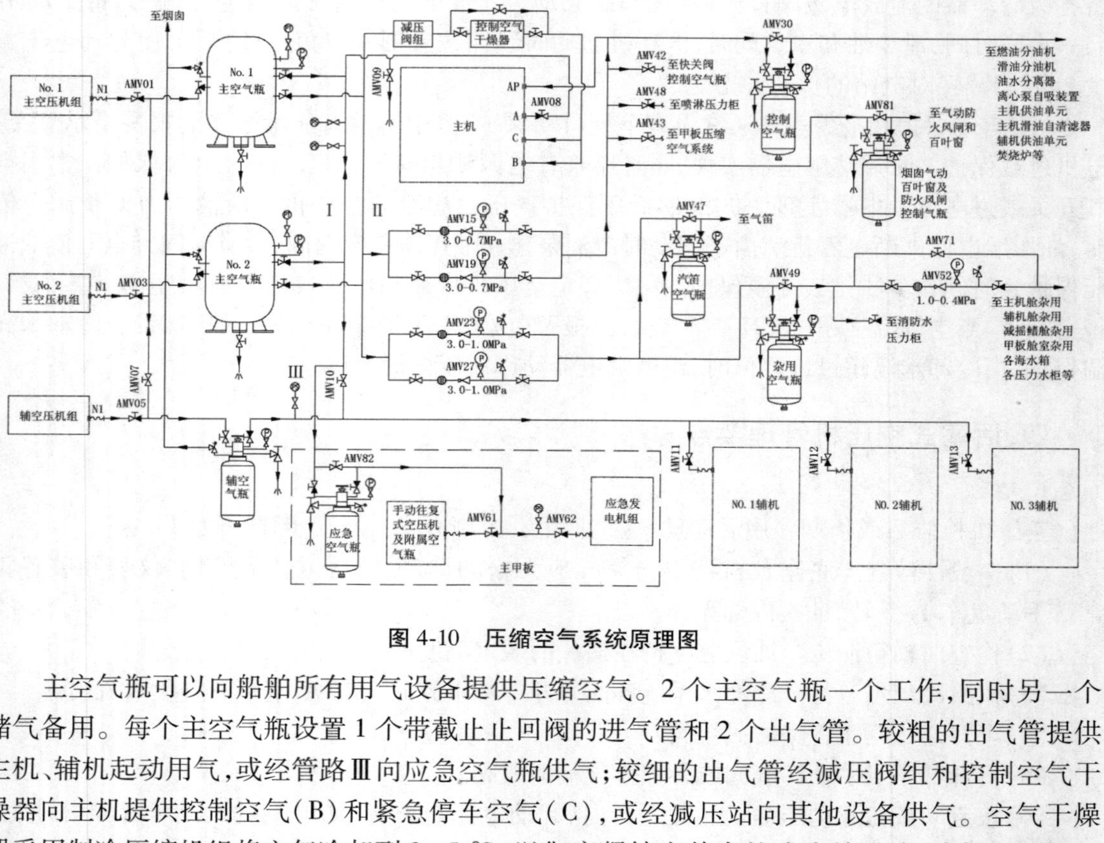

图4-10 压缩空气系统原理图

主空气瓶可以向船舶所有用气设备提供压缩空气。2个主空气瓶一个工作，同时另一个储气备用。每个主空气瓶设置1个带截止止回阀的进气管和2个出气管。较粗的出气管提供主机、辅机起动用气，或经管路Ⅲ向应急空气瓶供气；较细的出气管经减压阀组和控制空气干燥器向主机提供控制空气(B)和紧急停车空气(C)，或经减压站向其他设备供气。空气干燥器采用制冷压缩机组将空气冷却到2~5 ℃，以彻底凝结出其中的残液并泄放，确保主机控制系统用气的清洁。

减压站由进出口截止阀、滤器、减压阀、安全阀和压力表等元件构成。第一组减压站出口压力为0.7 MPa，向主机增压器清洗机构(AP)、快关阀控制空气瓶、控制空气瓶、烟囱气动百叶窗及防火风闸控制气瓶等处供气。第二组减压站出口压力为1.0 MPa，向汽笛空气瓶、杂用空气瓶等处供气。杂用空气瓶出口设置0.4 MPa的减压站，向全船提供杂用空气。

空气瓶均设置安全阀，其中主、辅空气瓶因为压力高、容积大，安全阀放气口通过管路连接到烟囱顶部,以防伤及人员。其他空气瓶安全阀则就地放气。此外,虽然空压机各级设置放残阀,但压缩空气中仍然会含有少量残液,所以空气瓶也设置放残阀,应定期打开放残以保持压缩空气的清洁。未经良好放残的压缩空气会导致系统元件腐蚀、结垢、堵塞等。

因为空气无污染、资源丰富,所以压缩空气系统采用开式系统,压缩空气被使用完泄压后即直接释放到大气中。

2. 对压缩空气系统的要求

(1)供主机起动用的空气瓶(主空气瓶)至少应有 2 个,其总容量应在不充气的情况下,保证每台可换向的主机能从冷车连续起动不少于 12 次,试验时应正倒车交替进行;对每台不能换向的柴油机能从冷车连续起动不少于 6 次。

(2)用压缩空气起动的主机至少应设两台空气压缩机,其中一台应为独立驱动,其总排量应在 1 h 内使空气瓶由大气压力升至连续起动所需要的压力。对无限航区的船舶,还应设置一台应急空气压缩机,以保证对空气瓶的初始充气。

(3)在空气压缩机、空气瓶、大型低速柴油机的起动总管上安装安全阀和其他相应的阀件。空压机安全阀的开启压力不应大于工作压力的 1.1 倍。柴油机起动总管上的安全阀开启压力为最高起动压力的 1.1 倍。

(4)在通往柴油机的起动空气管路上装有截止止回阀,用以保护压缩空气管路不受缸内爆炸气体的影响。缸径大于 230 mm 的柴油机,其起动空气系统应安装火焰阻止器。

(5)空气瓶是压力容器,其排出阀为止回阀,以防止当一只空气瓶压力低时,另一只压力高的空气瓶在开启时空气倒灌入压力低的瓶内。空气瓶应设残油、残水的泄放设备。空气瓶上安全阀的开启压力不超过工作压力的 1.1 倍。

第三节 船舶制冷与空气调节装置

一、船舶制冷装置

制冷,就是用人工方法从被冷却对象中移出热量,使其温度降低到一种相对低的状态。显然,要使一个冷藏室中的温度低于周围环境温度,必须不断地从室内移出进入的热量。因为热量只会自行从高温处传至低温处,而不能反向转移,所以制冷装置的功用就在于将冷藏室中的热量强行排出。

制冷在船上的主要应用有:

(1)伙食冷藏

船舶一般来说本身都必须储藏相当数量的食品,以满足船上人员生活上的需要。为了储存食品,大多设有伙食冷库和相应的制冷装置。

(2)船舶空调

现代船舶为了能向船员和旅客提供适宜的生活条件和工作环境,一般都装有空气调节装置。其中空调处于降温工况时,即利用制冷原理来实现。

(3)冷藏运输

早在 19 世纪 80 年代就开始建造并使用专门运送冷藏货物的冷藏船。现在冷藏集装箱运输已日趋普遍,冷藏船和冷藏集装箱都设有专门的制冷装置。

1. 蒸汽压缩式制冷的原理和工况

机械制冷的方法主要有蒸发制冷、气体膨胀制冷和半导体制冷,其中蒸发制冷最为普遍。蒸发制冷是利用液体蒸发汽化时吸收汽化潜热的原理来制冷,常用的有蒸汽压缩式(简称压缩式)、吸收式和蒸汽喷射式三种。下面只介绍船舶常用的蒸汽压缩式制冷方式。

(1)液态与气态互相转换的规律

任何物质当其呈液态时,总有一些动能大的分子能脱离液面蒸发成为气体,液体温度越高,单位时间内汽化的质量就越多,液体汽化时如果不能从外界吸热,则汽化后剩下液体的温度就会降低。另一方面,气体分子在运动中会有一部分返回到液体中,气体的压力越大,单位时间液化的质量就越多,气体液化时要放热,如不能向外散热,液体的温度就会升高。当液体温度既定时,液面气体压力达到某既定值时,汽化和液化就会达到动态平衡,液面上气体达到饱和状态,这时的气体压力称为该温度所对应的饱和(蒸气)压力,而这时的温度就称为该压力所对应的饱和温度。

任何液态物质都存在自身固有的饱和温度和饱和压力的对应关系。温度越高,饱和压力也越高;反之亦然。

压缩制冷所用的工质——制冷剂(简称冷剂)在常温下通常是饱和压力较高的液体。当液态冷剂单独储放在冷剂瓶中时,瓶内压力便是它在该温度所对应的饱和压力。温度升高则瓶内压力也随之升高,例如制冷剂 R404A 在 30 ℃时的饱和压力(绝对)是 1.415 MPa,如温度升高到 50 ℃,饱和压力便升高到 2.30 MPa。当液体温度低于其压力所对应的饱和温度时,汽化只在液面上发生。而当液体被加热,温度升高到其压力所对应的饱和温度时,内部便会产生许多气泡,因其饱和压力已达到液体所受压力而不至被“压灭”,便会随液体吸热汽化而变大浮起,这种在液体表面和内部同时进行的较剧烈的汽化现象称为沸腾。液体沸腾时被加热,温度(沸点)也不变,所吸收的热量用于使液体汽化;反之,气体被冷却到其压力所对应的饱和温度时便开始冷凝成液体,放出潜热。在冷凝过程中气体和液体的温度(冷凝温度)保持不变。在同样压力下冷凝温度和沸点相同。单位质量的某物质在既定压力下全部汽化所吸收的热量与液化所放出的热量相等,称为汽化潜热。在沸腾或冷凝过程中,气体称为饱和蒸气,液体称为饱和液体,二者的混合物称为湿蒸气。饱和蒸气在湿蒸气中所占的质量比例称为干度。液体全部汽化后,干度为 1 的饱和蒸气称为干饱和蒸气。干饱和蒸气继续吸热,温度升高即成为过热蒸气。过热蒸气的温度与其压力所对应的饱和温度之差称为过热度。另外,湿蒸气在液化过程中干度降为 0 的饱和液体继续冷却而温度下降即成为过冷液体,其温度称为过冷温度。液体所处压力所对应的饱和温度与液体实际温度(过冷温度)之差称为过冷度。

(2)压缩制冷的基本循环

压缩制冷的原理可参照图 4-11 叙述如下:假设冷凝器中预存饱和冷剂液体,若冷剂经膨胀阀(具有节流作用)泄放到冷却盘管(蒸发器)中,而使盘管内的压力保持比钢瓶中低得多,则冷剂流经阀后压力便急剧降低。因其原来温度远高于盘管中压力所对应的饱和温度,部分冷剂便迅速闪发成气,其汽化潜热取自其余未汽化的液体,气、液温度均降为阀后压力所对应的饱和温度。以 R404A 为例,如阀后表压力为 0.203 MPa,其饱和温度(在此称蒸发温度)约为-20 ℃,这时阀后管壁立即结满霜层。冷剂在蒸发器中从周围的空气吸热使之降温,本身不

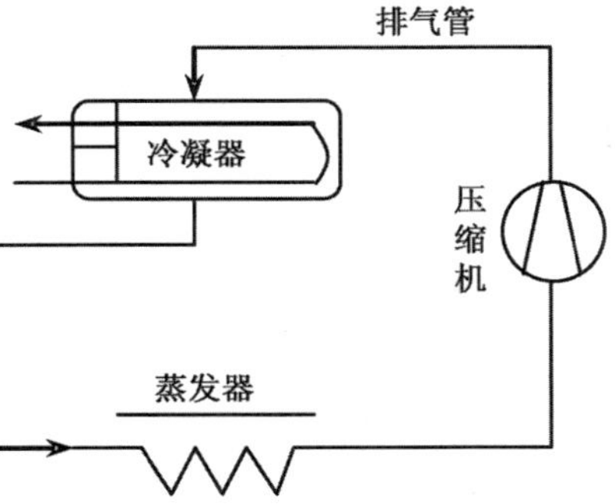

图 4-11　蒸气压缩机制冷原理

断汽化，至接近盘管出口处即可成为过热蒸气。为了使盘管中气压能保持较低，并能回收冷剂供循环使用，盘管出口应接气体压缩机吸口。压缩机从盘管中吸入冷剂过热蒸气并压送到冷凝器中。冷凝器不断接收压缩机排出的温度较高（吸收了压缩机耗功所转换成的热）的过热蒸气，因而气压较高。压力越高则饱和温度越高，例如 R404A 在表压 1.315 MPa 时，饱和温度为 30 ℃，低于此温度的冷却介质（例如处于环境气温的空气或船舶的舷外水）便能将冷剂过热蒸气冷却到饱和温度（在此称冷凝温度）而液化，在冷凝器底部的液体还可能有一些过冷度。将冷凝器中的冷剂液体引至膨胀阀，则可再流经膨胀阀循环使用。

在压缩制冷循环中，从膨胀阀至压缩机吸口为系统的低压部分；从压缩机排出口到膨胀阀进口为系统的高压部分。在此循环中，冷剂在蒸发器中所吸收的热量加上压缩冷剂气体耗功所转换成的热量，经冷凝器传递给冷却介质并被带走。

2. 制冷剂和冷冻机油

（1）制冷剂

制冷剂是制冷装置用来完成制冷循环的工质。近几十年来船上普遍使用的冷剂是氟利昂（Freon），它是卤代烃的商品名。有些含氯的氟利昂在地表外的大气中很难分解，会损耗大气臭氧，对人类健康和农作物、海洋浮游生物的生长不利，并引起气候异常。这种分解臭氧的能力通常用“臭氧耗损潜值”（ODP）来衡量，它是以 R11 为基准，将其 ODP 值定为 1 而得出的相对指标。

另外，CO_2 和大部分冷剂及某些其他气体还有“温室效应”，“全球变暖潜值”（GWP）是衡量物质温室效应大小的相对指标，常以 CO_2（也有用 R11 的）为比较基准，定其 GWP 值为 1。氟利昂的 GWP 值是 CO_2 的几千倍，但其耗量少得多，对全球变暖的相对影响不足 1%，随着世界各国制冷剂使用量的不断增大，这种影响也绝不可忽视。

常用船舶制冷装置使用的冷剂主要热力参数和物理参数如表 4-2 所示。

（2）冷冻机油的作用及要求

合理选用制冷压缩机的润滑油（冷冻机油）是保证压缩机安全、高效运转和延长压缩机使用寿命的重要条件。冷冻机油的作用是：润滑，密封（渗入运动部件密封间隙、阻碍冷剂泄漏），冷却（带走摩擦热、降低排气温度），有的还用来控制卸载和容量调节机构。

表 4-2　制冷剂的主要热力参数和物理参数

制冷剂	R22	R134a	R404A	R407C	R410A
分子式或组分	$CHClF_2$	CH_2FCF_3	R125/143a/134a (44/52/4)	R32/125/134a (23/25/52)	R32/125 (50/50)
相对分子质量	86.47	102.03	97.60	86.20	72.58
标准沸点 t_b/温度漂移(℃)	-40.80	-26.070	-46.48/0.78	-43.8/7.08	-51.6/0.05
p_k/p_0(MPa) 30 ℃/-15 ℃	1.20/0.297 = 4.05	0.771/0.164 = 4.7	1.415/0.363 = 3.9	1.175/0.264 = 4.45	1.897/0.484 = 3.92
等熵压缩排气温度/℃(低温工况)	90	75	70	80	94
临界温度 t_c(℃) 临界压力 p_c(MPa)	96.1 4.98	101.1 4.06	72.1 3.74	87.3 4.63	72.5 4.95
密度(24 ℃) 液/气(kg/m³)	1194.6/43.03	1210.5/31.38	1050/62.21	1140/39.18	1070/63.29
热导率(24 ℃) 液/气(mw/m·K)	84.1/1.30	81.6/13.72	67.9/16.0 (1.2 MPa)	89.9/14.90 (1.2 MPa)	107.3/13.92 (1.2 MPa)
黏度(24 ℃) 液/气(μPa·s)	167.7/12.63	200.4/11.76	130.0/12.34 (1.2 MPa)	152.1/13.0 (1.2 MPa)	140.3/13.06 (1.2 MPa)
ODP 值	0.034	0	0	0	0
GWP 值	1700	1300	3800	1700	2000

压缩机的制冷工况和所用冷剂不同，则选用的冷冻机油也不同。冷冻机油应满足的主要要求如下：

①倾点（油能流动的最低温度，比凝固点高 2~3 ℃）应低于最低蒸发温度。

②闪点应比最高排气温度高 15~30 ℃，以免引起滑油结焦变质。

③应根据蒸发温度和排气温度选用适当的黏度。应满足活塞环与缸壁间密封要求。

④含水量要低。这是为了避免在低温通道处引起“冰塞”和防止腐蚀金属。

⑤化学稳定性与所用材料（如橡胶、分子筛等）的相容性要好。

⑥用于封闭式和半封闭式压缩机时电绝缘性要好。

其他对冷冻机油的要求还包括酸值和腐蚀性低、氧化安定性好、机械杂质和灰分少等。

3. 船舶制冷装置基本组成

船舶伙食制冷系统由主要元件与辅助元件组成，通常设有 2 台压缩制冷机组。至少有高温库与低温库，典型船舶冷库一般配备肉库、鱼库、蔬菜库、干食品库等。船舶伙食制冷系统基本组成如图 4-12 所示。

(1)制冷压缩机

制冷压缩机是制冷装置中的重要组成部分，其主要作用是：

①抽吸蒸发器中的冷剂蒸汽，以保持蒸发器中始终处于较低的蒸发压力，满足液态冷剂蒸发的要求；

②将抽吸的蒸发器中冷剂蒸汽压缩成高温高压状态，以便利用环境中的常温冷却介质将

冷剂中的热量带走。

制冷压缩机有活塞式、螺杆式、离心式等不同类型。

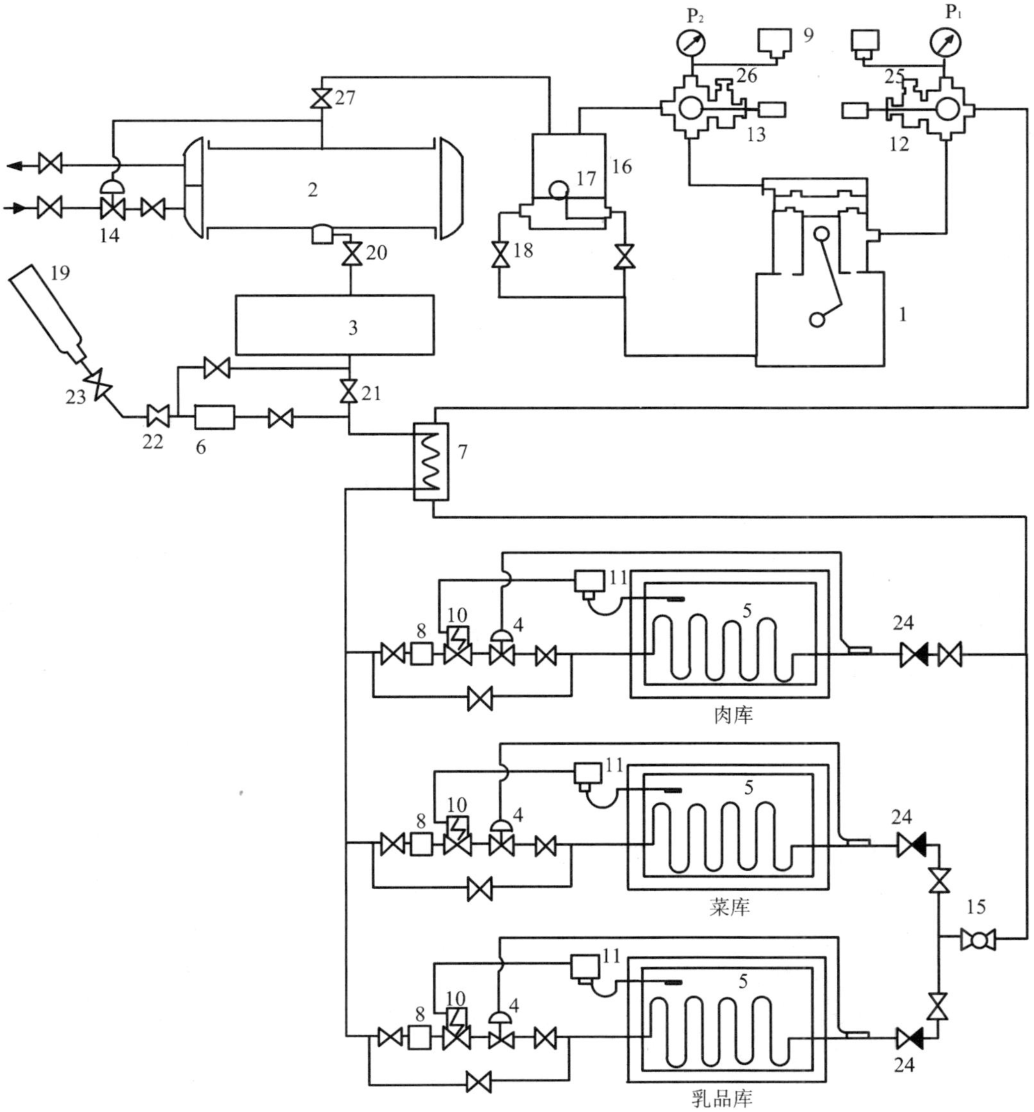

图 4-12　船舶伙食冷库制冷装置系统简图

1—压缩机；2—冷凝器；3—储液器；4—热力膨胀阀；5—蒸发器；6—干燥器；7—回热器；8—滤器；9—压力继电器；10—电磁阀；11—温度继电器；12—吸入截止阀；13—排出截止阀；14—水量调节阀；15—背压阀；16—滑油分离器；17—浮球式自动回油阀；18—手动回油阀；19—冷剂瓶；20—冷凝器出液阀；21—储液器出液阀；22—充剂阀；23—冷剂瓶阀；24—单向阀；25—吸入截止阀多用通道；26—排出截止阀多用通道；27—冷凝器进口

如图 4-13 所示为最简单的单缸立式活塞式制冷压缩机。它主要由机体、活塞、曲轴、连杆、吸排气阀、气缸、气缸盖等组成。

如图 4-13 所示，当活塞下行时，缸内压力降低，当缸内外压差作用在吸气阀片上的力克服吸气阀弹簧力时，吸气阀打开，由吸气口 10 进入吸气腔(缸套周围)的冷剂气体吸入缸内；当活塞上行时,缸内气体被压缩,吸气阀关闭。当缸内压力高于排气腔(缸头上部)并克服排气阀弹簧压力时,排气阀打开,缸内气体通过排出口 9 输送到冷凝器中。

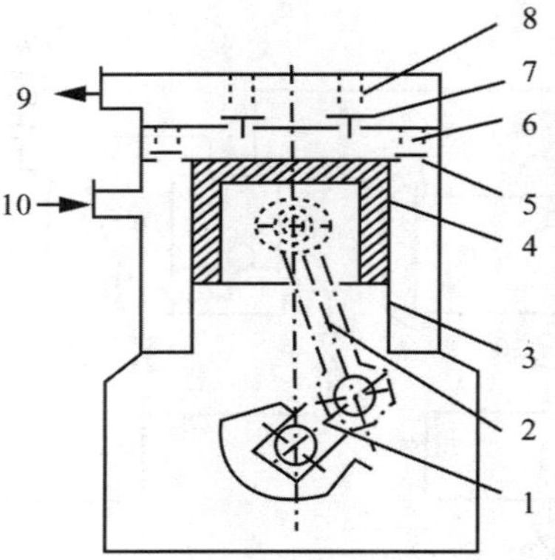

图 4-13　活塞压缩机简图

1—曲轴;2—连杆;3—气缸;4—活塞;5—吸气阀;6—吸气阀弹簧;7—排气阀;8—排气阀弹簧;9—排出管;10—吸入管

(2)冷凝器

冷凝器的功用是将压缩机排出的气态冷剂冷凝成液态,供系统循环使用。

船舶制冷装置的冷凝器几乎都采用卧式壳管式,结构如图 4-14 所示。冷凝器壳体由钢板卷制而成,两端焊有管板,中间镶嵌冷却管束。冷剂蒸汽由进口 6 进入;冷却水由冷却水进口

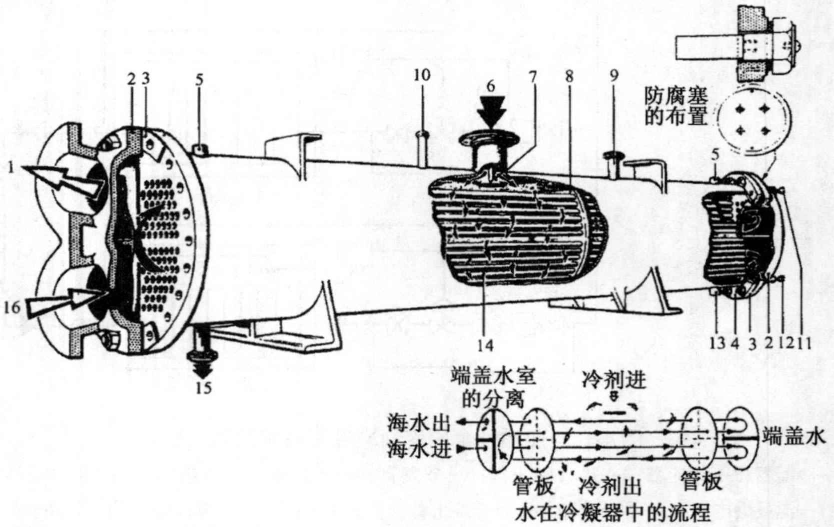

图 4-14　卧式壳管式冷凝器

1—冷却水出口;2—端盖;3—垫片;4—管板;5—放气阀接头;6—气态冷剂进口;7—挡气板;8—管架;9—平衡管接头;10—安全阀接头;11—水室放气旋塞;12—水室泄水旋塞;13—泄放阀接头;14—冷却管;15—液态冷剂出口;16—冷却水进口

管 16 进入,经数次往返后从出口管 1 排除并将冷却管束外冷剂热量带走,起冷却、冷凝作用;被冷却、冷凝的冷剂液体储存在冷凝器底部,以备进入膨胀阀和蒸发器制冷。

冷凝器两侧的端盖 2 内装有防蚀锌棒,或内表面涂有防蚀涂层。冷凝器上通常装有:

①安全阀——它装在冷凝器顶部(与接头 10 相接)。压力意外升高时可将排出物引至甲板安全地点排往大气。

②放气阀——它装在冷凝器顶部两端处(与接头 5 相接),用来泄放不凝性气体。

③平衡管——它从冷凝器的顶部(接头 9 处)引出,与后面的储液器相通,使彼此压力平衡,便于冷凝器中的液体流入储液器。如连接两者的管路短而粗,也可省去平衡管。

④水室放气旋塞 11 和泄水旋塞 12——它们装在端盖的最高处及最低处,前者用来泄放水腔的空气和在检修前放空存水,或冬季停用时放水防冻。

此外,冷凝器兼作储液器用时在下部还装有液位镜或液位计。

(3)蒸发器

蒸发器(Evaporator)是使液体制冷剂汽化吸热,被冷却物体或冷媒放热降温,实现热量传递的热交换器。蒸发器按其冷却介质不同,可分为冷却空气的直接冷却式蒸发器和冷却淡水、盐水或其他载冷剂的间接冷却式蒸发器两大类。直接冷却式蒸发器又分有盘管式和空气冷却器两种。

①盘管式蒸发器,如图 4-15 所示,常称为蒸发盘管(Evaporating Coil),布置于冷库四壁和顶部,靠库内空气自然对流使空气和储藏物被冷却。这种传热形式的特点是:传热效果差、管径粗、长度大、充剂量多、库温不均匀、检漏不方便、易受船体振动变形的影响而损坏,导致泄漏,一般用于小型伙食低温库。

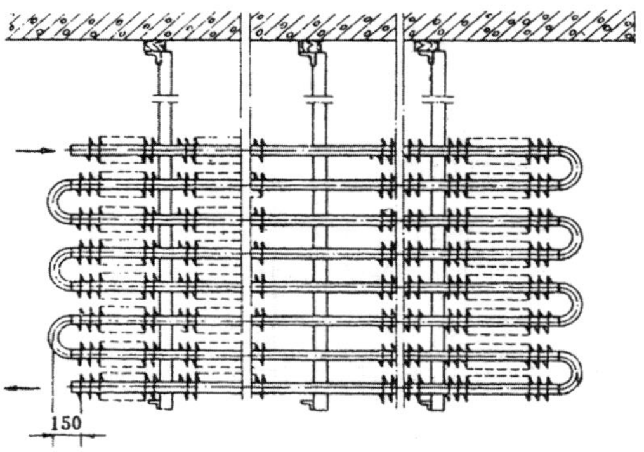

图 4-15 盘管式蒸发器

②空气冷却器式蒸发器,如图 4-16 所示,由多路并列蛇行盘管集合成多层盘管簇,周围用外罩围起一方形箱并配有风机,强制空气对流,故也称为冷风机(Fanned Air Cooler)。冷风机位于冷库内较高处,库内空气以一定风速强制通过管簇循环,被管内制冷剂吸热而冷却。其特点为:a. 采用空气强迫对流传热,传热效果比盘管式大 4~6 倍;b. 尺寸小,充剂量少;d. 库温均匀;d. 易于采用电热融霜。

(4)热力膨胀阀

蒸汽压缩制冷装置工作中必须有一个节流元件,用于将来自冷凝器的冷剂液体节流降压,在蒸发器中产生蒸发的效果。因此,节流阀也是制冷装置中高低压的分界点。制冷装置在实际工作中热负荷经常变化,因而需要冷剂流量能够根据热负荷的大小自动调节开度以调整冷

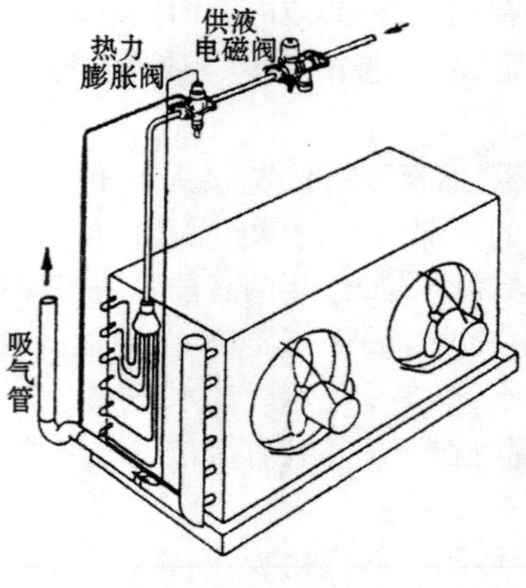

图 4-16　空气冷却器式蒸发器

剂流量。热力膨胀阀除了能起节流降压作用外，还能自动调节冷剂流量，使冷剂在蒸发器出口的过热度保持在适当的范围内。其主要工作原理是：热力膨胀阀中有一个由蒸发器出口冷剂过热度决定温包内压力的热敏元件，利用温包内压力作为膨胀阀的开阀力之一，可在热负荷大时蒸发器冷剂出口过热度提高，膨胀阀开大；反之，膨胀阀关小。现代制冷装置较多采用电子膨胀阀，使控制更加精确。

在系统中除了压缩机、冷凝器、膨胀阀、蒸发器四个主要部分外，现代船舶伙食冷库制冷装置都实现了自动化，下面将分别说明各个自动化元件的功用：

①电磁阀——电磁阀是由电磁力控制启闭的阀。电磁阀常装设在制冷装置中的热力膨胀阀前的液管上，由冷库的温度控制器控制，作为决定向蒸发器供给冷剂液体与否的供液电磁阀。

②温度控制器——温度控制器是以温度为控制信号的电开关，即温度继电器，亦称温度开关。它常被用来控制供液电磁阀通电与否，以使冷库的库温得以保持在给定范围内。当一台压缩机为多库工作时，各库温度控制器可并联控制压缩机。

③压力控制器——压力控制器是以压力为控制信号的开关，即压力继电器，亦称压力开关。制冷装置一般都设有高压和低压控制器。高压控制器感受压缩机排出压力，当其高于调定值时，即切断压缩机控制电路，实现保护性停车。低压控制器以压缩机吸入压力为信号，控制压缩机起停，既可使压缩机根据制冷的需要自动间断地工作，又可当吸入压力过低时实现保护性停车，防止空气漏入系统。

④油压差控制器——油压差控制器是以制冷压缩机滑油泵的排油压力与吸气压力之差为控制信号的电开关，称作油压差继电器，亦称油压开关。当上述油压差低于调定值时，经过一段时间的延时即自动切断压缩机电路，实现保护性停车，以避免压缩机各运动部件因润滑不良而损坏。

二、船舶空气调节装置

大多数船舶在营运过程中，将航行于各个海域，气象条件复杂多变。为了能给船上人员提供舒适的工作和生活环境，现代船舶通常都设有空气调节系统（简称空调）。

1. 对船舶空调的要求

(1)温度

温度是影响人体舒适度最重要的参数。一般以冬季 19~24 ℃,夏季 21~28 ℃为宜。从节能考虑,空调设计参数可偏近舒适范围的上限。我国国标规定无限航区船舶空调舱室的设计标准是:冬季舱内温度为 22 ℃;夏季舱内温度为 27 ℃;舱内地板以上 1.8 m 内及距四壁 0.15 m 以上的中间空间内,各处温差不超过 2 ℃。夏季舱内外温差不宜超过 6~10 ℃。

(2)湿度

人对空气的湿度不十分敏感。相对湿度以 50%左右为宜,而在 30%~70%的范围内都不会明显感到不适。

(3)清新程度

空气清新是指空气清洁(含粉尘和有害气体少)和新鲜(有足够的含氧量)。如果只为满足人呼吸氧气的需要,新鲜空气的最低供给量每人 2.4 m^3/h 即可;然而要使空气中二氧化碳、烟气等有害气体的浓度符合卫生要求,则新风量就要多得多。在船上不同场合每人所需新鲜空气量为 20~30 m^3/h。

(4)气流速度

在室内人的活动区域,要求空气有轻微的流动,以使室内温、湿度均匀和人不感到气闷。室内气流速度以 0.15~0.20 m/s 为宜,最大不超过 0.35 m/s。

此外,距室内空调出风口 1 m 处测试的噪声应不大于 55~60 dB(a)。

2. 船舶空调装置概况

如图 4-17 所示为船舶集中式空调装置的示意图。通风机 7 由新风吸口 6 吸入外界空气(称为新风),同时也从通走廊的回风吸口 4 吸入一部分空气(称为回风),二者混合后在中央空调器 1 中经过过滤,然后加热、加湿(取暖工况)或冷却、除湿(降温工况),达到要求的温度和湿度,最后送入若干并列的主风管 2,再经各支风管分送到各舱室的布风器 3,对舱室送风。而舱室中的空气则通过房门下部的格栅流入卫生间(若有的话)及走廊,走廊中的空气部分作为回风又被空调器吸入,其余排往舱外。

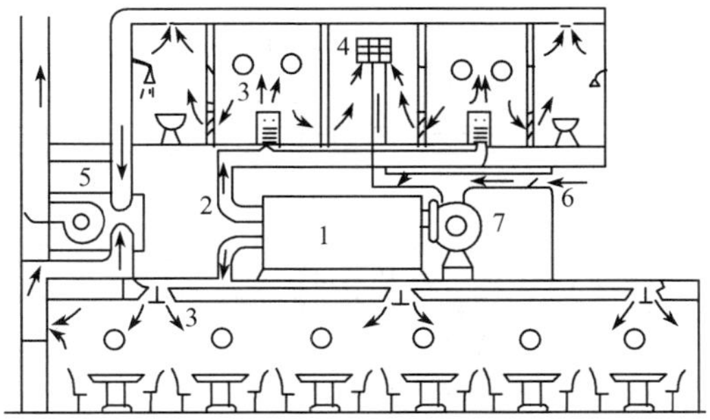

图 4-17　船舶集中式空调装置的示意图

1—空气调节器;2—主风管;3—布风器;4—回风吸口;
5—抽风机;6—新风吸口;7—通风机

可能有不卫生气体或有异味气体产生的舱室(例如厕所、浴室、医务室、病房、公共活动舱室、餐厅、厨房等),应设机械排风系统,由抽风机 5 将空气排至舱外,以保持舱内负压,避免这些舱室的气味散发到走廊和其他舱室。较大客船的走廊也应有机械排风。舱容小且自然排风条件好的处所,可以采用自然排风。

排风舱室的进风,可由空调舱室的空气流入(例如船员舱室卫生间)以保持一定的空调效果,或以通风机直接送入新鲜空气(例如厨房),或靠空调送风系统直接送风(例如餐厅、公共活动舱室、医务室、病房)。医务室、病房的送风管应装止回风板。

3. 船舶空调系统及设备

船舶空调装置的空调系统布置方式主要有以下几种常用形式。

(1)集中式单风管系统

在这种系统中,送风由中央空调器统一处理,然后通过单风管送到各个舱室,如图 4-18 所示。由于各舱室的送风参数相同,所以对各舱室空气参数的个别调节就只能靠改变布风器风门的开度,即改变送风量来实现。

这种系统比较简单,初装费较低,在货船上用得很普遍。但因采用变量调节,调节幅度不宜过大;否则难以保证舱室的新风供给量和室内空气参数均匀。此外,调节时还会对其他舱室的送风量产生干扰。

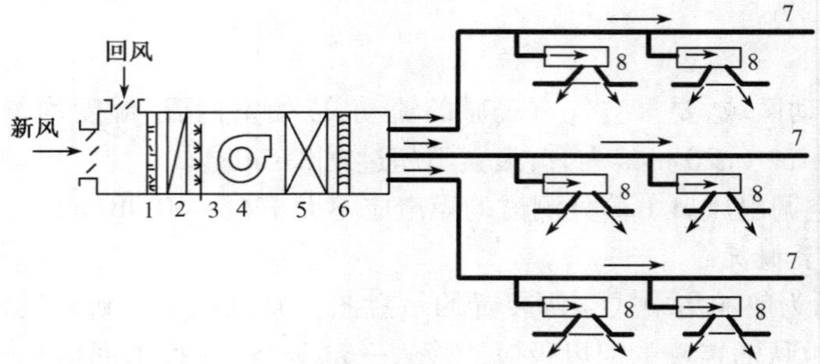

图 4-18 集中式单风管空调系统简图

1—空气滤器;2—空气加热器;3—加湿器;4—风机;5—空气冷却器;6—挡水器;7—主风管;8—布风器

(2)双风管系统

双风管系统如图 4-19 所示,中央空调器由前、后两部分组成,进风经空调器前部预处理(冬季经预热器 3 加热;夏季即自然风)后,即经中间分配室送至舱室布风器,称为一级送风;

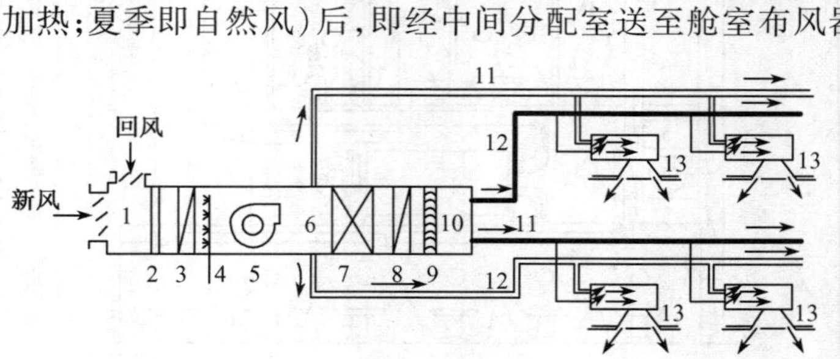

图 4-19 双风管空调系统简图

1—进风混合室;2—空气滤器;3—空气预热器;4—加湿器;5—风机;6—中间分配室;7—空气冷却器;8—空气再热器;9—挡水器;10—后分配室;11—一级送风管;12—二级送风管;13—布风器

其余空气则经空调器后部再处理(冬季经再热器 8 再加热、加湿器 4 加湿,夏季经冷却器 7 冷却除湿)后,经后分配室送至舱室布风器,称为二级送风。这种系统能向舱室同时供送温度不同的两种空气，通过调节布风器两个风门的开度，改变两种送风的混合比，即可调节舱室温度，冬、夏季都可变质调节。

双风管空调系统虽然空调器和风管的重量和尺寸较大，但调节灵敏，不影响新风送风量，室内风速和温度均匀性，较多用于对空调性能要求高的客船。

第四节　船舶辅助锅炉

一、锅炉的主要性能指标

锅炉是通过燃烧将燃料的化学能转变为热能，使锅炉内的水变成水蒸气或热水的设备。在以柴油机为主机的船上，锅炉产生的饱和蒸汽仅用于加热燃油、滑油及满足日常生活的需要，或驱动蒸汽辅机，这种锅炉称为辅锅炉。此外也有的船舶采用燃料燃烧加热矿物油再用来加热燃油或热水，称之为热油锅炉或热油加热器。

柴油机干货船一般设一台产生压力为 0.5～1.0 MPa 的饱和蒸汽、蒸发量为 0.4～2.5 t/h 的辅锅炉。锅炉的常用性能参数如下：

1. 蒸发量（产汽量）

锅炉每小时产生的蒸汽量称为蒸发量，用符号 D 表示，单位是 kg/h 或 t/h。通常标注的是在设计工况的额定蒸发量。

2. 蒸汽参数

当锅炉供应饱和蒸汽时，蒸汽参数用蒸汽的压力（单位为 MPa）来表示；当锅炉向外供应过热蒸汽时，用蒸汽压力和蒸汽温度来表示。

3. 效率

在锅炉中，将给水变为蒸汽所得到的有效热量与向锅炉内所供应的热量之比叫作锅炉效率，用符号 η 表示。

4. 受热面积

锅炉受热面包括蒸发受热面和尾部受热面。燃料燃烧热量传递给炉水使之变为蒸汽的面积称为蒸发受热面。此外还可能有加热蒸汽的过热器、空气预热器、经济器（预热给水）等附加设备的受热面积，单位是 m^2。辅锅炉通常没有上述附加设备，其受热面积即为蒸发受热面积。

5. 蒸发率（产汽率）

锅炉的蒸发率表示单位蒸发受热面积每小时产生的蒸汽量，单位为 $kg/(m^2 \cdot h)$。蒸发率用于评价锅炉蒸发受热面的平均传热强度。蒸发率越高，锅炉结构越紧凑。

6. 炉膛容积热负荷

炉膛容积热负荷表示每单位炉膛容积在单位时间内燃料燃烧放出的热量，用符号 q_v 表示。

选择燃油锅炉的依据主要是蒸发量和蒸汽参数；选择废气锅炉的依据则是受热面积和蒸汽工作压力。

二、船舶辅锅炉与废气锅炉的结构

1. 燃油锅炉

所有船用燃油蒸汽锅炉由三大基本组成部分构成，分别是：供燃料燃烧的空间，称为炉膛或炉胆；将燃料燃烧热量传递给炉水的蒸发受热面；具有一定高度的汽水分离空间。

按锅炉受热面的特点大致可分为烟管锅炉和水管锅炉两大类。烟管锅炉，就是烟气在管内流动加热管外炉水；而与之相反的则为水管锅炉。下面以立式横烟管锅炉为例介绍燃油锅炉的一般结构。

如图 4-20 所示是一种曾普遍使用的立式横烟管锅炉。不同型号的蒸发量为 1.0~4.5 t/h，最大工作气压为 1.0~1.7 MPa。

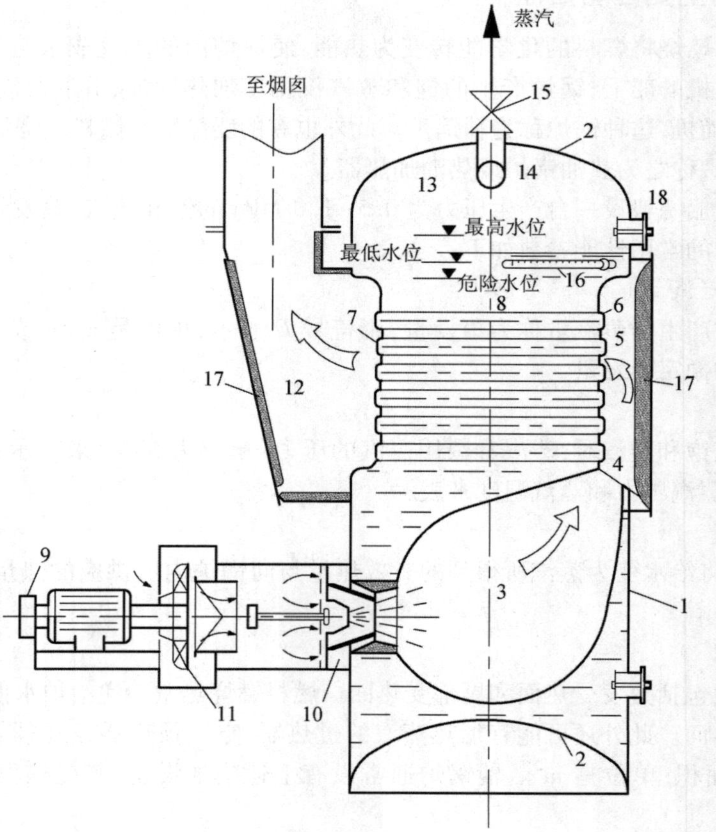

图 4-20　立式横烟管锅炉

1—锅壳；2—封头；3—炉胆；4—出烟口；5—燃烧室；6—后管板；7—前管板；8—烟管；9—电动油泵；10—燃烧器；11—鼓风机；12—烟箱；13—汽空间；14—集汽管；15—停汽阀；16—内给水管；17—检查门；18—人孔门

此锅炉有一个直立的圆筒形锅壳 1，其直径为 1 500~2 600 mm，由锅炉钢板卷制焊接而成。顶部和底部均为椭圆形封头 2。整个锅炉的高度为 3.7~6.3 m。

在锅壳中的下部设有由钢板压成的球形炉胆 3。炉胆顶部靠后有圆形出烟口 4，与上面的燃烧室 5 相通。燃烧室与烟箱 12 之间设有管板 6 和 7，两管板之间装有数百根水平烟管 8。管与管板之间一般采用焊接相连。锅壳内部分成两个互相隔绝的空间，炉胆和烟管里面是烟气,外面是水。

设在炉前的电动油泵 9 通过燃烧器 10 的喷油嘴向炉胆内喷油,同时由鼓风机 11 经风门将空气送入炉内助燃。油被点着后,在炉胆内燃烧,高温火焰与烟气中的热量主要通过辐射方式经炉胆壁传给炉水。未燃烧完的油和烟气经出烟口向上流至燃烧室继续燃烧。然后顺烟管流至烟箱,最后从烟囱排入大气。烟气在烟管中的流速越高和扰动越强烈,对管壁的对流放热能力就越强,因此在烟管中常设有加强烟气扰动的长条螺旋片。由上述可见,烟管锅炉中的炉胆、燃烧室和烟管都是蒸发受热面。

锅壳中水位高出蒸发受热面,在水面以上为汽空间 13。炉水由于吸热沸腾而汽化,在水中产生大量蒸汽泡。蒸汽逸出水面后聚集在汽空间中,经顶部的集汽管 14 和停汽阀 15 输出,由蒸汽管道送至各处使用。

炉内的水不断蒸发成汽,致使水位降至最低工作水位时,给水泵自动起动,给水经给水阀和内给水管 16 补入。当水位升到最高工作水位时,调节器又发生作用,停给水泵。

在燃烧室背后和烟箱前面都有可开启的检查门 17,以便于清除积存在烟管中的烟垢,或维修损坏的烟管。在锅壳上部设有人孔门 18,以便工作人员进入锅壳内部进行维修和清扫积存的污垢。在锅炉下部则设有手孔门。

根据规范要求,锅壳外面包有隔热材料层,最外面是一层薄铁皮外罩。锅炉表面温度应不超过 60 ℃。

烟管锅炉受热面的布置方法,决定了它有以下特点:

(1)蒸发率和热效率低。高温炉胆和燃烧室受热面比例较小,而受热面较大的烟管烟气温度较低。

(2)相对体积和重量较大,适用工作压力较低,蒸发量较小。烟管锅炉的工作压力和蒸发量受限,工作压力不大于 2 MPa,蒸发量不大于 10 t/h。

(3)点火和升汽的时间长;气压和水位变动慢,容易调节;对水质要求低。

水管锅炉在工作原理、本体结构、系统布置除蒸发受热面不同外并无太大差别,其特点则与火管锅炉相反,在此不做详细论述。

2. 废气锅炉

大型低速二冲程柴油主机的排气温度一般为 250~380 ℃,四冲程中速柴油主机的排气温度可达 400 ℃左右。而水蒸气在压力为 0.5 MPa 时,其饱和蒸汽温度为 165 ℃;压力为 1.3 MPa 时,其饱和蒸汽温度也仅为 194 ℃。因而,一般商用船舶都会根据柴油机功率和蒸汽耗量配装不同类型与型号的废气锅炉。根据废气与炉水之间的传热方式,废气锅炉也分为烟管废气锅炉和水管废气锅炉。如图 4-21 所示为强制循环水管废气锅炉的结构简图。

在废气锅炉本体 1 内,布置有多组垂直并列的翅片管 2(水管外部焊接有翅片,以提高传热效果)。

各组翅片管的进、出口分别与水平布置的进口联箱 3 和出口联箱 4 相连。两个联箱均布置在废气锅炉本体内,只有进、出口接口 5 和 6 露在外面。

在有联箱的一侧,各水管都被焊接到废气锅炉本体上,而水管的另外一端是浮动的,以便各管有热胀冷缩的余地。各组翅片管紧贴在一起,构成了废气锅炉的主体。每上、下两层水管之间由弯管 7 相连。

废气锅炉本体上覆盖有隔热层,并包有铁皮外罩 8。整个废气锅炉坐落在钢架 9 上,而废

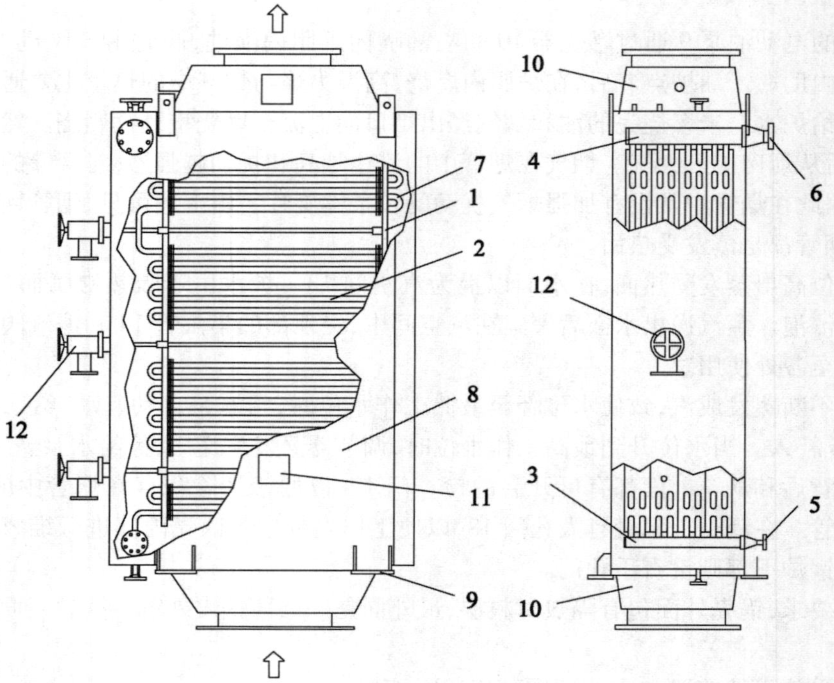

图 4-21　强制循环水管废气锅炉结构图

1—本体；2—翅片管；3—进口联箱；4—出口联箱；5—进口接头；6—出口接头；7—弯管；8—外罩；9—钢架；10—废气烟箱；11—道门；12—蒸汽吹灰器

气烟箱 10 则焊接于本体上、下两端的法兰上。本体的侧面分布有上、下 3~4 层检修道门 11，而正面则分布有三个蒸汽吹灰器 12，各检修道门与吹灰器位于同一高度，以方便检修和清洁。

在工作过程中，柴油机排气在翅片管的外侧流过，而水则由专门的循环水泵从燃油锅炉水腔吸入，压送到废气锅炉进口联箱，再进入各翅片管内部被加热，然后以汽水混合物的形式由出口联箱汇集，并送回燃油锅炉进行汽水分离。

三、锅炉的蒸汽、给水、凝水和排污系统

辅锅炉和废气锅炉所产生的蒸汽，通过管道输送至各用汽处。绝大部分蒸汽在工作之后成凝水，由凝水系统流回热水井，再由给水泵经给水系统送回锅炉。另外，锅筒还需要进行表面排污和底部排污。现结合如图 4-22 所示的某柴油机船的组合锅炉的蒸汽、凝水、给水和排污系统，说明锅炉汽水系统的组成和工作情况。

1. 蒸汽系统

蒸汽系统的任务是将锅炉产生的蒸汽按不同压力的需要，送至各用汽设备。燃油辅锅炉和废气锅炉所产生的蒸汽，通过锅炉顶部的主停汽阀 1 沿蒸汽管送至蒸气总分配联箱。经此总联箱，一部分蒸汽送至油舱加热蒸汽分配联箱，然后分送至各油舱、油柜供加热用。另一部分蒸汽则经减压阀减压后送至低压蒸汽分配联箱，然后送至空调装置、热水柜或供厨房和其他生活杂用。

2. 凝水系统

凝水系统的任务是回收各处的蒸汽凝水，并防止油污混入水中被带入锅炉。加热油、水和

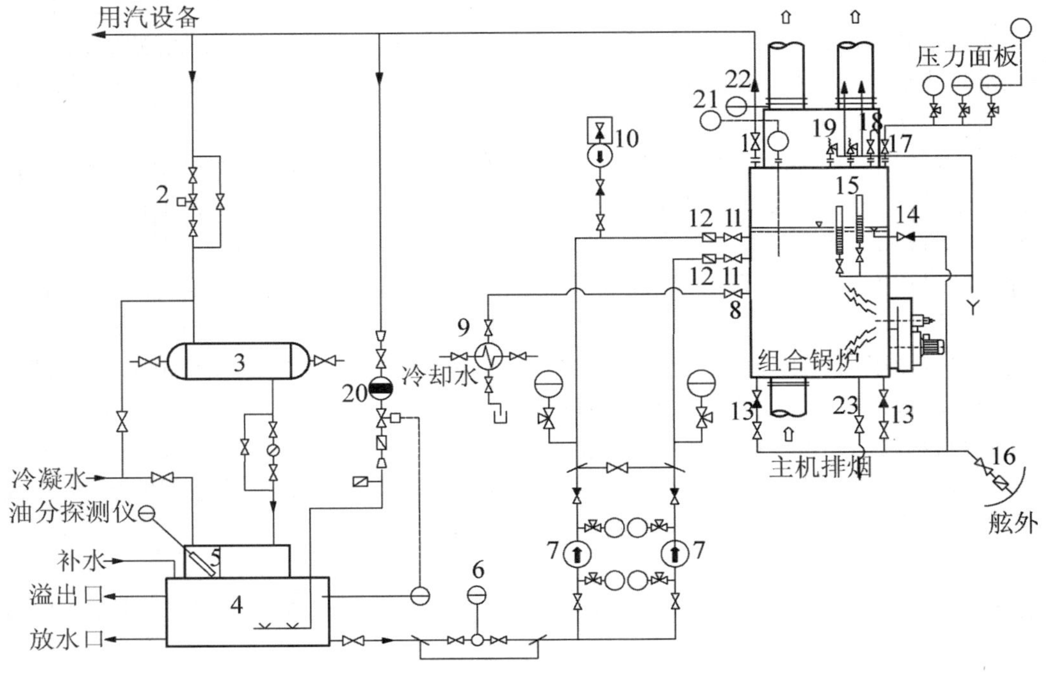

图 4-22　组合锅炉汽、水系统图

1—主停汽阀；2—蒸汽压力调节阀；3—大气冷凝器；4—热水井；5—油分检测传感器；6—盐度计；7—给水泵；8—取样阀；9—水样冷却器；10—给水投药泵；11—给水截止阀；12—给水单向阀；13—下排污截止止回阀；14—上排污截止止回阀；15—左(右)舷水位计；16—舷旁通海阀；17—压力表显示板截止阀；18—空气阀；19—安全阀；20—热水井温度控制器；21—远程水位指示器；22—排烟温度报警器；23—泄放阀

空气的蒸汽，在加热管中放出热量后凝结成水，并经各加热设备回水管的阻汽器流回。因为阻汽器可能会有一些蒸汽漏过，并且当凝水流出阻汽器时，因压力降低，也可能产生二次蒸汽。所以，一般凝水在进入热水井前先经大气冷凝器冷却，使其中的蒸汽凝结，然后才流回热水井。

3. 给水系统

给水系统的任务是向锅炉供给足够数量和品质符合要求的给水。为了可靠起见，每台锅炉都要有两条给水管，其中一条作为备用。每条给水管紧靠锅炉处装有一个给水截止阀 11 和一个给水单向阀 12。截止阀必须装在锅炉与止回阀之间，以便在修理给水管路和设备时将锅炉隔断。锅炉给水泵 7 从热水井 4 吸水，通过给水管路向燃油辅锅炉或废气锅炉供水。给水泵至少设有两台，以供备用。每小时供入锅炉内的给水量和从各处流回的凝水量也常是不平衡的，所以凝水管路和给水管之间要有热水井 4 作为缓冲的存水容器。热水井还有过滤水中固体杂质和油污、补水和投放炉水处理药剂等用途。本系统对炉水的投药处理是在给水管路进入锅炉前，设置专门的给水投药泵 10，按照一定流量连续进行。本系统在给水泵吸入口，还设置盐度计 6，它随时监测给水的含盐量，以防万一大气冷凝器的海水管路泄漏海水进入锅炉。

4. 排污系统

锅炉工作一段时间之后底部可能聚集泥渣，投放和除垢药物后也会产生沉淀物，因此锅炉底部设有底部排污阀 13。下排污可定期在投放除垢药物后过一段时间进行。通常要求在熄火半小时后或锅炉负荷较低或者压力降至0.4~0.5 MPa时进行,因为此时炉水比较平静,有更多的泥渣沉积在底部。水管锅炉为防止从底部放走大量炉水破坏正常的水循环,不允许在锅炉正常工作时进行下排污。每次排污时间不能过长,一般阀全开时间不超过30 s,每次排污量为1/3~1/2水位表高度。

此外,若发现炉水含盐量或碱度过高,发生汽水共腾,或者大修后初次使用,漂浮在水面上的泡沫和悬浮物太多,或者炉水进油,则可通过锅筒上部的上排污阀14进行上排污。

5. 汽、水系统常见故障

除了已讲述的自然水循环故障、蒸汽携水过多以外,锅炉汽、水系统常见的故障还有:

(1)失水

锅炉水位低于最低工作水位时称为失水。失水是锅炉的一种严重事故,可能使上部受热面失去炉水冷却而烧坏。发现失水时要冷静处理,如关闭水位计上通汽阀仍能“叫水”进入水位计,则表明水位仍在水位计通水接管之上,可迅速加大给水;如“叫水”不来,千万不能向炉内补水,以防赤热的受热面突遇冷水而爆裂,甚至导致锅炉爆炸。这时应立即停炉,待冷却后进一步检查受热面损坏程度,并查明和排除给水不足的原因。

(2)满水

水位高过最高工作水位称为满水。满水会使所供蒸汽大量携水,导致水击、腐蚀管路设备等危害。发现满水应立即停止送汽,进行上排污,直到水位恢复正常。

(3)受热面管子破裂

因结垢严重、水循环不良等导致管壁过热,或腐蚀严重,都可能引起受热面管子破裂。如裂缝不太严重,仅为微小渗水,可暂时监视使用,谨防裂缝扩大。如水位下降较快,应立即停炉。但除已严重失水者外,在受热面温度降低前应继续给水,保持锅炉的正常水位,以防受热面因大量失水而被烧坏。停炉待锅炉冷却后,即可将其中的水放尽,进入炉内堵管。

第五节　船用海水淡化装置

船舶每天都要消耗相当数量的淡水,主要用于柴油机和其他辅机的冷却、锅炉补给水、生活洗涤和饮用,有时也用来冲洗甲板。一般含盐量小于1 000 mg/L的水称为淡水。

船上淡水耗量大约是:生活用水每人每天150~250 L;动力装置用水以主机功率计算,柴油机船每天需0.2~0.3 L/kW;辅锅炉的补水量可按蒸发量的1%~5%计;中、高压锅炉按蒸发量的1%~3%计。

一般要求氯离子浓度<200 mg/L(Cl−)、硬度<7毫克当量/升。饮用水必须不含有害健康的杂质、病菌和没有异味,含盐量<500~1 000 mg/L,氯离子浓度<250~500 mg/L(Cl−),pH值为6.5~8.5。船舶对淡水的质量要求最高的是锅炉,我国船用锅炉给水标准规定补给蒸馏水含盐量应<10 mg/L(NaCl)。

海水淡化方法有很多,目前船舶基本上采用真空沸腾法,主要是因为船舶有大量废热可利用,而对于废热较少的海洋工程船舶基本采用反渗透式造水装置。

一、真空沸腾式造水机

1. 工作原理

真空沸腾式造水机最基本的工作原理就是利用盐分几乎不溶于低压蒸汽，对海水加热使之沸腾汽化，对蒸汽冷凝后即得到淡水。海水的沸腾汽化和冷凝是在真空条件下完成的，主要是因为：(1)真空下海水沸点低，所以可以利用主机缸套水加热海水使之沸腾，起到良好的节能效果。(2)海水在低温下沸腾，可以抑制水垢尤其是硬质水垢的生成。

如图 4-23 所示为 Alfa Laval JWP-26-C80 型造水机系统原理图。该造水机的设计技术条件如表 4-3 所示。

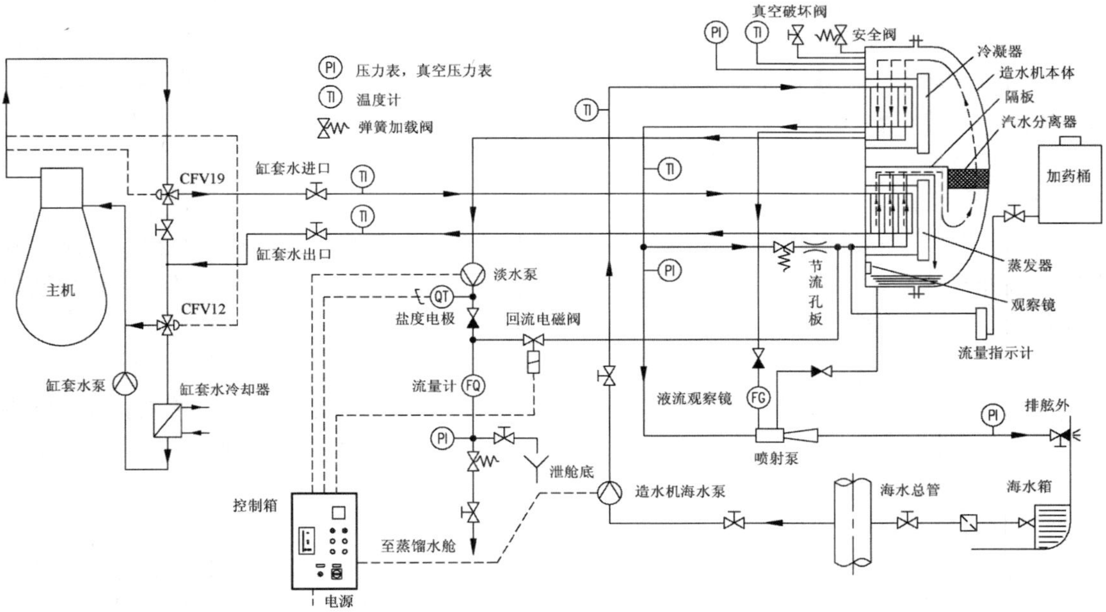

图 4-23　真空沸腾式造水机系统原理图

表 4-3　JWP-26-C80 型造水机设计技术条件

产水量，$m^3/24\ h$	16	
缸套水温度，℃	进口 80	出口 67.8
缸套水流量，m^3/h	34	
缸套水耗热量，kW	481	
海水温度，℃	进口 32	出口 42.3
海水流量，m^3/h	36	
真空度，%	93	
海水沸点，℃	40	

备注：本章内容中，真空度 =（大气压力 − 绝对压力）/ 大气压力 × 100%。

造水机本体壳体由两部分构成,图中左侧壳体带有各工作系统和附件接口,右侧弧形壳体为不锈钢材料,二者之间设有垫片,并用螺栓紧固在一起。本体内部最下方为盐水空间,盐水水位附近设有观察镜。盐水空间上方为蒸发器,蒸发器上方设有隔板,隔板上方为冷凝器。蒸发器和冷凝器均为钛合金板式换热器。隔板右侧和不锈钢壳体之间设置汽水分离器。工作时,造水机壳体内保持较高的真空度,泵入蒸发器的海水受缸套水的加热沸腾汽化。因沸腾过程进行的比较剧烈,所以水蒸气中会含有一定量的细小水滴。汽水混合物在流经汽水分离器时,细小水滴被分离出而滴落到造水机壳体底部。水蒸气则进入冷凝器,被海水所冷却、冷凝成为造水机的产物—淡水。

海水持续供给到蒸发器中,其中的水分沸腾汽化而产生淡水,但盐分则残留在蒸发器中,为防止蒸发器中海水的含盐量不断增加,向冷凝器中供给较大流量的海水,使一部分海水被加热后供入蒸发器蒸发汽化,蒸发器中多余盐水溢流而将盐分及时带走。造水机中,海水量/淡水量称为给水倍率。给水倍率较大可以减少淡水含盐量,减轻水垢的生成,但产水量会降低。给水倍率一般维持在 3~4。

2. 工作系统

(1)海水系统

造水机海水泵提供的海水首先进入冷凝器冷却水蒸气,吸热升温后分为两路。一路经弹簧加载阀和节流孔板后进入蒸发器,沸腾汽化称为水蒸气或成为盐水。另一路供给到喷射泵作为其工作水,然后排至舷外。

(2)加热系统

三通温控阀 CFV19(设定温度 78 ℃)自动调节主机缸套水进入蒸发器,对海水放热降温后到达三通温控阀 CFV12(设定温度 80 ℃)。阀 CFV12 控制主机缸套水出口温度稳定在 80 ℃。

(3)抽真空和排盐水系统

喷射泵兼作真空泵和排盐水泵,所以设两个吸入口。排盐水吸入口将造水机壳体底部的盐水及时排走,防止盐水水位过高。抽真空吸入口通过冷凝器将造水机壳体内的空气排走。

造水机起动期间,真空度是靠喷射泵抽除壳体内的空气建立的。在工作期间,真空度是靠冷凝器和真空泵共同维持的。冷凝器起主要作用,负责及时地将蒸汽冷凝为淡水,保持内部绝对压力不升高,即真空度稳定;喷射泵负责将海水中溢出的空气以及经壳体等处漏入的空气抽除。

(4)淡水系统

冷凝器内产生的淡水由淡水泵排出。淡水泵出口设置盐度电极检测淡水含盐量,该信号送至盐度计。如果淡水含盐量超标,盐度计就会报警,同时输出信号控制回流电磁阀开启,淡水返回蒸发器重新沸腾汽化;如果含盐量符合要求(本造水机含盐量可<10 ppm),则回流电磁阀关闭,淡水流经流量计后顶开弹簧加载阀,此时打开截止阀即可将淡水送至蒸馏水舱。流量计用于计量累积淡水体积(m^3)。流量计之后的管路上还设置有压力表和取样阀。

(5)海水投药系统

为了减轻蒸发器加热表面结垢,延长造水机解体清洗周期,设置海水投药系统。化学药品有两个作用:①使海水中的难溶物质不形成水垢,而形成易于被喷射泵排走的细小松散晶体;②消泡剂成分能消散小气泡,防止海水沸腾过于剧烈,减少淡水含盐量。加药桶内储存着

AMEROYAL 溶液，通过流量指示计上的调节阀控制溶液流量。

二、造水机的操作规程

1. 起动

要使造水机工作，要满足两个基本条件：①船舶定速航行；②船舶离岸 20 n mile 以上，并不在受污染水域以保证海水的清洁。具体起动步骤如下：

(1)将集控室控制台“制淡系统温控器”的设定温度调为 78 ℃。

(2)打开造水机海水泵的吸入、排出阀。

(3)打开喷射泵的通舷外阀。

(4)关闭造水机上的真空破坏阀。

(5)起动海水供给泵抽真空到至少 90%(最多需要 10 min)。

(6)打开主机缸套冷却水至造水机的进出口阀。

(7)通过旁通阀调节进蒸发器的热水量。

(8)打开进蒸馏水舱截止阀。

(9)打开盐度计。

(10)起动淡水泵。打开投药桶出口阀并通过流量指示计调节流量。

2. 停止

蒸馏水舱已满或备车航行前，应停止造水工作，具体起动步骤如下：

(1)将集控室控制台“制淡系统温控器”的设定温度调为 82 ℃。

(2)停止进蒸发器的主机缸套水，关闭进出口阀。

(3)停止淡水泵。

(4)关闭盐度计。

(5)停止造水机海水泵，关闭进出口阀。

(6)打开真空破坏阀。

(7)关闭喷射泵通舷外阀。

(8)关闭进蒸馏水舱截止阀。

第五章　船舶甲板机械

船舶甲板机械是指安装在甲板上,服务于船舶营运和操纵的重要设备。主要包括起货机、锚机、绞缆机、吊艇机、舷梯升降机、舱盖启闭装置。通常也将舵机、侧推器、减摇设备等归于甲板机械。甲板机械按所用动力可分为气动式、蒸汽式、电动式、液压式等多种。液压传动具有体积小、传动效率高、调速方便灵活等很多优点,因此在现代船舶液压甲板机械应用也十分普遍。本章主要介绍液压甲板机械。

第一节　液压传动基础

一、液压传动的概述

1. 液压传动基本原理

液压传动技术是以液体(主要是矿物油)为工作介质,通过液压泵、马达、液压阀、液压缸、液压辅件等各种元件和控制检测手段,实现能量转换、传递和控制的技术 。

下面以如图 5-1 所示的液压千斤顶来简述液压传动的基本原理。当向下压杠杆 1 时,小活塞 3 使液压缸 2 内的液体经管路 6、单向阀 7 进入大液压缸 9,并使大活塞 8 上升,顶起重物 W。适当地选择大、小活塞面积和杠杆比,人力就可以升起很重的负载 W。

据此可分析上述液压千斤顶两活塞之间的作用力关系为

$$p = F_1/A_1 = W/A_2$$

式中,A_1,A_2——小活塞和大活塞的作用面积;

F_1——杠杆手柄作用在小活塞上的力;

p——油腔压力。

上式表明,当负载 W 增大时,流体工作压力 p 也增大,亦即 F_1 随之增大;反之亦然。由此,建立了一个很重要的基本概念,即在液压传动中工作压力取决于负载,而与流入的流体多少无关。

如果忽略流体的可压缩性、系统泄漏、管路变形等因素,那么活塞的运动速度可表示为

$$v_1 = \frac{q}{A_1}, v_2 = \frac{q}{A_2}$$

式中,v_1,v_2——大小活塞的运动速度;

q——进入缸体的流量。

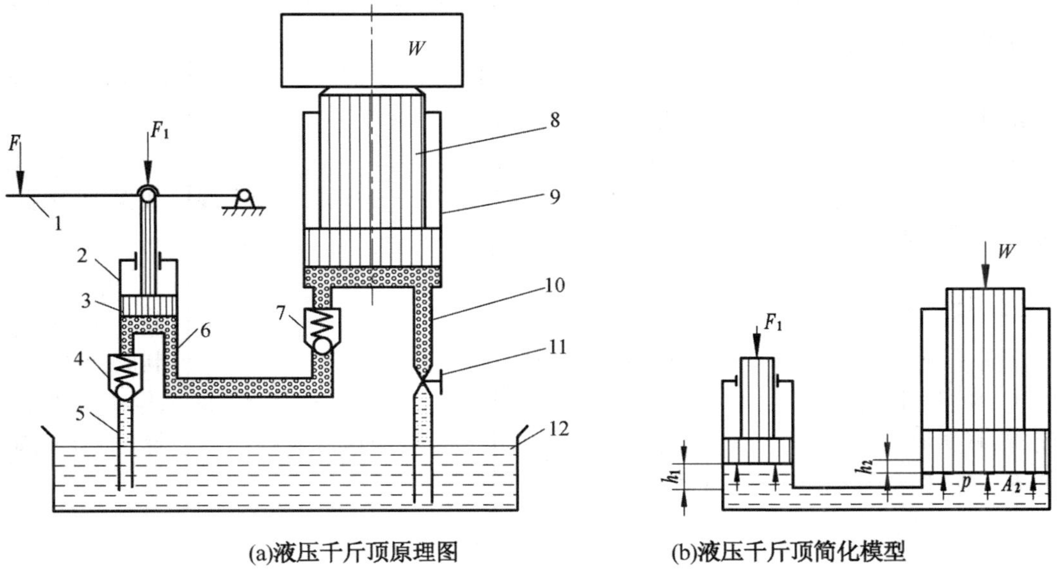

图 5-1　液压千斤顶工作原理图

1—杠杆;2—液压缸;3—小活塞;4、7—单向阀;5—吸油管;6、10—管路;8—大活塞;9—大液压缸;11—截止阀;12—通大气式油箱

上式表明,调节进入缸体的流量 q,即可调节活塞的运动速度 v,这就是液压传动能实现无级调速的基本原理。由此,也建立了一个很重要的概念,即执行元件的运动速度取决于进入液压缸(马达)的流量,而与流体的压力大小无关。

在不计损失的情况下,输入功率等于输出功率,即

$$P = pA_1v_1 = pA_2v_2 = pq$$

式中,P 为流体传动的功率。

从公式中可以看出,液压传动的功率可以用压力 p 和流量 q 的乘积来表示,这两个参数是液压传动中最基本、最重要的两个参数。

2. 液压传动系统的组成

液压传动是利用液压泵输出的高压液体的压力能来驱动液压缸或液压马达,从而带动工作机械,实现线性或回转运动。因此,液压传动系统必须包括以下元件:

(1)动力元件——液压泵,其功用是将机械能转换为液压油的压力能(液压能)。

(2)执行元件——液压缸或液压马达,其功用是将液压能转换成带动工作部件运动的机械能。

(3)控制元件——各种液压控制阀,其功用是控制液压系统中液压油的流向、流量和压力,以满足工作部件对运动方向、速度和输出力(力矩)的要求。

(4)辅助元件——如油箱、滤油器、蓄能器、压力表、热交换器、油管及连接件、密封件等。

3. 液压传动的特点

相对于直接以电动机通过机械传动带动工作机械的电动甲板机械,液压甲板机械主要有以下优点:

(1)液压执行元件的功率重量比大。而液压甲板机械的重量、体积和惯性力相对较小。

(2)执行元件可与动力元件分开布置,能输出很大力或力矩,易于实现转动、摆动或直线运动等多种运动形式。

(3)操作性能好,易于大范围无级调速(调速比可达 2 000∶1)和微速运动(1 r/min 以下),即使频繁起停、换向对电网的冲击也很小。

(4)起动扭矩高达额定扭矩的 98%,便于带负荷起动。

(5)液压油能防锈,润滑性好,且抗冲击,能吸震;系统设安全阀能实现过载保护,因此,液压设备按要求管理,则使用寿命较长。

二、液压控制阀

液压系统中使用的液压控制阀按其功能的不同可分为三类:(1)方向控制阀——用于控制系统中的油流方向,如换向阀、单向阀等。(2)压力控制阀——用于控制系统中的油压,如溢流阀、减压阀、顺序阀等。(3)流量控制阀——用于控制液压系统中油的流量,如节流阀、调速阀等。上述三类阀又可组合成各种复合阀。

1. *方向控制阀*

(1)单向阀

单向阀的功用是使油只能单向流动。单向阀有直通式和直角式之分,阀芯较多采用导向性和密封性较好的锥阀,小流量的也可采用结构简单的球阀。

如图 5-2 所示为采用直通式锥阀结构的单向阀。当压力油由 A 口进入时,油压力 p_1 克服弹簧 3 的张力和阀芯 2 的摩擦阻力、惯性力,使阀芯开启,油流向 B 口;而当压力油由 B 口进入时,弹簧力使阀芯迅速关闭,截断油路。单向阀的弹簧仅用来控制油单向流动,可选用较软的弹簧,以减小油正向流动的压力损失(p_1-p_2)。这种单向阀的开启压力一般为 0.03~0.05 MPa。

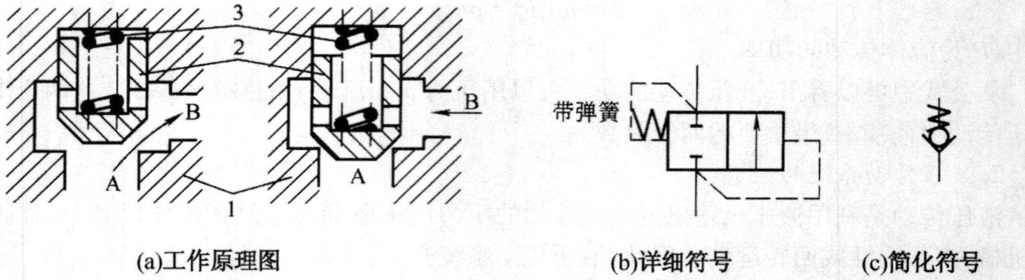

(a)工作原理图　(b)详细符号　(c)简化符号

图 5-2　单向阀的工作原理图和图形符号

1—阀体;2—阀芯;3—弹簧

单向阀有时也装设在回油管路中作背压阀用,以使回油保持一定的压力;此外,还可与细滤器、冷却器等并联,作安全阀使用,在这些元件因脏堵而压降过大时开启旁通。

(2)液压锁

液压系统中还常使用一种布置在同一阀体中的双联液控单向阀,亦称液压锁。如图 5-3 所示为带卸荷阀芯的液压锁。在 A 或 B 口有压力油通入时,不仅能将该侧单向阀芯顶开,让油通过,而且可借控制活塞 2 先使另一侧的卸荷阀芯 3 开启,然后再使单向阀芯 4 开启,允许回油流过。当 A、B 皆无压力油进入时,两侧单向阀芯在弹簧作用下皆关闭,可使油路锁闭。

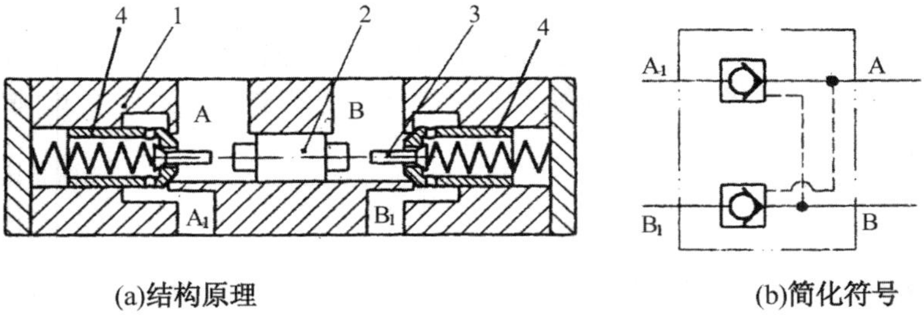

图 5-3　液压锁原理图

1—阀体;2—控制活塞;3—卸荷阀芯;4—单向阀芯

(3)换向阀

换向阀的功用是利用阀芯相对阀体的位移,改变通过阀的油路的沟通情况。换向阀的控制方式有手动、机械、电磁、液动和电液等多种,并相应的称为手动换向阀、电磁换向阀、电液换向阀等;按阀芯工作位置和控制油路数目来分,则有二位、三位和二通、三通、四通、五通、六通等。

下面以常用的三位四通电磁换向阀和电液换向阀为例,说明换向阀的结构和工作原理。

利用电磁力使阀芯移动,而改变油流方向的阀称为电磁换向阀。如图 5-4(a)所示为三位四通电磁换向阀的结构原理。图中,压力油进口用 P 表示,通油箱或油泵吸口的回油口用 T 表示;而通执行元件的工作油口则用 A、B 表示。

①当左、右电磁铁 2 都断电时,阀芯 3 即在两侧弹簧 4 的作用下处于图示中间位置,此时,各油口 P、T、A、B 互不相通。

②当右端电磁铁通电而左端断电时,右端衔铁被吸上而压动推杆 5,克服左端弹簧力和阀芯移动阻力将阀芯推到左端位置,油路变换为:P 与 A 通,B 与 T 通。

③当左端电磁铁通电而右端断电时,阀芯被推到右端位置,油路变换为:P 与 B 通,A 与 T 通,于是通执行元件的进排油方向也随之变化。

三位四通电磁换向阀符号如图 5-4(b)所示。

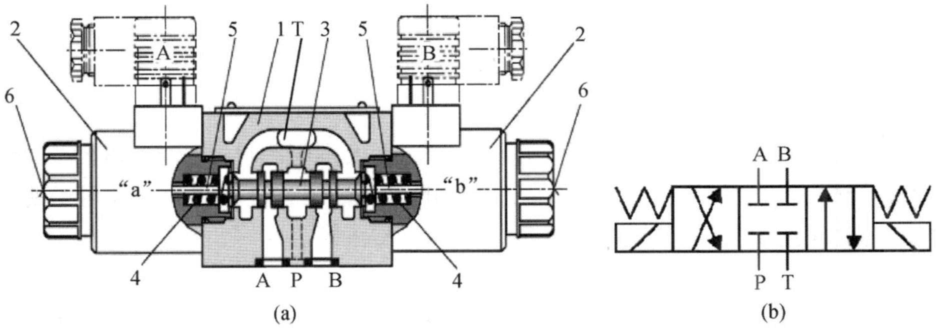

图 5-4　三位四通电磁换向阀(O 型)

1—阀体;2—电磁铁;3—阀芯;4—弹簧;5—推杆;6—手动应急按钮

在电磁铁有故障时,可推动手动应急按钮 6 来移动阀芯,实现换向。

滑阀式换向阀处于中间位置或原始位置时,阀中各油口的连通方式称为换向阀的滑阀中位机能。例如,滑阀在中位 A、B、P、T 互不相通,称为"O"型,不同的滑阀中位机能可满足系统的不同要求。

电液换向阀由通径较小作先导阀(简称导阀)用的电磁换向阀和控制主油路用的通径较大的液动阀(主阀)叠加而成。电磁导阀油流方向的改变用来控制液动主阀阀芯位移,因而改变主油路流动方向。

2. 压力控制阀

(1)溢流阀

溢流阀是液压系统中一种十分重要的压力控制阀,它通过阀口的溢流,实现调压、稳压和限压的功能。

如图 5-5 所示采用插装连接的锥阀式直动型溢流阀及一般图形符号。用调节手轮 4 可调节弹簧 5 的张力来改变调定压力。当 P 口油压超过调定值时,锥阀 2 被顶开,油从 T 口溢出流回油箱。锥阀外端的阻尼活塞 3 起导向和阻尼作用,可提高阀稳定性。

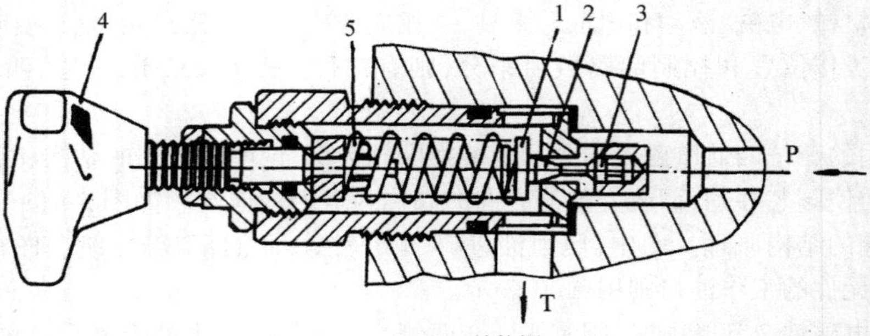

(a) 结构图

一般符合或直动型溢流阀

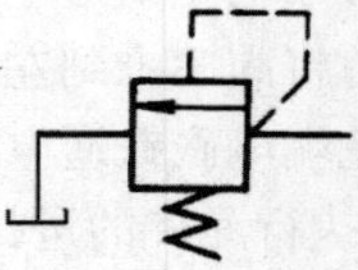

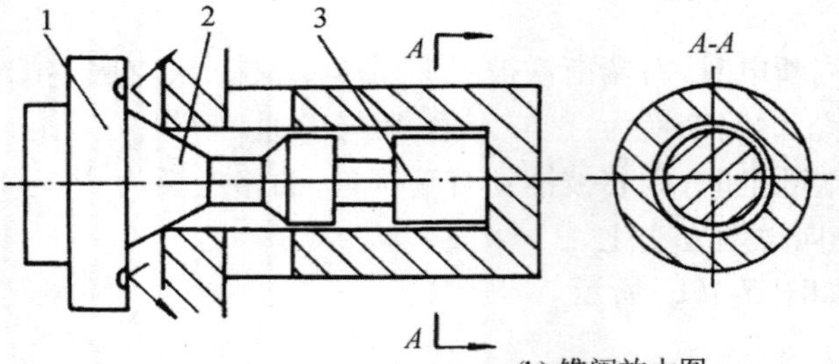

(b) 锥阀放大图

图 5-5　直动型溢流阀

1—偏流盘;2—锥阀;3—阻尼活塞;4—调节手轮;5—弹簧

直动型溢流阀多数适用流量较小的场合,因为流量大则阀芯尺寸也大,必然需要较硬的弹簧,这样阀芯开度变化时弹簧的张力变化大,相应的工作油压就会变化太大。对于使用流量和压力较大的场合应选用结构复杂、性能优良的先导式溢流阀。

(2)减压阀

减压阀是一种将出口压力调节到低于进口压力的控制阀。液压系统中最常使用的为定值减压阀,即阀前压力足够时,可保持阀后压力基本稳定。

定值减压阀也有直动型和先导型之分,后者性能好,较常用。各类先导型减压阀都是应用先导阀调节控制主阀芯的位置,使阀口节流降压原理工作的。如图 5-6 所示为先导型定值减压阀的结构实例和直动型、先导型定值减压阀的图形符号。

减压阀工作原理如图 5-6 所示,当进油口压力油(压力为 p_1)经主阀芯节流口节流后,从出

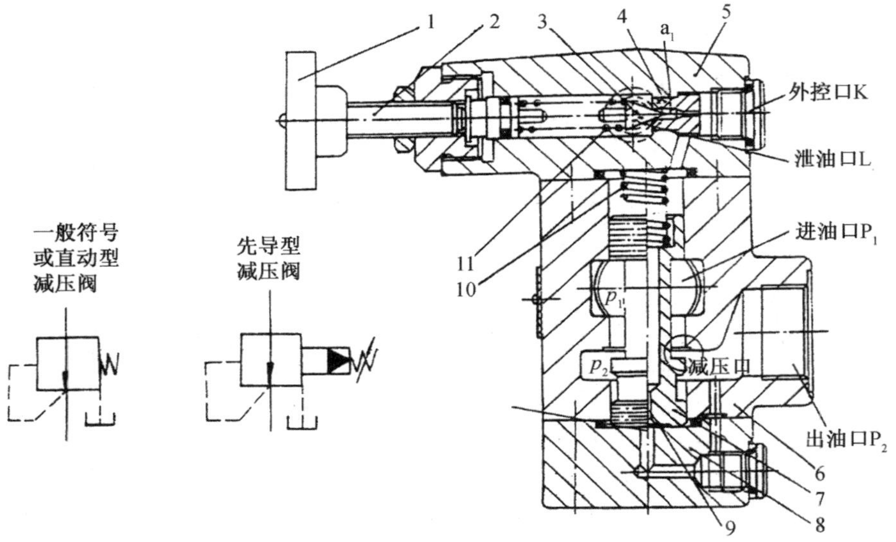

图 5-6　先导型定值减压阀

1—调压手轮；2—调节螺钉；3—导阀；4—导阀座；5—阀盖；6—阀体；7—主阀芯；8—端盖；9—阻尼孔；10—主阀弹簧；11—调压弹簧；K—外控口；L—泄油口；P_1—进油口；P_2—出油口

油口流出（压力为 p_2）作为工作压力油去执行机构，少部分压力为 p_2 的压力油被引到主阀下方的油腔，在通过主阀芯的阻尼孔 9 向上到达主阀上方油腔。该处压力为 p_3。然后经导阀盖通道引至导阀 3 的前腔。工作正常时，导阀开启，流经先导阀的油液经导阀后泄油口流出。在减压阀出口压力稳定时，主阀芯上下油压差作用力与主阀弹簧压力平衡，并保持减压口开度稳定；当由于负载或其他原因导致减压阀出口压力 p_2 增大时，p_3 也同时增大，导阀开度增加，由于主阀芯阻尼孔的作用使（p_2-p_3）增大，使主阀芯上移直至与弹簧力重新平衡，因而减压节流口向上关小，维持 p_2 基本不变。反之，当 p_2 减小时，阀芯动作相反。由此可见，通过主阀芯上下油压差与主阀弹簧的动态平衡可维持减压阀出口压力基本稳定。

3. 流量控制阀

流量控制阀是靠改变阀口的开度以改变通流面积，从而控制流量的一类控制阀。它多用在定量泵系统中控制执行元件的运动速度。

节流阀是靠移动或转动阀芯改变阀口的通流面积，从而改变流阻的阀。它装在定压液压源后面的油路中或定量液压源的分支油路上，可起到调节流量的作用。

如图 5-7 所示为可调节流阀的结构实例、图形符号以及节流阀与定压液压源配合使用的情况。进口压力为 p_1 的油液通过阀芯 4 下部的径向小孔作用在阀芯下端，同时又通过阀体 3 的小孔通到阀芯上端，两端的液压力几乎平衡。这样，转动手轮便可轻便地克服复位弹簧 5 不大的张力，使带有轴向三角槽式节流口阀芯移动，从而改变节流口的通流面积，调节流量。

节流阀的流量特性可用以下特性方程来表示：

$$Q = KA\Delta p^m$$

式中，Q——通过节流口的容积流量；

K——节流系数，由节流口形状、油液性质及流动状态决定；

A——节流口的通流面积；

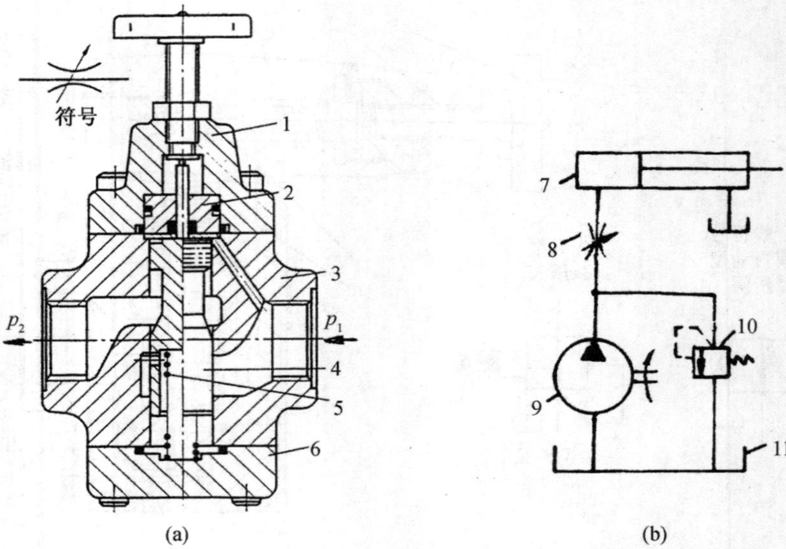

图 5-7　节流阀及其应用

1—顶盖；2—导套；3—阀体；4—阀芯；5—弹簧；6—底盖；7—油缸；8—节流阀；9—定量油泵；10—溢流阀；11—油箱

Δp——节流口前、后的压差；

m——由节流口形状决定的指数，薄壁小孔（孔长小于孔径的一半）$m=0.5$；细长孔（孔长远大于孔径）$m=1$；一般节流口 m 介于两者之间。

节流阀虽可改变节流口大小来调节流量，但因阀前后压差可能变化，故调定后并不能保证流量稳定。若要满足对速度稳定性要求较高的执行元件的调速要求，必须采用压力补偿的办法，使节流阀前后压差近似保持不变。常用办法是把定差减压阀和节流阀串联，或把定差溢流阀和节流阀并联。

三、液压泵

在液压机械中，液压泵的作用是将原动机的机械能转变为液压油的压力能，为液压系统供给足够流量和足够压力的油液去驱动执行元件。

容积式泵能产生较高的压力，且流量受工作压力的影响较小，故适合作液压泵。常用的液压泵有齿轮泵、螺杆泵、叶片泵和柱塞泵。

1. 叶片泵

叶片泵按每转吸、排油次数分为单作用和双作用两类。

如图 5-8 所示为双作用叶片泵的工作原理图。定子 2 内腔的型线是由两段长半径 R 圆弧和两段短半径 r 圆弧以及连接它们的过渡曲线组成。装在转轴上的圆柱形转子 1 与定子同心，其上开有若干叶槽，槽内装有叶片 3。当转子旋转时，叶片受离心力及液压力（叶片底部空间一般由排出腔引入压力油）作用，始终向外顶紧定子内壁；随定子内壁与转子中心距离的改变，叶片在转动的同时在叶槽内往复滑动。定子和转子的两侧紧贴着配流盘，每个配流盘上有两对吸、排窗口，配流盘与定子的相对位置由定位销固定，于是在定子、转子、叶片和配流盘之

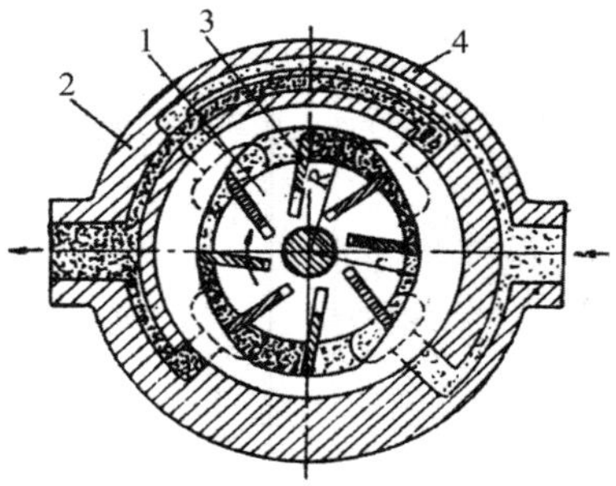

图 5-8　双作用叶片泵的工作原理图

1—转子;2—定子;3—叶片;4—泵体

间就形成若干叶间腔室。当叶片由定子的短半径处转向长半径处时,叶间腔室的容积逐渐增大,其中压力降低,经配流盘吸入窗口从泵的吸入管吸油;当叶片由定子的长半径处向短半径处转动时,叶间腔室的容积减小,经配流盘的排出窗口向泵的排出管排油。

2. 斜盘式轴向柱塞泵

如图 5-9 所示为斜盘式轴向柱塞泵的工作原理图。泵轴 1 通过键与缸体 3 相连。缸体上沿圆周均匀分布有若干个轴向油缸,各油缸底部有腰形配油孔。油缸中设有柱塞 4,柱塞靠端部油压或机械方法贴紧在斜盘 5 上,而斜盘可绕 O 点偏转,即其轴线相对泵轴线的倾角 β 可以改变。缸体另一端面贴紧在配流盘 2 上。配流盘用定位销与泵体 9 固定,盘上开有两个弧形的配油窗口 6。各油缸在相应的位置可分别通过配油窗口与吸排油口 7 或 8 相通。

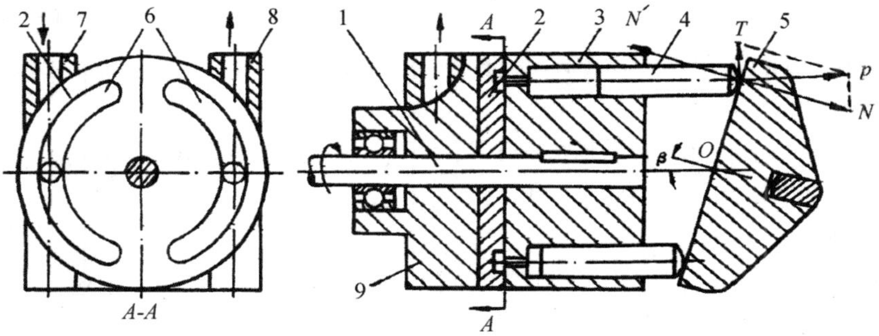

图 5-9　斜盘式轴向柱塞泵工作原理图

1—泵轴;2—配流盘;3—缸体;4—柱塞;5—斜盘;6—配油窗口;7、8—吸排油口;9—泵体

当原动机经轴带动缸体顺时针旋转时(从斜盘端看),若斜盘按图示方向倾斜,则当缸体自下而上转过左半周时,柱塞将从油缸中退出,使缸内容积逐渐增大,经左侧窗口由油口 7 吸油;而当缸体自上而下转过右半周时,柱塞则又会压入油缸,使缸内容积逐渐减小,将已吸入的油经右侧窗口从油口 8 排出。在泵实际结构中,泵体进排油口分别与配油盘两窗口相通实现泵的吸排。

轴向柱塞泵的瞬时流量是脉动的。柱塞越多则流量越均匀,而柱塞为奇数比偶数流量更均匀,一般常设 7 或 9 个柱塞。

作用在柱塞底部的油压力 p 可分解为垂直于斜盘的力 N 和垂直于柱塞轴线的力 T。前者由斜盘产生的法向反力 N'平衡,后者则使缸体受到一个倾覆力矩,必须由支承缸体的轴承来承受。分力 T 会对缸体产生扭矩，在排油区的各柱塞所产生的扭矩之和减去在吸油区的各柱塞所产生的不大的反扭矩，构成泵总的液压阻扭矩。如果泵不被原动机所驱动，而是由一个油口输入压力油，而从另一油口回油至油缸或液压泵吸口，则上述液压扭矩将驱动缸体和转轴反转，液压泵即变成了液压马达。

显然，在泵尺寸和转速一定时，改变斜盘倾角 β 的大小，即可改变泵的流量，$\beta=0$ 时泵的流量为 0；改变斜盘的倾斜方向，则泵的吸排方向也就改变。根据变量机构控制信号的形式不同，有手动、机械、液压、电气等多种。

四、液压马达

液压缸输出直线运动，液压马达（亦称油马达）输出回转运动，它们都是液压装置的执行元件，其作用是将液压油的压力能转换为机械能，带动机械设备工作。就工作原理而言，任何容积式泵（除结构上有吸、排单向阀者外），如从其一根主油管输入压力油，而从另一根主油管回油至油箱或液压泵的吸口，则都能被油驱动回转变成液压马达。

1. 液压马达的性能参数

(1)转速

如供入液压马达的油流量为 Q_M(m^3/s)，液压马达排量（每转容积变化量）为 q_M(m^3/r)，则液压马达理论转速为

$$n_t = 60\frac{Q_M}{q_M}\ (r/min)$$

(2)扭矩

液压马达的进出油压差称为工作压差，用 Δp 表示；液压马达的理论输入功率 $P_{1t}=\Delta pQ_M$。若液压马达的理论输出扭矩用 M_t 表示，其理论角速度 $\omega_t = 2\pi n_t/60 = 2\pi Q_M/q_M$，则其理论输出功率 $P_{2t} = M_t\omega_t = 2\pi Q_M M_t/q_M$。

若不考虑液压马达的任何能量损失，则 $P_{1t} = P_{2t}$，即 $\Delta pQ_M = 2\pi Q_M M_t/q_M$，可得

$$M_t = \Delta p q_M/2\pi$$

(3)输出功率

同时考虑液压马达的漏泄损失、摩擦损失、液力损失，其总效率 $\eta=\eta_v\eta_m$，液压马达的实际输出功率 P_2 等于实际扭矩 M 和实际角速度 ω 之积，即

$$P_2 = M\omega = \frac{\Delta p q_M}{2\pi}\eta_m \cdot 2\pi\frac{Q_M}{q_M}\eta_v = \Delta p Q_M \eta$$

2. 结构和工作原理

如图 5-10 所示为连杆式马达的结构图。

由图可见，在星形壳体 5 上径向地设有五个油缸，每个缸中装有活塞 18，它与连杆 16 的球头铰接，以两个卡在活塞内侧环槽内的半圆形球承座 17 和弹性挡圈 23 定位。连杆大端的凹形圆弧面与曲轴 1 上的偏心轮的外圆配合，两侧各用一个抱环 6 箍住。

曲轴两侧的主轴颈分别由锥形滚柱轴承 3、7 支撑，定位于壳体 5 及壳体盖 4 的座孔中。选用合适厚度的调整环垫 15，可以调整曲轴左右窜动的间隙。两只骨架油封 2 背向安装，分别防止油被甩出和污物侵入壳体。

曲轴通过十字形滑块联轴器 9 带动配流轴 11 旋转，配流轴的圆柱面上加工有 A、B、C、D、

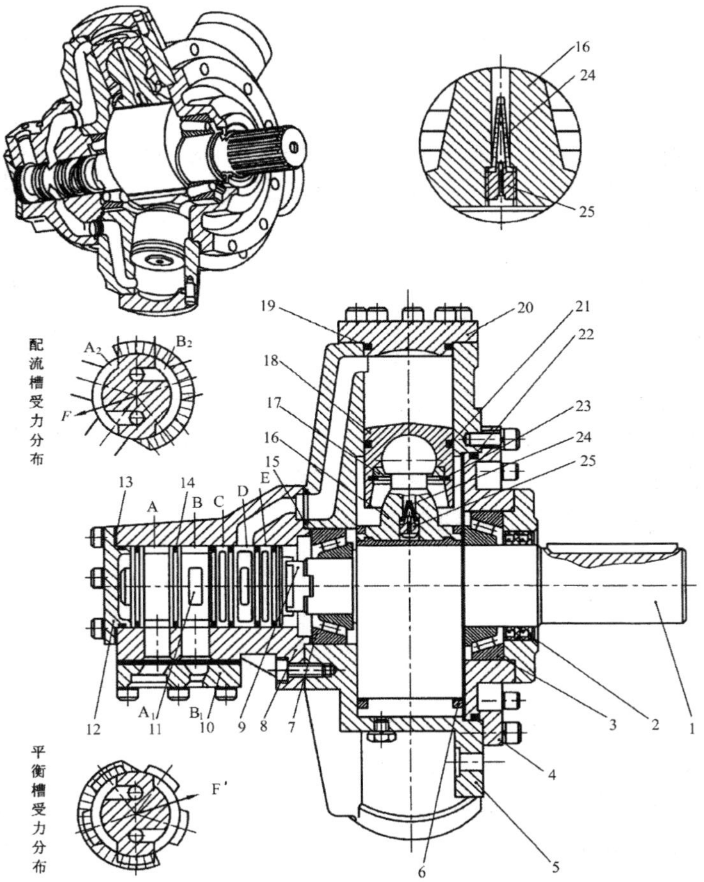

图 5-10　连杆式液压马达的结构图

1—曲轴;2—油封;3、7—轴承;4—壳体盖;5—壳体;6—抱环;8—配流壳体;9—十字形滑块联轴器;10—法兰连接板;11—配流轴;12—端盖;13—调整垫片;14—密封环;15—调整环垫;16—连杆;17—球承座;18—活塞;19、22—密封圈;20—油缸盖;21—活塞环;23—弹性挡圈;24—过滤帽;25—节流器

E 五个工作槽,用六道密封环 14 分隔。其中环形槽 A、B 通过配流壳体 8 的孔道与法兰连接板 10 上的对应油口 A_1、B_1 相通,并经配流轴内的孔道分别通配流槽 D 的两侧油腔 A_2、B_2,若经 A_1 输入压力油而使 B_1 通油箱或液压泵吸口,则压力油就要进入相应油缸。作用在两缸(或三缸)活塞上的油压力传递到偏心轮上,对输出轴(轴线圆心 O)形成扭矩,使其逆时针回转;而其余油缸中的油则经 B_2 从 B_1 回油。若改变进、回油方向,则马达将反转。

五、液压辅件

液压系统中除了动力元件、执行元件、控制元件外,油箱、滤油器、蓄能器、压力表、密封装置、管件等,都称为液压系统辅助元件。它们是构成液压系统所必不可少的。

1. 滤油器

滤油器的作用是在工作中不断滤除液压油中的固体杂质,保持油的清洁度,降低液压设备的故障率,延长液压油和装置的使用寿命。

2. 油箱

油箱的主要功能是储存油液，此外，还有散热以控制油温、阻止杂质进入、沉淀油中杂质、分离气泡等功能。

3. 油冷却器

一般说来，因机械整体的体积和空间使油箱的大小受到限制，或要把液压油的温度控制得更低，而在油箱散热面积不够时，必须采用冷却器来控制油温。油冷却器可分成水冷式和气冷式两大类。

(1)水冷式油冷却器通常都采用壳管式(shell-and-tube type)。其构造是把直管形冷却管束装在一外壳内，两端用可拆卸的端盖(管帽)封闭，金属隔板装置在内，使液压油产生垂直于冷却管束流动以加强热的传导。冷却管通常由小直径管子组成，材料可用铝、钢、不锈钢无缝钢管，但为增加传热效果，一般采用铜管并在铜管上滚牙以增大散热面积。

(2)气冷式油冷却器由风扇和许多带散热片的管子所构成。油在冷却管中流动，风扇使空气穿过管子和散热片表面，使液压油冷却。其冷却效率较水冷低，但如果冷却水不易取得或水冷式油冷却器不易安装的场所，只能采用气冷式。

第二节　液压舵机

船舶必须装备控制航向的设备，才能具有良好的操纵性能。绝大多数船都以舵为控制航向的设备。舵叶垂直安装在螺旋桨后方。图 5-11 示出了海船所用的三种典型舵的组成。舵

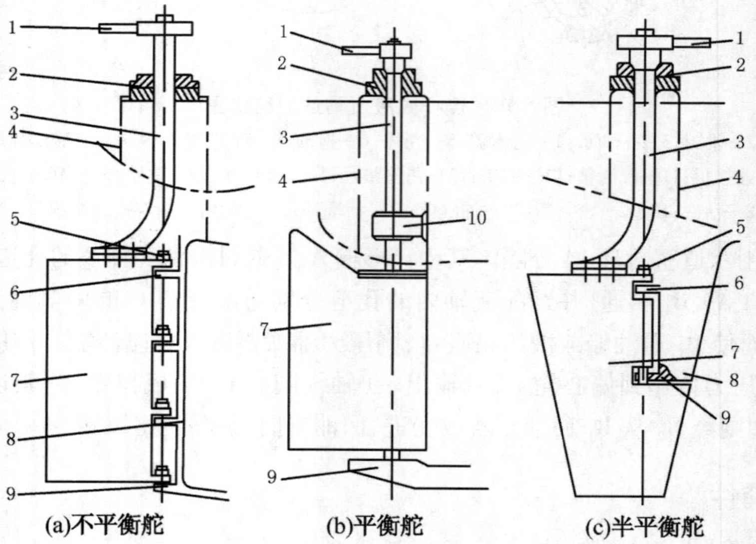

图 5-11　舵的几种类型

1—舵柄；2—上舵承；3—舵杆；4—舵杆套筒；5—舵销；6—舵钮；7—舵叶；8—舵柱；9—舵托；10—舵承

叶 7 经舵销 5 支撑在舵托 9 和舵钮 6 上。除小船采用平板舵外，大船舵叶都采用钢板焊接的对称机翼型空心结构，称为复板舵。与舵叶相连的舵杆 3 穿过船尾部的舵杆套筒 4，由舵机室内的上舵承 2 支撑，有的舵在船尾支架上还增设了中间舵承 10［见图 5-11(b)］。舵杆和舵销保持同一轴线，操舵装置通过舵柄 1 带动舵叶绕该轴线偏转。

舵杆轴线靠近舵叶导边（舵叶前缘）的舵，称为不平衡舵；舵杆轴线置于舵叶导边后面一定距离的舵称为平衡舵；而仅于下半部做成平衡式的舵称为半平衡舵。分别如图 5-11(a)、(b)、(c)所示。后两种舵在工作时，因水流对舵叶轴线前、后叶面上的作用力矩方向相反，可减少转舵所需的扭矩。

一、对舵机的基本要求

舵机是保证船舶操纵性能，确保航行安全的重要设备。国际海事组织《国际海上人命安全公约》(SOLAS 公约）和中国船级社《钢质海船入级规范》均对舵机提出了明确的要求，其基本要求是舵机必须具有足够的转舵扭矩和转舵速度，并且在某一部分发生故障时能迅速采取替代措施，确保操舵能力。其要点如下：

(1) 基本性能

应设 1 套主操舵装置和 1 套辅操舵装置，其中一套发生故障时不致引起另一套也失效。

主操舵装置能在船舶最大航海吃水和最大营运前进航速时进行操舵，使舵自任一舷的 35°转至另一舷的 35°，并且于相同条件下自一舷 35°转至另一舷的 30°所需时间不超过 28 s。

辅操舵装置应有足够的强度和足以在可驾驶航速下操纵船舶，能在船舶最大航海吃水和以最大营运前进航速的一半但不小于 7 kn 时进行操舵，使舵从一舷 15°转至另一舷 15°，且所需时间不超过 60 s。

如主操舵装置有两套以上相同的动力设备，则在下列条件下可不设辅操舵装置：①当管系或一台动力设备发生单项故障时，此缺陷能被隔离，使操舵能力能保持或迅速恢复；②客船当任意一套动力设备不工作时，或货船所有动力设备都工作时，主操舵装置具有前述要求的操舵能力。

主、辅操舵装置的动力设备应能从驾驶台控制使其投入工作；动力设备的动力源发生故障后恢复动力供应时能自动再起动。

(2) 操舵控制系统

主操舵装置和动力驱动的辅操舵装置应在驾驶台和舵机室都设有控制器；主操舵装置有两套动力设备时，应设置两套独立的控制系统，且均能在驾驶台控制。若采用液压遥控系统，除 1 万总吨及以上的油船、化学品船和气体运输船外，不必设第 2 套独立的控制系统。动力驱动的辅操舵装置应有独立于主操舵装置的控制系统。

主、辅控制系统应能在驾驶台使其投入工作；在舵机室应能脱开驾驶台对正在运转的操舵装置的控制。驾驶台与舵机室之间应有通信设备。

(3) 安全阀

液压系统中能被隔断的任何部分，以及由于动力源或外力作用能够产生压力的任何部分均应设置安全阀。安全阀开启压力应不小于 1.25 倍最大工作压力，而不大于设计压力；安全阀最小排量应不小于所有泵能通过其排放的总容量的 110%。

(4) 舵角指示和限制

应能在舵机室内看到舵角的指示,并能在驾驶台显示舵角。舵角显示装置应独立于操舵装置的控制系统。操舵装置应设有有效的舵角限位器。舵装置应有保持舵位不动的制动装置。

(5)应急动力

舵柄处舵杆直径>230 mm(不包括航行冰区加强)的船,应设有能在45 s内向操舵装置自动提供的替代动力源,这种动力源应为应急电源或位于舵机室的独立动力源,其容量至少应能向符合辅操舵装置要求的1台动力设备及其控制系统和舵角指示器提供足够的能源,可供1万总吨及以上船舶至少连续工作30 min,而其他船舶则至少10 min。

二、泵控型液压舵机的基本组成和工作原理

泵控型液压舵机的基本组成包括:接收驾驶台转舵信号的伺服油缸,提供动力油的变向变量泵,驱动舵叶的转动机构以及液压系统中的控制阀件等。如图5-12所示为泵控型往复式液压舵机的工作原理示意图。泵控型液压系统都采用双向变量液压泵和闭式系统。图中两台并联的双向变量泵1工作时由电动机14驱动,可单独或同时从某侧的转舵油缸5吸油,向另一侧油缸排油,油压差作用于柱塞6,通过滑块7来推动端部呈叉形的舵柄8,使舵柱和舵叶转动。泵的转向和转速不变,供油方向和流量由油泵控制杆4控制泵的变量机构偏离中位的方向和大小来决定,实现对舵叶运动的控制。

如图5-12(b)所示为曾广泛用于泵控型液压舵机的浮动杆式机械追随机构。浮动杆18的A点(操纵点)由舵机的控制系统(本例通过伺服油缸)控制,给出与驾驶台的指令舵角相同的操舵角(有标牌指示);在C点(控泵点)与泵的变量机构控制杆4铰接;而在B点(反馈点)通过储存弹簧12、舵角反馈杆13与舵柄8相连,接收舵叶实际舵角的反馈信号。

当操舵角与实际舵角均为0°时,浮动杆的A、B点都处在相应于0°的中位,使C点及泵的变量机构也处于中位,泵空转不排油,封闭了转舵油缸的油路。由于油液基本上不可压缩,若不漏泄,柱塞6、舵柄8就会保持不动,舵叶就停在中位(0°舵角)。

此时若驾驶台给出某一左舵的指令舵角,通过控制系统使伺服油缸2的活塞右移;反馈发讯器15向控制系统反馈活塞位移的信号。当活塞行至所给出的操舵角与指令舵角相同的位置时,伺服油缸进排油立即中断,操纵点A移到A_1点停住。若舵尚未转动,反馈点仍在B点位置,浮动杆绕B转动,控泵点就会从C点移动到C_1,带动油泵控制杆4离开中位,泵开始从右侧油缸吸油,排到左侧油缸,推动柱塞6右移,通过滑块7、舵柄8向左转舵。随着舵叶偏转,舵角反馈杆13拉动浮动杆的反馈端左移,此时操纵端保持在A_1不动,浮动杆绕A_1转动。当舵叶转到实际舵角与操舵角相同时,反馈端移到B_1点,控泵点又被带回到中位(C点),泵再次停止供油,封闭转舵油缸,舵停住。浮动杆18的动作过程如图5-12(b)中所示:ACB—A_1C_1B—B_1CA_1。

回舵时,例如从上述情况返回正舵,浮动杆的操纵端从A_1点返回到并保持在A点,浮动杆绕B_1点转动,它的控泵点及泵变量机构向左离开中位,使泵从左侧油缸吸油,向右侧油缸排油,推动舵叶反向回转。当舵叶回到中位时,在反馈杆的作用下,浮动杆的反馈端重新回到B点,控泵点以及泵变量机构又返回中位,泵再次停止供油,舵就停在正舵位置。

向右转舵及回舵时的工作原理与上类似,不再赘述。

手动操作舵机或应急机旁操作舵机时,可以在Y处(如图5-12所示)插入插销,在机旁通

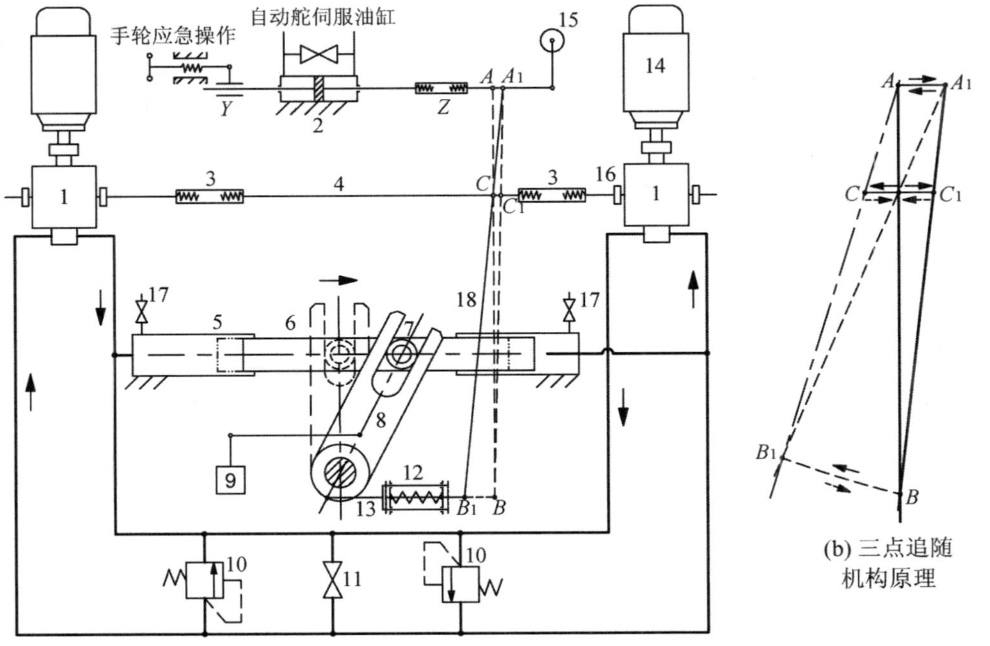

(a) 原理图

(b) 三点追随机构原理

图 5-12 泵控型往复式液压舵机工作原理示意图

1—双向变量泵;2—伺服油缸;3—调节螺套;4—油泵控制杆;5—转舵油缸;6—柱塞;7—滑块;8—舵柄;9—舵角指示器的发送器;10—安全阀;11—旁通阀;12—储存弹簧;13—舵角反馈杆;14—电动机;15—反馈发讯器;16—泵变量机构限位器;17—放气阀;18—浮动杆

过手轮操舵。

这种泵控式舵机的控制系统包括两部分:控制舵机室受动元件(例如伺服油缸活塞)的电气控制系统和控制泵变量机构的浮动杆机械追随机构;反馈发讯器是由舵机室受动元件带动。有些舵机采用电气控制系统直接控制泵变量机构,或直接采用电液比例变量泵,这时反馈发讯器直接由舵柄或舵杆带动。

液压舵机系统中设有安全阀 10,它能在两种情况下起作用:(1)转舵时若转舵力矩过大,管路中的油压就会高于安全阀的调定油压使之开启,高压侧油液便会向低压侧旁通,可避免电机过载和管路等承受过高压力。(2)舵叶停在与操舵角一致的位置时,若受大浪或其他外力冲击,安全阀也会因油压升高而开启,允许舵叶暂时偏让而“跑舵”。起第二种作用的安全阀亦称“防浪阀”。不难看出,舵叶偏离会同时带动浮动杆反馈点 B 偏离操舵角,于是控泵点 C 离开中位,使泵供油。舵叶上的冲击力减小后,舵会自动转回到与操舵角一致。可见,液压舵机能很好地适应冲击负荷。

通过放气阀 17 可对系统放气,或者连接压力表监视系统的工作油压。

为了了解舵叶所处的实际舵角,便于舵机的调试和驾驶人员对船舶的操纵,除了有与舵柄或舵杆相连的指针可指示实际舵角外,还应设电动舵角指示器在驾驶台、集控室、舵机室以及轮机长、船长住舱等处显示舵角。舵角指示器通常是一对由电路相连的自整角机,两者的指针始终保持同步。图示舵柄上连接有发送舵角信号的发送器 9。

对于尺寸既定的转舵机构来说，舵机的工作油压除很小部分用于克服管路阻力外，主要取决于推动转舵机构所需的力，即取决于转舵扭矩。舵机最大工作油压就是产生公称转舵扭矩时油泵出口处的油压。舵机主泵的额定排出压力不得低于舵机最大工作油压。

如图 5-12 所示的舵机液压系统与实船应用有较大差别。远洋船舶使用的往复式转舵机构一般为四油缸双撞杆，以增加转舵力矩。对于大型船舶，其液压和控制系统设计成具有除舵柄、舵扇的单项故障以外，能进行报警并在 45 s 内自动隔离故障并恢复转舵的功能。

三、液压舵机的管理

1. 控制系统的要求

舵机控制系统的检查调试方法是：起动一套舵机动力装置，在驾驶台进行操舵，并从中位开始，分别向两舷转舵，每增加 5°校核一次，直至最大舵角。然后再换用另一套动力装置和备用的遥控系统做同样的试验。对舵的控制及舵角指示、限位有以下要求：

（1）电气舵角指示器的指示舵角与实际舵角之间的偏差不超过±1°，而且正舵时须无偏差。

（2）采用随动方式操舵时，操舵仪的指示舵角与舵停住后的实际舵角的偏差应不超过±1°；采用非随动方式操舵时冲舵（舵转到指令舵角后冲转过头）角应不大于 2°。

（3）不论舵处于任何位置，均不应有明显的跑舵（稳舵偏离所停舵角）现象。在台架试验中，当舵杆扭矩达到公称值时，往复式液压舵机的跑舵速度不得超过 0.5°/min；转叶式液压舵机应不超过 4°/min。

（4）采用液压或机械方式操纵的舵机，滞舵（舵的转动滞后于操舵动作）时间应不大于 1 s；操舵手轮的空转不得超过半圈；手轮上的最大操纵力应不超过 0.1 kN。

（5）电气和机械的舵角限位必须可靠，实际的限位舵角与规定值之差不得大于±30′。

2. 舵机系泊试验和航行操舵试验

系泊试验的目的是测试舵机和控制系统安装的正确性，以及舵机的空载性能。检测内容包括：舵角指示器的指示正确与否；供电系统的效能及相互切换；手动、遥控的效能及相互切换；电气元件及设备的性能及绝缘状态；动力单元的切换（人工转换应在 10 s 内完成）；液压系统和转舵机构的功能及工况切换；最大舵角限制功能；失电、过载、压力、温度、液位等的报警和自动切换功能等。要求舵机工作平稳，无严重的超载、超速、振动、液压冲击、异常噪声、漏泄以及滞舵、冲舵和跑舵现象。

航行试验的目的是测试舵机负载情况下的性能。检测内容包括：

（1）主操舵装置操舵试验：船舶以最深吃水、最大营运航速前进时，分别进行正舵→右满舵、右满舵→左满舵、左满舵→右满舵、右满舵→正舵、正舵→左满舵、左满舵→正舵等一系列操舵，每次转舵后保持 10 s。试验中，交替使用各种电源、机组和控制系统。转舵速度应满足规范要求，无明显跑舵现象，电机、液压系统无过热、敲击、漏油等异常现象。记录电压、电流、转速、油压和操舵时船舶的最大倾角，并确认不超过正常值。在最大倒航速度（一般为最大正航速度的一半，但不低于 7 节）下，使操舵角逐次增大，舵机能正常工作。

（2）辅助操舵装置操舵试验：船舶以最深吃水、最大营运航速的一半（不低于 7 节）前进时，对备用操舵装置进行正舵→右舵 15°、右舵 15°→左舵 15°、左舵 15°→右舵 15°、右舵 15°→正舵、正舵→左舵 15°、左舵 15°→正舵等一系列操舵，每次转舵后保持 10 s，转舵速度应符合规范要求。

(3)对应急电源、自动舵、报警和自动切换装置进行效用试验。

舵机试验应在验船师和船方代表在场的情况下进行。试验结束后由厂方整理试验数据，写出试验报告，并随船提交。

3. 开航前的试舵

每次开航前，值班轮机员应会同驾驶台的值班驾驶员对舵机进行试验。试舵时，驾驶员在驾驶台遥控起动一套油泵机组，并先后从 0°向两舷进行 5°、15°、25°、35°的遥控操舵，判断舵机及其遥控系统工作是否正常，舵角指示器是否正确指示，换用另一套油泵机组做同样的试验。备用遥控系统，也应进行试验。

第三节　锚机和绞缆机

一、　锚机作用和要求

1. 锚机的作用

船舶驶达港口，常因等候泊位或引航员，以及接受检疫、避风、候潮或过驳等而需在港外停泊。为能在停泊时抵御风及水流作用在船体上的力，保持船位不变，就需要抛锚，故船舶需配置锚设备。此外，锚设备也是操纵船舶的辅助设备，如靠离码头、系离浮筒、狭水道调头或需紧急减刹船速等，都要用到锚。

普通商船锚设备布置在船首，如图 5-13 所示，它主要由锚 1、锚链 5、止链器 3 和锚机 6 等组成。锚机是用来收放锚和锚链的机械。根据所用动力不同，主要有电动锚机和液压锚机。按链轮轴线布置的方向不同，又有卧式和立式之分，普通商船多用卧式。

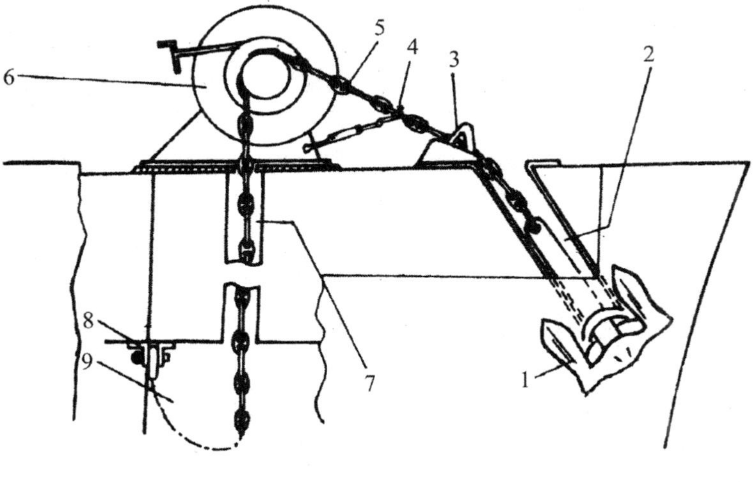

图 5-13　锚设备在船首的布置

1—锚；2—锚链筒；3—制链器；4—掣链钩；5—锚链；6—锚机；7—锚链管；8—弃链器；9—锚链舱

2. 锚机应满足的要求

在正常气候条件下，船舶锚泊时抛出的锚链长度一般为水深的2~4倍，借助锚对水底的抓力、锚链与水底的移动阻力和锚链的重力来对抗风、流等外力，保持船舶定位。起锚过程中，锚机拉力负荷是不断变化的。起单锚时的最大拉力通常发生在拔锚破土时。但规范规定抛锚深度不超过80 m时，锚机还应在单锚破土后能绞起双锚；在抛锚深度超过60 m时，最大负荷可能出现在绞起双锚时。

按中国船级社《钢质海船入级规范》规定，锚机应满足的要求主要如下：

(1)必须由独立的原动机或电动机驱动。对于液压锚机，其液压管路如果和其他甲板机械的管路连接时，应保证锚机的正常工作不受影响。

(2)在船上试验时，锚机应能以平均速度不小于9 m/min(此为锚机的公称速度)将单锚从水深82.5 m处(三节锚链入水)拉起至27.5 m(一节锚链入水处)。

(3)在满足公称速度和额定拉力(根据《钢质海船入级规范》按锚链直径计算)时，应能连续工作30 min；应能在过载拉力(不小于1.5倍额定拉力)作用下连续工作2 min，此时不要求速度。

(4)所有动力操纵的锚机均应能倒转。

(5)链轮与驱动轴之间应装有离合器，离合器应有可靠的锁紧装置；链轮或卷筒应装有可靠的制动器，制动器刹紧后应能承受锚链断裂负荷45%的静拉力；锚链必须装设有效的止链器。止链器应能承受相当于锚链的试验负荷。

(6)液压锚机的系统和所有受压部件应进行液压试验。液压泵试验压力为1.5倍最大工作压力(不必超过6.9 MPa)；系统和其他受压部件试验压力为1.25倍设计压力(不必超过6.9 MPa)。

我国相关规范对锚机的检查性试验要求如下：

(1)空载运转试验

电动锚机以高速挡正倒车空载连续运转各15 min，在30 min内做25次起动，其他挡次正倒车各运行5 min。液压锚机正倒车空载全速运转1 h。试验正倒车，每隔3~4 min变换1次。检查运转情况是否正常：有无外漏、发热、异常声响。电气系统热态绝缘电阻不小于2 MΩ。检查锚链轮制动器、离合器动作应正确可靠。应急切断和应急接通电路装置动作应可靠。

(2)负载试验

锚机以公称速度在额定负载下进行30 min运转试验。在过载拉力下进行连续2 min过载性能试验，不规定速度，但电动机用额定转速。原动机控制制动器和锚链轮制动器必须符合规定要求。对卷筒，以100%、125%卷筒负载进行负载试验，并按要求进行卷筒制动器静负载试验。试验中检查工作是否正常，包括电动机的电流、电压、温升和转速，液压马达的油压、油温和转速，以及起锚和系缆的速度。若装有安全离合器，须按设计要求单独试验。

(3)抛锚、起锚试验

脱开离合器，将每个锚分别抛出。下抛时锚链轮制动器作刹车2~3次，然后将锚升起。作2~3次停止、再起动。检查各设备应正常、可靠。

(4)航行锚泊试验

试验水域的深度，对海船要求为82.5~90 m；内河船舶要求为41.5~45 m。每个锚单独进行抛锚、起锚试验。机动抛锚，主锚没入水下后手动控制抛锚。抛出半节锚链时，操作制动器刹车,允许锚链滑移不超过 2 m;抛出 1 节后再刹车,允许锚链滑移 3~4 m;再抛出 1 节后再刹车,允许锚链滑移 4~5 m。

起锚时,应在锚链处于自由悬挂状态下测量起锚公称速度。

二、锚机的结构

通常,锚装置有一套动力装置带动两个锚机(通过离合器选择工作模式),或船首左右各设置一台锚机。不管哪种形式,船首锚机同时还起着系揽机的作用。如图 5-14 所示为某船左锚机兼首绞缆机的结构。

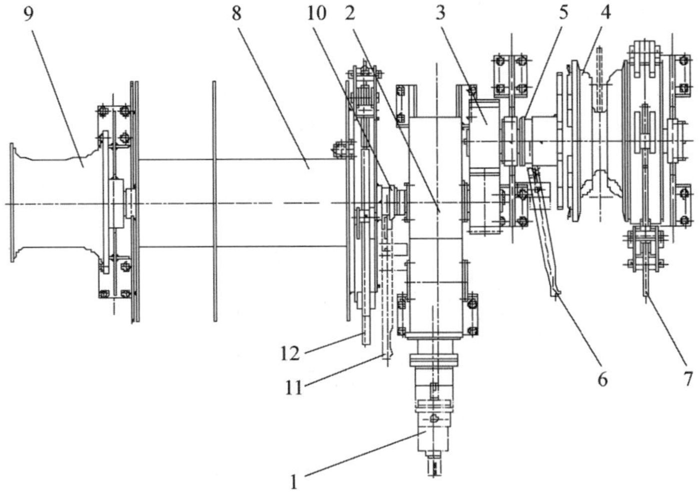

图 5-14　左锚机兼首绞缆机结构图

1—液压马达;2—减速齿轮箱;3—减速齿轮;4—锚链轮;5、10—牙嵌离合器;6、11—离合器手柄;7、12—带式刹车手柄;8—主绞缆筒;9—副绞缆筒

液压马达 1 通过减速齿轮箱 2 驱动主绞缆筒 8 和副绞缆筒 9,再通过减速齿轮 3 驱动锚链轮 4。在起锚时,用手柄 6 将锚链轮离合器 5 合上,用离合器手柄 11 将牙嵌离合器 10 脱开,便可利用液压马达输出的转矩驱动锚链轮回转,从而将锚收回。抛锚时,可脱开离合器靠锚及锚链自重进行;必要时也可合上离合器 5 用锚链轮抛锚。带式刹车手柄 7 用于收紧刹车带进行制动。在使用主绞缆筒 8 绞缆时,则需要合上牙嵌离合器 10,脱开牙嵌离合器 5;刹车离合器手柄 11 用于对主绞缆筒进行制动。副绞缆筒 9 由减速齿轮箱 2 直接驱动,一旦液压马达运转便保持连续转动。

锚机液压系统也是由油泵、油马达、液压阀件、油箱、冷却器、滤器等辅助元件组成。同其他船用液压系统相同,使用前要注意油箱油位和油温。如果油位较低需要将油位补充到正常位置,油温较低时需要加热或起动油泵空载运行一段时间,待油温升到 10 ℃以上,再低负荷运行,直至油温达到 50 ℃,再接通冷却器冷却水;夏季起动液压锚机之前先接通冷却水,以免液压系统高温。运行过程中应尽量避免超负荷运行,以防止液压系统出现危险高压,使用过程中发现液压系统漏泄需要及时停止运行并报告轮机部门及时维修以免造成严重污染和机损事故。工作结束时先停止液压系统,待油温正常后停冷却水。对需要密封的操纵部位要可靠密封和防护以免进水。

三、系泊设备概述

1. 系泊设备组成

船舶为拖船作业、进出船坞或系靠码头、浮筒或其他船舶时用于绞缆、系缆的设备,称为系泊设备。系泊设备主要由系缆索、导缆装置(导缆孔、导缆钳、导缆滚轮等)、带缆桩、绞缆机以及绳车、碰垫等组成,而绞缆机是系泊设备中的主要动力单元。

船首如前所述,通常由锚机附带绞缆卷筒。船尾大多设独立的电动或液压绞缆机,大型船舶在船舶左右两舷中部也设有系泊设备。如图 5-15 所示为绞缆机的结构简图。电动机 2(或液压马达)通过齿轮减速机构 3 带动主卷筒 4 及副卷筒 6 转动。主卷筒在卷绞的同时还能储绳,它既能绞缆,又能靠手控带式刹车 5 来系缆(缆绳张力太大时允许刹车打滑松缆,以免拉断,这种绞车的刹车力需要定期试验。若是自动绞缆机则系缆时无须刹紧刹车(见后述)。副卷筒只能卷绞缆绳,收储缆绳需靠另设的人力控制的绳车。

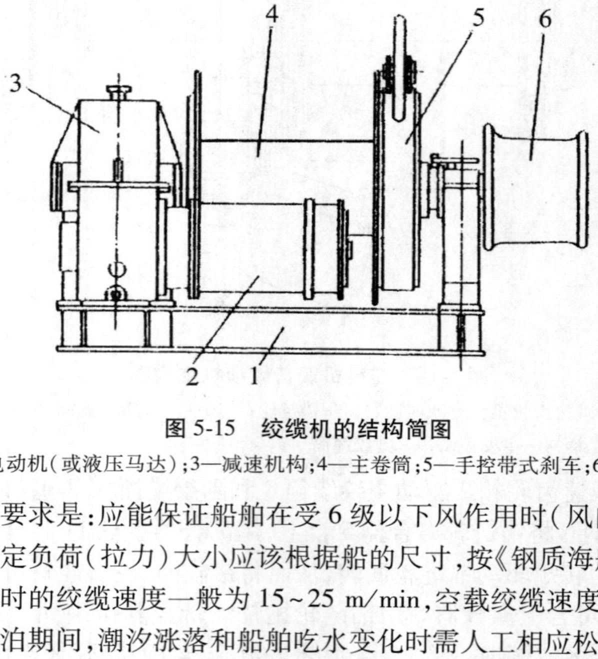

图 5-15　绞缆机的结构简图

1—底座;2—电动机(或液压马达);3—减速机构;4—主卷筒;5—手控带式刹车;6—副卷筒

对绞缆机的基本要求是:应能保证船舶在受 6 级以下风作用时(风向垂直于船体中心线)仍能系住船舶。其额定负荷(拉力)大小应该根据船的尺寸,按《钢质海船入级规范》所推荐的数字选取。额定负荷时的绞缆速度一般为 15~25 m/min,空载绞缆速度多在 30 m/min 以上。

普通绞缆机在停泊期间,潮汐涨落和船舶吃水变化时需人工相应松出或收紧缆绳,稍有疏忽还可能使缆绳松弛失去系缆作用,或因过载而拉断。大型油船和散装船缆绳很粗,操作更加困难。因此,许多船采用了能使拉紧缆绳的张力保持在一定范围内的自动绞缆机,拉力过大则自动放绳,缆绳松弛又能自动收紧。

2. 液压系缆机工作原理

液压绞缆机的液压马达在排量既定时,扭矩与工作油压成正比。因此,只要能自动控制马达的工作油压,就能控制马达扭矩,即自动控制系缆张力。具体方法主要有以下两种。

(1)定量泵式。这种方式液压泵选用定量泵,其原理简图如图 5-16 所示。

系缆期间溢流阀 2 常开,作定压阀用,控制液压马达 3 收缆进油侧的工作油压。当缆绳拉紧达到调定张力时,油压升高使溢流阀开大,定量泵 1 的流量 Q_P 除少量 Q_L 经马达漏泄外,其余的排油(Q_p-Q_L)经溢流阀溢回油箱;当缆绳张力过大时,马达负荷扭矩超过调定范围,将驱

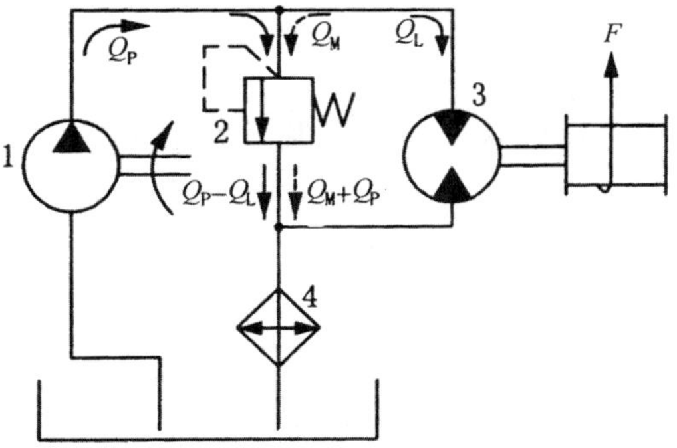

图 5-16　定量泵式液压自动绞缆机的原理简图

1—定量泵;2—溢流阀;3—液压马达;4—油冷却器

动马达反转,松出缆绳;这时马达的排油流量 Q_M(图中虚线箭头所示)将和泵的流量 Q_P 一起经溢流阀溢流。溢流的功率损失转变为热量,会使油温升高,故在回油管上需设油冷却器 4。

为减轻功率损失和油液的发热,常设小流量的辅泵专供自动系缆工况用。也有用蓄能器加压力继电器控制液压泵间断工作的,但液压马达漏泄量较大,这会使泵起停频繁,反而增加泵的磨损,降低工作的可靠性。

(2)变量泵式。这种方式液压泵可选用限压式变量泵,在缆绳拉紧后油压升高,泵的流量 Q_P 即减至很低,仅供给系统的漏泄流量 Q_L。

如图 5-17 所示为一种选用换向阀控制的两级变量泵,其原理为:当缆绳未收紧时,变量泵按图示工况以最大排量工作;缆绳收紧后工作油压达到调定值,则压力继电器 3 闭合,使电磁换向阀 2 通电换位,泵排量即减至最小。其他工作原理与前述定量泵式相同。这种方式在自动系缆工况时泵流量 Q_P 很小,功率损耗低,油发热轻;但变量泵比定量泵价格高,长时间运转会使其使用年限缩短。

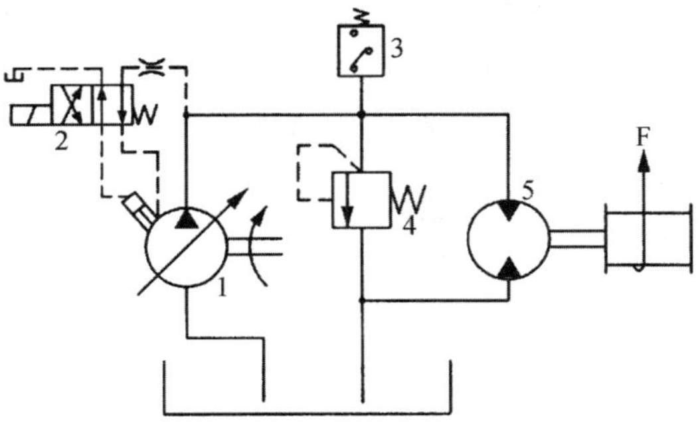

图 5-17　两级变量泵式液压自动绞缆机的原理简图

1—两级变量泵;2—电磁换向阀;3—压力继电器;4—溢流阀;5—液压马达

第四节　船舶起货机

一、概述

船舶除利用港口设备装卸货物外，也有很多船舶配备起货机，用于装卸货物、起吊舱盖及吊运物料、备件和伙食等。船舶起货机主要有电动起货机和液压起货机。根据起货设备的不同，又可分为吊杆式起货机和回转式起货机（又称克令吊）。目前，对于大型船舶起货机而言，回转式液压起货机应用的较为广泛。

二、船用起货机的主要结构类型

1. 吊杆式起货机

吊杆式起货机根据吊杆数的不同又可分为单吊杆式和双吊杆式。如图 5-18 所示为单吊杆式起货机结构图。回转绞车 2 装有绕绳方向相反的两个卷筒，分别卷绕着两根支索 4，绞车转动时，两根支索分别卷起或放出，从而使吊杆 5 绕底部支点回转（回转角度约 65°）。吊杆的俯仰（变幅）则由变幅绞车 3 控制顶牵索（变幅索）6 的收放来实现。吊钩则由起货绞车 1 来控制，从而对货物进行起升或下放。

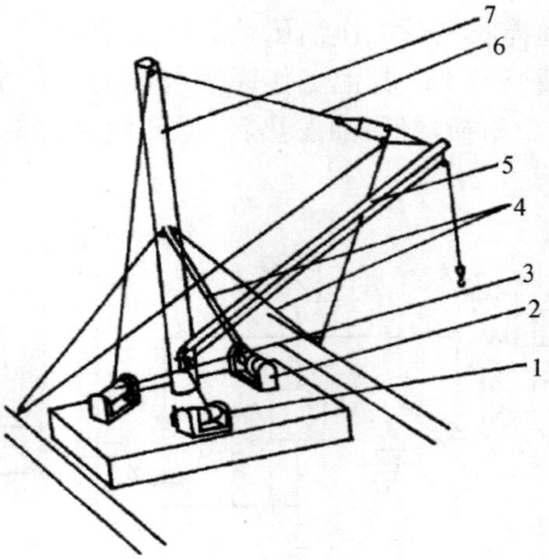

图 5-18　单吊杆式起货机结构图

1—起货绞车；2—回转绞车；3—变幅绞车；4—支索；5—吊杆；6—变幅索；7—起货柱

单吊杆起货机的优点是：只需一人操作；作业前准备工作简单，且可随时调整作业范围；能两舷轮流装卸货物。缺点是：吊杆在作业中需要回转，起吊周期较长；货物在空中容易摆动，落点定位不容易把握准确。

2. 回转式起货机

液压回转式起货机常按音译称为克令吊（crane），如图 5-19 所示。它将操作室 9 和起升绞车5、变幅机构绞车4、回转机构6及吊臂(巴杆)8、索具等组装成一体,置于甲板上的回转座台上。主起升绞车5和变幅机构绞车4分别通过吊车顶滑轮组、吊臂滑轮组卷动钢索,去牵动主吊钩12或辅吊钩13和吊臂8;立式布置的回转马达则控制小齿轮,与固定在回转座台内的大齿圈啮合转动,从而带动整个吊车在回转座台上回转。

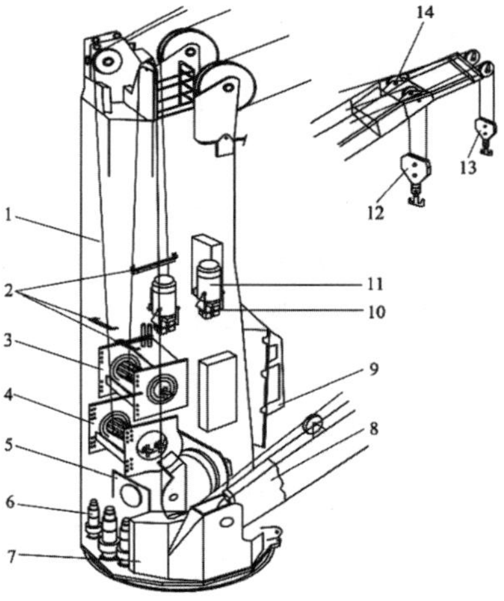

图5-19　回转式起货机

1—钢丝绳;2—松绳保护装置;3—辅起升机构绞车;4—变幅机构绞车;5—主起升绞车;6—回转机构;7—油箱;8—吊臂;9—操作室;10—泵站;11—主电动机;12—主吊钩;13—辅吊钩;14—吊臂顶

克令吊比吊杆式起货机占用甲板面积小,操作灵活,可360°回转,能为前、后货舱工作,能准确地把货物吊放到指定地点,装卸效率高,投入工作迅速。

三、对船舶起货机的基本要求

为满足生产实际需要,船舶起货机必须满足如下一些基本要求:

(1)能以额定的起货速度吊起额定负荷。

(2)能依操作者的要求方便灵敏地起落货物。

(3)能依据起吊轻货或重货以及空钩或货物着地等不同情况,在较广的范围内调节运行速度,并具有良好的加速和减速特性。

(4)不论在起货还是落货的过程中,都能根据需要随时停止,并握持货重。

上述各项基本要求实际上规定了任何起货机都必须具有足够的功率;必须具有反转或换向的能力;必须能够调速和限速,并需相应设置手动、脚踏、离心、电力或液压的制动设备和某种机械性的固锁装置,以便有效刹车制动,以确保安全。

四、起货机的液压系统

船舶回转式液压起货机液压系统基本由三部分组成:起升系统、变幅系统和回转系统。按系统负荷特点起升与变幅系统均承受单向重力载荷,回转系统则承受双向载荷。按系统油路循环特点,液压系统又可分为开式系统和闭式系统。开式系统就是油泵从油箱吸油,加压后直接送入油马达工作,油马达回油返回油箱。该系统结构简单、散热好、投资低,缺点是效率低。

闭式系统则油泵与油马达构成闭式回路,系统结构复杂、散热差、投资高,优点是运行效率高。

下面以开式起升系统为例介绍起货机液压系统。起货机的起升机构,其负载的主要特点是静力负荷(货物的重力),而动力负荷(惯性力)则通常较小。因此,对这类机构液压系统的主要要求就是能握持货重,使其不会自行下滑,并能控制落货速度,以防因重力作用而加快下落。另外,无论重物在起升、降下或停在空中时,重力负荷始终单方向存在。所以,起升机构液压系统具有以下特点:

(1)执行元件的两根主油管中只有一侧油路始终承受高压。

(2)必须能控制重物下放时的速度,以防坠货。

(3)货物在空中应能可靠地制动与锁紧,以防滑落。

(4)作业时负载变化范围较大,液压系统需要采取功率限制措施。

如图 5-20 所示即表示采用定量泵与定量油马达的开式起货原理图,其工作情况如下:

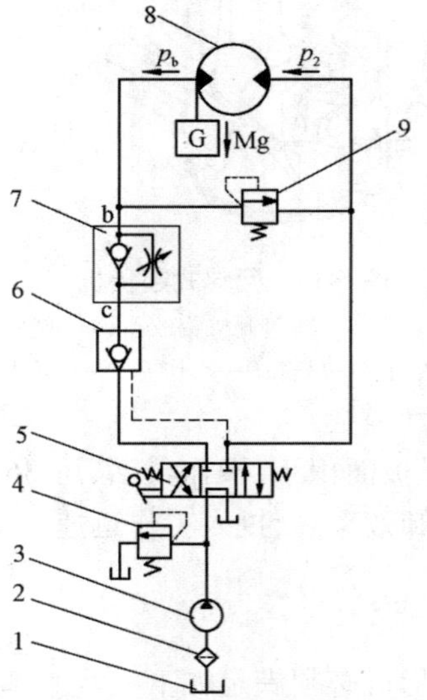

图 5-20 采用定量泵与定量油马达的开式系统原理图

1—油箱;2—滤器;3—定量泵;4—溢流阀;5—换向阀;6—液控单向阀;7—单向节流阀;8—油马达;9—制动溢流阀

1. 换向和调速

这种系统采用了定向定量油泵 3,因此,要实现油马达 8 的换向,就必须在系统中设置换向阀 5。至于调速方面,由于系统采用了定量油泵和定量油马达,因此,为了调节油马达的转速以适应货物不同的起落速度,就只能采用节流调速,亦即通过改变系统中某一部分的通道面积,形成不同的流动阻力,以调节进入油马达的流量,从而达到调速的目的。至于油泵输出流量的其余部分,则不经油马达而直接返回油箱。

液压甲板机械常采用手动换向阀来改变通流面积,以进行换向和节流调速。根据所用换向阀结构型式的不同,节流调速可分为串联节流、并联节流和溢流节流等方式。

2. 限速和制动

起货机工作时,不论是起升货物、制动,还是落货阶段,在起升货物卷筒上都始终承受着因货重而造成的单方向静负荷。显然,在采用定量泵和定量油马达的开式系统中,如果在落货时不设法节制油马达的排油，而使其直通油箱，那么，在重力的作用下，货物的下降速度就会达到危险的程度。为了限制货物的下降速度，防止造成坠货事故，在系统中就需采取相应的限速措施。如图 5-20 用单向节流阀限速，在油马达 8 附近的高压管路上设置一个单向节流阀 7，就可在落货时起到限速作用。这是因为：起升时，压力油虽能自由地通过单向阀，以驱动油马达工作，但下降时，油马达的排出油液则必须通过可调节流阀才能返回油箱，因而也就在油马达的出口造成了一定的背压 p_b，使油马达产生与落货方向相反的阻转矩 M_b。显然，油马达转速越快，流量越大，节流阀所造成的背压 p_b 和阻转矩 M_b 也就越大，直至与重力产生的转矩相平衡时，下降速度也就稳定下来。

单向节流阀 7 虽能产生节流限速作用，却不能将货物制动在空中。因为换向阀是靠间隙实现密封的，即使换向阀处于中位，也难免存在漏泄，因此，货物在重力的作用下还将下滑。为能将货物滞留在空中，在高压管路上，还串联了液控单向阀 6。这样，当换向阀回到中位时，由于控制油压 p_2 迅速降低，液控单向阀立即锁闭，因而也就可制止货物的下降。实际上，液压起货机无论是起升、变幅还是回转系统，均在执行元件上配有弹簧负荷的机械制动器。在系统工作时，靠油压克服弹簧力松开机械制动器。停止工作时，油压泄放，靠弹簧力抱紧机械制动器。

采用单向节流阀限速虽然简单可靠，但轻负荷时效率较低，而且在油温降低、黏度增加以及下降速度较大时，油泵的功耗也随之增加，油液因限速节流还会进一步发热，故仅适用于功率不大、工作不太频繁或负载变动较小的定量泵系统中。

3. 限压保护

起货机吊货时，油泵排油压力主要取决于油马达负荷。为防止油泵超压需在泵出口设置安全溢流阀 4。起货机在落货制动时，执行机构排油油压会因换向阀回中，排油油路突然锁闭以及货重的惯性力的作用而瞬间升高，为防止油压过分升高，在高低压管路之间设置制动溢流阀 9。

至于液压起货机中的闭式系统相对于开式系统要复杂一些，系统的换向调速、限速制动、限压保护都与开式系统有所区别。为保证系统安全可靠工作还会有冷却系统、补油系统、失电、失压保护等环节。

第五节　船舶减摇装置

一、船舶减摇装置的作用和减摇效果

1. 船舶在波浪中的摇荡

船舶的摇荡主要有下列六种形式：横摇、纵摇、首摇、垂荡又称升沉、横荡、纵荡。其中，横摇、纵摇和垂荡对船舶航行的影响最大，而横摇又最易发生，摇荡幅值也最大，严重影响船舶安全。海况越恶劣，船舶摇荡也越激烈。

2. 减摇装置的效果

船舶摇荡以横摇的不良影响为最大，在横向进行减摇效果也最佳。因此船舶减摇装置主要以减轻横摇为目的。减轻船舶横摇能够提高船舶的安全性，改善船舶的适航性，改善船上工

作条件,提高船员和旅客的舒适性,保证特殊作业等。

3. 减摇装置的能力

为了平衡波浪作用于船舶的横摇力矩,减摇装置必须具有与该力矩相等的减摇力矩。实际上减摇装置所具有的减摇力矩是有限的,通常将其最大减摇力矩所能克服的波浪波倾角 θ 作为衡量减摇装置能力的标志,并称为减摇装置的当量波倾角,或称为减摇能力。

各种减摇装置的减摇能力不同,减摇水舱的减摇能力一般为 2°~3°;减摇鳍能力较大,客船通常为 5°,军舰为 7°。

二、减摇装置的类型

减少船舶横摇有两个途径:一是增加船体横摇阻尼,二是增加恢复力矩或减少横摇力矩。减摇装置根据是否为其提供动力分为主动式和被动式两类。主动式减摇装置的动力系统有三种,电力式、液压式、电液式,电液式各种主动减摇装置应用较普遍。

1. 舭龙骨

舭龙骨是最原始、最经济的横摇阻尼设备。装于船中两舷舭部外侧,为与舭部外板垂直的长条形板材结构。一般占船长的 30%~35%以上,只要有足够的宽度,就能提供适当的阻尼,也是最简单而有效的减摇装置。当船舶横摇时,舭龙骨产生与横摇方向相反的阻力,形成减摇力矩,包括零速在内的各种航速范围内都能有效地增加船体的横摇阻尼,从而减小船舶的横摇。舭龙骨结构简单、造价低、效能高、便于维护,对船体和航速影响不大,因此被各种船舶普遍采用。

2. 减摇水舱

船体内部左右舷连通的 U 型或槽形水舱。分为主动式和被动式两种。当船舶侧倾时,水在水舱中的流动产生的水柱振荡滞后于波浪振荡 180°相位角,所产生的减摇力矩与波浪的倾侧力矩正好相反,从而起到减摇作用。其效果与水舱的形状、水量、位置有关。

(1)被动式减摇水舱

槽形自由液面式减摇水舱是靠船舶横摇时造成水在水舱中向左右舷做往返流动来减轻船舶横摇。水舱的容积应足够大,以便工作时水舱的一边可容纳全部水流,得到最佳减摇效果。要注意使水舱的装水量等于舱容的一半,水量太多或太少都有不利影响。

如图 5-21 所示为可控式被动减摇水舱,通常是封闭的 U 形管水舱。两水舱间的水流和气流可通过控制系统调节,因此水流的流动周期可调范围较大。自动调节两封闭水舱间空气连

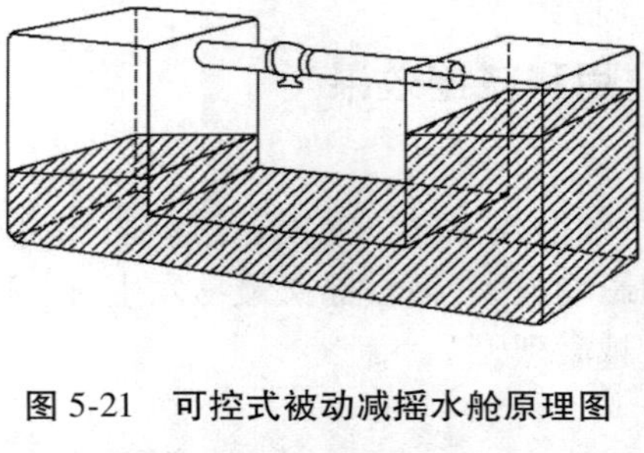

图 5-21　可控式被动减摇水舱原理图

通管上的阀门,通过控制连通管中的气流,从而控制舱中水的流速,使水的流动周期在较大范围内与横摇周期趋向一致,来改善水舱的响应特性。

(2)主动式减摇水舱

主动式减摇水舱是在U形被动式减摇水舱的基础上发展起来的。它通过水泵或风机强迫水在水舱间流动,并能形成较高的水位差,因此可在水量有限的条件下获得较大的减摇能力。控制系统可对水泵(或风机)、调节阀进行控制,调节水的流量,使装置在很宽的遭遇周期范围内具有良好的减摇效果。

这种方式可作为防止船舶倾斜的手段,在船舶装卸货物向一舷倾斜时调整船舶。

3. 减摇鳍

减摇鳍是迄今使用最多、效果最好的一种主动式船舶减摇装置。其在船中舭部或舭部稍上方伸出舷外的一对或数对鳍片,剖面为机翼形,又称侧舵。它的减摇原理是:船舶在水中行驶过程中,通过操纵机构转动减摇鳍,鳍在水中有一个速度和倾斜角的时候,就会产生一个升力,利用此升力产生的力矩来抵抗海浪的干扰力矩,便可达到减小船舶横摇的目的,如图5-22所示。

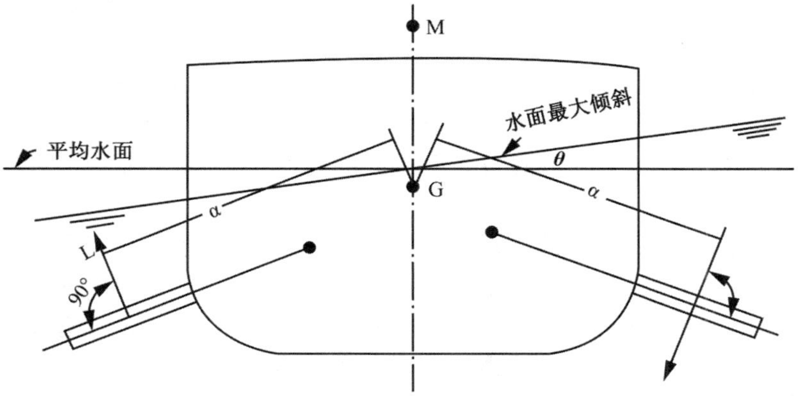

图5-22 减摇鳍工作原理

减摇效果取决于航速,航速越高,效果越好,这是因为减摇鳍的升力与航速的平方成正比,因此,在低速航行时升力很小,减摇作用差。

鳍的减摇力矩与船舶固有周期无关,不受船舶稳心高度变化的影响,并在整个遭遇周期范围内具有良好的响应特性。与其他主动式减摇装置不同,减摇鳍装置的功率不直接用来产生减摇力矩,而是用于控制鳍角,因此所需功率有限,具有很好的运行经济性。

减摇鳍装置根据能否将鳍收入船内,分为不可收式减摇鳍、伸缩式减摇鳍、折叠式减摇鳍。

三、减摇鳍的控制及其系统

1. 减摇鳍的控制

电液式减摇鳍装置控制系统由传感器、测量系统、控制系统、执行机构等组成。测量元件感受的船舶摇摆信号包括横摇角度、横摇速度、横摇加速度、船舶自然倾斜角等,控制机构将信号放大并用来控制动力元件的伺服机构,使动力元件输出必要的功率以鳍叶角度变化,产生减摇力矩。减摇机构的动作信号反馈到控制机构,与敏感元件感受的船舶摇摆信号相减,达到平衡即停止动力元件的输出。

收放式减摇鳍一定要在船舶进入宽敞水域后才能将鳍放出,并在进入窄水道、浅水道前将鳍收回，以免碰伤鳍片。当船舶的横摇角不大时，例如小于 3°～5°，应停止使用减摇鳍，以免增大船舶航行阻力。只许在鳍角为零时进行鳍的收放，只有在鳍片完全放出就位后，才能转动减摇鳍。

电液式减摇鳍的控制是通过一个可编程逻辑控制系统（PLC）来实现的，摇摆传感器连续监控船舶的摇摆动作并向中央控制单元传送信号，同时，船舶航行信号也送到中央控制单元，经过中央控制单元的处理，得出对每一个鳍角度的指令信号，然后指令信号被发送至左舷右舷电子—液压比例阀，通过控制液压油的流量，将相关鳍叶调整到要求的角度，由此产生的鳍叶水压力形成回复力矩抵消了船舶的摇摆。鳍角度由鳍单元中的线性转换器监控，并被反馈给伺服放大单元，以对鳍的位置实现闭环控制。

2.“育鲲”轮减摇鳍系统

(1)基本组成与工作原理

如图 5-23 所示为“育鲲”轮减摇鳍液压系统原理图。减摇鳍液压系统由液压动力单元、控制阀件、执行油缸和液压附件组成。液压系统提供的液压动力与控制信号交互作用，用油缸来操作鳍的上升或下降以及收鳍和放鳍。

液压动力单元包括：液压油箱 35，主泵（双联叶片泵）26 和电动机 24、应急泵（齿轮泵）27 和电动机 25，分配阀箱 16，比例换向阀 17，油冷却器 31 和回油过滤器 29 等。如图 5-23 所示的液压系统是一个开环式结构，对流向鳍上升或下降以及收鳍和放鳍系统的液压油实施闭环电子—液压比例控制。

主泵—电动机组由主泵（双联叶片泵）26、电动机 24 和卸载阀 32 构成。泵是连续运行双联叶片泵，一个泵壳内有两个独立的叶片泵转子。泵的高流量单元的流量约为低流量单元的 4 倍。两个流量单元流量均通过单向阀 8 也进入分配阀箱 16，并可通过可远程控制的泵卸载阀 32 回油箱。除稳定操作外，在起动及所有其他操作中，高流量单元都在卸载。这使得电动机可以在最小负载状态下起动。由于低流量单元流量较小，这也使得收鳍和放鳍操作以及鳍对中操作减速进行。

分配阀箱 16 里面有鳍控制所需的全部阀门。主泵和应急泵送出的压力油通过单向阀 8 进入分配阀箱里一个共同的压力总管，压力总管被分割成多个部分，对应多个出口，压力油在这里进行分配和输出。

鳍的操作控制是通过电子—液压比例换向阀 17 实现的，比例阀由比例螺线管操纵，为流向鳍上升或下降油缸的液压油提供流量和方向控制。

分配阀箱里的压力总管用一条支管接到收鳍和放鳍电磁换向阀 1。在放鳍操作中，电磁换向阀 1 右侧放鳍线圈得电，使得液压油通过平衡阀箱 36 中的平衡阀 36.1 的通道进入收鳍和放鳍油缸左侧的环形区域，把活塞杆向右推回原位。在鳍伸出位置上，液压作用力使得鳍保持外伸，鳍箱的限位块提供了拉力的反作用力，同时，液压油被送到对面的平衡阀 36.2，目的是打开平衡阀 36.2，油缸右侧的液压油在油缸活塞作用下流回油箱。放鳍动作完成后，线圈断电。

在收鳍操作中，电磁阀 1 左侧收鳍线圈得电，使得液压油通过平衡阀箱 36 中的平衡阀 36.2 的通道进入收鳍和放鳍油缸右侧，收鳍和放鳍油缸里的活塞杆外伸，鳍被收回，同时，液压油被送到对面的平衡阀 36.1，目的是打开平衡阀 36.1，油缸左侧的液压油在油缸活塞作用下流回油箱。平衡阀箱 36 中的平衡阀 36.1 和 36.2 与收鳍和放鳍油缸的两条输入管路连接，

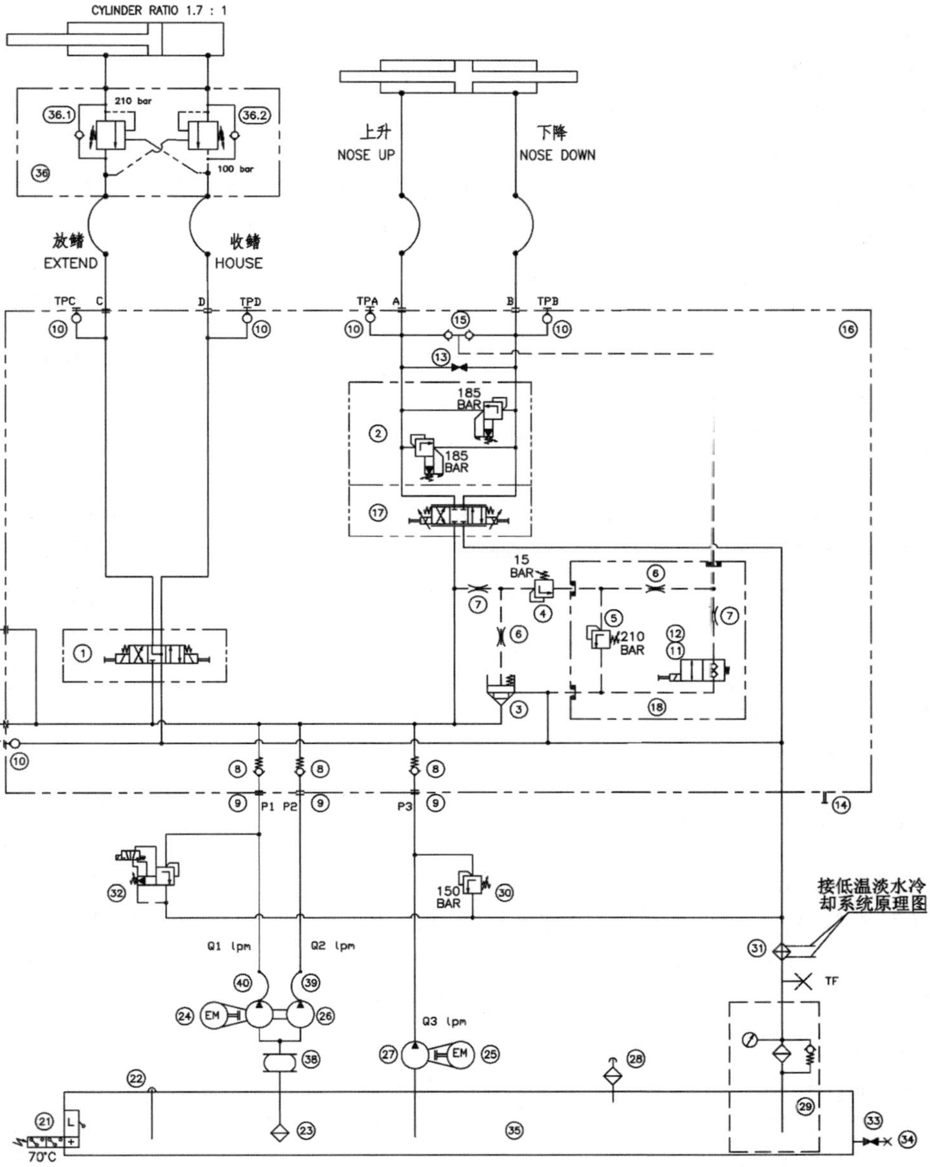

图 5-23　“育鲲”轮减摇鳍液压系统原理图

1—电磁换向阀；2—溢流阀组；3—压力补偿器；4—溢流阀；5—负载感应旁通阀；6—阻尼孔；7—阻尼孔；8—单向阀；9—法兰；10—压力测量点；11—负载感应隔离阀；12—电磁线圈；13—旁通阀；14—快速释放销；15—或门阀；16—分配阀箱；17—比例换向阀；18—补偿器箱；19—截止阀；20—压力计；21—液位/温度检测器；22—油量计；23—吸入滤器；24—电动机；25—电动机；26—双联叶片泵；27—齿轮泵；28—透气装置；29—回油过滤器；30—溢流阀；31—油冷却器；32—卸载阀；33—球阀；34—旋塞；35—液压油箱；36—平衡阀箱；36.1—平衡阀；36.2—平衡阀；37—液压油取样探头；38—吸入波纹管；39、40—软管其目的是防止鳍在收回或伸出位置上有任何运动。

比例换向阀 17 将电流变化信号成比例地转换为液压油的流量变化控制鳍上升或下降(鳍叶转动)。

压力补偿器 3 实质上是一个变量安全阀,与主泵(双联叶片泵)26 和应急泵(齿轮泵)27 共同使用,以防止产生过热。

(2)负载感应

当负载感应隔离阀 11 得电时,负载感应起动。若用来使鳍上升或下降油缸里的活塞某一侧压力较高,这个压力就通过背对背单向阀(或门阀)15 和补偿器箱 18 传递到压力补偿器 3 的顶上。补偿器就在基本设置加负载感应的压力合值下打开,增加旁通量,以降低活塞高压那一侧的压力。

若将负载感应关闭,负载感应隔离阀 11 断电,泵压力可以传递至补偿器箱 18。压力逐步积累,直到补偿器箱 18 里的负载感应旁通阀 5 被液压冲开,将压力补偿阀 3 的顶端与油箱相连。这时负载感应旁通阀 5 就成为收鳍和放鳍系统里的安全阀了。

(3)应急操作

应急泵/电动机组由齿轮泵 27 和电动机 25 组成。应急泵/电动机组把低量压力油通过单向阀 8 送入分配阀箱 16,随后压力油进入压力总管,压力总管也通过一个单向阀 8 与主泵/电动机组连接。单向阀使得压力油可以从泵进入分配阀箱 16,但阻止了压力油从分配阀箱进入泵内。

收鳍和放鳍电磁换向阀 1 和比例换向阀 17 可以手动操作,可在紧急情况下分别控制鳍上升或下降及收鳍和放鳍。每个液压动力单元都有一个紧急停机按钮开关。按下按钮,电动机停机,按钮锁定在停机位置。

四、减摇装置的管理

(1)对转鳍和收放鳍机构中各摩擦部位,要进行可靠润滑。尤其是鳍伸缩导轨和滑块。

(2)伸缩式减摇装置的鳍轴出轴处和折叠式减摇装置的转鳍油缸耳轴处,均有密封装置,要确保其密封性能,防止海水漏入船内。暴露在海水中的鳍也要保证完好的水密,严防海水进入鳍内腐蚀鳍内的传动机构。折叠式减摇装置的转鳍油缸一般都浸在海水中,油缸的漏泄不易发现,因此它的密封更应可靠。

(3)船舶坞修时,应对鳍片和鳍箱内的机构进行检查。

(4)对减摇鳍的控制设备,要防止受热、受潮或受到剧烈震动;要保证控制和反馈信号的发送、传递和接收机构在机械连接和电气连接上的正确、可靠;起动时,应注意鳍的动作与鳍角指令的一致性,否则应对鳍角反馈等环节进行调整。

(5)因减摇鳍装置的响应速度较高,如液压系统有空气,除产生较大的振动和噪音外,还会大大影响减摇效果。因此一定要保证油箱的油位和系统的严密性,杜绝空气进入系统。每次启用减摇鳍时,都要检查油箱的油位,并放出系统内的空气。

第六节　船舶侧推装置

一、侧推器的作用和要求

侧推器是一种能产生船舶横向推力的特殊推进装置，其工作原理与螺旋桨推进器基本相同。它装在船艏或船艉水线以下的横向导筒中，产生的推力大小和方向均可根据需要改变。

通常普通商船在绝大部分时间都会使用操舵装置来保持或改变船舶航向。但使用舵转向时要求船舶必须有一个最低航速；否则舵效很低。另外，舵转向时还会产生一个较大的回转半径。船舶在靠离码头、过运河、进出水闸、穿过狭窄航道和拥挤水域时，一是船速较低，二是水域狭窄，给船舶操纵带来困难。但侧推装置就能够明显地改善船舶低速航行时的操纵性和机动性，同时提高了船舶机动航行时的安全性和船舶在低速时的转向和定位能力。

侧推器应满足如下要求：装置结构简单，工作可靠，维护管理方便；侧推器应尽可能设在船的端部，以便获得较大的转船力矩；应有足够的浸水深度，以提高侧推器的工作效率；侧推器的螺旋桨轴线离水线距离不得小于它的桨叶直径，以免空气进入螺旋桨，影响侧推器工作；对船体所造成的附加阻力要小；能根据需要迅速改变推力大小和方向；在侧推器旁及驾驶台均能进行操作。

侧推器的类型很多，按布置位置不同分为艏侧推、艉侧推和舷内式、舷外式（Z 型传动就是舷外式侧推器）；按产生推力的方法不同分为螺旋桨式和喷水式；按原动机不同有电动式、电液式和柴油机驱动式等。

二、螺旋桨式艏侧推装置的应用

在诸多侧推装置中螺旋桨式艏侧推装置应用较多，螺旋桨式艏侧推装置的螺旋桨可采用定距桨也可采用调距桨。定距桨则要求其原动机具有变速变向功能，因此多采用液压马达带动。调距桨不需要驱动它的原动机换向，而且容易实现遥控，在恒速下靠桨叶角的变化就可改变推力大小，因此目前由电动机驱动调距桨的侧推器应用更加广泛。

三、“育鲲”轮艏侧推装置

如图 5-24 所示为“育鲲”轮电动调距桨式艏侧推装置系统。传动轴 18 上端与电动机（未画出）相连、下端通过锥齿轮 30、螺旋桨轴 31 带动调距桨运转。

调距工况：操纵台发出的调距指令，传给三位四通电磁换向阀 5。若此时指令信号使电磁阀右边通电，三位四通电磁换向阀 5 工作在右位。重力油柜中的油经截止阀 16 和管路 S_2 的回油经单向阀由伺服油泵 13 加压后，经滤器 10 或单向阀 9，三位四通电磁换向阀 5 的右位，压力油经管路 S_1、配油轴 26 中的油道进入伺服活塞 19 的左侧。伺服活塞右侧的油在活塞的推压下，经配油轴 26 中的另一油道、管路 S_2 回至伺服油泵 13 的吸入端，也可由此回到重力油柜。伺服活塞在两侧压差作用下向右移动，同时通过十字滑块 21 和曲柄机构 22 驱动桨叶 25 回转。伺服活塞移动的同时，还通过活塞杆 33 驱动反馈杆 34、齿条 35，将转叶的动作传给桨

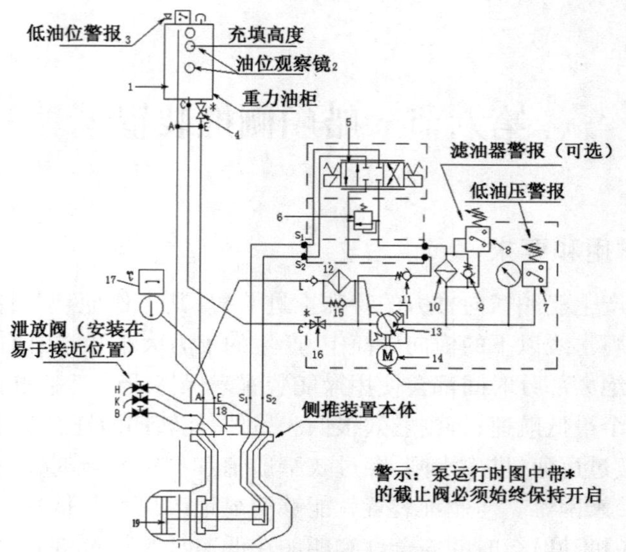

(a)“育鲲”轮艏侧推装置液压原理图

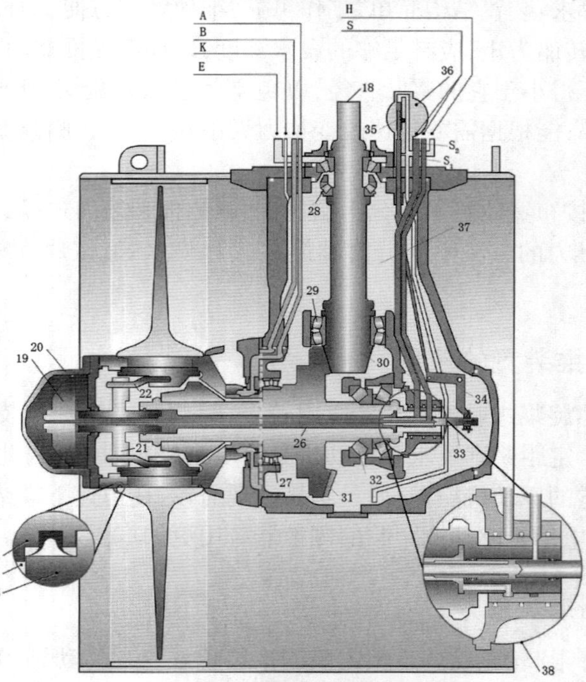

(b)“育鲲”轮艏侧推装置结构原理图

图 5-24 “育鲲”轮电动调距桨式艏侧推装置系统图

1—重力油柜；2—液位观察镜；3—浮子开关；4、16—截止阀；5—三位四通电磁换向阀；6—安全阀；7—低压警报开关；8—滤器压差警报开关；9、11、15—单向阀；10、12—滤器；13—伺服油泵；14—电动马达；17—高温警报开关；18—传动轴；19—伺服活塞；20—伺服油缸；21—十字滑块；22—曲柄机构；23—桨毂；24—水；25—桨叶；26—配油轴；27、32—螺旋桨轴轴承；28、29—传动轴轴承；30—锥齿轮；31—螺旋桨轴；33—活塞杆；34—反馈杆；35—齿条；36—桨叶角发信器；37—齿轮箱；38—伺服油分配器；A、E—通主轴密封系统液压油管路；B—主轴密封系统排水管路；C—伺服油泵补偿管路；H—齿轮箱泄放管路；L—伺服油泵排油管；K—空气泄放阀；S_1、S_2—伺服油泵油循环管路叶角发信器 36，最后传至操纵台的桨叶角指示器。当达到要求的角度后，调距指令自动取消，电磁阀失电，阀 5 回中位，锁闭阀关闭，这一调节过程结束。

稳距工况：锁闭阀关闭后，伺服活塞两侧的油都被锁闭阀中的止回阀封闭在伺服油缸中，靠油液的不可压缩性将桨叶固定在所要求的位置上。这种稳距方式是静态稳距。工作中油压过高由三位四通电磁换向阀 5 泄压，过低由低压报警开关 7 发出报警信号。重力油柜油位过低由浮子开关 3 发出报警信号。

四、侧推器的管理

1. 操作时注意事项

(1) 侧推器的电动机功率较大，在船舶自动电站中一般会增加重起询问功能。

(2) 航速在 5 kn 以下方可使用侧推器。

(3) 操作地点转换前，要确认主、副控制站二者控制杆位置和负荷一致后才可切换。

(4) 采用调距桨的侧推器只有在螺距为零时才能起动，从而使起动转矩最小，同时减小起动电流。

(5) 操纵时不得大范围地快速操纵控制手柄，在最大推力工况下的连续使用时间不应超过规定的时间，一般为 0.5 h。

2. 日常管理工作

(1) 使用的液压油应能传递较大动力，要有合适的黏度，较高的黏度指数，凝点低（要在 -30 ℃以下）。

(2) 定期清洗滤器。

(3) 定期检查油位、油温、油压，注意观察振动情况和运转声音，发现异常及时处理。

(4) 侧推器安装的位置低，空气潮湿，注意检查电气设备绝缘，定时加热除湿。

(5) 侧推装置需装有可靠的密封装置确保工作时油液不会向外泄漏，否则需要使用生物降解液压油。

第六章　船舶防污染设备

第一节　船舶对海洋环境的污染及相关立法

一、船舶污染种类

船舶对海洋环境的污染，是指船舶在海上航行、停泊港口、装卸货物以及拆解过程中，对周围水域环境和大气环境产生的污染。船舶在航行过程中对海洋环境造成污染主要由以下方面组成：

1. 油类污染

船舶造成的油污染一般分为两类：第一类是船舶正常营运造成的操作性油污染，主要包括船舶舱底污水、油船污压载水以及货舱洗舱水等含油污水的排放；第二类是船舶事故性溢油，如各种海损事故（船舶碰撞、搁浅以及火灾和爆炸等）、装卸货作业过程中的管路破裂、误操作等造成的事故性溢油等。

2. 散装非油类有毒液体污染

非油类有毒液体物质是指油类以外的，进入水体环境很可能造成危及人体健康、损害生物资源及水生物、损害舒适度或妨碍其他水资源合理利用的物质。散装非油类有毒液体物质在船舶运输过程中，一旦发生泄漏而进入水体和大气，则会直接导致环境恶化、生物死亡、破坏环境生态系统，从而对人体健康、水环境和空气环境造成危害，这种累积和潜在的损害更加持久。

3. 海运包装有害物质污染

海运包装有害物质主要有爆炸品、各类气体、易燃液体、易燃固体、易自燃物质和遇水放出易燃气体的物质、氧化物质和有机过氧化物、有毒物质和感染性物质、放射性物质、腐蚀品等。海运包装是指除船舶本身结构外的任何包装形式，包括包装、集装箱、可移动罐柜等。海运包装有害物质如排入海洋则造成水体污染。

4. 船舶生活污水污染

船舶生活污水是指任何形式的厕所、小便池的排出物和其他废弃物，医务室（药房、病房等）的面盆、洗澡盆和这些处所排水孔的排出物，装有活体动物的处所的排出物或混有上述排出物的其他废水。未经处理的生活污水会含有各种有机废物、致病微生物、细菌、寄生虫以及海水富营养物质等，排入海洋将导致海水一系列复杂的生化变化，从而对人类和海洋造成危害。

5. 船舶垃圾污染

船舶在营运过程中产生的各种工作用品、日常用品和食品等废弃物，如果排入海洋，将造成海洋垃圾污染。船舶垃圾会改变海水成分，形成难闻的气味，改变动、植物的自然生存条件，影响自然景观，造成对人类和海洋生物的损害。

6. 船舶大气污染

船舶造成的大气污染，主要是指船舶在运输生产过程中，由于燃烧性排放和操作性排放，向周围大气环境排放了各种污染物质，使大气环境质量下降，造成对大气环境的物理、化学性污染以及热污染等。主要污染物包括硫氧化物、氮氧化物、臭氧层消耗物质、挥发性有机物和温室气体等。

7. 船舶压载水污染

船舶压载水是指船舶为控制吃水、纵倾、横倾、稳性以及船体应力等而在船舱内载入的海水。船舶压载水所携带的水生物，主要包括细菌和其他微生物、小型无脊椎动物和其他物种的卵及幼虫，甚至一些小型鱼类。由于某些水生物种离开它们的原栖息地后能够建立新的种群并对当地物种构成潜在威胁或引起大范围的生态和环境损害，因此排放这些带来生物的压载水，可能会对当地水域的生态系统、社会经济和公众健康等造成危害。

二、船舶防污染相关公约及国内相关法律、法规

1. MARPOL 73/78 公约

《MARPOL 73/78 公约》按照船舶产生污染的不同类型，将缔约国应承担的义务列在 6 个附则的条款中，以应对：油类污染、散装化学品污染、包装货物污染、生活污水污染、垃圾污染和船舶造成大气污染，即 6 个附则：

(1)附则Ⅰ——防止油类污染规则。

(2)附则Ⅱ——防止散装有毒液体物质污染规则。

(3)附则Ⅲ——防止海运包装有害物质污染规则。

(4)附则Ⅳ——防止船舶生活污水污染规则。

(5)附则Ⅴ——防止船舶垃圾污染规则。

(6)附则Ⅵ——防止船舶造成大气污染规则。

公约于 1983 年 10 月 2 日起生效，但事实上，只有附则Ⅰ与议定书同时生效，到 2005 年 5 月 19 日附则Ⅵ生效，公约附则全部生效。公约会根据技术发展和实际情况的变化不断修正。

2. 国际船舶压载水和沉积物控制和管理国际公约(2004)

为了应对船舶压载水造成的有害水生物和病原体入侵问题，IMO 于 2004 年 2 月 9 日至 13 日，在伦敦总部召开大会，最终通过了《国际船舶压载水和沉积物控制与管理公约》，希望通过船舶压载水和沉积物控制与管理来防止、尽量减少和最终消除因有害水生物和病原体的转移对环境、人体健康、财产和资源引起的风险。公约于 2016 年 9 月 8 日达到公约生效的条件。

3. 防止倾倒废物和其他物质污染海洋公约(1972)

1972 年 10 月至 11 月在伦敦组织召开了关于海上倾废公约的政府间会议，会议通过了《1972 年防止倾倒废物和其他物质污染海洋公约》(LC1972)，该公约于 1975 年 8 月 30 日生效，我国于 1985 年 11 月 14 日加入，1985 年 12 月 15 日在我国生效，该公约具有全球性，体现了向国际控制和预防海洋污染所采取的一个更进一步的步骤。公约规定禁止某些危险物质的

倾倒,对其他经鉴别的物质的倾倒要求事先应获得许可。该公约有 3 个修正案,其中 2 个已生效。

4. 1990 年油污法

美国《1990 年油污法》(Oil Pollution Act 1990,简称 90 油污法,OPA90),是于 1989 年 3 月 24 日,美国“Exxon Valdez”号油船在阿拉斯加威廉王子湾搁浅,造成海域严重污染和巨大经济损失的背景下制定的。

90 油污法虽然不是国际公法,但对油污损害规定了船东、经营人和光船租船人的严格责任和义务,以及对油船和其他各类船舶设计和安全设备提出了严格要求。

5. 中华人民共和国海洋环境保护法

现行的《中华人民共和国海洋环境保护法》(简称《海环法》)是经 1999 年 12 月 25 日修订和公布的,并于 2000 年 4 月 1 日起生效施行,2016 年 11 月 7 日最新修订。本法适用于:中华人民共和国内水、领海、毗连区、专属经济区、大陆架以及中华人民共和国管辖的其他海域。在中华人民共和国管辖海域内从事航行、勘探、开发、生产、旅游、科学研究及其他活动,或者在沿海陆域内从事影响海洋环境活动的任何单位和个人,都必须遵守本法。在中华人民共和国管辖海域以外,造成中华人民共和国管辖海域污染的,也适用本法。一切单位和个人都有保护海洋环境的义务,并有权对污染损害海洋环境的单位和个人,以及海洋环境监督管理人员的违法失职行为进行监督和检举。

6. 防治船舶污染海洋环境管理条例

依据《中华人民共和国海洋环境保护法》规定,中华人民共和国港务监督(现中华人民共和国海事局),为实施海洋环境保护法,防止船舶污染海域,维护海域生态环境,特制定《中华人民共和国防止船舶污染海域管理条例》,经国务院批准,并于 1983 年 12 月 29 日颁布施行。本条例适用于:在中华人民共和国管辖海域、海港内的一切中国籍船舶、外国籍船舶及船舶所有人和其他个人。随着《中华人民共和国海洋环境保护法》的修订和生效,《中华人民共和国防止船舶污染海域管理条例》于 2014 年进行了最新修订,更名为《防治船舶污染海洋环境管理条例》(简称《防污条例》),于 2014 年 7 月 29 日生效。

第二节　船用油水分离器

一、船舶含油污水来源及处理方法

船舶含油污水包括油船的压载水、洗舱水和船舶机舱舱底水。油船洗舱水是油船清洗货舱而产生的含油污水。机舱舱底水是机舱内各种阀门、管路漏水与机器在运转时漏油等混合在一起的含油污水。

机舱含油污水必须经过分离后并达到排放标准才可在指定区域内排放。油水分离的方法较多,有物理分离法、化学分离法、电浮分离法等。物理分离法是利用油水的密度差或过滤吸附等物理特性使油水分离的方法。主要特点是不改变油的化学性质而将油水分离。主要包括重力分离法、过滤分离法、聚合分离法、气浮分离法、吸附分离法、超滤膜分离法及反渗透分离法等。化学分离法是向含油污水中投放絮凝剂或聚集剂，其中絮凝剂可使油凝聚成凝胶体而沉淀；而聚集剂则使油凝聚成胶体使其上浮，从而达到油水分离的一种方法。电浮分离法是把含油污水引进装有电极的舱柜中，利用电解产生的气泡在上浮过程中附着油滴而加以分离，从而实现油水分离的方法，实际上是一种物理化学分离方法。就目前船用油水分离器而言，主要还是采用物理分离的方法。

二、公约、法规及管理规定

船用油水分离器有如下要求：

（1）经分离的污水应能满足国际防污公约规定的排放标准（如表 6-1 所示）。

（2）能自动排油。

（3）在船舶横倾 22.5°时仍能正常工作。

（4）构造简单、体积小、重量轻，易于拆洗和检修。

表 6-1　船舶含油污水的排放要求

排放区域	排放标准	
	400 总吨及以上船舶机器处所油类或含油混合物	油船货油区域油类或含油混合物
特殊区域内	（1）船舶正在航行； （2）含油混合物经过滤油设备（含油分浓度监测、报警、超标停止排放）处理； （3）含油量不超过 15 mg/L； （4）油船的含油混合物不是来自货油泵舱的舱底； （5）油船的含油混合物不混有货油残余物	除清洁压载或专舱压载的排放外，油船货油区的油类或含油混合物禁止在某一特殊区域排放
特殊区域外	（1）船舶在航行途中； （2）油性混合物经本附则上述要求的滤油设备予以处理； （3）未经稀释的排出物含油量不超过 15 ppm； （4）油性混合物不是来自于油船的货泵舱的舱底； （5）如是油船，油性混合物未混有货油残余物	清洁和专用压载水； 如果油船在航行途中，油船的瞬间排放率不超过 30 L/ n mile，排入海中的总油量不超过货油总量的 1/15 000（1979 年 12 月 31 日及以前交船的油船）或 1/30 000（1979 年 12 月 31 日及以后交船的油船）；船上所设符合公约要求的排油监控系统及污油水舱装置正在运转；距最近陆地 50 n mile
其他要求	对于小于 400 总吨的船舶，可以在航行途中排放含油浓度小于 15 mg/L 的油类和含油混合物，也可以留在船上；对于油船，必须保证含油混合物不是来自货油泵舱的舱底，并且不混有货油残余物；具有 Green Ship Ⅲ附加标志的船舶舱底水排放含油量不超过 5 mg/L，或全部留存船上并排至接收设施	

注：特殊区域是指地中海区域、波罗的海区域、黑海区域、红海区域、海湾区域、亚丁湾区域、南极区域、西北欧区域、阿拉伯海的阿曼区域以及南部南非水域。就南极区域而言，禁止任何船舶将任何油类或油性混合物排放入海。

三、油水分离器结构形式及工作原理

船用油水分离器为达到油分浓度排放标准的要求，现代的油水分离器大多为重力式分离器配以过滤、吸附等组合方式，即由粗分离和细分离两部分（或精分离部分）组成。目前也有采用离心分离加过滤分离的。

粗分离部分都是用于第一级，主要采用重力分离法，处理容易上浮的分散油滴。机械重力分离法结构形式有多层斜板式，多层隔板式、细管式及多层波纹板式等。

细分离部分用于第二级和第三级，多采用过滤法、气浮法、聚合法和吸附法等，用以除去油污水中微细分散油滴和乳化油滴。细分离部分结构形式有圆筒式和填充式，采用最多的是以纤维材料构成的圆筒式分离元件，其特点是结构紧凑、元件容易更换。

下面以“TURBULO（特波罗）MPB”型船用油水分离器为例进行介绍。

TURBULO MPB2.5 型油水分离器处理量为 2.5 m^3/h，是一种重力分离与聚合分离相组合的油水分离器。如图 6-1 所示为该油水分离器的结构图。

工作时，污水泵 34（单螺杆泵）首先将舱底水压入一级分离筒 1，由于油与水之间存在密度差，较轻的油滴便会上浮到分离筒顶部；其余含油污水向下进入凝聚过滤器 5，该过滤器可使油滴凝聚而增大，当油滴直径达到一定程度时，所受浮力大于重力与黏附力，油滴便会脱离凝聚过滤器而上浮到分离筒顶部。经处理后的污水经三通阀 24 进入二级分离筒 14。

在二级分离筒内，污水依次通过上、下两级聚合滤芯 23，在此，更细的油滴被吸附；然后，清水（油分浓度不超过 15 ppm）经保压阀 26、气动三通阀 25 以及手动三通阀 28 排往舷外。

清水在排往舷外之前，必须有一部分样水进入油分浓度检测仪 29，以检测其中的油分浓度。只有在油分浓度不超过 15 ppm 时，气动三通阀 25 才能打开，将处理过的污水排往舷外。淡水可经进口 32 进入油分检测室，以便在检测室脏污后对其进行清洗。

汇集在一级分离筒顶部的污油通过气动排油阀 12 排往油渣舱。泄油阀 2 和油位控制阀 10 用于检验油位，若打开后有油流出，则应立即手动开启气动排油阀 12 排油。二级分离筒内污油聚集的速度较慢，可定期开启高位泄油阀 16 和低位泄油阀 18 检查油污汇聚情况，必要时可经漏斗 20 将污油泄放至舱底。

左、右两个电磁阀 13 分别控制气动三通阀 25 和气动排油阀 12 的控制空气通断。左电磁阀由液位电极 3 控制，右电磁阀由油分浓度检测仪 29 控制。放气阀 15 和 27 用于泄放聚集在分离筒内部的空气。电加热器 11 可在环境温度较低时对污水加温，以提高油和水的密度差，提高分离效果，并有利于污油泄放。由充水阀 7 可向油水分离器内部供应压力为 0.4 MPa 的淡水，以便在停用时保持分离筒内部充满清水，并可用于分离筒的清洗。污水泵 34 的吸口还设有防干转电磁阀 35，正常工作时常闭，舱底水液位低至液位开关设定值时打开，从而吸入淡水，以防止舱底水被排空后污水泵干转。

经长期使用后，凝聚过滤器 5 和聚合滤芯 23 均会变脏，凝聚过滤器可经清洗恢复过滤功能，但聚合滤芯是不可再生的，脏到一定程度必须换新。

四、油分浓度检测仪

油分浓度的检测方法主要有光学浊度法、荧光法以及红/紫外吸收法等。本例油水分离器采用的是基于光学浊度法的 OMD 2005 型油分浓度检测仪，其结构如图 6-2 所示。

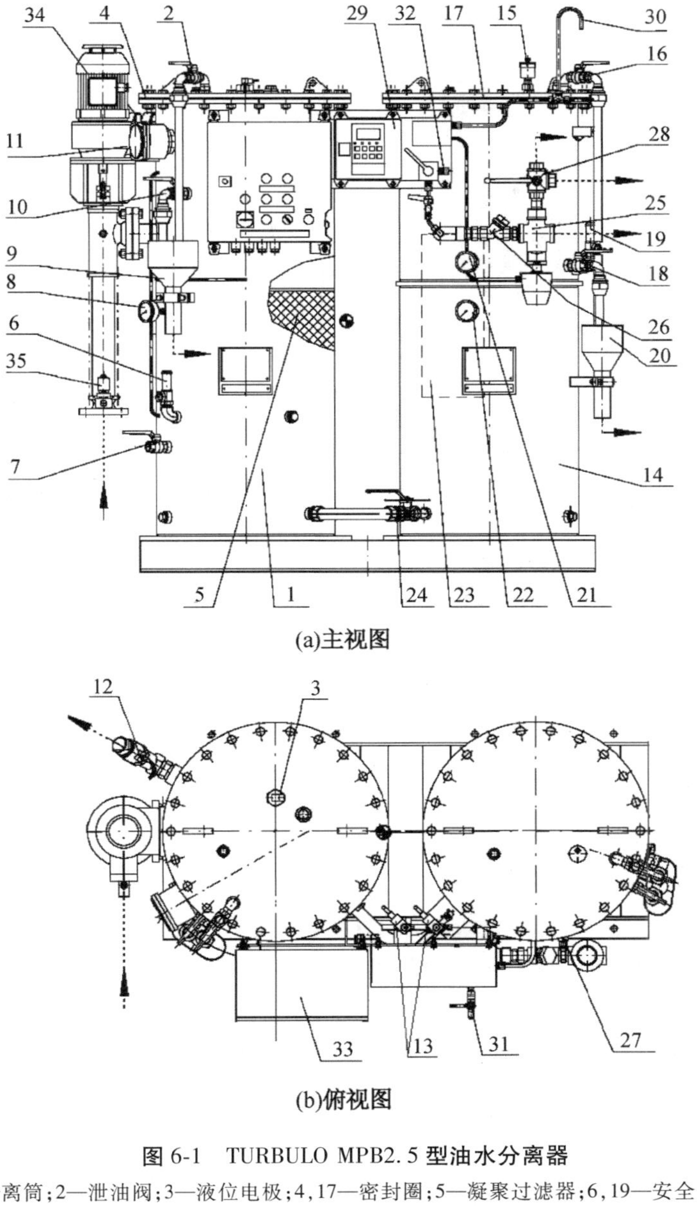

图 6-1　TURBULO MPB2.5 型油水分离器

1——一级分离筒；2—泄油阀；3—液位电极；4,17—密封圈；5—凝聚过滤器；6,19—安全阀；7—充水阀；8,21,22—压力表；9,20—漏斗；10—油位控制阀；11—电加热器；12—气动排油阀；13—电磁阀；14—二级分离筒；15,27—放气阀；16—高位泄油阀；18—低位泄油阀；23—聚合滤芯；24—三通阀；25—气动三通阀；26—保压阀；28—手动三通阀；29—油分浓度检测仪；30—透气管；31—取样阀；32—淡水进口；33—电控箱；34—污水泵；35—防干转电磁阀

该油分浓度检测仪利用测量光束通过油污水乳浊液后，直射光和散射光的强度随含油液浓度变化的原理来测定油分浓度。控制单元 1 用于对检测信号进行处理，当油分浓度的测量值超过设定值 15 ppm 时，便会发出声光报警，同时（通过图 6-1 中的电磁阀 13 使气动三通阀 25 动作）使舱底水由排舷外转至返回舱底水舱。工作时，样水由三通阀 7 进入检测室 4，然后从上部的出水口流回舱底（污水柜）。检测室内部为一玻璃管，其顶部有旋塞 2，每当油水分离

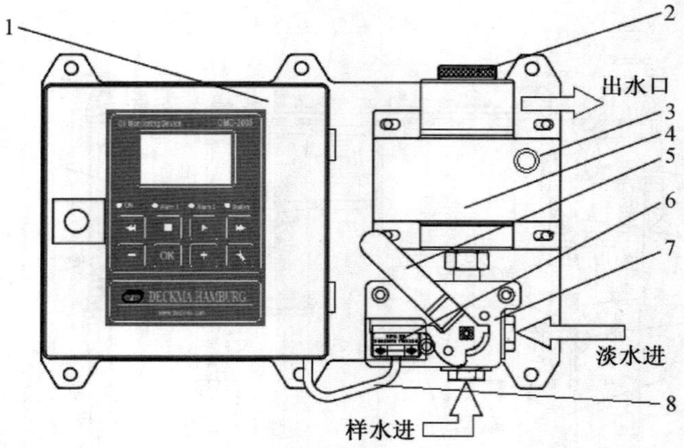

图 6-2　OMD 2005 型油分浓度检测仪

1—控制单元；2—旋塞；3—干燥器；4—检测室；5—转换手柄；6—限位开关；7—样水/冲洗水三通阀；8—电缆

器使用前，需要打开该旋塞对玻璃管内壁进行清洁，以提高检测精度。检测室右上方还有干燥器 3，用于除去玻璃管外侧的水分，以免影响测量效果。转换手柄 5 用于控制三通阀 7，可选择是样水还是清水进入检测室。只有在转至“样水”位置时，限位开关 6 才会检测到信号，油水分离器正常工作；当转至“清水”位置时，控制单元检测不到位置信号，油分检测仪处于清洗状态，污水将只能回到舱底水舱。

五、日常管理注意事项

（1）在使用油水分离器之前，首先要熟悉其操作规程和工作原理及管理要求。

（2）使用油水分离器进行排放，首先应报告轮机长，并征得驾驶员的同意后方可操作。同时要对油水分离器（包括自动排油系统）及油分监测器进行功能试验。

（3）起动油水分离器前尽量将污水收集到污水柜，并进行充分的沉淀。

（4）油水分离器运行中管理：

①注意油水分离器内的温度，以防止过热产生故障。严禁分离器无水时起动加热器。

②对于压力式的分离器，在运转时出现压差过大时，应考虑分离器滤器滤芯的清洗或更换。

③分离器运行中，应避免超负荷，否则会使分离效果下降，而且还会污染分离器内壁。

④认真观察处理后的排出水质，如发现取出水的水样瓶内存有油迹，就意味着油水分离器已经污染，应立即停止分离器的运行，并用蒸汽冲洗。

⑤加强与驾驶台的联系，提醒驾驶员注意监视海面是否有明显油迹，以防油分监测器出现故障造成污染。

⑥油水分离器的排出泵绝大多数都是螺杆泵，使用中绝对不能吸空干转，以免烧毁泵的定子。

（5）停止操作时的注意事项

①停止操作前应进行一次手动排油操作，以排出上部的积油。

②排放结束后，使用清水冲洗油水分离器并运行 15 min 以上。

③停泵后关闭分离器进出口阀,避免筒内充满的清水流失,减少内壁氧化腐蚀。

第三节　船舶生活污水处理装置

一、船舶生活污水处理方法与排放规定

1. 生活污水来源与处理方法

船舶生活污水是指任何形式的厕所、小便池的排出物和其他废弃物,医务室(药房、病房等)的面盆、洗澡盆和这些处所排水孔的排出物,装有活体动物的处所的排出物,或混有上述排出物的其他废水。船舶生活污水含有大量的细菌、寄生虫,有时还含有危害人体及水生物的病毒,如不经任何处理而将其任意排放的话,就可能造成周围水域的污染。

船舶生活污水处理方式如按污水的排放方式可分为无排放型生活污水处理装置和排放型生活污水处理装置。无排放型生活污水处理装置通常包含有船舶储存方式和再循环处理方式;而对于排放型生活污水处理装置,是船舶生活污水经过相应的处理达到相应标准按规定排放,通常船上采用的排放型生活污水处理方式按净化方式的不同可分为:生物学方法、物理化学方法、电化学方法及混合处理方法等。目前,船上普遍采用基于生物化学法的处理排出方式。

生物化学处理是利用微生物来消化分解污水中的有机物,以此使污水净化。船上大多使用的是活性污泥法。使用这种方法应先培植好氧微生物,在有氧与适宜的温度条件下,这些微生物吸收污水中的有机物质,通过其自身的消化分解作用,最终将有机物转化为简单的无机物。微生物在此过程中也得到繁殖。

2. 公约的相关要求

在船上,生活污水不能随意排放入海,需符合如下条件才可排放:

(1)船舶在距最近陆地 3 n mile 以外,使用主管机关认可的系统,排放业经粉碎和消毒的生活污水,或在距最近陆地 12 n mile 以外排放未经粉碎和消毒的生活污水。但在任何情况下,不得将集污舱中储存的生活污水或源自装有活体动物处所的生活污水顷刻排光,而应在航行途中,船舶以不小于 4 kn 的航速航行时,以中等速率排放;排放率应经主管机关根据本组织制定的标准予以批准。

(2)船舶所设经批准的生活污水处理装置正在运转,该装置已由主管机关验证符合公约规定的操作要求,同时该装置的试验结果已写入该船的《国际防止生活污水污染证书》;排出物在其周围的水中不应产生可见的漂浮固体,也不应使水变色。

国际海事组织 MEPC. 159(55)决议要求的生活污水处理装置对生活污水处理后的水质要求标准为:

①耐热大肠杆菌几何平均值不超过 100 mL/100 ml。

②悬浮固体总量几何平均值不超过 35 mg/l。

③5 天生化需氧量(BOD5)几何平均值不超过 25 mg/l。

④化学需氧量几何平均值不超过 125 mg/l。

⑤排出物 pH 值介于 6~8.5 之间。

⑥余氯浓度(Cl-)小于等于 0.5 mg/l。

二、生活污水处理装置的结构形式及工作原理

1. WCB 150 型污水处理装置的工作原理

本装置采用活性污泥法处理有机污染物质,其工作原理如图 6-3 所示。

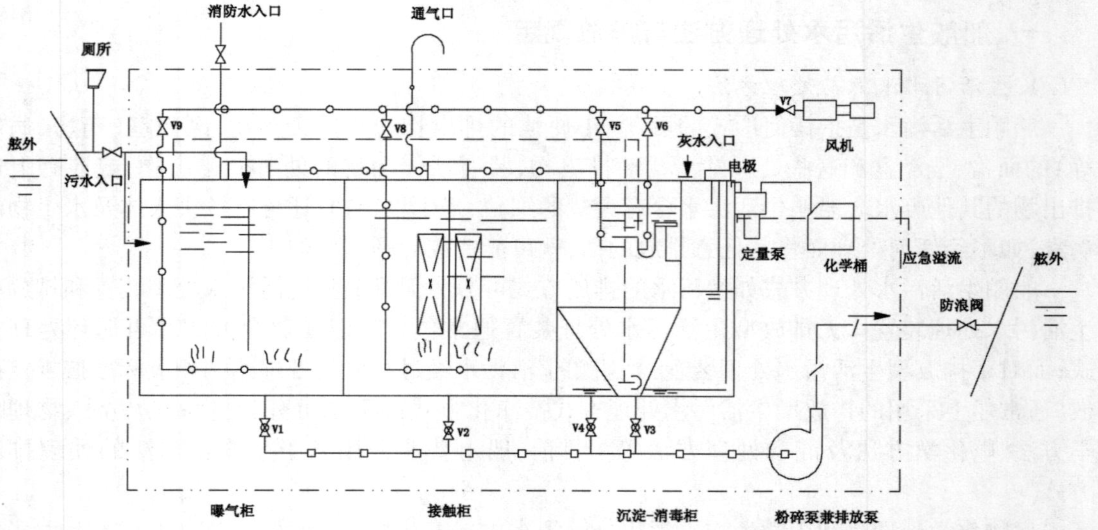

图 6-3　WCB 150 型生活污水处理装置

来自生活区的污水首先进入曝气柜,在由风机不断通入空气的情况下,活性污泥消化分解有机物质,使其变成无害的二氧化碳和水,同时活性污泥得到繁殖。二氧化碳气体由顶部的透气口排出。在有机污染物质减少时,活性污泥细菌呈饥饿状态以致死亡,死亡的细胞就成为附着在活性污泥中的原生物和后生动物的食物而被吞噬。粪便污水中 95%以上是易消解的有机物质,完全被氧化。

在二级接触氧化柜内悬挂有软性生物膜填料,大部分原生动物寄居于纤维生物膜内,同样由于充氧的作用,有机物质进一步与生物膜接触氧化分解。之后,活性污泥与水进入沉淀柜,此时污水中的污泥量已很少。在沉淀柜内累积的活性污泥沉淀物聚集在漏斗型底部,其中一部分经污泥回流管返回一级曝气柜内,以补偿活性污泥的流失,多余部分则定期排出。

如果停机一段时间再起动的话,由于生物膜中尚有细菌的孢子存活,因此比常规曝气法起动时间要快得多。

经过沉淀处理的污水最后进入消毒柜,由含氯药品杀菌,然后由排放泵排至舷外。

污泥排放周期视污水性质和负荷而定,一般 3 个月左右排放一次多余污泥是适当的。

从位于柜顶的消防水入口可向装置内部灌注海水,以进行内部清洗,或在初次起动时向柜内加水。

2. WCB 150 型污水处理装置的主要设备

(1)风机

该风机为单作用叶片泵,故又称气泵。转子偏心地装在泵体内,转子槽内有 4 根叶片。转

子旋转时，叶片在泵腔内往复运动，将空气吸入、压缩、排出，从而将 0.06 MPa 左右的空气经阀 5、6、8、9 送入各柜中。

(2)粉碎泵

粉碎泵即排放泵，用于将处理过的污水排放至舷外。在需要时也可排放本体各柜的污泥。该粉碎泵是在普通离心泵的基础上，于排出口增设一对动刀和静刀而成，用于对排出水中的较大颗粒进行粉碎。

(3)定量泵

定量泵又称加药泵，从化学桶吸入液体，定量地向消毒柜中添加含氯消毒液，用于对消毒柜中污水进行消毒。

3. 日常管理注意事项

(1)为了培植细菌和维持其生命活动，系统要连续运行，尽量不要停用。

(2)对细菌有害的化学制品，如去垢剂、消毒剂、漂白剂、酸等不能混到污水中；否则将导致细菌的死亡。

(3)当检修停用或是清洗柜子内部时，应该尽量缩短停用时间，尽快恢复使用和空气的供应。

(4)每 3 个月检查曝气池活性污泥浓度，一般保持污水呈巧克力色。如果表面出现浮渣，说明浓度过大，需要调整。

(5)要及时补充消毒剂，通常 3 个月补充一次，按每人每月 20 g 量投放。一般是向消毒药筒内投放药片。

(6)污泥排放周期一般为 3 个月，且一定要在公海内排放，不要全部排空，以保留一定量的菌种。

(7)船舶到港停泊期间，粪便处理装置的旁通管系确认关闭，旁通阀最好锁死。

经常检查粪便柜低位和高位警报是否正常，以及粪便排出泵的自动起停等。

第四节　船用焚烧炉

一、船舶垃圾种类与防止垃圾污染的要求

垃圾系指产生于船舶正常营运期间并需要持续或定期处理的各种食品、生活和作业废弃物(不包括鲜鱼及其各部分)船舶垃圾的分类如下：(1)塑料。(2)漂浮的垫舱物料、衬料、包装材料。(3)粉碎的纸制品、碎布、玻璃、金属、瓶子、陶器等。(4)货物残余。(5)食品废弃物。(6)焚烧炉灰渣等。

《MARPOL73/78 公约》附则Ⅴ规定一切塑料制品，包括但不限于合成缆绳、合成渔网、塑料垃圾袋以及可能包含有毒或重金属残余的塑料制品的焚烧炉灰烬，均禁止处理入海；规定了特殊区域内，只有食品废弃物在“距最近陆地”12 n mile 以外才可处理入海，其他垃圾(包括纸制品、破布、玻璃、金属、瓶子、陶瓷、垫舱物料、衬料和包装材料)均不得处理入海。而在特殊区域以外，在距“最近陆地”25 n mile 以外，可将漂浮的垫舱物料、衬料和包装材料处理入海；

在距“最近陆地”12 n mile 以外,可将食品废弃物和一切其他垃圾(包括纸制品、破布、玻璃、金属、瓶子、陶瓷及类似废弃物)处理入海;在距“最近陆地”3 n mile 以外,可将经过食品粉碎机或磨碎机粉碎或磨碎的食品废弃物和一切其他垃圾(包括纸制品、破布、玻璃、金属、瓶子、陶瓷及类似废弃物)以及粒径不大于 25 mm 的垃圾处理入海。

二、船舶垃圾的处理方法

对不同的垃圾可采用不同的处理方法,船舶垃圾处理方法主要有三种:暂时收存、粉碎处理和焚烧处理。

1. 暂时收存

暂时收存方法就是在船上设置固体垃圾收存柜、垃圾集装箱或使用聚乙烯材料制成的垃圾存放袋,排出的各种垃圾收存在这些柜、袋中。当船舶进港后再将收存的垃圾送交岸上的垃圾处理单位处理或船舶航行到非限制海域时投弃入海。

2. 粉碎处理

根据防污公约和法规,大部分垃圾经过粉碎即能在离岸 3 n mile 以外排放入海。粉碎处理方法是:先将废弃物高温消毒、除臭,然后利用粉碎机将废弃物粉碎成允许排放的粒度,再排放入海。这种方法可用于食品废弃物和小块木屑的粉碎处理,但一般多用于不可燃烧的玻璃器皿、金属罐、盒等物品的粉碎处理。

3. 焚烧处理

焚烧处理即是将可燃的垃圾送入焚烧炉内焚烧(公约禁止在船上焚烧的物质除外),垃圾燃烧后的残渣几乎没有污染,可在任何海域自由排放。焚烧处理垃圾时需消耗一定量的燃料,多数船舶是以安装在机舱内的废油焚烧炉兼作垃圾焚烧炉。

此外,MARPOL 公约附则Ⅵ还规定:船上焚烧只允许在船上焚烧炉中进行;但船舶正常操作过程中所产生的污油和渣油,也可在主、副发电机或锅炉内进行,但是这种焚烧不能在码头、港口和河口内进行。

三、船用焚烧炉工作原理及操作

船用焚烧炉是用来焚烧船上的污油、油渣、生活污水处理装置排出的污泥以及机舱废棉纱、食品残渣和其他可燃固体垃圾。其中污油是通过污油燃烧器燃烧;固体垃圾是经投料口送入炉内燃烧;生活污泥可送入污油柜中与污油混合,经粉碎泵循环粉碎后,通过污油燃烧器喷入炉内燃烧。下面以 ATLAS 200 SL WSP 型焚烧炉为例进行介绍。

1. 焚烧炉的工作原理

ATLAS 200 SL WSP 型焚烧炉,配有标准污油柜。在标定工况下,该焚烧炉的污油处理量为 24 L/h,垃圾的处理量为 40 kg/h。如图 6-4 所示为该焚烧炉的系统原理图,主要包括焚烧炉本体和各个系统,如燃油系统、污油系统、空气/烟气系统、压缩空气系统和蒸汽加热系统等。

(1)焚烧炉本体

焚烧炉本体主要包括一级燃烧室、二级燃烧室、烟道、内/外加料门、出灰门等。炉体顶部装有一台鼓风机、污油燃烧器(自带风机)、污油定量泵、一级/二级燃烧器模块(包括燃烧器、风机、柴油泵)。一级燃烧室用于焚烧污油或固体垃圾,二级燃烧室用于焚烧来自一级燃烧室的未完全燃烧气体,以降低废气对大气的污染程度。固体垃圾先后经外、内加料门方可进入一

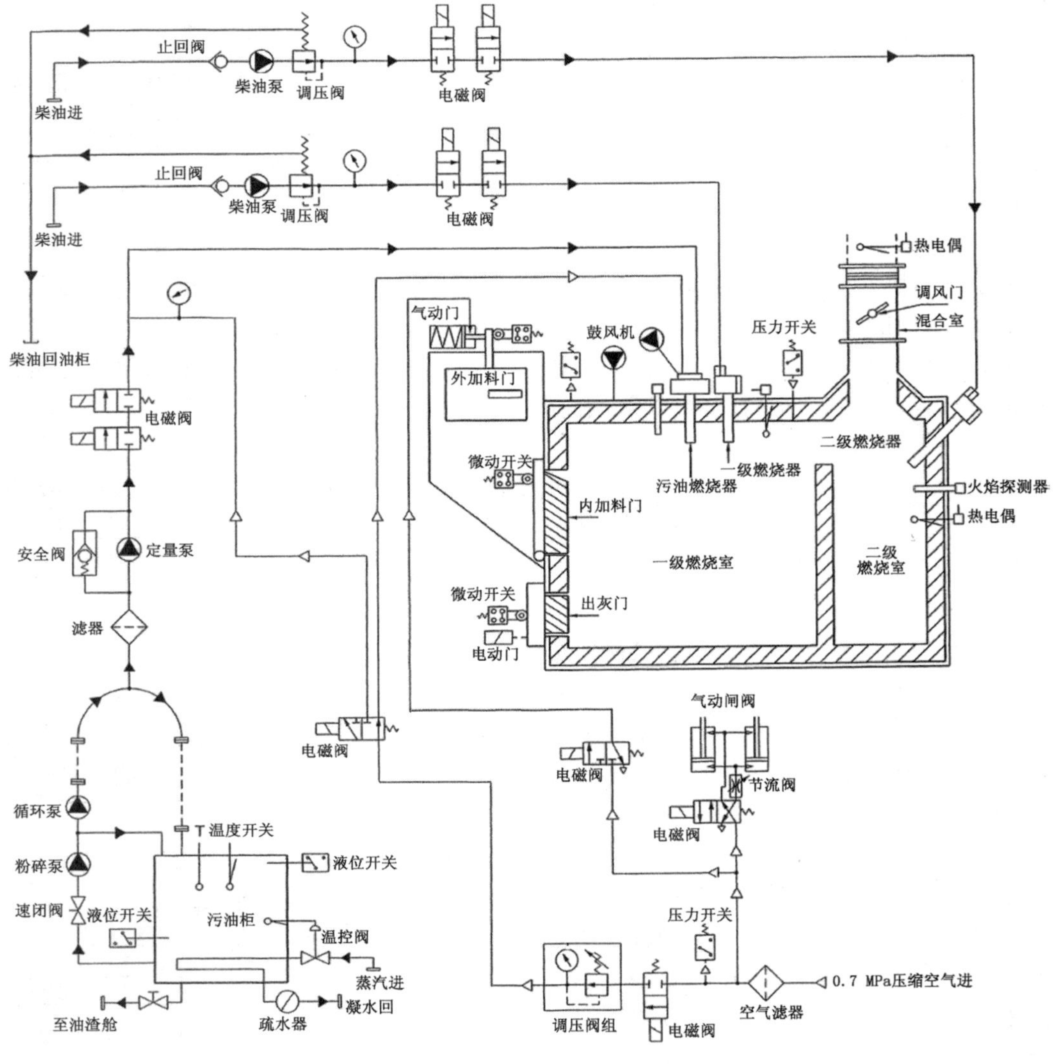

图 6-4　ATLAS 200 SL WSP 型焚烧炉系统原理图

级燃烧室，燃烧产生的灰渣从出灰门排出。

(2)燃油系统

燃油系统有两路，分别由两台柴油泵从焚烧炉柴油柜吸入，经各自的调压阀和电磁阀后再分别进入一级燃烧器和二级燃烧器。一级燃烧器用于对一级燃烧室预热，并引燃固体垃圾和污油燃烧器；二级燃烧器用于对二级燃烧室预热，并燃烧来自一级燃烧室的未完全燃烧气体。

(3)污油系统

污油由粉碎泵(带刀片的离心泵)从污油柜吸入，然后再回到污油柜，如此多次循环加热、粉碎和搅拌后，可形成小颗粒的乳状液；同时，污油循环泵(单螺杆泵)从粉碎泵的出口吸入污油，然后流回污油柜，用于对污油管路保温。污油柜中设有蒸汽加热器，通过蒸汽管路上的温控阀控制加热温度。污油定量泵(单螺杆泵，由变频电机驱动)经滤器从污油循环管路中吸油，然后将其送至污油燃烧器进行燃烧。在工作过程中，污油定量泵会根据一级燃烧室内温度的变化来调节污油的供应量。

(4)空气/烟气系统

本装置中有两类空气,分别是冷却空气和燃烧空气。冷却空气由装于焚烧炉顶部的鼓风机送入焚烧炉炉壁内的空气夹层,用于冷却焚烧炉外壳,并与燃烧后的高温烟气混合,以冷却并稀释排出的烟气。燃烧空气由相应的燃烧器自带风机提供,分别为污油燃烧器、一级燃烧器和二级燃烧器提供燃烧空气。

(5)压缩空气系统

压缩空气系统可向焚烧炉提供三路0.7 MPa的压缩空气。其中第一路经调压阀组进入污油系统,供污油燃烧器雾化使用;第二路空气经电磁阀进入气动门,用于打开外加料门的锁闭机构,以便向其中投放垃圾(该气动门靠弹簧力关闭);第三路空气经电磁阀和节流阀后进入气动闸阀,用于控制内加料门的启闭,从而向炉膛内投放垃圾。

(6)蒸汽加热系统

污油柜中设置有蒸汽盘管,用于对污油进行加热,并可使其中的水分挥发出去,以提高污油的可燃性能。加热温度通过蒸汽进口管路上的温控阀来设定和控制,一般设定为110~120 ℃。

此外,系统中还有各种控制元件,如液位开关、温度开关、微动开关(限位器)、火焰探测器和热电偶等,用于实现焚烧炉的自动控制,并可在装置运行异常时发出声光报警,乃至停止燃烧。

工作时,污油的燃烧由污油系统来实现;对于垃圾的处理,可装入垃圾袋中,在停炉时直接从加料门投入炉内,然后再点炉让其在高温炉膛的热辐射下自燃,也可以在烧污油时直接从加料门投入。燃烧后产生的灰渣从电控的出灰门排出。

2. 焚烧炉燃烧器

焚烧炉中一般设置有辅助燃烧器和污油燃烧器。辅助燃烧器可燃用重油或柴油,用于预热炉膛,保持炉内足够高的温度,以引燃污油燃烧器及固体垃圾;污油燃烧器只用于焚烧污油。ATLAS 200 SL WSP型焚烧炉设置有两个柴油辅助燃烧器(一级/二级燃烧器)和一个污油燃烧器。

辅助燃烧器采用的是压力式燃烧器,其基本原理较为简单,这里仅介绍气流式污油燃烧器。

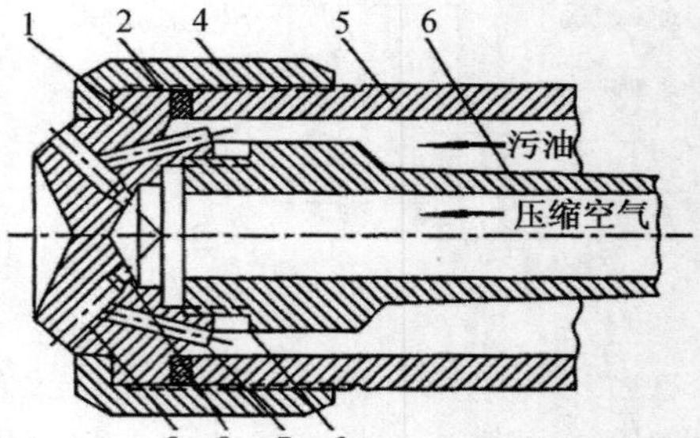

图6-5　气流式污油燃烧器

1—喷嘴体;2/3—垫圈;4—喷嘴帽;5—外管;6—内管;7—油孔;8—气孔;9—混合孔

如图6-5所示为焚烧炉气流式污油燃烧器的原理图。该气流式燃烧器利用压缩空气(也有些气流式燃烧器使用蒸汽)使污油雾化而燃烧。这种燃烧器的喷嘴采用套管形式,外管5内套有内管6,从而在内、外管之间形成环形污油通道。工作时,压缩空气从气孔8中高速喷出,与从油孔7喷出的污油在混合孔9内高速撞击,污油被撕碎成细小油滴。雾化后的小油滴与燃烧风机供入的燃烧空气充分混合,然后在燃烧室中燃烧。这种燃烧器雾化效果好,与空气混合均匀,燃烧迅速,炉膛负荷高,污油在炉内燃烧时间短,焚烧量大。其缺点是对污油中颗粒的直径要求较高,需要将粒径控制在0.8 mm以下;否则喷嘴容易堵塞。

3. 焚烧固体垃圾的处理程序及注意事项

(1)燃烧固体垃圾应在点炉前打开送料口送入炉膛。

(2)点火前应先扫气 30 s 以上,以去除炉膛内的油气,防止爆炸。

(3)由于固体垃圾迅速燃烧,必须控制好燃烧量。含热量太高的垃圾必须严格控制。最好每次烧少许固体垃圾,以没有黑烟和余灰为佳。

(4)焚烧含油垃圾时,一次不要装得太多,并注意液体污油不要随含油垃圾一起倒入焚烧炉,以免污油渗入到耐火材料使其烧坏。

(5)焚烧固体垃圾时,燃烧风机一直运行,确保冷却空气供给;否则将会对设备有严重损害。

(6)每次燃烧后要及时清洁主燃烧器、点火燃烧器、火焰探测器,甚至在燃烧液体污油垃圾时也应如此。

4. 日常保养工作

(1)每次使用前对焚烧炉炉膛进行检查,及时修补损坏的耐火材料。

(2)定期检查炉门,有泄漏时必须更换其密封填料。

(3)视情况拆检燃烧雾化器,包括点火电极和油嘴,定期对点火油泵和废油泵进行拆检,特别是废油油泵,建议使用 3 个月左右解体一次,绝不能等到不能使用再解体。

(4)定期对焚烧炉自动控制系统进行维护,经常测试焚烧炉排烟废气和燃烧温度的报警值、特别注意灭火停炉的功能测试。

(5)焚烧炉系统中的压力表,温度指示器一定要准确,有问题及时清理或更换。

(6)焚烧固体垃圾和焚烧污油水最好分开操作,因为焚烧含油棉纱等固体垃圾时,极易使油头、点火电极、光敏电阻等部件污染,应及时做好清洁工作。以免影响焚烧污油水时的点火和雾化。

(7)焚烧炉炉灰应妥善存放,到合适港口退岸接收,收据由大副记录于垃圾记录簿中,焚烧垃圾的时间和数量要及时报告给大副,以便大副在垃圾记录簿中做相应记载。

第五节　压载水处理装置

船舶有大量压载水在世界各地港口转移,并有多种外来生物随压载水迁移。少数外来物种对当地物种和生态平衡构成威胁。压载水带来的负面影响可以分为:生态、经济、人类健康三个方面。

鉴于压载水问题给人类生产、生活及生态环境所带来的影响,国际海事组织(IMO)于 2004 年 2 月通过了《2004 年国际船舶压载水及沉积物控制和管理公约》,该公约旨在通过对压载水及沉积物的控制,来防止、减少或消除对人类健康、环境、财产和资源有害的病原体和微生物的传播。截止至 2016 年 9 月 8 日,随着芬兰的批准加入,生效条件已经满足(合计占世界商船总吨位不少于 35%的至少 30 个国家批准一年后生效)。2017 年 9 月 8 日以后建造的船舶和 2019 年 9 月 8 日后首次更换 IOPP 证书的现有船舶均需满足 MEPC69 的要求,排放须满足 D2 标准。船舶需持有如下证书和文件:(1)压载水管理计划。(2)压载水记录簿。(3)国际压载水管理证书。

一、压载水处理基本方法与类型

压载水的管理主要包括两种方式，压载水置换（D1）和压载水处理（D2）。

压载水置换是指要求在深海中将在港口内装载的压载水置换成深海中的水，因为深海中的水即使携带某些水生物，被排放到接收港水域内后，水生物一般因生存条件的差异性也不易存活，因而减少或避免了对当地港口水生环境的不利影响。

压载水处理则是指对加装上船的压载水在排放到另一水域内前必须对其中的水生物进行杀灭处理，使得其在压载水中的存活率达到一定的限定标准而不会再对接收港水域造成不利影响。就 IMO“压载水公约”而言，压载水置换要求仅是一种过渡性管理措施，而最终的压载水管理目标是必须对加装到船上的压载水进行处理达到一定的标准后，才允许排放。

1. 船舶压载水的置换

船舶在航行途中，水深 200 m 以上，距岸超过 200 n mile 或离岸航行时间超过 48 h 航程，对在港口或沿海打入的压载水进行更换。按照处理方式的不同，置换法具体可分为三类：

（1）排空法

又称逐一置换法，是指逐一将压载舱中的压载水排空然后重新泵入洁净的深海海水。该方法更换压载水比较彻底，并且耗时较少。该方法对船舶的吃水差和稳性、船舶的局部强度和总纵强度均有较大影响，采用排空法进行压载水置换的船舶必须具有一系列的措施、计算工具、操作规程等确保船舶的安全。

（2）溢流法

又称为注入顶出法，是指从压载舱的底部泵入清洁海水，使原来的压载水通过溢流作用从顶部排出。该方法不改变船舶的吃水差和稳性，对船舶的局部强度和总纵强度影响较小。采用溢流法的船舶对其透气溢流管需特殊设计。注入 3 倍舱容可更换 95%，达到要求。

（3）巴西稀释法

是指大洋海水从压载舱顶部注入，底部流出的方法。3 倍原舱容量可稀释置换 90% 以上的原压载水。此方法相比于注入顶出法，不但可以减少寒冷的天气下甲板结冰的危险，还有利于搅起沉积物，效果更好。

2. 压载水处理方法及排放标准

（1）机械处理

利用机械手段，如过滤、旋流分离等将压载水中的生物和病原体分离，达到初步的处理效果，但是对细小的微生物和病毒分离效果较差。

①过滤法：过滤法处理压载水被认为是一种对环境危害最小的处理方法。通过过滤装置滤除海水中一定体积的微生物或其他污染物。采用与拟滤出的微生物尺度相适应的滤网或滤芯（网格尺寸 10~50 μm），可以有效地去除较大尺度的、不同的生物种群。

②旋流分离法：利用管路中高速流动的水流产生的分离作用，将固体生物和病原体从压载水中分离出去。离心分离是一种利用旋转部件对海水进行重力分离，以除去比重与海水存在差异的微粒和生物体的方法。

（2）物理法

物理处理方法是指采用物理方法来达到分离、排除或灭杀海水有害生物和物质的目的，主要包括加热处理、紫外线辐射、超声波处理等。

①加热法:其主要原理是利用高温杀死压载水中的有害生物。研究表明,温度在 38～50 ℃,持续加热 2～4 h,可杀灭大部分生物,但如果生物以休眠孢子形式存在的话,可能不一定杀灭,并在合适的条件下萌发生长,这样,就需要更高的温度才能杀灭。对于压载水量较大或废热较少的船舶很不经济,而且温度过高会产生加速舱壁锈蚀和设备损坏等其他负面作用。

②紫外线法:被紫外线照射的细胞核核酸会产生光化学反应,从而使 DNA 丧失活性不能正常复制,生物生命活动不能进行,细胞不能进行分裂而死亡。

③超声波法:超声波会产生气穴现象,这将产生一系列的作用:如切力、压力、局部加热以及产生自由基。通过三个部分的共同作用,可将经处理的压载水达到 IMO 排放标准。

(3)化学法

化学处理法是通过改变压载水中某些化学物质或元素的含量,从而抑制有害细菌与微生物生长和繁殖。

①电解法:电解法通过电解海水生成有效氯,进而灭除有害水生物。此外电场也有较强的杀菌作用,通过电击穿造成细胞膜穿透,还会造成膜蛋白酶功能失调,从而引起细胞死亡。

②羟基自由基:羟基具有极强的氧化性,通过其强氧化性和无选择性彻底杀灭有害水生物和病原体。羟基溶液能够快速有效地氧化分解各种有机物和无机物,并且处理后生成水和氧气,不存在对环境的后续污染。

(4)压载水处理指标

IMO 关于压载水处理装置处理后的水质指标如表 6-2 所示。

表 6-2　压载水排放水质指标

生物类型	标准
最小尺寸大于或等于 50 μm 的存活生物	少于 10 个/m^3
最小尺寸小于 50 μm 但大于或等于 10 μm 的存活生物	少于 10 个/ml
有毒霍乱弧菌(O1 和 O139)	少于 1 cfu/100 ml(菌落形成单位)或小于 1 cfu/g 浮游动物样品(湿重)
大肠杆菌	少于 250 cfu/100 ml
肠道球菌	少于 100 cfu/100 ml

二、对压载水处理系统的主要要求

(1)压载水处理系统应持有必要的证书。根据公约规则第 D-3 条规定,为符合本公约而使用的所有压载水处理系统必须由主管机关认可,使用活性物质的压载水处理系统还应由国际海事组织(IMO)根据其制定的程序认可。如对于使用活性物质技术(化学处理法)的压载水处理系统,除需持有主管机关签发的型式认可证书外,还应通过 IMO 的基本认可和最终认可。

(2)处理装置及其所用材料的防护等级(IP 等级)以及防火等级应满足船级社对其安装在船位置的要求。应特别关注,处理系统安装在危险处所时对设备的防爆要求,如安装在货泵间的设备必须是合格防爆电气设备,但对于安装在机舱的设备,没有防爆等级要求。

(3)系统布置中应预先考虑安装取样装置,以用于港口国或主管机关授权管理人员检查等目的,确认符合压载水公约 D2 排放标准。取样位置和取样装置的布置应符合 IMO 压载水取样导则(G2)的相关要求。

(4)压载水管理系统应包括控制设备,这种控制设备能自动地监视和调整必要的处理剂量、强度或船舶压载水管理系统的其他方面。它不直接影响处理过程,但能够对必要的处理过程进行适当的控制。

(5)控制设备应能够在压载水管理系统操作过程中对其运行进行持续监视。监测设备应记录压载水管理系统的正常运行或故障情况。

(6)为了便于实施公约规则 B-2,记录应能在控制设备中保存至少 24 个月,并能按正式的检查要求显示或打印。如果更换控制设备,应采取措施确保更换前的数据记录在船上保存 24 个月。

三、压载水处理装置实例

如前所述,压载水处理方法较多,目前船用压载水处理装置工作原理也是多样的。紫外线压载水处理装置是一种比较典型的压载水处理系统。以 BOS500 为例介绍中远海盾 COSCO Blue Ocean Shield(BOS)型压载水处理装置,该系统采用物理过滤方式去除水体中的 50 μm 以上的生物体,并通过紫外线照射杀灭水体中小于 50 μm 的生物体。其主要参数为:

(1)处理能力:500 m^3/h。

(2)组合方式:过滤+紫外。

(3)功率:45.1 kW。

(4)工作压力损失:0.04 MPa。

(5)设计压力:1.0 MPa。

1. 系统组成

本装置由全自动反冲洗过滤器(包含反冲洗气瓶)、紫外灭活系统(包含紫外电源柜)和集成控制系统三个部分构成。

(1)全自动反冲洗过滤器

全自动反冲洗过滤单元包括一个过滤器,为自动自清洗过滤器,并配有一个辅助气瓶,空气瓶的容积为 0.4 m^3,工作压力为 0.7 MPa。过滤器的功能是去除压载水中 50 μm 以上的颗粒和浮游生物。如图 6-6 所示为过滤器外形图。

过滤器总体为圆柱外形空腔罐体,罐体被分为上下两腔,下腔为滤前腔,上腔为滤后腔,两腔之间以管板分隔。管板上开有若干螺孔,每孔固定一根滤芯。滤前水可通过滤芯表面的微孔进入滤芯内,沿滤芯管腔上行,从滤芯开口端流出进入过滤罐上腔。滤前水中的颗粒物则被截留在滤芯外壁上,杂质在滤网表面聚集并形成“滤饼”,致使滤网内外形成压差。

过滤器上腔开有出水口和进气口,出水口用于滤后水流出,进气口则是在反冲洗滤芯时高压气进入罐体的通道,两者外侧皆装有气动蝶阀用于控制通路开闭。

(2)紫外灭活系统

紫外灭活系统包括一个紫外反应器,以及与其配套的紫外电源柜,紫外灭活单元的功能是杀灭待处理压载水中的浮游生物和微生物。紫外反应器采用“十字交叉”布局设计,使高剂量输出介质中压灯管与流体垂直。紫外反应器由不锈钢外壳及紫外线灯管组成,水流流经该单

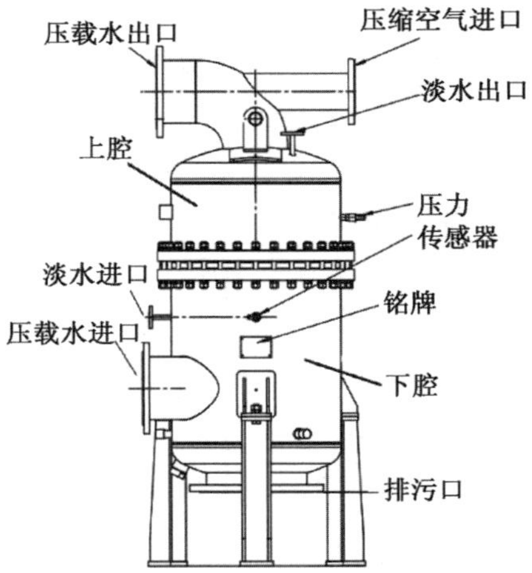

图 6-6　压载水处理装置过滤器外形图

元完成处理过程，紫外灯管外套石英套管安装于紫外反应器内，水流可以从各方向经过套管。

紫外线反应器由五大部分组成，分别为紫外线反应器筒体、机械清洗装置、接线盒、紫外线光强度传感器、温度传感器等。

①紫外线反应器筒体

如图 6-7 所示为紫外线反应器筒体外形图。筒体是水流与紫外线进行反应的场所，筒体上设置有进出水口，主水流流动方向与灯管布置方向垂直，筒体内利用密封支撑结构安装有紫外套管，在筒体与套管外形成一个过流空间，筒体上开有一个检修孔，检修时可以开启使用。

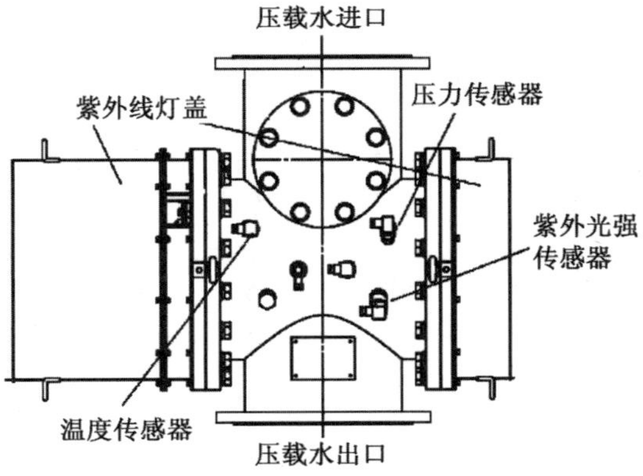

图 6-7　紫外线反应器筒体外形图

②机械清洗装置

如图 6-8 所示为紫外线反应器机械清洗装置图。机械清洗装置由丝杠螺母机构驱动，带动刮板在石英套管表面实现机械清洗，去除石英套管表面的污垢，恢复其透光能力。

③接线盒

用于内外部电缆连接。

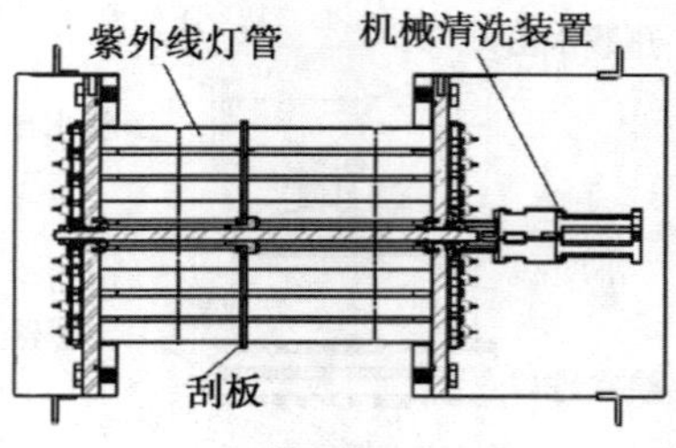

图 6-8　机械清洗装置图

④紫外线光强度传感器

用来检测筒体内检测点位置的紫外线强度,以及监控石英套管的污染程度。

⑤温度传感器

用于检测紫外线反应器腔体内的温度,避免紫外线灯管过热。工作过程中如果紫外线反应器内的温度超过 50 ℃,紫外线反应器将自动切断电源进行保护。

集成控制系统包括一个系统控制箱和一系列传感器和执行器件。集成控制系统的职能包括:人机界面职能、全自动的系统工作过程控制、手动控制职能、设备的故障记录和报警职能、设备运行状况记录职能。在集成控制系统内,过滤器和紫外灭活系统以及 BOS 系统内的阀门实现了协调动作,最大程度地确保了设备的连续稳定运行,降低了操作人员的劳动强度。

2. 工作原理

如图 6-9 所示为压载水处理装置系统图。压载水处理装置的工作模式分为压载模式、排载模式、旁通模式及扫舱模式。在船舶注入压载水期间,系统在压载模式下运行,注入压载舱

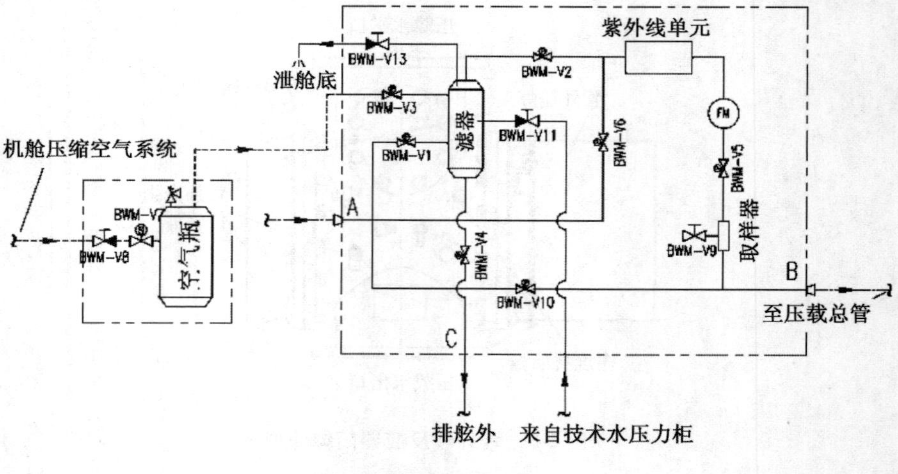

图 6-9　压载水处理装置系统图

的压载水分别经过过滤器和紫外线反应器处理后,注入压载舱。过滤器利用压载泵提供的压力强制压载水通过过滤器内的过滤面,去除 50 μm 以上的生物体和大颗粒杂质,实现紫外灭活前的预处理。紫外线反应器内高强度紫外线直接灭活过滤后压载水内的浮游生物和微生物后,将处理后的压载水注入压载舱。每次压载结束时,紫外自清洗机构将会自动运行一次。具体操作为:压载时,打开 BWM-V1、BWM-V2、BWM-V5,关闭 BWM-V6,舷外水经过压载泵、过滤器和紫外线反应器处理后进入压载舱。压载过程中,当过滤器上下腔压力差达到预设值或者

设定时间时，进行全自动反冲洗。如图 6-10 所示为压载模式的示意图。

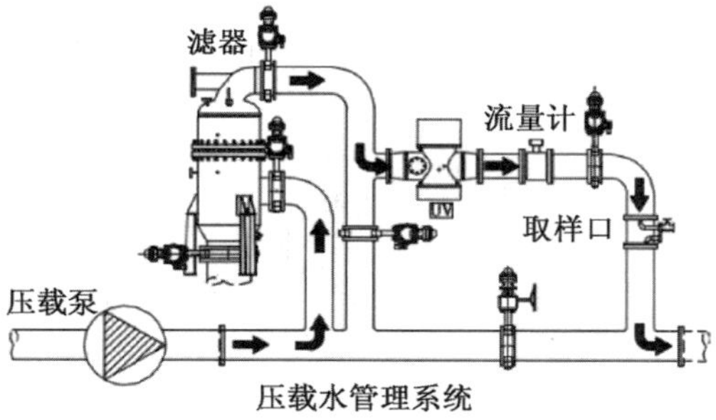

图 6-10 压载模式示意图

如图 6-11 所示为排载模式的示意图。当船舶需要将压载水从压载舱内排出时，本系统工作在排载模式。压载水经压载泵泵出压载舱后，流过本系统内的过滤器旁路，进入紫外线反应器做灭活处理，之后通过出海口排到舷外。每次排载结束时，紫外自清洗机构将会自动运行一次。排载时，打开 BWM-V6、BWM-V5，关闭 BWM-V1、BWM-V2，压载舱水不经过过滤器、只经过紫外线反应器处理后排舷外。在进行压载舱扫舱时，压载水和扫舱工作水混合经过滤器和紫外线反应器处理后排放入海，由于此时压载水流量较小，因此可以调节紫外线反应器紫外线光强度以达到节能的目的。

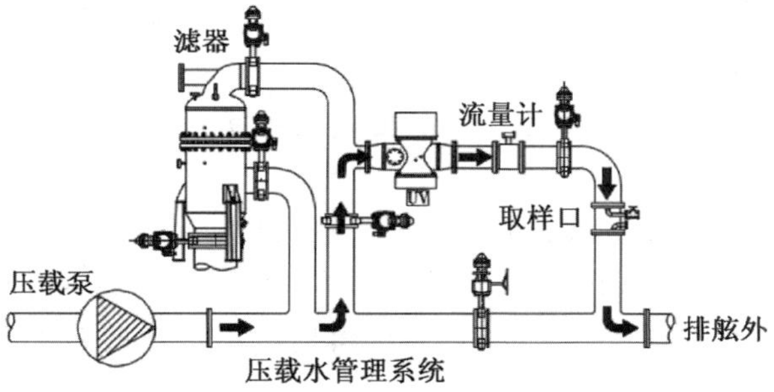

图 6-11 排载模式示意图

当压载水管理系统不能正常工作而需压载或排载时，或者船舶在紧急情况下，可以打开压载水管理系统旁通阀，起动海水旁通模式，不经过压载水管理系统实现船舶的压、排载，按照公约要求，船员需记录旁通事件。

处理扫舱水时，原海水经粗滤器过滤后和扫舱水经喷射泵混和后进入紫外线反应器，经处理后排海，对应扫舱水处理模式下，紫外线反应器经变频调节以匹配扫舱泵流量，达到节能目的。每次扫舱结束后，紫外自清洗机构将会自动运行一次。

3. 取样

为了验证压载水的处理是否达到了公约规定的标准，可对压载水进行取样。一般采用在管路上设置取样器的方式进行，本例采用的便是取样器取样方式。在压载水排放管路中进行生物群取样的优点是，最有可能准确地代表实际排放物中各种物质和生物的浓度，此为排放物符合性检查的首要因素。如图 6-12 所示为在压载管路中取样器的示意图。

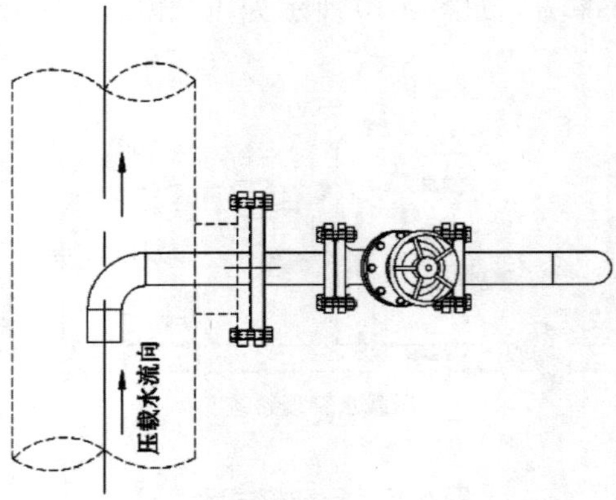

图 6-12　压载水取样器示意图

4. 维护保养要点

(1)过滤器及空气瓶

①使用设备时,请注意每一根管线接头与螺栓连接处,及时发现有可能的渗漏或松脱状况。

②压缩空气瓶使用过程中会凝结液态的水,并聚集在空气瓶内。空气瓶下方有排水阀门,操作人员应该定期打开排水阀排放凝水。

③气源分配器下方有排水阀门,操作人员应该定期打开排水阀排放凝水。

④检查牺牲阳极电极锌棒。

⑤定期检查滤器状况,如果滤器出现损坏要及时更换,以避免降低处理效果。

(2)紫外线反应器

①通过控制系统中的各种显示器和指示灯。然后根据指示灯,显示指标正确判断灯管电源是否正常接通,工作温度是否正常,灯管的紫外线光强度是否在额定数值。

②紫外线灯使用时间超过设计时间后,系统将提示用户更换紫外线灯管。需要根据提示及时更换紫外线灯。

③通过观察套管法兰端盖处的密封口是否渗水判断是密封圈损坏还是套管损坏,若是套管损坏应立即更换套管,需要立即关闭阀门,排空紫外线反应器。

第六节　船舶柴油机废气污染与防止措施

柴油机排出的废气是由燃烧产物与剩余空气组成的,可分为有害成分和无直接危害成分,无直接危害成分有水蒸气(H_2O)、二氧化碳(CO_2)、过量空气以及残余氮(N_2)等;有害成分又称污染物,包括一氧化碳(CO)、氮氧化物(NO_X)、碳氢化合物(HC)、二氧化硫(SO_2)、三氧化硫(SO_3)、臭氧和微粒物质等。

一、柴油机排放物对大气的污染

1. 氮氧化物(NO_X)

柴油机排气中的氮氧化物90%以上是NO,少量是NO_2,因此用NO_X表示。NO是无色气体,本身毒性不大,但在大气中会缓慢氧化成NO_2,NO_2是一种棕色的刺激性气体,对肺和心肌有很强的毒害作用。船舶柴油机废气中的氮氧化物与其他大气污染物经紫外线照射发生反应形成的有毒烟雾即光化学烟雾。光化学烟雾具有特殊气味,刺激眼睛,伤害植物,并能使大气能见度降低。另外,氮氧化物与空气中的水反应生成的硝酸和亚硝酸是酸雨的成分。

2. 碳氢化物(HC)

HC包括未燃和未完全燃烧的燃油、润滑油及其裂解和部分氧化的产物,如烷烃、烯烃、芳香烃、醛酮酸等数百种成分。烷烃基本上无味,对人体健康不产生直接影响。烯烃略带甜味,有麻醉作用,对黏膜有刺激作用。它与氮氧化物一起在太阳光的紫外线作用下形成有毒的光化学烟雾。芳香烃对血液和神经系统有害,特别是多环芳香烃(PAH)及其衍生物有致癌作用。醛类是刺激性物质,对眼、呼吸道、血液有毒害。

3. 一氧化碳(CO)

CO是无色无味的有毒气体,吸入人体后能与血红蛋白结合成碳氧血红蛋白,导致人体组织缺氧,发生恶心头晕等,严重时窒息死亡。柴油机的排气中CO含量较少,只在高负荷运转时排放量较高。

4. 硫氧化物(SO_X)

硫氧化物包括二氧化硫(SO_2)和三氧化硫(SO_3),其中,二氧化硫可引起呼吸器官炎症。另外,它进一步氧化的产物SO_3与水分作用产生硫酸并形成酸雨。

5. 二氧化碳(CO_2)

二氧化碳本身是无毒、无害气体。二氧化碳排放过多最大的危害是导致温室效应。二氧化碳气体具有吸热和隔热的功能。它在大气中增多的结果是形成一种无形的“玻璃罩”,使太阳辐射到地球上的热量无法向外层空间扩散,其结果是地球表面变热。

6. 微粒(PM)

柴油机排出的微粒物质主要有黑烟、蓝烟和白烟。黑烟是燃油不完全燃烧生成的炭烟,黑烟不但影响视线,对人的呼吸系统产生危害,而且由于在炭烟微粒的孔隙中吸附有SO_2和多环芳香烃,有致癌的危险。蓝烟和白烟往往发生在柴油机起动和低负荷运转时,它们都是燃油或润滑油的微粒,但粒度不同,蓝烟颗粒更细小。

二、MARPOL公约附则VI关于氮氧化物排放和燃油硫含量的规定

IMO于1997年9月通过MARPOL73/78公约1997年议定书,为防污公约新增了一个附则VI(防止船舶造成空气污染规则)。1997年议定书生效后,MEPC考虑到当时的技术可行性和进一步降低排放的需要,先后于2005年7月召开的第53届会议和2008年10月召开的第58届会议上通过了附则VI和NO_X技术规则的修正案。2008年修正案于2010年7月1日生效。2011年1月1日之前装船使用的二冲程低速柴油机NO_X排放限值为17.7 g/(kW·h)(Tier Ⅰ);2011年1月1日以后铺龙骨的船上使用的二冲程低速柴油机需要减少到14.4 g/(kW·h)(TierII);2016年1月1日及以后新造的船舶,在特定的排放控制区域,NO_X的排放

要在 Tier Ⅰ的基础上减少 80%(Tier Ⅲ),在其他区域还是执行 Tier Ⅱ的排放规则。限制曲线如图 6-13 所示。

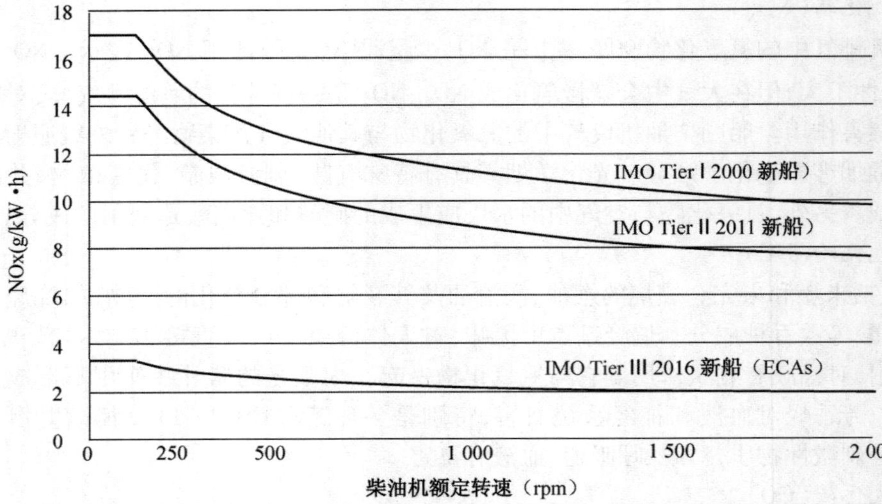

图 6-13　IMO NO_X 排放限制

MARPOL73/78 公约附则Ⅵ关于燃油含硫量的要求,如图 6-14 所示,包括各排放控制区的相应限制。到 2020 年全球海域内船舶使用的重油含硫量不得超过 0.5%,在 SECA 区域,自 2015 年起硫含量不得超过 0.1%,在美国加州海岸和欧洲港口 2012 年 1 月已经实施了燃油含硫量不超过 0.1%的规则。

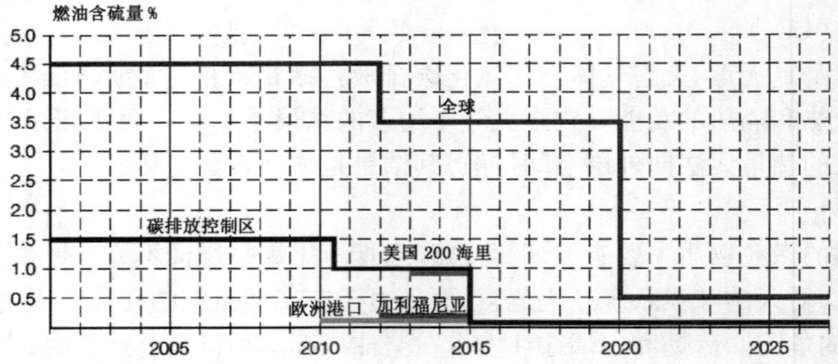

图 6-14　船舶燃油含硫量限制线

三、控制船舶柴油机废气排放的方法

1. 硫氧化物(SO_x)的排放控制

如图 6-14 所示,在全球范围内的不同区域,对船用燃油含硫量有不同要求,为适应其要求,船舶柴油机排气可通过以下几种方法满足要求:

(1)使用脱硫重油

船舶使用经过脱硫处理的重油,可在进入排放控制区更换低硫重油。该类型船舶要求有相应的低硫油储存舱、油柜,在更换时要确保有一定的提前量,确保在进入排放控制区时能够将油柜、管系中高硫燃油用完,或者使正在燃烧的燃油含硫量符合要求。操作上要求有完整的换油程序,并配合更换相应的气缸油。由于在全球范围内还不能保证脱硫重油的供给,所以,采用此方法要确保在航行区域内有符合要求的脱硫重油。

(2)使用轻质低硫燃油

使用轻质低硫燃油,可以满足最严格的燃油含硫量限制(0.1%),在现有的燃油中只有MGO可满足这一要求。船用燃料油国际标准ISO 8217包括轻质油4种,常规的称为MGO和MDO,分别是DMX、DMA、DMB、DMC。目前船舶航行在SECA之外时基本都使用燃料油,其硫含量标准不满足欧盟低硫燃油的使用要求。当船舶进行低硫油转换时,则需要使用轻质油(MGO或MDO)。轻质燃油具有以下特点:

①轻质低硫燃油主要特性有密度低、黏度低、润滑性差、闪点低、硫含量低等特点。其给设备安全带来的影响体现在:低黏度,ISO8217轻质油MDO(DMA)在40 ℃时最小黏度为1.5 cSt,最大黏度为6.0 cSt。据统计,含硫量低于0.1% m/m的燃油40 ℃时黏度基本在2~4 cSt。传统柴油机(主机、辅机)推荐使用燃油喷射黏度为10~15 cSt。过低的黏度会导致喷油器、高压油泵等运动部件由于润滑性能变差而加快磨损,甚至咬死等事故。从柴油机厂家提供的相关低硫燃油操作技术来看,其所用低硫燃油的黏度最低允许值不低于1.8~2 cSt。

②硅铝含量高、润滑性差:硫可以提高燃油的润滑性能,而低硫燃油因硫含量大大降低,其润滑性能变差;低硫燃油硅铝含量高,硅铝颗粒像磨料一样,进入燃油系统加速高压油泵柱塞套筒偶件磨损,出油阀卡阻,喷油器针阀磨损。

③由于正常使用的燃油与低硫油含硫量差别较大,因而气缸油与燃油匹配尤为重要。主机、副机设备厂家要求,设备如果长时间使用低硫燃油时需换用低碱性气缸油。

由于柴油机工作时供到高压油泵的燃油远高于柴油机油耗(一般为3~4倍),随着供油的不断循环,油温逐渐升高、黏度降低。将低硫燃油冷却降温,黏度增加到允许值是现代船用柴油机供油系统的通用方法。一般是通过在燃油供给系统上进机前加一个冷却器,使用低温淡水或冷媒水冷却低硫油。按照设备厂家的要求,对低硫油转换过程中需要注意油温变化不能超过2 ℃/min,如采用三通阀直接转换,过快转换到低硫燃油易使MGO过热汽化,由于过冷的MGO使HFO温度降低过快堵塞滤器导致主、副机停车,所以考虑在燃油供给系统中安装自动转换装置。

(3)对柴油尾气脱硫处理

在柴油机排烟管后部布置洗涤塔,利用海水对柴油机排烟进行洗涤脱硫。海水脱硫工艺是利用天然海水的碱度中和烟气中的酸性气体二氧化硫。天然海水中含有大量的可溶盐,其主要成分是氯化物、碳酸盐和硫酸盐。海水通常呈碱性,海水pH值的正常范围在7.3~8.6之间,海水所含碳酸盐对酸性物质有缓冲作用及吸收SO_2的能力。主要反应机理:烟气中SO_2与海水反应生成SO_3^{2-}:

$$SO_2+H_2O \rightarrow 2H^+ + SO_3^{2-}$$

生成的H^+与海水中的碳酸氢根离子反应:

$$H^+ + HCO_3^- \rightarrow CO_2 + H_2O$$

由于H_2SO_3会使得海水中耗氧量增加,导致海水中的溶解量减少,不利于海洋生物的生长,因此吸收后的海水不能立即排入大海,应鼓风将SO_3^{2-}转化为SO_4^{2-}后再排入大海。海水烟气脱硫采用的是开式结构设计,吸收SO_2后的海水需要经过海水恢复曝气系统处理才能满足废水排入海洋标准,对于频繁出入内河和外海的船舶,淡水添加碱性物和海水脱硫两种系统混合使用,根据海水水质或港口要求严格硫排放控制要求,灵活切换使用。

2. 氮氧化物(NO_X)的排放控制

柴油机内 NO_X 的形成主要原因是燃烧室内局部性的燃烧温度过高而造成的。如果在燃烧过程中,适当降低燃烧室内的高温部位的温度,就可以减少 NO_X 的形成,从而减少 NO_X 的排放。船用柴油机降低氮氧化物排放主要通过机器内部措施和尾气处理。其中机器内部措施包括:低氮氧化物燃烧模式(Low-NO_X Tuning)、废气再循环(Exhaust Gas Recirculation,EGR)、喷水燃烧(Wet Technologies)。其中选择性催化还原技术 SCR 比较成熟,并有装船实例,可满足 Tier Ⅲ的排放要求。

(1)通过采用电控共轨燃油喷射技术来改善柴油机的燃烧性能,提高燃烧效率,从而降低 NO_X 的产生。其主要特点是:将电子设备及软件应用于船用柴油机并成为其重要部分的新型柴油机。根据柴油机燃烧理论,应用电控技术,通过控制燃油喷射正时、喷油量、喷射速率、压力以及进、排气阀正时,能够有效地实现柴油机在各种负荷下的性能最优化,提高其经济性、可靠性、操纵灵活性和延长使用寿命。通过监测柴油机的工况变化对喷油量、喷油时间进行最佳控制,从而达到最佳的燃烧温度,减少了 NO_X 的产生。

(2)通过在柴油机排气管上增设一套特殊的选择性催化转换器 SCR 装置,对柴油机产生的废气进行处理,从而减少 NO_X 的排放。其工作原理是:在 SCR 中,利用 NH_3(氨)有选择性地与 NO_X 在催化剂的作用下进行化学反应,将 NO_X 转化为氮气和水。因而,柴油机所排放的废气中的 NO_X 几乎全部消除,从而完全可以满足目前最严格的 Tier Ⅲ排放标准要求。

在二冲程柴油机中,由于燃烧效率较高,柴油机增压器后排烟温度较低,不能满足选择催化反应的温度要求(一般为 300~350 ℃)。所以反应器均布置在排烟总管后进增压器前的排烟管段。一方面可满足反应温度要求,同时由于压力较高可使装置尺寸减小。

SCR 装置系统原理如图 6-15 所示。预先将固体尿素在一定的温度下与淡水充分搅拌、混合,使尿素完全融化,变成水合物,其尿素含量应控制在 40% 左右,将此尿素液体注入尿素储

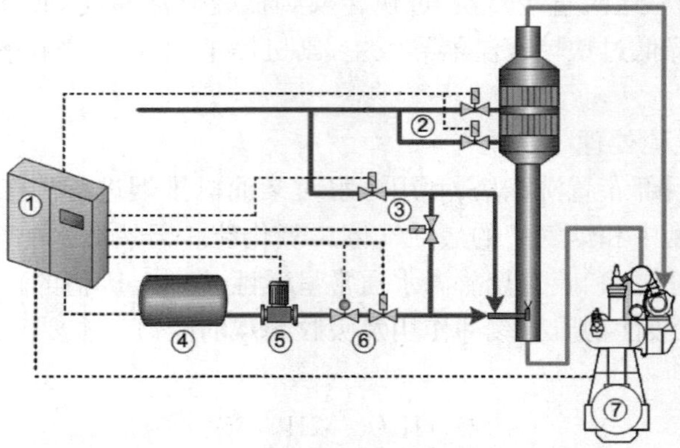

图 6-15　选择催化系统原理

1—控制单元;2—吹灰阀;3—压缩空气控制阀;4—尿素储液柜;5—尿素泵;
6—尿素计量控制阀;7—柴油机

液柜备用。当柴油机运行后,柴油机所产生的废气经流量整流装置调节,使废气以一定的流态流动到喷射段,尿素喷射装置在监测到柴油机的负荷参数和反应器中的温度后,喷出一定量经

过压缩空气充分雾化的尿素雾滴进入柴油机的排气管，尿素雾滴与废气经过混合段后，NO_X与尿素雾滴充分混合。当混合气体进入反应器后，在反应器中的催化剂（通常为二氧化钛）作用下，进行转化反应：尿素蒸发并分解为异氰酸、二氧化碳和氨，异氰酸进一步分解为氨和二氧化碳，排气中的氮氧化物在催化剂的作用下与氨反应生成氮气和水。其反应方程如下：

$$CO(NH_2)_2 = NH_3 + HNCO$$

$$HNCO + H_2O = NH_3 + CO_2$$

$$4NO + 4NH_3 + O_2 = 4N_2 + 6H_2O$$

$$NO + NO_2 + 2NH_3 = 2N_2 + 3H_2O$$

通常情况下，柴油机在20%～40%负荷下，废气排温低于300 ℃，而SCR要求的工作温度在300 ℃以上。目前通常的做法是旁通部分扫气，通过减少进入气缸的扫气量来增加排气温度。电喷主机的控制系统，可以完全集成整个SCR的控制，包括在柴油机低负荷情况下自动旁通部分扫气，以达到SCR装置最佳工作的要求。

反应器是一个钢制壳体含有足够的多层催化模块。反应器前后压差可自动检测，并在压差达到上限时自动打开吹灰阀使用压缩空气吹灰清洁。

控制系统根据柴油机负荷和转速控制尿素计量单元的喷射量（尿素泵为变频泵），并控制压缩空气与尿素的混合、对反应器的吹灰以及烟气的旁通。

SCR装置主要优点是：氨的来源（尿素）成本较低、制作简单、储存方便，整个装置的使用费用不高。整个系统为全自动监测、控制，操作简单。对废气锅炉没有影响，并且能起到一定的降低柴油机噪声的作用。

（3）废气再循环技术（EGR）

废气再循环就是使部分排气再次进入气缸进行循环，一般情况下可使10%～20%的废气再次进入发动机气缸。采用废气再循环后，进气中二氧化碳的浓度升高，氧浓度降低和进气的比热和热容量增大，可降低最高燃烧温度从而降低热NO_X的生成。但随着再循环废气量的增加，燃烧过程会变慢以致会使颗粒排放和油耗率增加。目前，废气再循环可使NO_X排放降低30%～40%。

由于EGR技术对于降低柴油机NO_X排放的有效性，近年来MAN公司将其用于燃烧重油的大型低速二冲程柴油机，在废气再循环管路上安装了一个水洗器，通过对再循环废气的水洗，除去废气中存在的颗粒物质和硫氧化物，同时也可对废气进行冷却。通过试验表明，在将废气再循环率控制在34%～36%时（扫气空气含氧量16.5%～16.8%），可将排气的NO_X排放降低至3.6～4.0 g/(kW·h)，在极限情况下可使柴油机的NO_X排放降至2.3 g/(kW·h)。如果将EGR技术与燃油乳化技术相结合，在75%的负荷下，可使柴油机的NO_X排放降至1.3 g/(kW·h)。因此，目前MAN公司已将EGR技术作为大型低速二冲程柴油机满足IMO Tier Ⅲ标准的重点研究课题。

第七章　船舶通用系统

船舶管路系统简称船舶管系，是指保证船舶航行性能和安全，以及满足船舶正常运行和人员生活需要的管路系统，它包括管子及其附件、机械、器具和仪表所组成的整体。船舶管系可以分为以下两大类：一类是为船舶主推进装置、辅机和锅炉等动力机械服务的管系，称为船舶动力管路系统，包括燃油、滑油、冷却水、压缩空气、蒸汽和排气系统等；另一类是为保证正常航行和安全以及人员生活所必需而设置的管系，称为船舶系统，亦称船舶通用系统，包括压载水、舱底水、日用海淡水、消防、通风和空调系统等。

第一节　船舶管路系统综述

一、管路布置的原则和要求

1. 布置原则

(1)船舶管路应能保证其工作的可靠性，在营运期间能方便地操作和维修。

(2)管路应布置成直线，尽可能减少弯头，如须弯曲，曲率半径则应大些。在满足需要的情况下，配件的数量应尽量减少，布置的位置应便于检修。

(3)管路应加以固定，以避免因温度变化或船体变形而损坏。一般要求每隔 2~4 m 有一个支撑架，防止管子移动或下垂。但这些支架应不妨碍管路受热引起的膨胀。

(4)承受胀缩或其他应力的管子，应采取管子弯曲或膨胀接头等补偿措施。

(5)重要管路中的阀都应装上开关标志。

(6)根据管路所输送的工质及工作条件选用相应的接头垫片。

(7)在安装和修理管路及附件时，应做好管系内部的清洁工作。

2. 对管系布置的要求

(1)淡水管不得通过油舱，油管也不得通过淡水舱。如不可避免时，应在油密隧道或套管内通过。其他管子通过燃油舱时管壁应加厚，且不得有可拆接头。

(2)钢管应有防止锈蚀的保护措施，并在加工后施以保护涂层。

(3)避免燃油舱柜的空气管、溢流管和测量管通过居住舱室，如有困难时，通过该类舱室的管子不得有可拆接头。

(4)油管及油柜应避免设在锅炉、烟道、蒸汽管、排气管及消声器的上方。如有困难，则应采取有效措施，防止油类滴落在上述管路或设备的热表面上。

(5)所有蒸汽管和温度较高的管路,应包扎绝热材料,绝热层表面温度一般不应超过60 ℃。可拆接头及阀件处的绝热材料应便于拆换。

二、船舶管系分类

1. 按管子的材料分类

按管子的材料来分主要有钢管、有色金属、铸铁管及塑料管等。按管子的颜色分为黑铁管(钢管和铸铁管)和白铁管(镀锌钢管)。镀锌钢管耐蚀性较好,适用于低温、低压和腐蚀性较强的水管路,如日用水管、卫生水管、舱底水管、消防水管、透气管及水舱注入、空气、测量管等。

(1)钢管

钢管包括碳素钢管和合金钢管。根据管子的结构形式分为无缝钢管和焊接钢管。

无缝钢管适用于高压系统。例如,常用10、20优质碳素结构钢无缝钢管作为介质温度低于350 ℃的蒸汽、高压燃油和高压给水的管路。

①碳素结构钢Q235A、Q255A制成的无缝钢管用于介质温度低于250 ℃的燃油、滑油、石油、CO_2气体、压缩空气和给水、乏汽等管路。

耐热钢15CrMo等制成的无缝钢管可用于介质温度小于450 ℃、工作压力大于4 MPa的过热蒸汽管、锅炉管等。

②焊接钢管可用08、10、15、20等优质碳素钢和Q215A、Q235A、Q255A碳素结构钢制成。适用于介质工作温度和压力均较低的管路,如油水舱透气管、测量管及甲板栏杆、楼梯扶手等。

(2)有色金属管

有色金属管主要有紫铜管、黄铜管、铝合金管及铜镍合金管等。

①紫铜管一般用于仪表的传压管、小直径油管、热交换器中的传热管和中、低压压缩空气管等。

②黄铜管由于对大气、淡水、海水和蒸汽有较好的耐蚀性。又具有较高的导热性能。故常用作热交换器管。

③铝合金管因其重量轻、耐腐蚀、塑性好但强度低,而适用于低温、低压介质的管路,如舰船的燃油管、滑油管及冷却水管。

(3)塑料管

用于制造管系的塑料称为工程塑料。该工程塑料具有较高的机械强度和较好的耐磨、耐蚀、耐热、减振和绝缘性能。塑料管的最大允许工作压力应不大于使用温度下爆破压力的1/5,工作介质温度不超过60 ℃和不低于0 ℃。塑料管一般用于低温、低压的管系。如甲板落水管、粪便水管、卫生水管、测量管等。塑料管不能用于消防管系、舱底管系、饮水管系和机器处所内的压载管系,也不能用于动力管系、输送油类或其他易燃液体的管系以及管子漏泄或损坏后将使船舶增加浸水危险的海水管系等。

2. 按管子的设计参数分类

船舶管路中随着管路级别和用途不同,管子的材料、试验要求、连接形式和热加工工艺等也不同。对于不同用途的压力管路按其设计压力和设计温度分为三级,如表7-1所示。

表 7-1 管路等级

级别	Ⅰ级		Ⅱ级		Ⅲ级	
参数 / 管路	设计压力 /MPa	设计温度 /℃	设计压力 /MPa	设计温度 /℃	设计压力 /MPa	设计温度 /℃
蒸汽和热油	>1.6	或>300	≤1.6	和≤300	≤0.7	和≤170
燃油	>1.6	或>150	≤1.6	和≤150	≤0.7	和≤60
其他介质	>4.0	或>300	≤4.0	和≤300	≤1.6	和≤200

注:①当管路的设计压力和设计温度的其中一个参数达到表中Ⅰ级规定时,即定为Ⅰ级管系;当设计压力和设计温度两参数均达表中Ⅱ级或Ⅲ级规定时,即定为Ⅱ级管系或Ⅲ级管系;

②其他介质是指空气、水、滑油和液压油等;

③不受压的开式管路如泄水管、溢流管、透气管和锅炉放汽管等也为Ⅲ级管系。

管路设计压力是指其最高许用工作压力;设计温度则是管内流体的最高温度,但设计温度最低不少于 50 ℃。

3. 船舶管系的颜色识别

为便于管理人员识别各种管路所输送的工质和流向,管路外表通常按系统作用不同涂有不同颜色的油漆或将机舱管路全部涂成白色,间隔一定距离用相应色带识别,如表 7-2 所示。

表 7-2 管路识别

管路	颜色
燃油管路	棕色
滑油管路	黄色
海水管路	绿色
淡水管路	灰色
压缩空气管路	浅蓝色
消防管路	红色
舱底水管路	黑色
蒸汽管路	银白色

透气、测量和溢流管路则依其介质而定。但是不同的国家可能略有差异,故应以船上的标志说明为准。管路上还有用标志颜色表示的介质流向的箭头符号。

三、管路附件

管路附件是指管路中的连接附件、阀件和密封件等配件。连接附件的作用是将机械、设备、仪表和管子等连接成一体。船舶管路中常采用螺纹连接、法兰连接、夹布橡胶管式连接和膨胀接头等连接方式。管路阀件是用来控制管路中介质流动的管路附件。船舶管路常用的阀件包括截止阀、止回阀、截止止回阀、三通阀、旋塞和阀箱等。管路接头密封件可有效地防止管路介质的跑、冒、滴、漏现象。常见的密封材料有橡胶、紫铜、纸箔、塑料等。

连接附件和密封件的结构和工作原理相对简单,不作赘述。根据阀件的结构特点的不同,可以分为以下几种。

1. 截止阀

截止阀用来切断或接通管路中介质的流动，亦可调节流量，通常用在泵的进、出口，管系分支等位置，如海水泵进出口阀、油舱、压载舱进出口阀等。直通式截止阀结构如图 7-1 所示。截止阀由阀体、阀杆、阀盖和阀座等组成。顺时针方向转动阀杆，手轮上升，阀打开，介质自阀盘下方进入，经阀盘与密封座之间的通道向上流出。若逆时针方向转动阀杆，使阀盘与阀座紧密接触，阀关闭，从而截断介质流动。

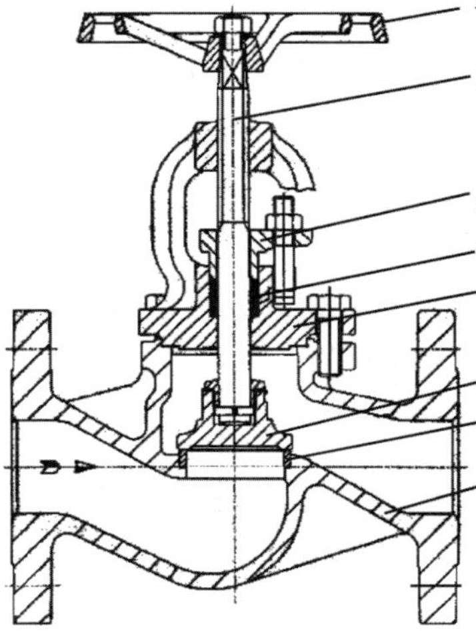

图 7-1　直通式截止阀结构图

安装截止阀时应严格按阀上标明的介质流动方向的箭头安装，如果标志不清可按“低进高出”（油舱快关阀除外）的原则判断。如果截止阀反向安装，工作介质依然可以流通，不过管路阻力较正向流动要大很多，有些场合为简化系统，也允许介质双向流动。直通式截止阀一般用于日用海水、淡水、燃油和蒸汽管路中，是船用阀件中应用最多的一种。截止阀的基本保养工作是防止内漏与外漏，外漏主要是因为阀杆填料密封不良造成的，应根据具体情况上紧填料压盖或更换填料；内漏是因为阀盘与阀座密封不良造成，需视情况研磨或更换。

2. 止回阀

止回阀又称单向阀，其结构如图 7-2 所示。它使介质只能沿一个方向流动而不能倒流，分

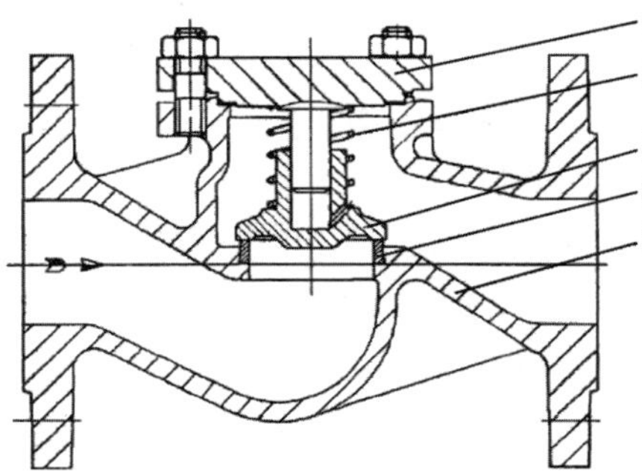

图 7-2　升降式止回阀结构图

为升降式和旋转式两种，前者在船上应用较多。止回阀由阀体、阀盖、阀盘、阀座和弹簧等组成。当介质自阀盘下面向上流动时，顶开阀盘，经阀盘与阀座之间的通道流出。若阀盘下面的介质停止向上流动，则阀盘将在自身重力和弹簧弹力的作用下下落，阀盘与阀座之间的通道关闭，阀盘上面的介质压紧阀盘和阀座，故不能倒流。

一般而言，尺寸较小的止回阀需要设置弹簧；而尺寸较大的止回阀，由于阀盘足够重，一般没有弹簧，仅靠阀盘自身重量关闭。由于阀盘靠重力落座，止回阀需要直立安装在管路上。

3. 截止止回阀

截止止回阀是截止阀和止回阀的组合阀门，具有截止和阻止介质逆向流动的双重作用，一般用于泵的出口管路，以避免介质逆向流动使压力作用于泵上，其结构如图 7-3 所示。截止止回阀不能强制开启阀盘，阀杆上升阀盘不能随之提升。仅当阀盘下面介质的作用力大于阀盘上面的作用力时，才能开启阀盘，顶起高度取决于阀杆上升的高度和介质的流动情况；反之，当阀盘上面的作用力（阀盘重量、弹簧弹力和介质压力）大于下面的力时，亦即当介质逆向流动时，阀盘即下降而自动关闭，从而阻止介质逆向流动。转动阀杆可压紧阀盘，将阀强制关闭，从而截断介质的流动。和止回阀一样，尺寸较大的截止止回阀一般不设弹簧，也需要直立安装在管路上。船舶在很多情况下由两个或两个以上的泵并联安装，泵出口均安装截止止回阀。如果并联泵之一运行而停止的泵倒转，则可判断泵出口阀逆向截止效果不良，维修同截止阀。

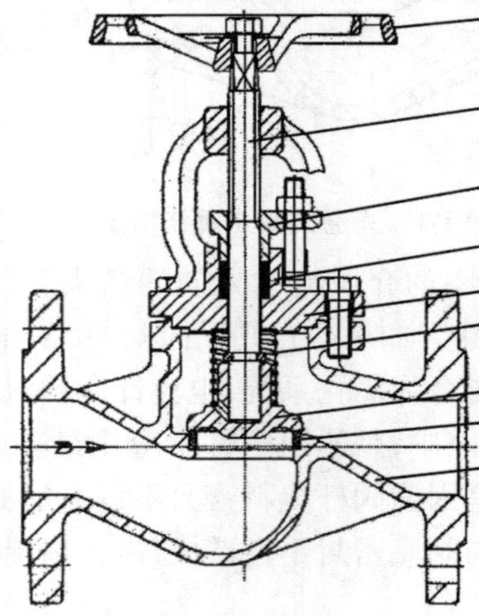

图 7-3 截止止回阀结构图

4. 闸阀

闸阀是一种截断式阀门，其阀盘为一楔形板，开关过程中产生平移而改变开度。其作用与截止阀相同，但只能是直通式，且无节流作用。

如图 7-4 所示为阀杆不向外移动的闸阀，不论开启与关闭，其高度均不改变，所以在转动手轮时无法知道内部闸板位置，需在阀的上部加设一套行程指示器。另外还有一种开启时阀杆向外移动的闸阀，可由手轮高度指示阀的开度。

闸阀的作用基本与截止阀相同，由于外形尺寸大，流通截面积大，工质流动阻力小且不受流向限制，开关省力，故常用于低压大口径管路，如海水、淡水、燃油、滑油及污水管路等。因为楔形板处于中间位置时会晃动，闸阀使用中只能全开或全关，不能进行流量调节。

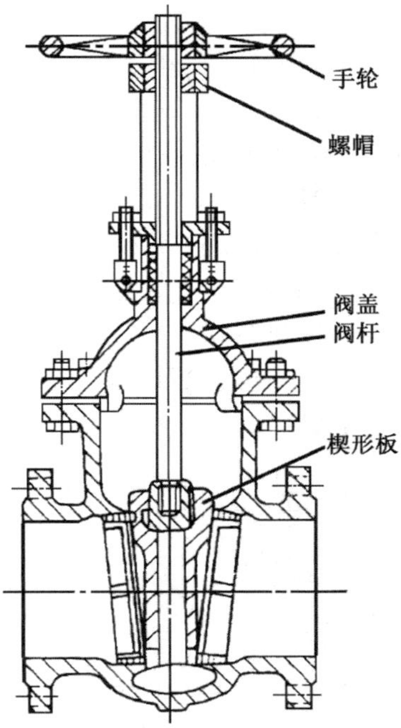

图 7-4　闸阀结构图

5. 蝶阀

蝶阀是启闭件(蝶板)绕固定件旋转的阀门。由于蝶阀转矩小,重量轻,密封性好,维修也较方便,目前蝶阀在船上已广泛应用。蝶阀的结构有中心式和偏心式两种。如图 7-5 所示为中心式蝶阀。其阀体亦呈圆形,内有密封圈。当阀盘垂直于管路时,蝶阀为关闭状态;当阀盘平行于管路时,蝶阀为全开状态。手动蝶阀上一般都标注有 0°~90°的角度,对应于不同的开度。在开关过程中,阀杆只是在 90°的范围内转动,其高度保持不变。蝶阀的密封面积较大,对工作介质的洁净程度和温度有较高要求,并且不宜频繁开关;否则易导致泄漏。

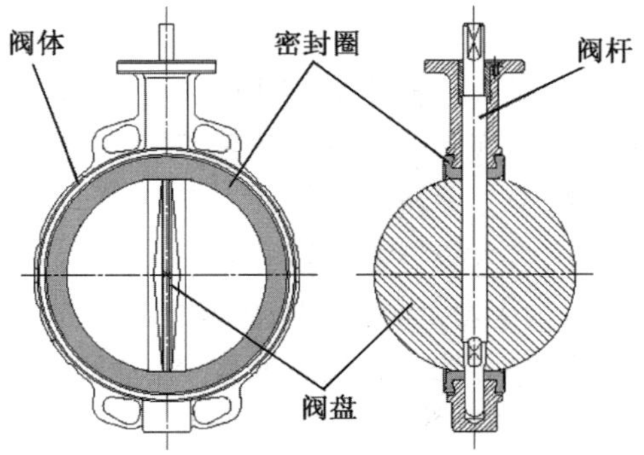

图 7-5　蝶阀结构图

在全开状态下,蝶阀对工质产生的阻力非常小;与截止阀和闸阀等相比,在通径相同时,蝶阀的重量要小很多。所以,在船上,蝶阀被广泛用在低压、大流量的场合,如各种冷却系统、压载水系统、消防水系统等。蝶阀因转动角度较小,转矩亦小,可方便做成遥控阀。如压载水和舱底水系统可在阀杆上部安装驱动头可组成电动、气动或液动遥控阀。蝶阀的内部密封由阀盘与阀体胶套配合形成，发现密封不良时，应更换阀体胶套。

6. 旋塞

旋塞的主要控制件是一个围绕阀体本身轴线旋转的塞芯，依靠塞芯上的通孔与阀体上的通孔位置不同来切断或接通某一段管路。

旋塞的优点是通道面积几乎不变，介质流阻较小，开关转换迅速方便。其缺点是在转动时摩擦较大，易于磨损而失去紧密性。只适用于低温低压管路，一般用于公称直径不大于80 mm、温度不超过100 ℃、压力不超过0.6 MPa的管路。

旋塞有直通旋塞（如图7-6所示）、三通旋塞（L形和T形）及多通旋塞等。

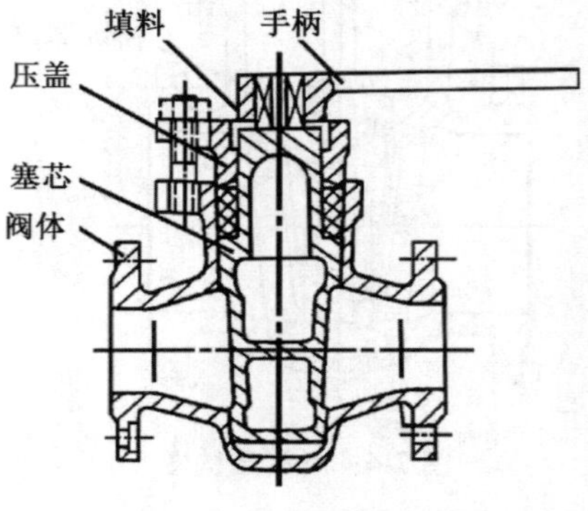

图7-6　直通旋塞结构图

第二节　舱底水系统

船舶在营运中，由于船体、管路或设备的泄漏和破损以及其他原因，舱室或处所内常会积有污水或含油污水，统称舱底水。为了防止舱底水腐蚀船体、浸湿货物和设备甚至影响稳性而危及船舶的安全，应及时将舱底水排出，排出舱底水的系统称为舱底水系统。舱底水系统一般包括舱底水直接排放系统和机舱舱底水分离处理系统两个部分，机舱舱底水分离处理系统是专门用来分离机舱含油舱底水的独立系统。

舱底水直接排放系统一般由吸入口、吸入管路、吸入阀、过滤器、泵浦、排出阀及排出管路等组成。在设计和制造过程中，为了增加各路系统的功能，往往设计成舱底总用泵、消防泵、扫舱泵、卫生泵、压载泵及主副海水泵等均可替代舱底水泵，一旦机舱进水，舱底水泵不能使用或来不及排净舱底水，可用以上相关联的泵浦代替，必要时也可开启应急吸入阀。因此以上泵浦的管路通常都设有连通管和连通阀，使用过程中可以任意合理调节阀门及管路，以满足实际需要。机舱舱底水分离处理系统主要由油水分离器和排油监控设备组成。

一、SOLAS 公约对舱底排水设备的要求

1. 客船和货船

(1)客船与货船应设有有效的舱底水排放系统,以便能够有效抽除及排干任何水密舱中的水,但固定用来装载淡水、压载水、燃油或液体货物,并在所有实际情况下设有其他有效排水设施的处所除外。冷藏舱应设置有效的排水装置。

(2)卫生水泵、压载泵及通用泵,如与舱底排水系统有必要连接者,均可作为独立的动力舱底泵。

(3)用于煤舱或燃油储存舱柜内及其下方处所,或用于锅炉舱或机器处所内,包括设置沉淀油柜或燃油泵组所在处所内的所有舱底水管,应为钢质或其他合适材料。

(4)舱底排水管及压载管系,应布置成能防止由海上或压载舱的水进入货舱及机器处所,或自一舱进入另一舱的可能性。

(5)所有与舱底排水设备有关的分配箱和手动阀,应设在通常情况下可以到达之处。

2. 客船

(1)对于 1.(1)条要求的舱底排水系统,在海损后所有的情况下,无论船舶是否正浮或横倾,均能操作。为此,通常应设几根侧吸水管,对形状特殊的舱要求增设吸水管。舱内的布置应使水能够流到吸水管。

(2)至少应有 3 台动力泵与舱底总管连接,其中 1 台可由推进机械带动。

(3)如实际可行时,各动力舱底泵应置于分开的水密舱内,其布置或位置应不致因同一处破损而造成各舱浸水。如推进主机、辅机及锅炉装于两个或两个以上的水密舱内,则用作舱底排水的各泵应尽可能远离地分布于这些舱内。

(4)除仅供尖舱专用的附加泵外,所需的每一舱底泵的布置应能从 1.(1)所要求的任何处所抽水。

(5)每一台动力舱底泵应能通过所需的排水总管用不小于 2 m/s 的速度抽水。位于机器处所内独立的动力舱底泵应有引自这些处所的直接吸水管,但此种吸水管在任何处所内应不多于 2 根,如设有 2 根或 2 根以上的此种吸水管,至少应有 1 根设在左舷,另 1 根设在右舷。主管机关可要求在其他处所内的各独立动力舱底泵备有单独的直接吸水管。各直接吸水管应适宜布置,在机器处所内的直接吸水管的直径,应不小于舱底排水总管所要求的直径。

(6)除直接舱底吸水管或 2.(5)要求的吸水管外,在机器处所内应增设 1 根自主循环水泵引至机器处所排水液面的直接吸水管,此管应装有止回阀。此直接吸水管的直径,对蒸汽机船至少应为循环水泵进口直径的三分之二,对柴油机船则与循环水泵进口的直径相等。

(7)如主管机关认为主循环水泵作此用途不适宜时,则应自可用的最大独立动力泵引一根应急的直接舱底吸水管至机器处所排水液面;此管的直径应与所用泵的主进水管口直径相同。连接的泵的排量应超过所要求舱底泵的排量,其超过量应经主管机关同意。

(8)海水进水阀及直接吸水管阀的阀杆,应延伸至机舱平台以上相当高度处。

3. 货船

至少应设有与主舱底排水系统相连接的两台动力泵,其中一台可由推进机械带动。如主管机关确信无损于船舶安全,则某些特殊的舱室可免设舱底排水设备。

二、MARPOL73/78 防污公约对机舱污水排放的要求

(1)凡 400 总吨及以上但小于 10 000 总吨的任何船舶,应装有符合(4)规定的滤油设备。凡载有大量燃油的这种船舶,应符合(2)条的规定。

(2)凡 10 000 总吨及以上的任何船舶,应装有滤油设备和当排出物的含油浓度超过 15 ppm 时发出报警并自动停止排放的装置。

(3)对专门在特殊区域内航行的船舶,当下述条件全部满足时,主管机关可以免除(1)和(2)条的要求:

①如船舶设有储存柜,其容积足够容纳留存于船上含油污水的总量,并使主管机关满意;

②所有含油舱底水均留存于船上,以便随后排入接收设备;

③主管机关确认在足够数量的港口或装卸站设有接收设备足以接收可能停靠这些港口或装卸站的船舶的含油舱底水;

④如需要备有"国际防止油污证书"时,应在证书中签署说明该船是专门从事在特殊区域内航行;

⑤排放的数量、时间和港口应记入油类记录簿内。

(4)主管机关应保证使小于 400 总吨的船舶尽可能将油类或含油混合物留存船上。

(5)第 1 条所述的滤油设备的设计,应经主管机关认可,而且应保证通过该装置或系统排放入海的含油混合物的含油浓度不超过 15 ppm。在考虑这种设备和装置的设计时,主管机关应注意到海事组织推荐的技术规范。

根据 SOLAS 公约的要求,舱底水排放系统其主要功能是在水密舱室进水时,为了防止货物污染、保证船舶的安全及时将水排出,情况紧急时可不顾及污水对海洋的污染,通过舱底水排放系统直接将舱底水排出舷外。根据防污公约要求,机舱舱底水必须经过油水处理装置处理后达到排放标准才可以排放入海,绝对禁止机舱污水直通弦外。而在正常情况下,舱底水的产生量是较少的,通过污水处理装置完全可以净化处理、排尽舱底水。

三、船舶舱底水系统实例

如图 7-7 所示为"育鲲"轮机舱舱底水系统。

主机舱、辅机舱、减摇鳍舱分别设不同数量的污水井。机舱中所产生的含油污水会自动向舱底的各污水井汇聚而形成舱底水。如污水井液位达到一定高度,可利用日用舱底泵将其中污水输送至容积较大的舱底水舱进行储存。在适宜的条件下,便可使用油水分离器对舱底水舱中的含油污水进行处理,然后在含油浓度不超过 15 ppm 的情况下排放入海。

此外,油水分离器也可以直接从各污水井吸入舱底水。日用舱底泵也可以经阀 BMV15 将舱底水排岸,以满足某些海域不允许任何舱底水入海的要求。日用舱底泵采用的是自吸能力较强的往复泵,一般不需引水便可实现自吸。在必要的时候,也可经阀 BMV93 将海水引入泵腔,以提高吸入性能。

"育鲲"轮应急舱底水系统如图 7-8 所示。

舱底泵、No. 1 和 No. 2 舱底消防总用泵均可以将舱底水直接排送到舷外。舱底泵为自吸离心泵,采用的是空气喷射器自吸装置。No. 1 和 No. 2 舱底消防总用泵还可以作为消防泵,向消防总管提供足够压力的海水。两台舱底消防总用泵结构完全相同,为两级自吸离心泵(采

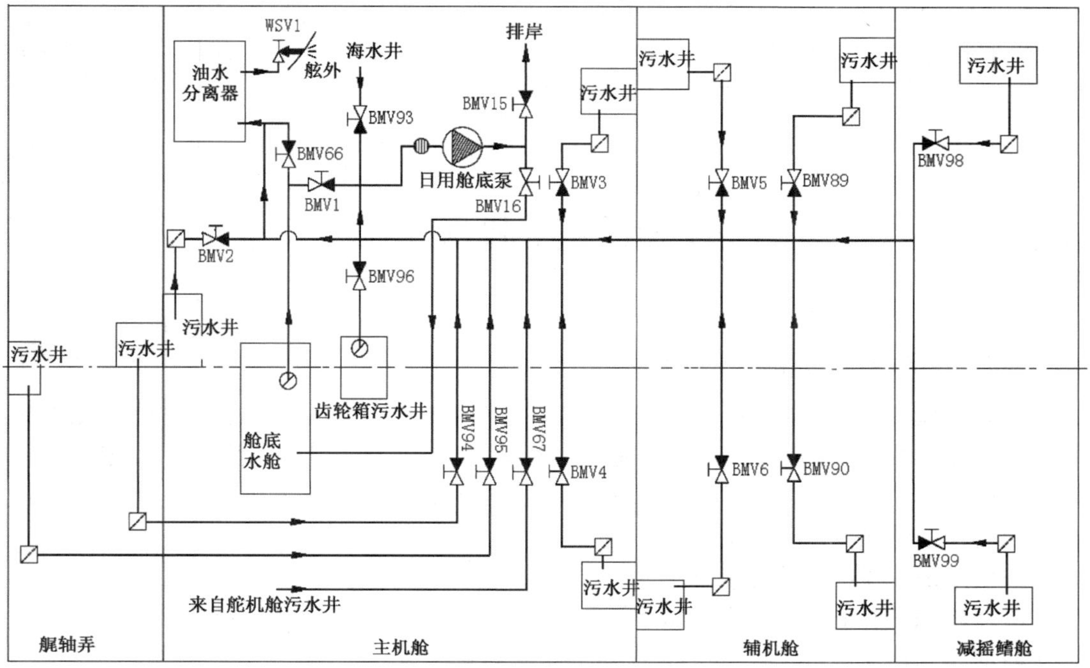

图 7-7 “育鲲”轮机舱舱底水系统

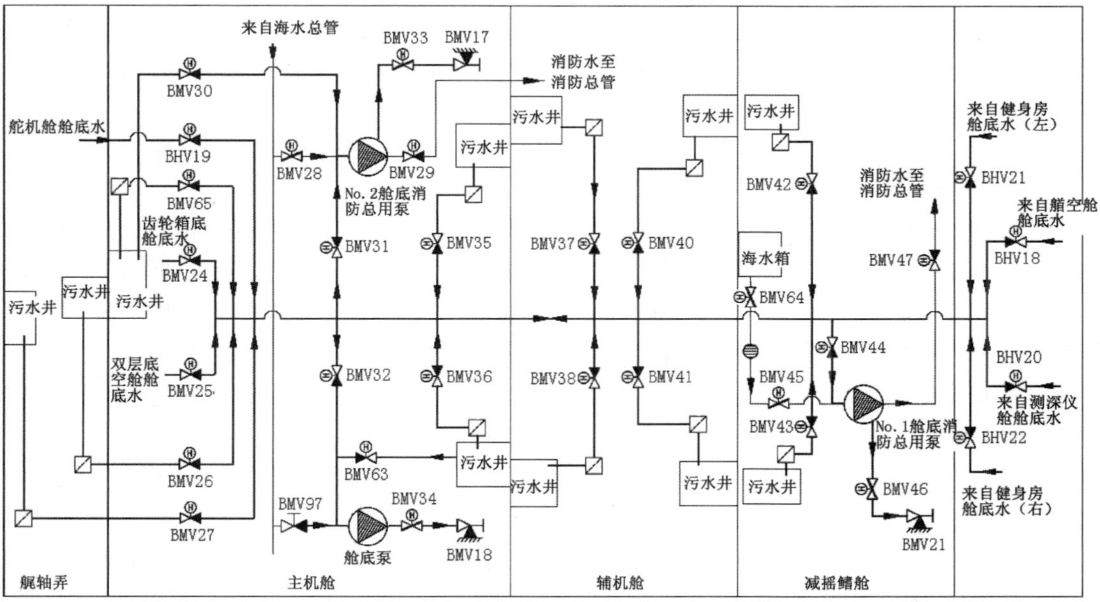

图 7-8 “育鲲”轮应急舱底水系统

用了水环泵自吸装置）。其中，第一级用于泵送舱底水，出口通往舷外；第一、二级串联后泵送消防水，出口通往消防总管。系统中各阀大部分是电、液遥控蝶阀，可以在驾驶台或集控室控制站进行遥控操作。

机舱之外的健身房、测深仪舱等处的舱底水可以通过本系统排出舷外，但机舱舱底水不能随意通过本系统出海，只有在因船体或管路破损而导致机舱大量积水时，才允许通过本系统向舷外应急排水。此外，每艘船舶应设有舱底水应急吸口，通过截止阀与机舱内排量最大的泵相连，其阀杆应延伸至花铁板以上至少 450 mm，在必要时可将机舱内进水排至舷外。

第三节 压载水系统

一、压载水系统的作用

船舶在营运过程中，需要根据具体情况调整吃水、稳性、横倾和纵倾，这一任务可借助压载系统，通过改变各压载水舱中的水量来完成。压载系统既可以将舷外水注入各压载舱，又可以将各压载水舱的水排出舷外，还可以实现各压载水舱间的相互调驳。

对船舶进行压载和去载可起到以下作用：

(1)使船舶在横向保持平衡，在纵向有合乎要求的吃水差。

(2)使船舶具有适当的排水量和重心高度，以获得较高的螺旋桨效率和合适的稳性。

(3)减小船体变形，避免产生过大的弯曲力矩和剪应力。

(4)减轻船体和轴系的振动。

根据船舶用途、结构和吨位的不同，压载水舱的位置、大小和数量也不完全相同。在货船上，一般把艏尖舱、艉尖舱、双层底舱作为压载舱，还有的加设上、下边舱和深舱为压载水舱，少数船上还设有专门用来调节稳性的上稳性舱和下稳性舱，油船上设有专用压载水舱。压载泵、阀门和压载管路共同构成压载系统。

二、压载水系统的布置原则

一般说来，各种水系统无论其功用如何，水在管路中都是单向流动的。如舱底水系统只将舱底水排出舷外，日用海淡水系统只把海水或淡水排至各用水处所。而压载系统即要将水注入各压载水舱，又要通过同一条管道将水从水舱排出。这种“又进又出”的工作情况，形成了压载系统管路的特点。根据压载系统的特点，压载系统在布置上应满足以下要求：

(1)压载管系的布置和压载舱吸口的数量，应使船舶在正常营运条件下的正浮或倾斜位置均能排出和注入各压载舱的压载水。

(2)在压载系统的管路上，不能设止回阀和止回阀箱，压载舱长度超过 35 m 时，一般应在前、后端均设置吸口。

(3)为了防止压载水管漏泄时海水进入货舱，压载水管如需通过货舱，皆应铺设在双层底空间，其吸入口在各舱的布置，应有利于压载水的排出。

(4)艏、艉尖舱的压载管在穿过首、尾防撞舱壁时，应设有在上甲板能开关的阀门，以便在首、尾处船体撞破时，能将该压载管关闭。

(5)压载管系的布置，应避免舷外的水或压载舱内的水进入货舱、机器处所或其他舱室。

(6)压载水管不得通过饮水舱、炉水舱或滑油舱。

海船的压载水舱容量甚大，一般杂货船可达船舶排水量的 15%左右，其中艏、艉尖舱占总压载水量的12%~17%,其他大多存于双层底压载舱中。通常要求压载泵能在2~2.5 h内将最大的一个压载舱注满或排空,在6~8 h内将全船所有的压载水舱注满或排空。

三、压载水系统管路的布置形式

(1)支管式:各压载舱室和机舱内管系的典型布置如图7-9所示。多用于压载管径较小、舱数不多的普通货船的压载系统,有双支管形式的异型布置(即每舱中有两根支管和两个吸口)。

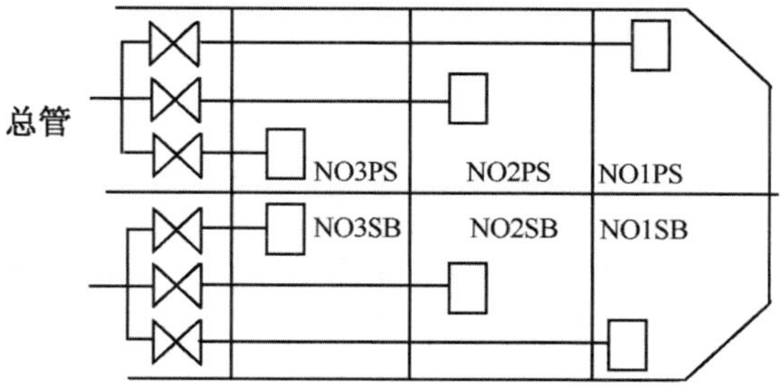

图7-9　支管式系统压载舱室管系布置

(2)总管式:管系布置如图7-10所示。它沿船的纵向铺设总管,从总管向压载舱引出支管,在支管上安装阀和吸口。这种形式被广泛采用,其变形有单总管式、四总管式、环形总管式、管隧式和半管隧式等几种,每舱的吸口可能有一个或两个。机舱内的布置则相对简单。

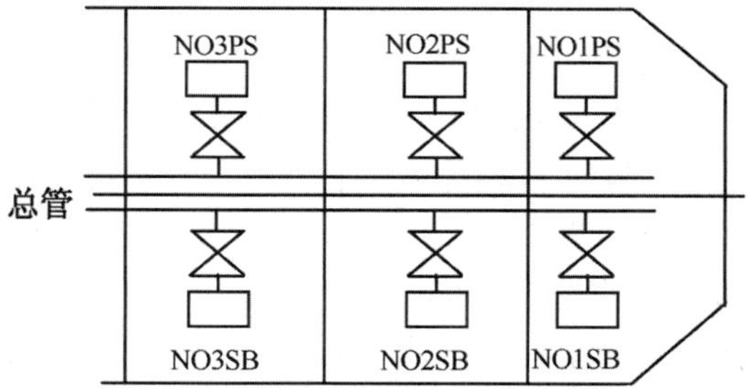

图7-10　总管式系统压载舱室管系布置

四、船舶压载水系统实例

如图7-11所示为“育鲲”轮压载水系统图。

机舱内设置有压载泵和舱底压载泵各一台,前者主用,后者备用。全船分布有包括艏、艉尖舱在内的压载水舱共计15个。海水可以经左、右两个海水箱进入压载水系统,舱内压载水可经出海阀BMV19和BMV20排出舷外。为防止船舶携带的压载水在异地排放时给当地海域带来有害水生物,系统还设置有压载水处理装置,用于杀灭水中微生物。

在船舶正常营运的过程中,经常需要对压载舱进行注、排水以及互相调驳,以保证船舶的正常姿态和货物的正常装卸。传统的压载水操作是轮机部按甲板部的书面通知进行。随着对船舶自动化要求的进一步提高,压载水系统阀门大多采用遥控,其控制系统绝大多数为气动或液压系统。机舱和甲板办公室以及驾驶台分别设置压载水操作控制屏,对压载水系统的一切

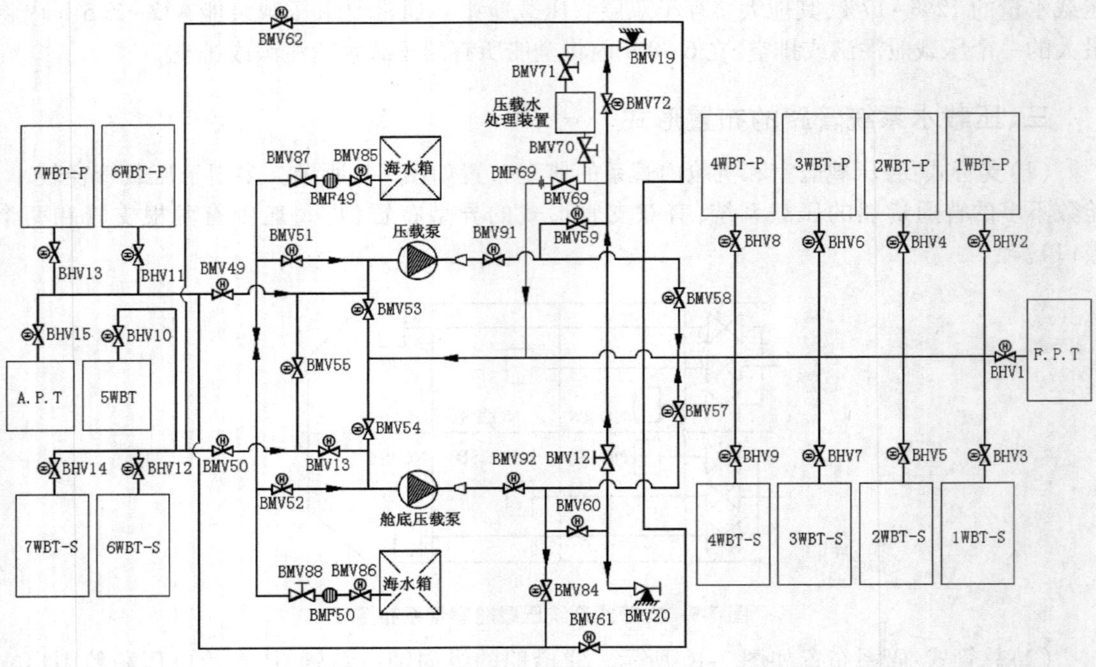

图 7-11 “育鲲”轮压载水系统图

1WBT-P/S—1 号压载水舱(左/右);F. P. T—艏尖舱;A. P. T. —艉尖舱;—电/液遥控蝶阀;—手动蝶阀;—滤器;—出海阀

操作均可以通过动作控制屏上的按钮来完成。对于自动化要求更高的船舶,例如集装箱船、滚装船,尤其是重件货物运输船(又称重吊船),为了减轻装卸货物过程中船舶的倾斜,这类船上通常都设置专用的平衡舱,并配置有自动化或遥控装置,用来及时调整船舶的吃水、稳性、横倾、纵倾,保持船舶的平衡及其适航性。

本例压载水系统中各阀采用的是电、液遥控蝶阀,每个阀都具有独立电源的液压驱动头。在甲板工作室和机舱集控室内均设置有压载水控制站,可分别遥控操作压载水泵以及管路上的各阀。

1. 压载水操作步骤

压载水的日常操作步骤如下:

(1)检查压载泵电源是否正常。

(2)人工转动压载泵轴,检查叶轮是否卡阻。

(3)在其余各阀处于关闭状态的前提下,手动打开阀 BMV87,然后在压载水控制站遥控打开阀 BMV85 和 BMV51,将海水引入压载泵内。

(4)压载操作。打开有关阀门后起动压载泵即可,如打开阀 BMV91、BMV58 和 BHV1,然后起动压载泵,即可将海水从舷外打入艏尖舱。

(5)排载操作。在其余各阀处于关闭状态的前提下,依次打开阀 BHV1、BMV53、BMV91、BMV59、BMV72 和 BMV19,即可将艏尖舱内的压载水排出舷外。

(6)操作结束后,停泵,关闭各阀门,然后切断电源。

当驾驶台遥控操作时,只需要实施步骤(4)至(6)。

2. 压载水系统操作注意事项

(1)本例压载水系统布置1舱左右至4舱左右的压载水进出均需通过总管,因此上述压载舱左右之间不能进行调驳,如需要只能通过先排出左(右)舱中压载水,再打进右(左)舱压载水。

(2)如需迅速调整船舶横倾,可在6、7压载舱左右之间调驳压载水。

(3)对1舱至4舱左右同时打进或排出压载水时,最多同时打开左右一对压载舱,若同时打开成对压载舱过多,当压载舱不满时,自由液面过大,左右窜通,产生船舶横倾危险。

第四节　机舱供水系统

机舱供水系统的作用是提供船员和旅客日常生活用水需要,可分为饮用水系统、生活淡水系统和卫生海水系统。

饮用水系统主要供应炊事用水、饮用水和医疗用水等;生活淡水系统主要供应浴室、洗衣室、洗物池和洗盆等处的冷、热洗涤水;卫生海水系统从舷外吸取海水,供厕所等处冲洗用。供水系统的主要设备有储存舱、水泵、管路、附件、检测仪表压力水柜、水加热器等。供水方式分为重力供水和压力供水两种形式。目前,大中型海船基本上采用压力供水方式。压力供水的特点是设置压力水柜,借助水柜中空气的压力将水送至各用水处。

一、饮用水系统

饮用水系统的工作原理以"育鲲"轮为例,如图7-12所示。来自饮用水舱的淡水被饮水泵送入饮水压力柜。正常情况下,柜内水位应保持为1/2~2/3,柜内压力保持为0.2~0.4 MPa。

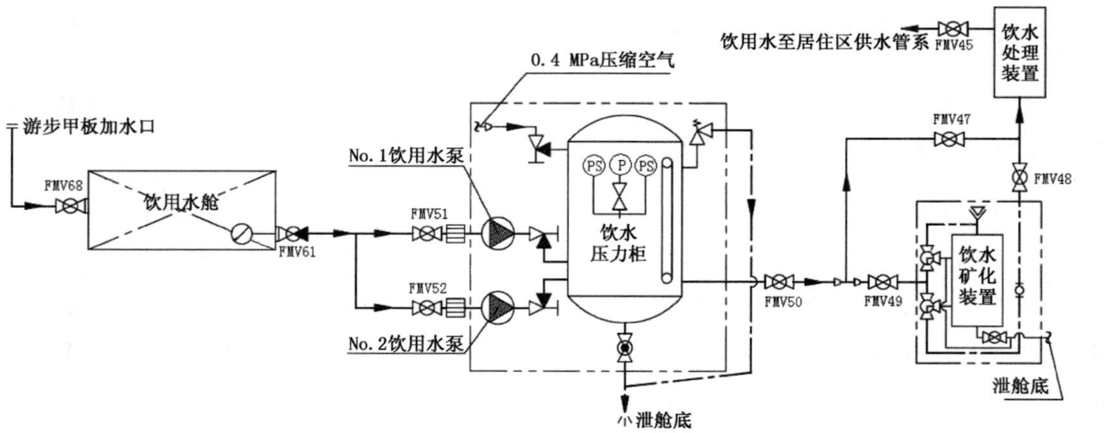

图7-12　"育鲲"轮饮用水系统

两个压力开关PS的设定值分别为0.2 MPa和0.4 MPa,分别决定饮水泵的起、停。当柜中水位较高而压力仍偏低时,需要手动向柜中补充0.4 MPa的压缩空气。如果发现水位较低,压力较高,应将柜内部分空气放掉。饮水从压力柜排出后,被压送至饮水矿化装置,并经饮水处理装置的过滤、紫外线消毒后，送往厨房、配餐间以及各饮水机，供人员饮用。

如果饮用水舱中的水质足以满足要求，可以经阀 FMV47 将饮水矿化装置旁通。水舱中的水可以通过游步甲板上的加水口从岸上加水。

二、生活淡水系统

生活淡水包括冷水和热水。如图 7-13 所示为船舶生活淡水系统图。

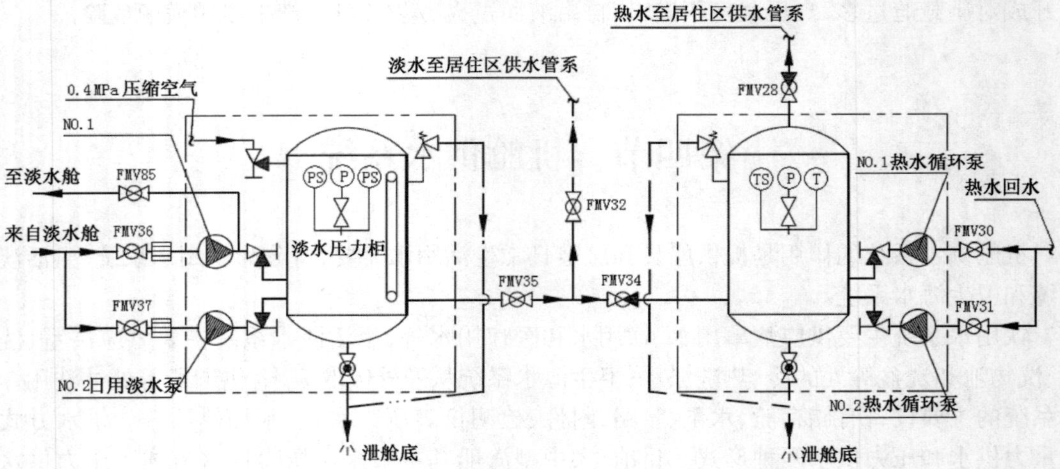

图 7-13　船舶生活淡水系统

每个水柜配两台水泵，互为备用，其中 No. 1 日用淡水泵还可用于各淡水舱之间的互相调驳。淡水泵从淡水舱吸入，将淡水送至淡水压力柜加压 0. 2~0. 4 MPa 后，分别经阀 FMV32 和 FMV34 送至居住区供水系统和热水柜。热水柜中压力由淡水压力柜保持，热水由顶部的阀 FMV28(引自下部)送至居住区供水系统。热水柜中设有蒸汽加热器，由温度开关 TS 控制蒸汽流量，将水加热至 60~65 ℃。为保证管路中一直有热水，还需要有热水循环泵将系统中的热水回水送入热水柜循环加热。

对于航线相对较长，机舱配有蒸发式海水淡化装置的船舶，还可设有专用的机舱淡水系统，专门为锅炉热水井、冷却淡水膨胀水箱补水。

三、船舶卫生海水系统

如图 7-14 所示为船舶卫生海水系统。卫生水泵从海水总管吸入海水，将其送入卫生水压力柜加压(0. 2~0. 4 MPa)。加压的海水经阀 FMV41 和 FMV38 送至各居住区，供冲洗厕所用。卫生海水也可经阀 FMV39 和 FMV40 分别进入 No. 1 或 No. 2 生活污水处理装置，供装置内部清洗时使用。

绝大多数船舶卫生海水采用舷外海水，其优点是取水方便，成本较低。不足之处是海水具有腐蚀性，缩短了设备与管系的使用寿命。因此，有些船舶也采用淡水系统作为卫生水系统，减少了维护管理工作。

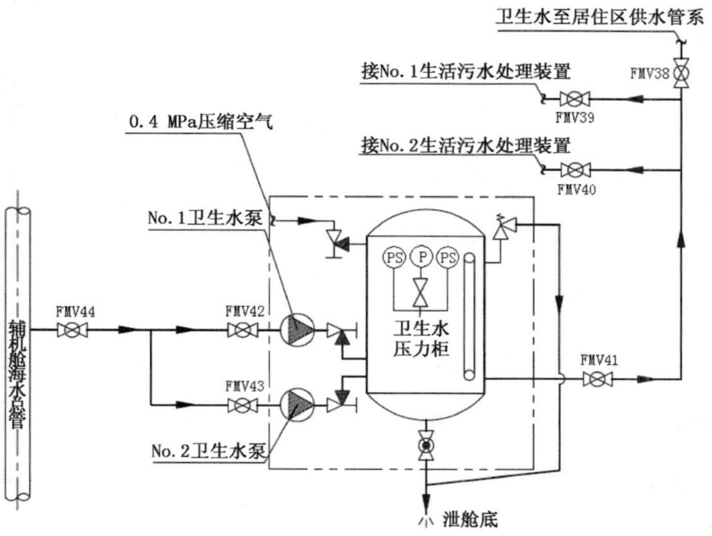

图 7-14　船舶卫生海水系统

第五节　消防系统

船舶是在有限的空间集中了船上人员和大量物资,存在各种可燃和易燃物质。船上同时存在着许多火源:吸烟者的烟蒂、厨房的炉灶、机械的高速运转、烟囱、维修中的气焊和电焊、电气设备的短路或绝缘不良、易燃物品的保养不当,甚至静电等均可引起火灾。而船舶远离陆地,自身消防能力较差,发生火灾时难于疏散和救助,所以船舶一旦失火将会带来巨大损失乃至沉船的恶果。

船舶消防系统的作用是预防和制止火灾的发生和蔓延,并可迅速灭火,将火灾的损失减至最低程度。船舶消防的基本原则是防火、探火和灭火。船舶防火是从船体材料、船体结构、布置和设施上来防止和限制火灾的发生和蔓延;船舶探火报警系统是使人们及早发现火情,及早采取灭火措施,减少损失;船舶灭火是根据火灾的情况、灭火介质等的不同,采取不同的灭火系统。

船舶消防系统实际上指的是船舶的灭火系统。根据中国船级社的《钢质海船入级规范》、国际公约和我国法规的规定,船舶应设置固定式消防系统,使用有效的灭火剂,如水、二氧化碳、蒸汽、泡沫和干粉等。固定式消防系统主要分为水消防系统、蒸汽消防系统、CO_2 消防系统、泡沫消防系统和干粉消防系统。本节主要介绍"育鲲"轮所采用的水消防系统、二氧化碳灭火系统和其他消防用品。其中,水消防系统又包括固定水灭火系统、居住舱室水喷淋灭火系统和机舱局部水雾灭火系统。

一、固定水灭火系统

水消防系统是所有船舶均必须设置的固定式消防系统,它由消防泵、管路、消火栓、消防水带和水枪等组成。灭火时,消防泵将消防水送至船上各甲板和舱室处的消火栓,再经消防水带从水枪喷射到船舶任何处所进行灭火。

"育鲲"轮固定水灭火系统如图 7-15 所示。消防水压力柜经截止止回阀 BMV11 向消防总管提供一定压力(0.8~1.0 MPa)的消防淡水。当柜中压力低于 0.75 MPa 时,压力开关 PS(低压)会发出信号(ASTP)使消防稳压泵起动,从淡水舱吸入淡水,从而补入消防水压力柜;当柜中压力升至 1.0 MPa 时,压力开关 PS(高压)发出信号(ASTP)使消防稳压泵停止,从而保持消防水压力柜内的压力稳定。消防水压力柜上设有补气阀 AMV1,在必要时可向柜中手动补充 1.0 MPa 的压缩空气,以保证柜中压力足够。

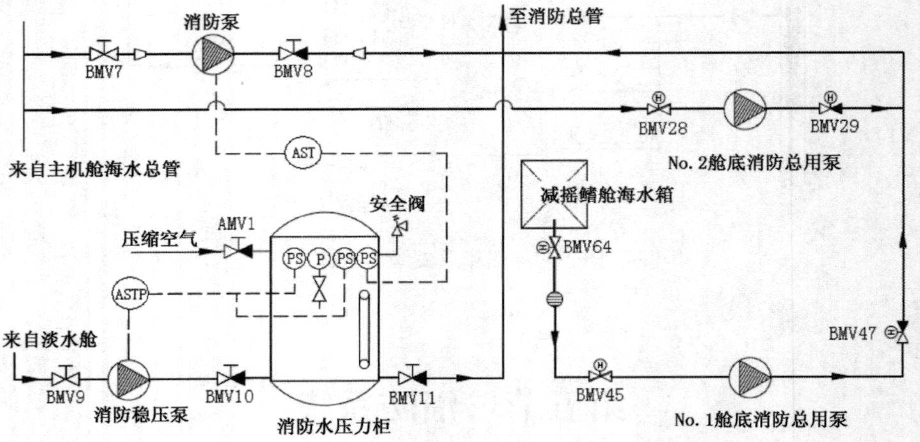

图 7-15 "育鲲"轮固定水灭火系统

当消防水被大量使用时,由于消防稳压泵的流量有限,可能导致其连续运转仍不能保证消防总管有足够压力,此时,消防水压力柜中压力会逐渐下降。当压力降至 0.6 MPa 时,第三个压力开关 PS 将发出起动信号(ASTP),使消防泵起动。消防泵从海水总管吸入,可以向消防总管提供足够压力和流量的海水。

本系统中还有两台流量更大的舱底消防总用泵,吸入海水,可以实现消防水的遥控操作。No. 1 舱底消防总用泵位于减摇鳍舱,接应急电源,用作应急消防泵,可在驾驶台遥控起动。

除用于灭火外,消防水还可用于冲洗锚链、甲板之用。

二、居住舱室水喷淋及机舱局部水雾灭火系统

随着国际上对船舶安全的日趋重视,客船或定员较多的船舶需要设置居住舱室水喷淋灭火系统。而在机舱设置水雾灭火系统也已经成为远洋海船的强制性要求。

"育鲲"轮定员 236 人,按照相关规定,设置了居住舱室水喷淋系统,如图 7-16 所示为该系统的原理图。系统设备主要包括消防喷淋泵、喷淋压力柜、喷淋淡水泵、空气喷射器、水雾喷嘴以及各控制装置等。喷淋设备设置在减摇鳍舱内。

喷淋压力柜设定压力为 1.6 MPa,该压力值可以由补气管路上的减压阀来设定。柜中设有浮子式液位开关,低于设定液位时会发出警报;压力开关 1 也会在柜中压力低于 1.55 MPa 时发出警报。若要向柜中补水时,需要手动起动喷淋淡水泵。压力开关 2 会在柜中压力达到 1.6 MPa 时自动停止喷淋淡水泵。

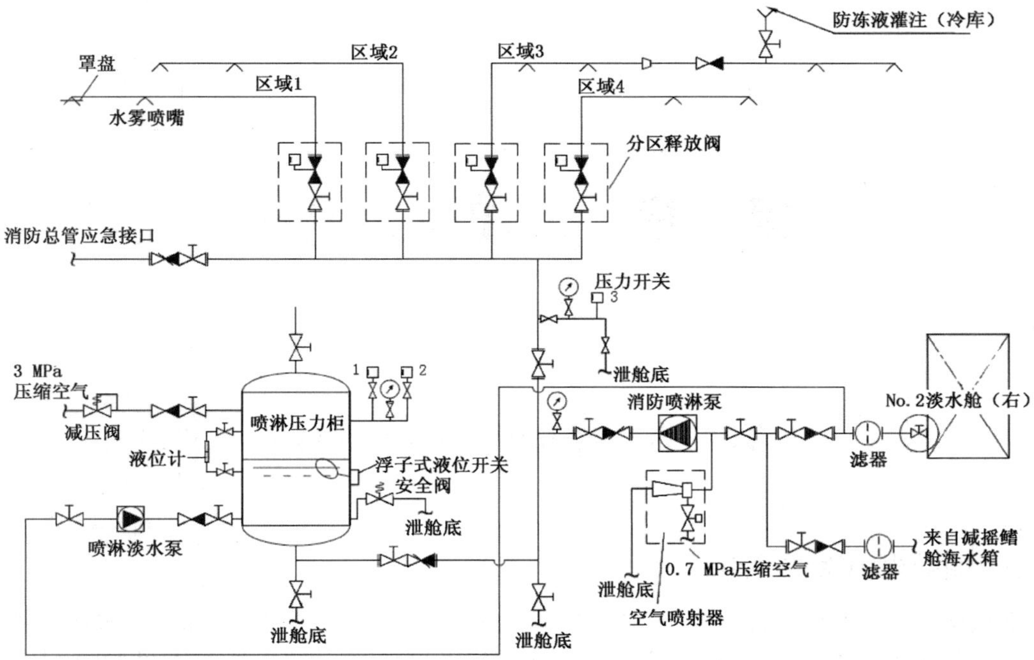

图 7-16　“育鲲”轮居住舱室水喷淋灭火系统

当系统中的水被大量使用而导致压力低至0.9 MPa 时，压力开关3 会起动消防喷淋泵，从而向各喷嘴提供流量足够的淡水。消防喷淋泵从淡水舱吸入淡水，也可在必要的时候应急吸入海水。消防喷淋泵接应急电源，只能在控制箱上手动停止。

当整个喷淋系统意外失压时，也由消防总管应急接口向各喷嘴提供消防水。

设置在各舱室顶部的水雾喷嘴由玻璃管密封，当房间温度达到 68 ℃以上时（厨房为 93 ℃），玻璃管受热破裂，1.6 MPa 的喷淋水便会以水雾的形式喷出进行灭火。

第八章　船舶电力系统

第一节　船舶电力系统概述

一、船舶电力系统的组成

船舶电力系统是由电源装置、配电装置、电力网和负载组成并按照一定方式连接的整体，是船上电能产生、传输、分配和消耗等全部装置和网络的总称，其结构单线图如图 8-1 所示。

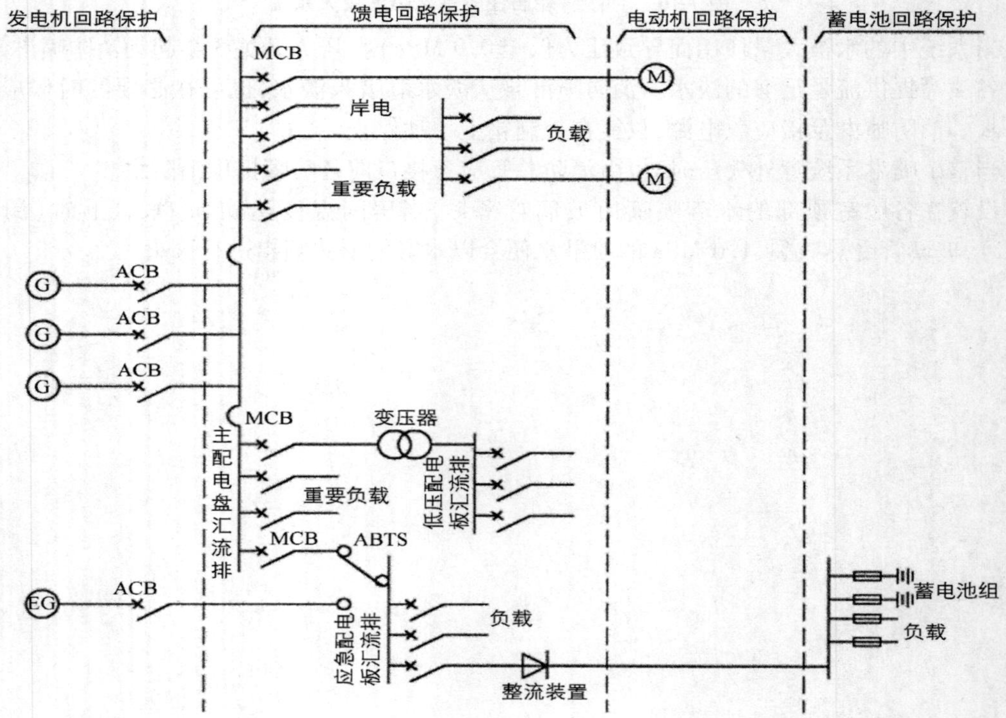

图 8-1　典型船舶电力系统简图

G—主发电机；EG—应急发电机；M—电动机；ACB—空气断路器；MCB—装置式断路器；ABTS—汇流排转换接触器

1. 船舶电源装置

船舶电源装置是将机械能、化学能等能源转变为电能的装置，主要是指发电机和蓄电池。

2. 船舶配电装置

船舶配电装置对电源和用电设备进行保护、分配、转换、控制和监测的装置。根据供电范围和对象的不同，船舶配电装置可分为主配电板、应急配电板、动力分配电板、照明分配电板和蓄电池充放电板等。

3. 船舶电力网

船舶电力网是全船电缆电线的总称，作用是将各种电源与负载按一定关系连接起来。根据其所接负载的性质，可分为动力电网、低压电网、照明电网、应急电网和小应急电网等。

4. 负载

负载即用电设备。船舶负载包括动力装置用辅机、甲板机械、舱室辅机、电力推进设备、机修机械、冷藏通风、照明设备、船舶通信导航设备、自动化设备等。

二、船舶电力系统的基本参数

船舶电力系统的基本参数是指电流种类（电制）、额定电压和额定频率的等级。

1. 电流种类（电制）

早期船舶采用直流电制，主要基于直流发电机调压容易、直流配电装置简洁、直流电动机调速平滑等优点。但直流电制在可靠性、经济性、可维修性方面的缺陷甚多，而电力电子技术的发展突破了交流电力系统的调压、调频、并联运行等一系列难点，使交流电制占据了主要地位。除了采用直流电力系统或交直流混合电力系统的特殊工程船舶外，几乎所有大中型船舶均采用交流电力系统。

2. 额定电压等级

船舶电力系统额定电压等级的选用直接关系到电力系统中所有电气设备的重量和尺寸，提高电压利于减少导线中的电流、提高设备功率、减小舱容，利于提高经济性，随之对电气设备的绝缘和安全方面的要求也更高。世界各国对电压等级的选用与本国陆上电制参数一致，使船舶电气设备具有通用性。国内外建造的大多数交流船舶电网额定电压为 380 V 或 440 V。随着船舶发展大型化，目前采用电力推进的商船、滚装船和一些工程船舶电站的容量都比较大（高达几万千瓦），出现了 6 kV、3. 3 kV 以上中压等级的船舶电站。

我国用电设备的额定电压有 24 V、110 V、220 V、380 V、1 kV、3 kV、6 kV、10 kV 等。根据电源电压的额定值比同级电力系统用电设备的额定电压高 5%左右的原则，发电机的额定电压为 115 V、230 V、400 V、1. 05 kV、3. 15 kV、6. 3 kV、10. 5 kV 等。中国船级社《钢质海船入级规范》规定：非电力推进船舶的限制电压为 500 V，动力负载、具有固定敷设电缆的电热装置等的额定电压为 380 V，照明、生活居室的电热器限制电压为 250 V，额定电压为 220 V。

3. 额定频率

交流船舶电力系统的额定频率一般沿用各国陆地上的频率标准，我国采用 50 Hz，西欧、美国采用 60 Hz。这里不包括弱电设备所需的特殊频率以及海上平台等特殊设备的电源频率。

三、船舶电力系统的特点

船舶电力系统具有以下特点：

1. 工作条件恶劣

船舶电力设备工作条件比较恶劣,海上航行时存在高温、潮湿、盐雾、霉菌、振动、倾斜等不良因素,影响电力设备的可靠性。因此要求船舶电站的发电机和电器元件应当进行“三防”处理(防潮、防霉菌、防盐雾),并具有抗振、抗倾斜性能,以保证电站运行的可靠性。

2. 船舶发电设备与用电设备之间相互影响大

船舶电网的输电距离短,线路阻抗低,各处短路电流大。当电网某一点发生短路时,可能直接影响电站的运行。短路电流所产生的电磁机械应力和热效应易使开关、汇流排等设备遭受损伤和破坏。因此,船舶输电电缆采用沿舱壁或舱顶走线,电缆的分支和转接均在配电板(箱)或专设的分线盒内完成,不允许外部有连接点。各级船舶电网均应设置短路保护环节,并具有选择性,以保证电站运行的可靠性。

3. 船舶电站容量相对较小

船舶电站单机容量一般不超过 1 000 kW,装机总功率不超过 5 000 kW(电力推进船和特种船除外),相比陆上要小得多。一般万吨级货船电站总容量大约为 1 000 kW,正常运行的发电机组是 300~500 kW,某些大容量电动机的容量就可达 60~70 kW。当起动大容量电动机时,同步发电机的励磁效应会引起电网电压大幅度下降,发电机的转速和电压也会被动地大幅度波动。因此要求船舶发电机组要有较大的承受过载和强行励磁的能力,以提高船舶电站运行的稳定性。

第二节　船舶电源

一、船舶电源的组成和技术要求

船舶电源是船舶电力系统的心脏,由它发出电能供给全船用电设备。船舶电源由主电源和应急电源组成。主电源由主发电机组提供。应急电源包括大应急电源和小应急电源。大应急电源由应急发电机通过应急配电板供电,小应急电源是指由蓄电池组供电。驱动发电机的原动机有柴油机、汽轮机和燃气轮机等。由于柴油机具有热效率高、起动快、机动性好等优点,民用船舶上主发电机和应急发电机的原动机多采用柴油机。如果船舶的主机为汽轮机,其发电机的原动机一般采用汽轮机。为达到节能的目的,充分利用船舶主机 10%~15%的功率储备裕量和主机废气的热能,有些船舶采用轴带发电机或主机废气透平发电机作为船舶电源。

对船舶发电机组的技术要求如下:

(1)发电机组的台数与容量必须满足各种工况下对电站容量的要求,要使每台机组的功率得到充分利用。

(2)主电源至少由 2 台发电机组组成,以便交替使用,维护和检修。还需配备应急电源或应急发电机组。

(3)在正常由 1 台发电机供电的情况下,应提供措施,以便能在失电后自动起动备用发电机,并自动连接至配电板。该备用发电机应具有足够的容量,以保证重要辅助设备的自动起动或自动顺序起动。备用发电机应尽快自动起动并连接至主配电板,最好在失电后 30 s 内完成。

(4)发电机组应配置相应的调压及调速装置，使电网电压、频率稳定在一定范围之内。

(5)具有各种保护环节，以便及时切除各种故障，保护发电机组使电网持续稳定运行。

配备检测仪表和信号指示装置，以便及时反映发电机组运行情况。

应急配电板由独立馈线经联络开关与主配电板联接，应急电网平时由主电源经主配电板供电。为了防止出现供电冲突，主电源和应急电源应该设置联锁。应急电源与主电源的联锁关系：①主电源正常供电，应急电源不能投入；②主电源失压，应急电源自动投入；③小应急在大应急投入前投入(供无线电和应急照明)，大应急投入后小应急自动退出；④主电源供电后大应急立即退出。

主电网失电，主配电板与应急配电板联络开关先自动断开，应急发电机应在 30 s 内自动起动，主空气开关后自动合闸投入供电；主电网恢复供电，联络开关自动闭合。

船舶主电源和应急电源之间的联锁关系如图 8-2 所示。

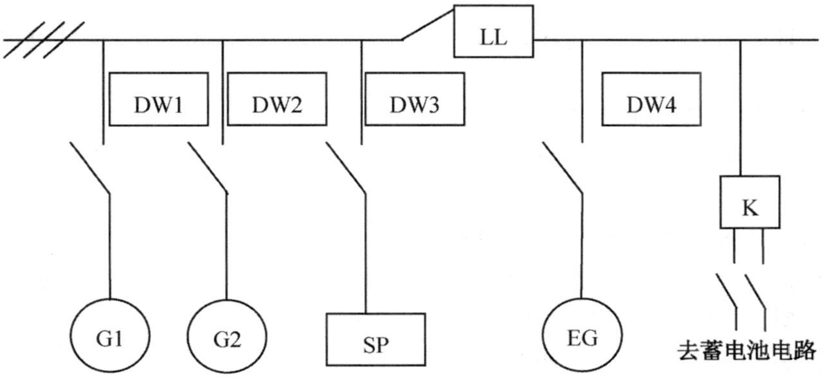

图 8-2 船舶主电源和应急电源联锁关系简图

当主电源失电时，首先自动断开联络开关 LL。小应急电源(蓄电池)通过接触器 K 的主触头立即投入工作，供应急照明及通信使用(供电时间不小于 30 min)。

对采用发电机组作为大应急电源的船舶，在主电源失电后应急发电机自动起动并自动连接到应急配电板，供电延时最长不超过 45 s。

应急电网有电后，通过接触器 K 自动切断小应急电源。

主电源恢复供电即主电网有电后，自动断开开关 DW4，联络开关 LL 自动闭合，恢复正常供电，应急发电机 EG 自动停车，也有的船舶应急发电机必须手动停车。

应急电源应足够 36 h 用，最少不得少于 12 h。

二、轴带发电机

1. 轴带发电机的特点

船舶轴带发电装置是由船舶主机驱动发电机供电的装置，它利用主机富余功率来达到节能的目的。通常新造的定期集装箱船、矿砂船、散装液货船大多数安装了轴带发电机系统。

轴带发电机的主要优点体现在以下几个面：

(1)节省燃料和燃料费用。由于主机燃用劣质燃料油作为燃料，热效率高、经济性好。

(2)降低辅助柴油机组的运行时间和消耗,减少了相应的维修工作量和维修费用。

(3)减少滑油消耗。船舶在航行中不使用辅助柴油发动机组,也就减少其消耗的滑油。

(4)有利于机舱的布置。由于辅助柴油发动机组总的工作时间缩短,故可选用较高速的柴油发动机组。使用轴带发电机时,往往会减少一台副机,节省了机舱空间。

(5)改善机舱工作环境。降低机舱的噪声,同时也减少了机舱的热源。

轴带发电机系统也存在下列缺点:

(1)船舶在港作业时,不能用轴带发电机供电,仍需要辅助柴油发动机组供电。

(2)对于交流电制的船舶,若非恒定转速的主机,则必须采取特殊措施,保证电网频率的恒定,故使整个系统变得较为复杂。

(3)造船投资成本较大,虽然可以从营运成本降低的好处中得到补偿,但是这个补偿不仅和轴带发电机的功率有关(功率越大越好),还与时间的利用率(即船舶在一年中航行的时间)有关。

2. 船舶轴带发电机的类型

根据船舶螺旋桨的型式不同,轴带发电机可分为定距桨(FPP)和变距桨(CPP)轴带发电两种装置。

(1)定距桨(FPP)船舶轴带发电机装置

当主机驱动定距桨时,随着主机工况变化、转速变化,轴带发电机的转速随之变化,其电压和频率不能保持稳定。为使轴带发电机的频率稳定在允许范围内,必须配备自动调节装置。当前普遍采用的是转速补偿装置和频率补偿装置。

对于定距桨型轴带发电装置解决频率不同的方式,归纳起来主要有旋转变流机组稳频型、行星齿轮传动型、液力传动型和可控硅整流—逆变器型。

(2)变距桨(CPP)船舶轴带发电机装置

无论船舶机动航行还是正常航行,变距桨主机转速基本保持不变,轴带发电装置电压频率基本保持不变,因此可以采用一般的船用交流发电机,其工作原理及操作均比较简单。但是在轴带发电机和主轴需采用中间传动机构,以提高轴带发电机的转速,使发电机的尺寸不致太大。在航行中,主机转速恒定,轴带发电装置的利用率近似为100%。由于主机和发电柴油机速度特性不一致,变距桨轴带发电装置不能和船舶柴油发电机组长时间并联运行。

3. 轴带发电机的功率输出特性

常规发电机因其转速恒定,一般有恒定的额定功率。轴带发电机由于转速随主机转速而变化,所以只有在接近主机额定转速的一定范围内基本保持相对恒定的额定功率。当转速降得很低时,由于励磁容量的限制,轴带发电机的端电压将大大降低。为了使轴带发电机在较低的转速下仍能发电,必须随主机转速的降低而降低额定输出。发电机的允许输出功率受额定电流限制,对于恒定转速发电机,其额定输出功率是不变的。

因受电枢电流和励磁电流额定值的限制,变转速的轴带发电机允许输出的功率在不同的转速范围内是有所不同的,其典型功率输出特性如图 8-3 所示。

图 8-3 中 $P_{SGe}=1$ 和 $n_{SG}=1$ 这一点为标幺值,定义为基准额定工作点。在这一点,所有电流、电压及功率的标幺值均为 1。

额定输出功率表明,主机转速在 75%~100%额定转速范围内可输出额定功率。主机转速在 40%~75%范围内,输出功率将随转速的下降而成比例下降。当转速下降至 40%以下,发电

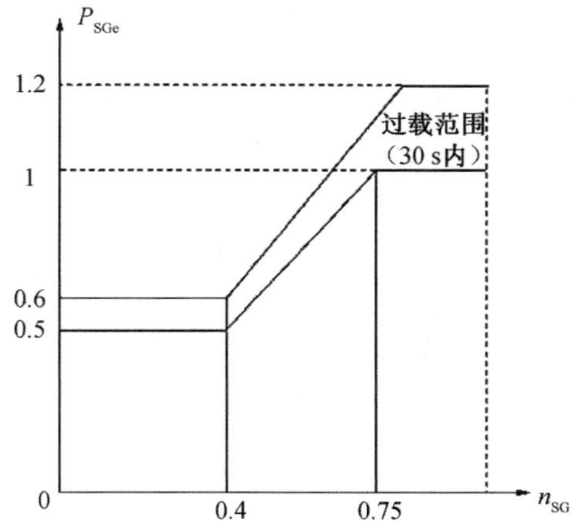

图 8-3　变转速轴带发电机功率输出特性

机所产生的电压已无法维持逆变器工作，轴带发电机系统停止工作。只要轴带发电机总负荷标幺值在该曲线的界定范围内，轴带发电机就能保证正常运行。若越过该曲线，轴带发电机将过载。因此，额定输出曲线为轴带发电机设计的主要依据之一，也是控制系统要保证轴带发电机在额定输出范围内维持供电频率为一定水平的任务之一。

三、船舶蓄电池

蓄电池是任何类型的机动船舶都无法离开的可靠电源设备，其用途之一是作为应急电源或备用电源，一般商船都把蓄电池作为船舶小应急电源，在船舶主电网失电而应急发电机组尚未正常供电的时间内，蓄电池组则供电给小应急负载；用途之二是作为低压设备的电源（如供电给无线电收发报机、自动电话交换机和各种警报器）。此外，蓄电池也用作应急发电机组和救生艇上柴油机的起动电源，以及罗经的直流电源等。

1. 船用蓄电池的类别

船用蓄电池有酸性蓄电池和碱性蓄电池两大类。酸性蓄电池也称为铅酸蓄电池，船用历史最久，常用于柴油机的起动和应急照明。碱性蓄电池包括锡—镍蓄电池、铁—镍蓄电池、锌—银蓄电池和镉—银蓄电池等，主要用于无线电通信设备。由于价格较高，民用船舶较少采用。

2. 蓄电池的主要性能

蓄电池的主要性能指标包括开路电压、工作电压、电池容量、使用温度、寿命和储存期等。酸性蓄电池中每个小电池的电动势为 2.0~2.1 V。放电时，电压逐渐下降，到达某一电压（称放电终止电压）时，则急剧下降，当低至放电终止电压时不再放电。10 h 放电率的每个小电池放电终止电压为 1.8 V。充电时，电压变化在 2.05~2.8 V 范围内，充电终期电压每个小电池为 2.5~2.8 V。充电设备的电压应考虑能调节到每个小电池 2.8 V 的数值。

碱性蓄电池中每个小电池的电动势为 1.3 V 左右，在额定放电率时平均放电电压为 1.2 V。根据不同结构形式，充放电特性是不同的。

3. 酸性蓄电池

酸性蓄电池主要由容器、极板和隔板三部分组成。盛装电解液和支撑极板的容器，具有防止酸液泄漏、耐腐蚀和坚固等特性。铅酸蓄电池容器有玻璃槽、铅衬槽、塑料槽、硬橡胶槽等，船上多数使用后两种。

船用酸性电池的极板常采用铅锑合金制成栅格式，栅格中压入活性物质，正极的活性物质是二氧化铅(PbO_2)，负极的活性物质是海绵状纯铅(Ph)。为增加容量，蓄电池的正极板和负极板制成许多片，分别并联在一起接成两组，构成蓄电池的正负极。隔板用橡胶、塑料或木板等绝缘材料制成。为保证电解液的自由流通，同时又不致使极板脱落的活性物质经隔板与相邻隔板相通，隔板上开有大小适中的孔。

酸性蓄电池的电解液的质量分数为27%~37%的稀硫酸溶液，相对密度为1.28~1.31。酸性电池是利用铅、二氧化铅和硫酸的化学反应来储存电能和释放电能的，其工作原理由下面的化学反应方程式表示：

$$\underset{(正极)}{PbO_2} + \underset{(电解液)}{2H_2SO_4} + \underset{(负极)}{Pb} \underset{放}{\overset{充}{\rightleftharpoons}} \underset{(正极)}{PbSO_4} + \underset{(电解液)}{2H_2O} + \underset{(负极)}{PbSO_4}$$

当蓄电池的正负极板插入硫酸溶液时，极板之间将产生2 V左右的电动势，一旦外电路接通则形成放电电流，同时在电池内部正负极板与硫酸发生化学反应，逐渐变成硫酸铅，当正、负极板都变成同样的硫酸铅后，蓄电池便不能再放电了，必须通过充电来恢复成原来的PbO_2和Pb。显然蓄电池的充电和放电是可逆的。充电时电解液稀硫酸的相对密度会增加；放电时由于生成水，相对密度降低。实际工程中采用比重计来测量电解液的相对密度，从而估计出蓄电池电动势的大小。

酸性蓄电池的电动势，主要与电解液相对密度d有关。相对密度高，电动势也高，E与d之间的关系可由经验公式来表示，即

$$E = 0.84 + d$$

如在蓄电池充电完毕将外电路断开后，测得的相对密度为1.28时，则根据上式可估算出其电动势为2.12 V。

4. 碱性蓄电池

碱性蓄电池具有体积小、机械强度高、工作电压平稳、能大电流放电、使用寿命较长和易于携带等特点，近年来在远洋船上的应用增多。碱性蓄电池比酸性蓄电池的额定电压低，要提供相同的供电电压，碱性蓄电池通常在数量上要比酸性蓄电池多出67%，成本较高。

船舶主要采用镉—镍、铁—镍蓄电池，下面以镉—镍碱性蓄电池为例做介绍。

碱性蓄电池主要由容器、极板和活性物质构成。容器用镀镍钢板制成，直接与电解液或一组极板接触，所以碱性蓄电池的外壳带电。正极由氧化镍粉、石墨粉组成，石墨粉主要用来增强导电性，不参与化学反应。负极由氧化镉粉和氧化铁粉组成，掺入氧化铁粉的目的是使氧化镉粉具有较强的扩散性，防止氧化镉粉结块，增加极板的容量。正负极上的这些活性物质分别包在穿孔的钢带中，加压成型后构成电池的正负极，两极之间用耐碱的硬橡胶隔开。

碱性蓄电池电解液是质量分数为20%的氢氧化钾(KOH)水溶液(或纯氢氧化钠溶液)，相对密度为1.2~1.27。蓄电池充电时将电能变为化学能储存起来，放电时将化学能变为电能输送给用电设备，两电极所发生的化学反应是可逆的。

5. 船用蓄电池的充电方法和种类

(1)充电方法

恒电流充电——以恒电流充电至放电结束。

恒电压充电——给蓄电池加以恒定电压进行充电（由于充电初期通过电流大，应根据该电流选定整流器的容量）。

恒电流恒电压充电——在充电初期通以适当的恒定大电流，达到某一电压时，保持恒定电压进行连续充电。

（2）充电种类

初次充电——使用铅酸蓄电池时，初次向电池内加入电解液进行充电，充电的第一阶段电流为额定容量的0.07，充到单格电压上升到2.4 V为止；第二阶段电流为额定容量的0.04，充到单格电压上升到2.5 V，且相对密度和电压在3 h内稳定。

正常充电——对已经放过电的蓄电池，为了使其恢复到原来规定容量而进行的充电，充电分两阶段进行，第一阶段按标准充电制的电流（额定容量的0.1）充电6~7 h；第二阶段用第一阶段充电电流的一半充电2~3 h。

6. 船用蓄电池的维护保养

（1）酸性蓄电池

①电解液应每半个月检查液面高度，每年进行化验检查。要及时补充电解液，注液孔螺帽应旋紧，以防电解液溅出。

②应保持蓄电池表面清洁，为防止极柱夹头生锈，其表面应涂上一层凡士林油膜。

③蓄电池室应保持良好的通风，并严禁烟火。

④过充电——酸性蓄电池在运行中往往因长时间充电不足或过放电等原因造成极板硫化，这时要对蓄电池进行过充电，使蓄电池恢复到良好的运行状态。过充电是指在正常充电后，再用10 h放电率的1/2或3/4的小电流进行充电1 h，然后停1 h，如此反复进行，直至刚一接通充电电源就发生强烈气泡为止。

（2）碱性蓄电池

①每半个月检查一次电压、电解液密度和高度，及时补充电解液。

②保持气塞透气或定期打开气塞放气。

③碱性蓄电池的外壳带电（正极），存放时须防金属将负极与外壳接触，引起短路。

④一般工作10~12次充放电循环或每月进行一次过充电。

⑤每年或使用50~100次时，应更换电解液。电解液的更换应在放电状态下进行，必要时可用纯水清洗，并及时注入更换的电解液。

第三节　船舶配电装置

配电装置是接收和分配电能，并对电网实现保护的设备。有些配电装置（例如主配电板、应急配电板和蓄电池充放电板等）还具有对电源装置，用电设备进行测量、保护和控制的功能。

船用配电装置种类很多，如面向主发电机的控制和监测的主配电板，面向应急发电机控制和监测的应急配电板，面向蓄电池组控制和监测的蓄电池充放电板。此外还有区域分配电板、岸电箱和交流配电板等。

一、主配电板的构成及功能

船舶主配电板是船舶电力系统的中枢,担负着对主发电机和用电设备的控制、保护、监测和配电等多种功能。一般由发电机控制屏、并车屏、负载屏和汇流排四部分组成。

(1)发电机控制屏

发电机控制屏包含有发电机主开关及操纵器件、指示灯和仪表、发电机励磁控制和保护环节等。每台发电机组均配有单独的控制屏,用于控制、调节、保护、监测发电机。控制屏面板大体分上、中、下三部分,上部装有电压表、电流表及转换开关、频率表、功率表、功率因数表以及原动机的调速开关和按钮等;中部安装有发电机主开关;下部一般安装有发电机励磁控制装置,控制屏内还装有逆功率继电器和互感器等。

(2)并车屏

并车屏包含有同步表、同步指示灯、投切顺序选择和转换开关、操纵按钮及状态显示指示灯等。有的还设有汇流排分段隔离开关、粗同步并车电抗器、自动并车装置等。并车屏用于交流发电机组的并联运行、解列等操作。

(3)负载屏

负载屏包括动力负载屏和照明负载屏,通常安装有装置式自动空气开关、电压表、电流表及转换开关、绝缘指示灯、兆欧表以及与岸电箱相连的岸电开关。它们是用于分配电能并完成对各馈电线路进行控制、监视和保护等。各用电设备或分电箱的电能通过装置空气开关供给。有些动力负载屏上还装有重要泵的组合起动装置。

(4)汇流排

配电板上主汇流排及连接部件是铜质的,连接处做了防腐或防氧化处理。汇流排能承受短路时的机械冲击力,其最大允许温升为 45 ℃。

交流汇流排接从上到下(垂直排列)、从左到右、从前到后(水平布置)的顺序依次为 A 相、B 相、C 相。汇流排的颜色依次为绿色、黄色、褐色或紫色,中线为浅蓝色(若有接地线则接地线为黄绿相间颜色)。直流汇流排接从上到下(垂直排列)、从左到右、从前到后(水平布置)的顺序依次为正极、中线、负极。其正极颜色为红色,负极为蓝色,中线为绿色和黄色相间色。

二、分配电板

分配电板是由过载保护电器组成的集合体,对额定电流不超过 16 A 的电气设备进行供电的开关板,也称为分电箱,主要有动力分配电板和照明分配电板两种。区域分配电板由主配电板或应急配电板馈电,是对耗电大于 16 A 的电气设备进行供电的开关板。

三、应急配电板

应急配电板用于应急发电机的控制和监视,并向应急用电设备供电。它与应急发电机组安装在同一舱室内,一般位于艇甲板上。应急配电板由应急发电机控制屏和应急配电屏组成,其上面安装的仪器仪表与主配电板基本相同。应急发电机总是单机运行,所以不需要并车屏、逆功率继电器和同步表。

应急电网平时可由主配电板供电,唯当主发电机发生故障或检修时才由应急发电机组供电。主配电板连通应急配电板有供电联络开关,它与应急配电板的主开关之间设有电气连锁,以保证主发电机向电网供电(即主网不失电)时,应急发电机组不工作。一旦主发电机开关跳闸,经应急发电机组的自动起动装置确认后,自动起动应急发电机组,并合闸向应急电网供电。平时需要检查和试验应急发电机组时,可把应急发电机工作方式选择开关置于试验位置,使应急发电机脱离电网。有些采用自动管理的应急电站,只有在应急发电机工作后应急电网才允许转换为由应急发电机供电,以免与主电网发生冲击。

四、充放电板

船舶小应急照明、操纵仪器和无线电设备的电源均采用蓄电池,船舶设置充放电板对蓄电池进行充电、放电,实现向用电设备正常供电。常用充放电板主要由两个部分组成。

1. 电源部分

目前采用交流电的船舶大都采用整流装置将交流电变为直流电。电源回路中通常设置熔断器、电压表和电流表。交流电制船舶已经采用由晶闸管整流器组成的三相或单相可控整流装置。

2. 充放电回路

每一个充电回路应设有防止逆流的逆电流继电器或二极管。当主、应急电网失电时,相应的线圈断电,常闭触头闭合,24 V 主电瓶直接向小应急用电设备供电,其余用电设备分别利用开关送电。

五、岸电箱

船舶停泊码头或进坞修理时,一般接用岸电电源。在码头上设置有与岸电相连接的装置,船舶靠码头时可使用岸电。船上发电机组全部停机,既可减少靠岸时的值班人员,又便于对发电机组进行正常的维护或修理。

交流岸电的供电方式有两种:

①接用单相交流岸电,仅供船上照明电路使用,此时,配电板内照明汇流排与电力汇流排分开。

②船上安装一台变流机组或整流装置,将交流岸电变为直流电,再供电给船上的停泊负载。

岸电箱的容量依据停泊负载来确定,各类船舶的停泊负载不同,通常包括:照明设备、日用设备(日用海水泵、日用淡水泵以及空压机等)、冷藏空调设备、厨房设备、通风机、通信设备、修理机械和娱乐设备等。

岸电箱及接岸电的基本要求如下:

(1)岸电箱应有下列设施

岸电箱内应设有能切断所有绝缘极(相)的断路器或开关加熔断器;指示端电压的指示灯或电表;用于连接软电缆的合适接线端子;对岸电为中性点接地的交流三相系统,应设有接地接线端,以便将船体接至岸上的接地装置或岸上电网的零点;应有监视岸电极性(直流时)和相对船舶配电系统的相序(三相交流时)是否相符的设施;标明船电系统的配电系统的形式、额定电压和频率(对于交流)的铭牌;有时根据船东要求还应装设电度表。

(2)接岸电箱时应注意的问题

①检查岸电电力系统参数(电制、电压和频率)是否与本船电网参数一致。若电制、频率相同,仅电压不同,可通过调压器将岸电电压变换成与本船电压相等后,再接至船上电网。②检查岸电相序与船上电网相序是否一致,如果相序不一致将会使船上电机反转。一般船上的岸电箱内均有相序指示灯或逆序继电器,当显示相序正确时才能接岸电。③接通岸电后,不允许再起动船上主发电机或使应急发电机合闸向电网供电,因此主配电板均设有与岸电的互锁保护,使两者不可能同时合闸。④若岸电为三相四线制时,应将船体与岸上接地装置相连,然后接岸电。

第四节　船舶电力网

船舶电力网泛指主配电板和应急配电板到用电负载之间的电缆连线。因船舶负载的种类和数量颇多,不可能每个负载都直接由主配电板或应急配电板供电,有许多成组用电设备是由分配电板供电。通常从主配电板到直接供电负载或分配电板之间的电网叫一次配电网络,而由分配电板到负载之间的电网叫二次配电网络。

一、船舶电力网的分类

根据供电电源不同以及负载的性质和用途不同,船舶电力网可分为:

(1)动力配电网络——主要指供电给三相异步电动机负载的电网,也包括供电给 380 V 三相电热负载的电缆。该网络输送的电能占全船全部电能的 70%左右。(2)正常照明配电网络——该电网由照明变压器副边算起,通过主配电板中的照明负载屏馈电给各照明分配电板,再由各分配电板供电给全船所有舱室及甲板的照明灯具。(3)应急电网——主电源失电时,应急电源自动起动并通过应急电网供电给应急用户。(4)小应急电网——由 24 V 蓄电池提供的直流电,通过小应急电网馈电给小应急照明以及主机操纵台、主配电板前后、锅炉仪表、应急通道出入口处、艇甲板等处的照明以及助航设备等。蓄电池的容量应满足小应急用户使用半小时。(5)弱电网络——是向全船无线电通信信设备、各种助航设备、信号报警系统等用户供电的低压直流电网或中频电网,因其对供电电压、频率等有特殊要求,因此需专门配置蓄电池及变流机组(逆变装置)。

二、船舶电网的接线方式

1. 接线方式分类

(1)500 V 以下船舶电网的接线方式

大多船舶电压等级在 500 V 以下,采用两种接线方式:枝状和环状。如图 8-4 所示。

①枝状接线特点

每一馈电线均由主配电板直接引出,且各自独立,向一个分配电板或一个用电负载供电。每一馈电线路都安装自动开关,便于集中管理。当设备多时,主配电板需要集中大量电缆头和自动开关,电缆耗量多,主配电板尺寸也相应增大,一旦馈电电路发生故障,则该电路的电气设备或分配电板将失电,可靠性较差。

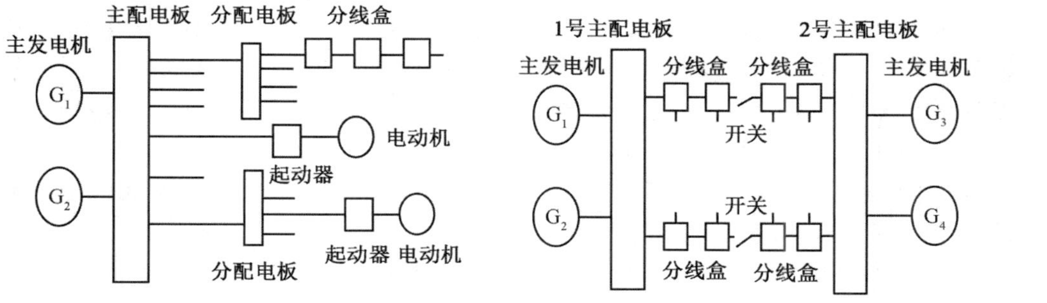

(a) 枝状结线　　(b) 环状结线

图 8-4　500 V 以下船舶电网接线方式

②环状接线特点

按环式接线的网络，其主馈电线是一个环形闭合回路，它经过串接在主馈电线上的各个分线盒供电给用电设备或分配电板。其优点：每一用电设备均可以从线路的两个方向获得供电，当一路主馈电线路出现故障时，另一路仍可保持供电；此外，减少了主馈电电缆的数量和长度及主配电板的尺寸。其缺点是不便于在主配电板上对各馈电线路实行集中控制。

(2) 500 V 以上船舶电网的接线方式

随着大型船舶及电力推进船舶越来越多，船舶电网电压等级随之升高，采用 3 300 V 和 6 600 V 中压电网船舶的数量也在增加。一般船舶中压电网接线方式有四种，如图 8-5 所示。使用较多的放射式和树干式结构简单、可靠性低，对重要负载在故障工况时有失电的可能。为

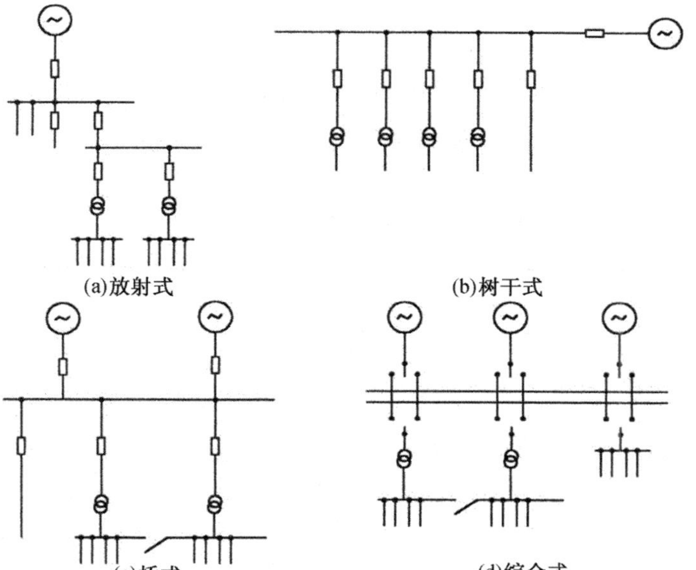

(a)放射式　　(b)树干式　　(c)桥式　　(d)综合式

图 8-5　船舶中压电网接线方式

了提高供电可靠性，可采用桥式或综合式，其网络不太复杂，但供电可靠性提高，只要有一台发电机工作，就可保证一些重要设备正常工作。

2. 重要负载馈电方式

船舶重要负载是指直接与船舶航行、货物的保存、船舶与人身安全有关的电气设备。这些重要负载包括：主机滑油泵、冷却水泵、燃油输送泵、燃油分油机、空压机、循环水泵、锅炉给水泵以及风机、舵机、锚机、主机控制装置、通信及导航设备和各种报警装置。对这些设备要求工作可靠，在配电方面通常采取如下措施：

(1)由主配电板直接供电。如舵机、锚机、消防泵、消防自动喷淋系统、无线电电源板、电罗经、航行灯控制箱、苏伊士运河灯等。

(2)两路独立馈电线供电。某些重要的负载如舵机、航行灯控制箱等。

(3)采用自动分级卸载装置。但发电机出现过载时，自动分级卸掉次要负载，从而使发电机恢复正常工作状态。

(4)分段汇流排供电方式。这种供电方式如图 8-6 所示。船上许多重要负载常是两台，将两组分别由配电板上两段独立的汇流排供电(两段汇流排之间用自动开关连接)，则可提高供电的可靠性。当某一段汇流排上的线路发生故障又未能及时排除时，汇流排上的自动开关将两端汇流排分开，以保证重要设备的另一半仍能继续工作。

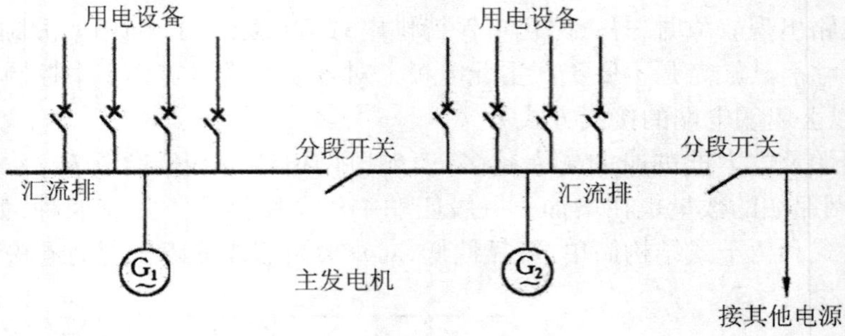

图 8-6　船舶分段汇流排供电方式

3. 主电网和应急电网的连接方式

船舶重要设备除在正常条件下由主电网供电外，还需备有在应急情况下的应急电源供电。

例如舵机、航行灯和通信设备都分别由独立的馈电线与主电网及应急电网相连，通常有半数的电缆是不载流的，造成极大的浪费。实际上采用如图 8-7 的连接方式，在正常条件下联络

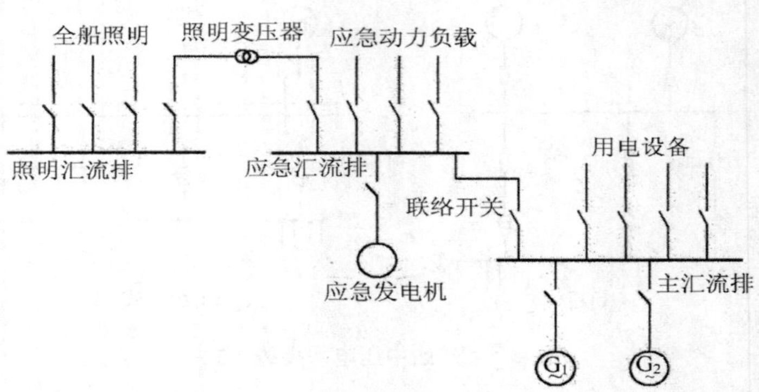

图 8-7　主电网和应急电网的连接方式

开关闭合,重要负载经应急配电板由主电源供电,当主电源出现故障、主汇流排失电时,联络开关自动断开,应急电源则自动投入应急电网向这些重要设备供电。船舶电网的这种连接方式是将应急电网视为主电网的一个组成部分。

第五节　船舶安全用电

一、人体安全保护

人体因触及带电体而受到较高电压或较大电流的直接或间接伤害称为触电。按照伤害程度,触电可以分为电伤和电击两类。电路放电时,电弧或飞溅物体使人体外部被灼伤称为电伤。电伤是由电流的热效应引起的人体烧伤,其伤害程度比电击轻,短期内可以恢复。人体直接接触带电部分,电流通过人体内部器官而造成的伤害称为电击。遭受电击时,轻者会发生肌肉痉挛、恶心、呼吸困难、血压升高、心率不齐等现象。只要几十毫安的电流通过呼吸中枢就会引起呼吸与心跳停止,造成死亡。

1. 人体的触电形式

人体在触电时接触带电体的方式不同,电流流过人体的路径和伤害程度也不一样。人体的触电方式一般分为单相触电和两相触电。人体接触电气设备的任何一相带电导体所发生的触电称为单相触电。对于中性点直接接地的电网及中性点不接地的低压电网都能发生单相触电,如图 8-8(a)和图 8-8(b)所示。在中性点接地的系统中,人体接触某相电压,电流通过人体、船体和中性接地点形成闭合回路,相电压对人体的危害性仍然较大。人体在中性点不接地的绝缘制系统中触电,此时人体电阻与另外两相的绝缘电阻和寄生电容串联后接于线电压,其危险程度取决于人体电阻、相线与船体之间的绝缘电阻和寄生电容的大小。人体同时接触带电的任何两相电源称为两相触电。不论中性点是否接地,人体受到的电压是线电压,触电后果往往很严重。两相触电一般比单相触电事故少一些,如图 8-8(c)所示。

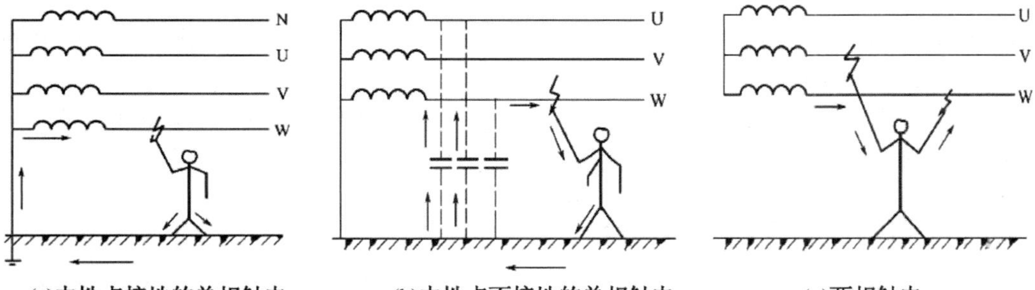

(a)中性点接地的单相触电　(b)中性点不接地的单相触电　(c)两相触电

图 8-8　人体的触电形式

2. 影响触电伤害程度的因素

(1)电流种类的影响

直流电对人体血液有分解作用。交流电对人的神经有破坏作用,通常交流电对人体的伤害程度要大于直流电。

(2)电流大小的影响

一般情况下,当流过人体的交流电流在15~20 mA以下时,人体是安全的,此时人的头脑清醒,自己有能力摆脱带电体。而当电流达到50 mA以上时,人的心脏受到严重损害,导致立即死亡。

(3)交流电流频率的影响

50 Hz或60 Hz的工频电流对人体的伤害最大。当频率增高到2 000~2 500 Hz时,对人的危害性降低。频率再增高时,电流对人的伤害程度就大大降低。

(4)电压高低的影响

当加于人体的电压小于36 V时,由于人体自身电阻的作用,通过人体的电流不会超过50 mA,不至于伤害人身。因此规定36 V以下为安全电压。当电压超过36 V时,就有可能危及人身安全。电压越高,危害性越大,1 000 V以上的高电压能很快使人停止心跳而致死。

(5)电流持续时间的影响

流经人体的电流持续时间越长,对人造成的伤害就越严重。经验证明:100 mA的电流通过人体持续0.2 s以上,就完全可能置人于死地。

(6)电流流过人体路径的影响

电流经过人体其他部位而不经过心脏,危险性相对小一些,触电电流经过心脏的危险性最大。但是人体任何部位触电,都能引起呼吸神经中枢急剧失调,丧失知觉,甚至死亡。

(7)人体电阻和人的体质的影响

人体电阻因人而异,但在一般情况下,干燥洁净的皮肤,人体电阻可达40~50 kΩ;而皮肤潮湿时可降到1 kΩ以下;如皮肤破损,人体电阻将降至600~800 Ω,触电的危险性增大。体格强健,身心健康者,其耐受能力较强,触电危险性相对可小些,而身体虚弱者的危险性就较大。

3. 触电急救

(1)迅速脱离电源

发现有人遭受触电伤害时,应设法迅速切断电源。如果人在高处触电,切断电源时,还应采取安全措施,防止触电者松手后从高处坠落,造成摔伤。

(2)及时组织现场抢救

如触电者伤害较轻,神志清醒,只有心慌、乏力、肢体发麻等感觉时,可让其在通风处静卧休息,一般在2~3 h后即可恢复。

如触电者伤害较严重,出现失去知觉、停止呼吸、心脏停止跳动等现象,则应及时采取人工呼吸和人工按摩进行抢救,并及时护送医院救治。

二、船舶电气设备接地与保护措施

船舶电气设备的接地就是把船舶电气设备的金属外壳、支架或电缆的护套等与船体所做的永久性良好连接。它是防止触电和保证电气设备正常工作的安全保护措施。

根据不同的接地功能,船舶电气设备的接地类型主要有保护接地、工作接地和屏蔽接地(防干扰接地)等。

1. 保护接地

在交流三相三线绝缘系统和直流双线绝缘系统中,将工作电压高于50 V以上的电器金属外壳和电缆金属护套与金属船体做可靠电气连接称保护接地,如图 8-9 所示。

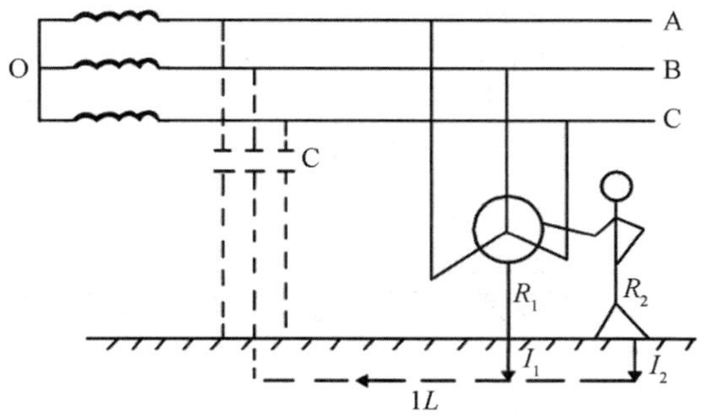

图 8-9 保护接地电气连接图

保护接地适用于三相三线绝缘系统,它的作用在于确保人身安全。如电气设备未接地,当外壳带电时,由于线路与船体间存在电容和绝缘电阻,在人体触及设备时,电流就会经人体而形成通路,引起触电事故。进行保护接地后,由于人体电阻远比接地电阻大,所以流经人体的电流比流过地体的电流小得多,当接地非常良好时,流经人体的电流几乎等于零。这样,就能防止触电。

根据中国船级社《钢质海船入级规范》规定,电气设备保护接地有如下要求:

(1)电气设备的金属外壳均需要进行保护接地。但下列情况除外:工作电压不超过 50 V 的设备;具有双重绝缘设备的金属外壳和为防止轴电流的绝缘轴承座。

(2)当电气设备直接紧固在船体的金属结构上或紧固在船体金属结构有可靠电气连接的底座(或支架)上时,可不用另外设置专用导体接地。

(3)无论是专用导体接地还是靠设备底座接地,接触面必须光洁平贴,接触电阻不大于 0.02 Ω,并有防松和防锈措施。

(4)电缆的所有金属护套或金属覆层须作连续的电气连接,并可靠接地。

(5)接地导体应用铜或耐腐蚀的良导体制成,接地导体的截面积须符合规定的要求。

2. 工作接地

为保证电气设备在正常工作下可靠运行所进行的接地称为工作接地,如图 8-10 所示。如电力系统中性点接地的三相四线制系统、电焊机的接地线等,都是通过接地线构成回路而工作的。中国船级社《钢质海船入级规范》对船舶电气设备工作接地的要求是:

(1)工作接地与保护接地不能共用接地装置。

(2)工作接地应接到船体永久结构或船体永久连接的基座或支架上。

(3)接地点位置应选择在便于检修、维护、不易受到机械损伤和油水浸渍的地方,且不应固定在船壳板上。

(4)利用船体做回路的工作接地线的型号和截面积,应与绝缘敷设的那一级(或相)的导线相同,不能使用裸线。工作接地线应尽量短,并妥善固定,接地电阻不大于 0.01 Ω。

(5)平时不载流的工作接地线截面积应为载流导线截面积的一半,但不应小于 1.5 mm^2,其性能与载流导线相同。

(6)工作接地的专用螺钉直径不应小于 6 mm。

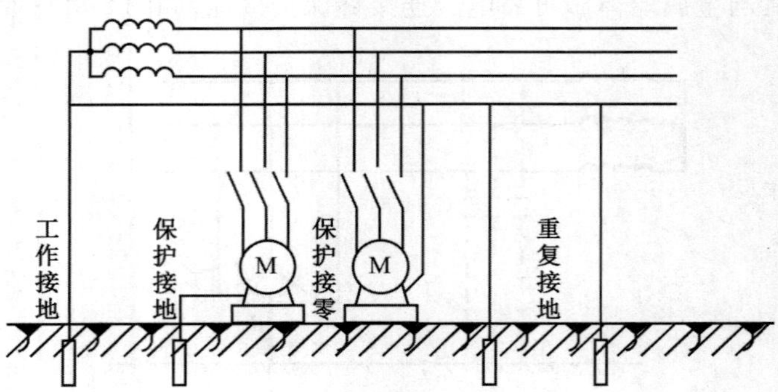

图 8-10 船舶各种接地形式电气连接图

3. 保护接零

对于中性点接地的三相四线制系统中工作的电气设备,一般采用保护接零的方法,将电气设备在正常情况下不带电的金属部件与系统零线相接,以实现人体安全保护。保护接零线路图如图 8-10 所示。电气设备的外壳直接接在系统的零线上。当发生碰壳短路时,短路电线流经零线形成闭合回路,使保护装置能迅速动作而切断故障设备。

但值得注意的是,在同一系统中,不可以把一部分电气设备接地,另一部分电气设备接零。因为当出现碰壳漏电故障时,零线将具有较高的对地电压,于是保护接零的电气设备外壳将具有较高电位,这将危及人身安全。

4. 重复接地

如图 8-10 所示,在中性点接地的三相四线制系统中,为确保接零可靠,防止因接零线断裂而造成触电事故,可将零线多处接地,这就是重复接地。

5. 屏蔽接地

屏蔽接地是指为了防止电磁干扰,在屏蔽体与地或干扰源的金属机壳之间所作的良好电气连接,如图 8-11 所示。

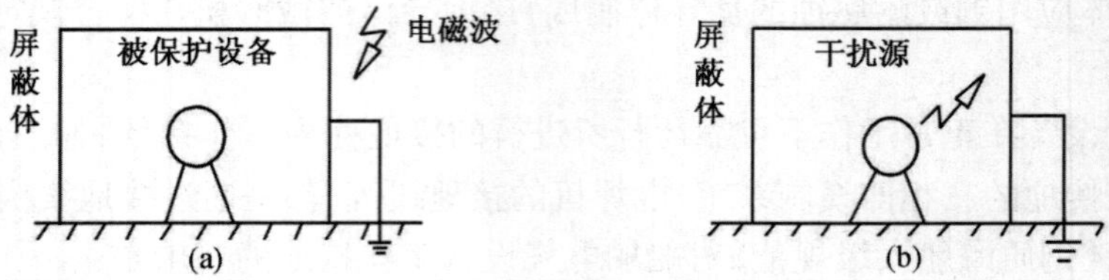

图 8-11 屏蔽接地

无线电通信设备一般都装在封闭的金属机壳内,以防止外来的干扰。屏蔽是抑制无线电干扰的有效措施。任何外来干扰所产生的电场,其电力线将垂直终止于封闭机壳的外表面上,而不能穿进机壳内部。这种屏蔽将使屏蔽体内的无线电通信设备或导体不受干扰源的影响。另外,同样也可以防止无线电干扰源影响屏蔽体外的无线电通信设备或带电体。此时,屏蔽体需要与地或一无干扰源的机壳之间有良好的电气连接。

中国船级社《钢质海船入级规范》对屏蔽接地的主要要求是:

(1)露天甲板和非金属上层建筑内的电缆,应敷设在金属管内或采用屏蔽电缆。

(2)凡航行设备的电缆和进入无线电室的所有电缆均应连接屏蔽。与无线电室无关的电缆不应经过无线电室。若必须经过时，应将电缆敷设在金属管道内，该管道进、出无线电室均应可靠接地。

（3）无线电室内的电气设备应有屏蔽措施。无线电分电箱的电源电缆应在进入无线电室处，设置防干扰的滤波器。无线电分电箱、无线电助航仪器以及分电箱的汇流排上，应设置抑制无线电干扰的电容器。

（4）内燃机（包括安装在救生艇上的内燃机）的点火系统和起动装置应连续屏蔽。点火系统电缆可采用高阻尼点火线。

（5）所有电气设置、滤波器的金属外壳、电缆的金属屏蔽护套及敷设电缆的金属管道，均应可靠接地。

6. 避雷接地

为防止雷击而进行的接地，称为避雷接地。

第六节　船舶电气设备防火、防爆和防静电

一、电气设备的防火、防爆

燃烧和爆炸须同时具备三个基本条件：（1）有可燃性气体或物质；（2）有空气或氧气；（3）有火源或危险温度。只要这三个条件不同时存在，就能避免燃烧和爆炸。燃烧和爆炸是同一化学反应，当空气中所含可燃气体达到一定的浓度比例时，由于氧化反应的传播速度极快，则燃烧和发生爆炸。爆炸和燃烧都产生大量的光和热，但爆炸还伴随由于气体急剧膨胀而发出的巨大声响。

引发船舶发生火灾和爆炸有多种原因，电气设备的短路、过载、绝缘老化以及某些故障都是火灾的隐患。这些隐患主要是作为火灾的热源或火源。电气设备的热源或火源包括正常和非正常的。如各种触点正常开断火花以及绝缘的短路点、线路破断点等产生的非正常火花，有正常高温元件（如电灯等），也有非正常高温，如下所列：

（1）电气设备（特别是插座）进水形成短路或接地，在短路或接地点局部发热。

（2）导体的连接点的松动、氧化、腐蚀等引起接触电阻过大，造成局部发热。

（3）电气设备或电缆长期超负荷工作，或由于短路故障、非正常电压等引起电流过大，使温度过高而可能引起火花。

（4）其他原因造成的绝缘强度下降或绝缘破坏，发生短路、接地故障，引起局部过热。

另外，若有可燃物质出现在不该出现的地方和空间，这就为正常工作的电器火源或热源提供了可燃物质，从而成为火灾的隐患。例如：违禁使用四氯化碳和清洗剂；或用汽油清洗机器部件时未采用有效的防火措施，未注意良好通风，以致有油气积聚等。所以对电气设备的防火要求是避免发生和注意消除上述各点的火灾隐患。应定期检测和检查电气设备的绝缘，以保持良好的绝缘状态。在易燃易爆场所必须使用合格的防爆电气设备。

二、电气设备的灭火

电气设备着火时，不应立即用水灭火，以防止水柱触电。正确的做法是首先迅速切断着火电源，然后用二氧化碳、干粉或卤代烃（1211）灭火器等灭火。但停电时应注意尽量缩小停电范围。

三、防静电知识

任何两种不同物质的摩擦、紧密接触、分离、受压、受热或感应都能产生正负电荷分离的静电现象。液体的流动、过滤、搅拌、喷雾、飞溅、冲刷、灌注、剧烈晃动等过程，都可能产生十分危险的静电。人体和衣物也会产生危险的静电，穿脱毛料与合成纤维衣物时，由于摩擦和接触—分离所产生的静电电压可高达数千伏至数万伏，足以引燃周围爆炸性气体。人体是静电的良导体，人体处于带电的静电空间，因感应而成为一个独立的带电等位体，人体与地或与周围物体之间达到一定的电位差时就会产生放电。因此在静电危险场所的工作人员应穿导电好的服装和鞋袜；在货油舱甲板上禁止穿脱衣物；由生活居住区进入货油舱区前，手应触摸专设的用来消除静电的金属板，以防止人体带静电进入危险区。

此外，船舶在航行中除防止直接雷击外，带电低云层的静电感应能使船舶金属体感应带电。船舶航行与空气的摩擦也能使金属体带电。

四、船舶防静电的措施

由于上述各种原因产生的静电，积累到一定程度就会在突出部位产生放电，成为火灾和爆炸事件的隐患。特别是油船存在可燃气体的空间较大，容易引起爆炸。所以油船除了安装避雷装置外，还必须设置消除静电的装置。

（1）金属导体之间或法兰连接的短管之间要用金属导线可靠地连接，并可靠地金属接地，以便及时泄放静电。如图 8-12 所示分别表示锁具、活动吊杆、舱口盖和油管的消除静电荷的接地。

（2）电气设备的金属外壳均须可靠接地，所有电气设备的保护接地可作为防静电接地。

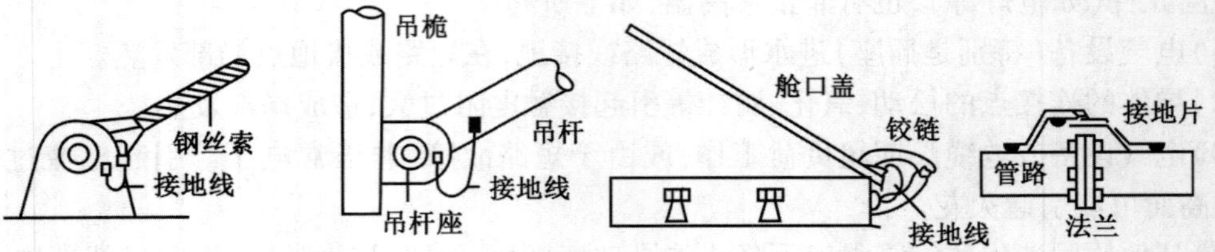

图 8-12　消除静电荷的接地

第七节　油船电气系统的安全管理

一、油船静电起火的预防

不论是固体、液体或气体,任何两种不同物质的摩擦,紧密接触、分离,受热受压都能产生正负电荷分离的静电现象。导体在带电物体的影响下,也会感应产生静电荷。油船静电的形成是一个非常复杂的过程,产生静电的具体原因主要有:

(1)当货油沿着输油管路流动和流入货舱时,由于油与管壁、油舱的摩擦和冲击,因而产生和积聚静电荷。

(2)船体在风浪影响下的摇摆颠簸,会使油品与油舱壁产生摩擦而生成和积聚静电荷。

(3)油品通过多孔或网状过滤器、隔离装置时,也会有静电的产生和积聚。

(4)油品微滴的飞溅与空气摩擦及油中结晶水滴的沉降过程,也会产生静电。

(5)油舱内的油品与油面漂浮物的相互撞击,可以产生静电。

(6)在对油舱采样测量时,测杆和采样器具在施放和提升过程中,油舱内会产生静电。

(7)洗舱机和喷嘴软管在洗舱工作过程中会产生静电,洗舱水柱、水雾、水珠等形成的水滴;降落在油品中发生冲击时,也能产生静电。

(8)油舱内的铁锈、石油渣滓等沉淀物在下沉时,会产生静电。

(9)油舱上索具和吊杆的摩擦,会产生静电。

(10)落到油舱的物品及工具等,在坠落和发生碰撞时,会产生静电。

(11)人是静电的良导体,当人体穿脱毛料和合成纤维衣服时,会产生极高的静电电压,足以引燃周围的爆炸性气体。

二、油船静电的预防

燃烧和爆炸必须同时具备三个基本条件:

(1)有可燃性气体或物质。

(2)有空气或氧气。

(3)有火源或危险温度。油船上存在着大量易燃易爆的混合气体和可燃性物质,对油船的安全极为不利。而静电是引起油船火灾和爆炸事故的重要原因,必须设法预防。预防的出发点首先是避免或减少静电的产生,如尽量减少各种摩擦、感应及极化起电现象;其次是采取接地措施消散静电,避免静电的大量积聚而产生火花放电。

具体措施有:

(1)货油舱在卸油、排压载水或洗舱前,都要向舱内充入惰性气体;航行期间,也要向舱内补充惰性气体,以使其含氧量降低。该惰性气体可由锅炉或主机的排烟经洗涤、净化、干燥等处理后产生,亦可由专用的惰性气体产生设备提供。

(2)由于静电与货油的流速成正比,因此在装卸油时应控制货油的流速,以不超过 4 m/s 为宜。为防止油管内或舱底残留积水而发生油水冲击从而产生大量静电,开始装油时,货流速度应控制在 1 m/s 以下；待油装至高出舱底肋骨后，才逐渐加速到 4 m/s。

(3) 油管要用接地电缆连接，具体接线要求是：接油管时，应先接接地电缆，后接油管；在拆油管时，应先拆油管，后拆接地电缆，两者切勿颠倒。接地电缆的直径为 16 mm，导线与船体的接触面积应大于 75%。

(4) 装油后测量、取样时，应考虑油的半衰时间，宜在装完后 30 min 进行，所用的量尺及取样装置应采用非金属材料制成。

(5) 洗舱时，应尽可能避免由于水雾带电而产生静电电压，洗舱机台数不宜过多，在吊入舱内之前应可靠接好接地电缆，工作人员必须防止金属工具落入舱内。

(6) 油船工作人员应穿导电好的衣服和鞋袜，不宜配带与人体绝缘的金属器件，有条件时，可在油船入口处设置消除静电装置，以消除人体静电。

三、油船电气设备的管理要求

1. 油船电气设备的选用和管理

(1) 油船配电系统只允许采用对地绝缘系统，即发电机和供配电系统均不应接地，更不能将船体作为回路。

(2) 危险区域必须使用的电气设备应为防爆型结构，或采用本质安全型电路或设备。本质安全型电路或设备是用以进行测量、监视、控制、通信信号等的弱电电路，没有高压和大电流，电路与其电源间有短路隔离保护措施，多为无触点的半导体器件，在正常或故障情况下，所产生的火花能量不足以点燃可燃性气体。

(3) 定期检测电缆、电气设备的绝缘电阻，保持绝缘良好。

(4) 检测电气设备时，要防止工具碰击短路产生电火花。

(5) 不允许任意架设临时供电线路和装设临时灯具，或随意加大电气设备功率。在调换灯管、灯泡时应先关断电源，在防爆灯及灯泡上不得涂刷油漆和包裹易燃纸品等物。

(6) 在室外禁止使用非防爆式灯具，手电筒也应是防爆的。

(7) 主电站和应急电站应定期清洁，防止因油污造成短路。

(8) 严格控制使用电炉，尤其是明火电炉，应绝对禁止使用。

(9) 要防止电缆、电气设备与高温管道接触，保证绝缘不损坏。

2. 油船在进行装卸油品、洗舱、除气、压载作业时的特殊注意事项

(1) 不允许动用电焊、气焊、喷灯以及易于发生火灾的工具。

(2) 停止蓄电池的充电。

(3) 无线电通信只许收报，不能发报。

(4) 断开靠货舱口及货舱进气口的电动机电源，关好各种起动箱控制室、插座的门盖，以防油气和水侵入。

(5) 禁止在室外和气密场所使用万用表和兆欧表。

(6) 关闭变流机组、通风机、加温器等的电源。

(7) 断开雷达电源，天线转至背向油舱的方向。

(8) 使用防爆式报话机时，应站在货舱口的下风。如需换电池，要在室内进行，使用固定式超短波电话时，应将输出功率调到 1 W 以下。

（9）修理雷达、发报机和各种助航仪器时，应先经测爆，在确认无可燃气体威胁时，方可进行修理，严禁悬挂彩灯。

参考文献

[1] 汪育才,王建斌,吴晓光. 轮机概论,第 3 版. 北京:人民交通出版社,1991.
[2] 殷佩海. 轮机概论. 大连:大连海事大学出版社,1998.
[3] 吴晓光. 轮机概论. 大连:大连海事大学出版社,2008.
[4] 张存有,李可顺. 轮机业务概论. 大连:大连海事大学出版社,2011.
[5] 李斌. 船舶柴油机. 大连:大连海事大学出版社,2014.
[6] 陈海泉. 船舶辅机. 大连:大连海事大学出版社,2016.
[7] 张存有,杜太利. “育鹏”轮动力装置与管理. 大连:大连海事大学出版社,2017.
[8] 李世臣. 海上轮机实习. 大连:大连海事大学出版社,2010.
[9] 吴宛青. 船舶防污染技术. 大连:大连海事大学出版社,2010.
[10] 于洪亮,黄连中. 船舶动力装置技术管理. 大连:大连海事大学出版社,2009.
[11] 赵殿礼. 船舶电气设备及系统. 大连:大连海事大学出版社,2009.
[12] IMO. MARPOL 73/78 综合文本. 北京:人民交通出版社,2012.
[13] 张志华. 船舶动力装置概论. 哈尔滨:哈尔滨工程大学出版社,2002.